복 있는 사람

오직 여호와의 율법을 즐거워하여 그 율법을 주야로 묵상하는 자로다.
저는 시냇가에 심은 나무가 시절을 좇아 과실을 맺으며 그 잎사귀가 마르지 아니함 같으니
그 행사가 다 형통하리로다. (시편 1:2-3)

본질과 내용의 회복을 간절히 필요로 하는 조국 교회에 「오늘을 위한 퓨리턴」 시리즈가 연속하여 출간된다는 소식을 들으니 너무나 감사하고 기쁘다. 진심으로 하나님을 사랑하고 그분의 말씀인 성경을 삶으로 살아내고 순종하려 했던 귀한 청교도들의 삶과 가르침은 오늘의 교회를 위한 귀한 길라잡이 역할을 할 것으로 믿어 의심치 않는다. 과거에 살았던 청교도들의 삶과 교훈은 다름 아닌 오늘 우리를 위한 것이므로 「오늘을 위한 퓨리턴」 시리즈를 적극적으로 추천하여 모두가 가까이하여 읽기를 기대한다.

화종부 남서울교회 담임목사

신앙생활을 어떻게 말할 수 있을까요? 이 질문에 대한 답은 옛 사람을 벗고 새 사람을 입는 것일 수 있습니다. 그것은 한마디로 회개 생활입니다. 예수 그리스도로 말미암아 오직 하나님의 은혜로 구원을 받은 우리는 회개가 절실한 사람들입니다. 하나님의 거룩한 뜻에 따라 살지 못하는 우리의 실상이 우리에게 회개를 명할 뿐 아니라, 우리를 소스라치게 할 정도로 낙심케 합니다. 윌리엄 브리지는 아름답고 복된 시인 시편 42편을 설교로 풀어 우리의 영혼을 다시 회복시킵니다. 이 설교는 주 예수 그리스도를 진심으로 경외하는 성도들을 격려하며, 오늘 우리에게도 여전히 절실한 복음을 전하여 줍니다.

김병훈 합동신학대학원대학교 조직신학 교수

윌리엄 브리지는 최고의 존경을 받을 만한 학자이자 설교자이며, 그의 조언은 나의 마음을 대단히 기쁘게 한다.

존 오웬

이 책은 청교도의 상담학 교과서 격이다.

조엘 비키 퓨리턴리폼드신학대학원대학교 총장

회복

William Bridge

A Lifting Up For the Downcast

윌리엄 브리지 지음 김동완 옮김

회복

오늘을 위한 퓨리턴 **07**

북인는 사람

회복

2018년 8월 14일 초판 1쇄 인쇄
2018년 8월 21일 초판 1쇄 발행

지은이 윌리엄 브리지
옮긴이 김동완
펴낸이 박종현

도서출판 복 있는 사람
주소 서울특별시 마포구 연남동 246-21(성미산로23길 26-6)
전화 02-723-7183, 7734(영업·마케팅) 팩스 02-723-7184
이메일 blesspjh@hanmail.net
등록 1998년 1월 19일 제1-2280호

ISBN 978-89-6360-255-4 03230

이 도서의 국립중앙도서관 출판예정도서목록(CIP)은
서지정보유통지원시스템 홈페이지(http://seoji.nl.go.kr)와 국가자료공동목록시스템(http://www.nl.go.kr/kolisnet)에서 이용하실 수 있습니다. (CIP 제어번호: 2018016545)

A Lifting Up For the Downcast
by William Bridge

Copyright © 1961 by The Banner of Truth Trust
by THE BANNER OF TRUTH TRUST, 3 Murrayfield Road, Edinburgh EH12 6EL, UK
P.O. Box 621, Carlisle, PA 17013, USA
All rights reserved.

This Korean translation edition © 2018 by The Blessed People Publishing Co.,
Seoul, Republic of Korea.
This Korean edition is published by arrangement of The Banner of Truth Trust
through rMaeng2, Seoul, Republic of Korea.

이 한국어판의 저작권은 알맹2 에이전시를 통하여 The Banner of Truth Trust와 독점 계약한
도서출판 복 있는 사람에 있습니다. 신저작권법에 의하여 한국 내에서 보호받는 저작물이므로
무단 전재와 무단 복제를 금합니다.

차례

해설의 글 008 서문 013

시편 42:11에 관한 열세 편의 설교

chapter 01. **선한 자의 평안**	017
chapter 02. **참된 평안도 중단될 수 있다**	055
chapter 03. **성도들은 어떤 형편에서도 절망해서는 안 된다**	087
chapter 04. **큰 죄를 범한 경우의 회복**	121
chapter 05. **은혜가 약한 경우의 회복**	157
chapter 06. **의무들을 불이행한 경우의 회복**	187
chapter 07. **확신이 부족한 경우의 회복**	227
chapter 08. **시험받은 경우의 회복**	267
chapter 09. **버림받은 경우의 회복**	305
chapter 10. **고통받은 경우의 회복**	341
chapter 11. **쓰임받지 못한 경우의 회복**	377
chapter 12. **형편 그 자체에서 비롯된 절망의 경우에서 회복**	417
chapter 13. **예수 그리스도를 믿음으로 절망의 치유**	465

해설의 글 아직도 청교도를 읽다니!

청교도라는 이름은 많은 이들에게 호감을 주지는 않는다. 청교도 하면 숨 막힐 정도로 삶의 세부적인 부분까지 엄격한 윤리적인 잣대로 규제하는 도덕적인 결벽주의자, 인생의 모든 즐거움과 재미를 말살해 버리는 금욕주의자, 독선적이고 폭력적인 정죄와 비판을 일삼는 바리새인의 이미지를 떠올리는 이들이 적잖다. 이런 부정적인 선입관이 청교도의 진가를 발견하여 음미하는 길을 원천적으로 봉쇄한다.

그렇다면 왜 지금도 청교도를 읽어야 할까? 그것은 그 안에 시대를 초월하는 영성의 보화가 듬뿍 담겨 있기 때문이다. 특별히 영적으로 어두운 시대에 더욱 영롱하게 빛날 보석들이 영적인 방향감각을 상실한 이들의 좌표가 되며 그들의 발걸음을 밝혀 주는 빛이 된다. 청교도 고전은 현재 우리의 영적인 상태가 어떤지, 우리가 서 있는 영적인 현주소가 어디인지를 보게 해준다. 그래서 비교의 대상이 없을 때 한없이 낮은 영적 수준에 안주했던 우리를 심히 불편하게 한다. 우리의 신앙이 얼마나 심각하게 성경적인 기준으로부터 하향 조정되었는지, 우리의 영성이 얼마나 얄팍하고 천박해졌는지, 그 뼈아픈 사실 앞에 무릎 꿇게 만든다. 본인도 젊은 날 리처드 백스터의『참된 목자』*The Reformed Pastor*라는 책을 읽고 평생 지워지지 않은 강한 충격과 도전을 받았다. 그동안 당대의 어떤 책에서도 찾아볼 수 없었던 참된 목사의 선명한 기준을 처음으로 발견하였고, 그것이 지금까지 내가 추구해 온 목사상의 변함없는 척도가 되었다.

영적으로 암울한 시대의 비극은 우리를 선도해 줄 멘토, 우리에게 본이 될 만한 선생이 부재하다는 것이다. 만약 현시대에서 그런 영적 모범과 안내자를 찾을 수 없다면 과거에서 찾아야 한다. 우리는 동시대의 인물뿐 아니라 유구한 교회역사 속에 존재했던 수많은 영적 거장과 스승들과도 진리 안에서 시대를 초월한 성도의 교제를 누리는 특권을 소유하였다. 특별히 청교도들의 주옥같은 글은 우리를 지나간 시대의 위대한 영혼들과 교제하는 장으로 초대한다.

청교도운동은 16-17세기에 종교개혁의 정신과 원리를 가톨릭적 요소와 혼합하여 희석시키려는 엘리자베스 여왕의 중도주의에 대항하여 영국교회를 더 철저히 개혁하고 새롭게 하려던 운동이었다. 곧 종교개혁을 영국교회 안에 온전히 실현시켜 보려 했던 움직임이었다. 비록 청교도들 안에는 사상적인 다양성이 존재했지만 그들이 근본적으로 개혁주의 신학과 삶을 추구했다는 점에서는 일치한다고 볼 수 있다. 그들의 주된 관심은 교회개혁과 영적인 부흥 두 가지로 집약될 수 있다. 그들은 종교개혁이 단순히 이론과 교리로만이 아니라 교회의 제도와 직분과 실제 삶 속에서 구체적으로 실현되는 데 역점을 두었다. 그래서 신학과 경건, 교리와 삶, 객관적인 진리와 주관적인 체험 사이의 긴밀한 연합을 추구하였다.

오늘날 한국교회가 안고 있는 근본 문제, 즉 신앙과 삶, 믿음과 행함, 교리와 체험 사이의 심각한 괴리를 극복하고 신앙의 균형을 회복하기 위해서 우리에게 그들의 가르침이 절실하게 필요하다. 청교도들은 바른 교리의 중요성을 강조했을 뿐 아니라, 그 교리에 부합한 경건과 영성에도 지대한 관심과 열심을 기울였다. 그들은 믿음으로 구원받은 것에 결코 안주하지 않고 하나님과 더 깊고 풍성한 영적인 교제를 누리며 삶의 모든 영역에서 거룩하게 살려는 불타는 열정에 사로잡혔다. 그들에게 종교개혁의 칭의론은 성화의 중요성을 조금이라도 약화시키는 것이 아니라, 오히려 참된 경건과 거룩의 열정을 고취시키며 성화를 역동적으로 촉진하는 교리였다. 이런 청교도들의 신앙관은 오늘날 교회의 구원관이 얼마나 해괴하게 변질되었는지를 깨닫게 해준다. 한국교회에서는 종교개혁의 칭의론이 거룩함의 열매가 전혀 없어도 믿기만 하면 구원받는다는 식으로 곡해되었다. 그리하여 교인들의 나태와 방종을 조장하며 교회를 타락케 하는 교리로 남용되곤 한다. 이런 점에서도 한국교회가 청교도를 읽어야 할 이유가 분명해진다.

청교도 고전이 현대를 살아가는 영혼들에게 여전히 호소력이 있는 것은, 신학적인 깊이뿐 아니라 우리 모든 인생들이 공통적으로 겪는 실존적 고뇌와 아픔의 깊이를 고스란히 담아내는 메시지를 전달하기 때문일 것이다. 그들은 성경의 이상을 현실에 타협하지 않으면서도 이 땅의 엄연한 현실의 토양에 뿌리내린 영성으로 전한다. 그들의 가르침은 편안한 신학의 상아탑에서 안일한 사색을 통해 나온 것이 아니라, 거친 세파에 부대끼며 모진 고난과 핍박과 유배의 상황에서 빚어진 작품이다. 청교도들이 자주 다룬 주제, "땅 위의 천국"Heaven on earth이 시사하듯, 그들의 메시지는 아골 골짜기 같은 고통스러운 이 땅의 현실 속에 임하는 하늘의 영광스러운 세계를 증거함으로써 고난받는 이들을 크게 위로한다. 청교도들은 신자의 폐부를 찔러 죄악을 드러내는 날카로운 외과의사인 동시에 상한 갈대를 꺾지 않는 주님의 온유한 마음으로 상처 입고 병든 마음과 영혼을 섬세하고 자상하게 위로하고 싸매어 주는 따뜻한 치유자이기도 하다.

청교도의 깊고 풍성한 영성의 샘에서 조나단 에드워즈, 조지 윗필드, 찰스 스펄전, 마틴 로이드 존스를 비롯한 수많은 설교자들과 성도들이 생수를 마시고 영혼의 만족을 얻었으며, 앞으로 그들의 저서를 읽는 독자들에게도 이런 영적인 해갈과 부흥이 계속될 것이다. "오늘을 위한 퓨리턴"The Puritans for Today 시리즈는 놀랍고 두려운 하나님의 임재 의식과 이에 수반되는 심오한 죄의식에서 나오는 깊은 회개로 우리를 인도할 것이다. 동시에 영광스러운 구주의 은혜와 사랑을 전적으로 의존하는 믿음과, 죄에서 우리를 자유케 하는 복음의 능력에 대한 확신을 갖게 할 것이다. 더불어 거룩한 삶에 대한 갈망과 추구, 하나님 나라에 대한 강렬한 열정의 불꽃을 우리 마음에 불러일으키는 영적 부흥의 촉매제가 될 것이다.

박영돈
고려신학대학원 교의학 교수

서문

귀한 독자들에게

 이 책에 실린 시편 42편을 본문으로 한 설교들을 저는 찬찬히 읽어 보았습니다. 과거 수년 전에 한 설교지만 귀한 문서화 작업의 결과로 이 책에 실린 설교들이 당시에 한 설교와 동일하다는 사실을 알게 되었습니다. 과거에 제 설교를 들은 분들의 끈질긴 요구가 아니었더라면, 이 설교들은 침묵 속에 오랫동안 땅에 묻혀 무덤에 머물러 있었을 텐데, 이분들께서 제 설교를 그 사망에서 다시 일으키셨습니다. 제가 쓴 설교 노트는 읽기 어려워 출판하기에는 충분치 않았습니다. 그래도 저는 그분들의 바람에 대한 보답으로 그 노트를 다시 손보았습니다. 어떤 부분은 고쳤고, 어떤 부분은 추가하였고, 반복된 어떤 부분은(이미 회중들에게 충분히 말씀드렸다 싶어서) 빼기도 했습니다. 빠진 부분은 뛰어난 여러분들이 채우시기 바랍니다. 저는 이 설교(시 42편을 본문으로 한 설교―옮긴이) 외에도 몇몇 다른 설교들―다소 교리적인 관심사이면서도 아주 실제적이어서 여러분의 지성과 가슴에 즉시 도움이 될 설교들―도 함께 넣었습니다. 이 설교들에서 저는 학문적(scholastic) 논쟁보다 설교의 교훈적인 부분에 주안점을 두었습니다. 왜냐하면 학문적 논쟁에 더욱 적합한 유능하고 신실한 분들은 대학들에 있는 것으로 저는 알고 있기 때문입니다. 저는 영국에 있는 어느 누구도 적으로 삼고 싶지 않습니다. 그래도 만약 제가 누군가의 발을 밟았다면 저를 용서해 주시기를 바랍니다. 왜냐하면 저는 당신을 보지 못했노라고 진심으로 말할 수 있을 것이기 때문입니다. 누군가가 제게―다윗의 형 엘리압이 다윗에게 한 말처럼―"나는 네 교만과 네 마음의 완악함을 아노니 네가 전쟁을 구경하러 왔도다"삼상 17:28라고 말한다면, 저도 다윗이 한 대답처럼 그렇게 말할 것입니다. "어찌 이유가 없으리이까."삼상 17:29 낯선 견해와 오류들이 날마다 출판되는 때에 진리를 사랑하는 모든 사람이 그 진리에 대한 자신의 증언을 표명하는 것에 어찌 이유가 없겠습니까? 현재 질문되고 있는 많은 진리에 관해 저는 어떤 말씀을 드렸습니다. 이것은 나 자신의 의무와 여러분을 군건하게 했으면 하는 바람으로 한 것입니다. 여러분의 면류관을 다른 사람이 취하지 않도록 여러분이 가진 것을 굳게 붙잡으십시오.

"우리 주 예수 그리스도와 우리를 사랑하시고 영원한 위로와 좋은 소망을 은혜로 주신 하나님 우리 아버지께서 너희 마음을 위로하시고 모든 선한 일과 말에 굳건하게 하시기를 원하노라." 살후 2:16-17 -옮긴이

복음을 섬기는 여러분에게

윌리엄 브리지 William Bridge

※ 일러두기
1. 이 책의 성경 인용은 『개역개정』을 따랐다.
2. 이 책의 서문(이 책 13쪽)은 『윌리엄 브리지 전집』에 수록된 서문이다(*The Works of the William Bridge*, Vol. Ⅱ, London, Printed for Thomas Tegg, 1845).

chapter **01.**

선한 자의 평안

"내 영혼아, 네가 어찌하여 낙심하며 어찌하여 내 속에서 불안해하는가. 너는 하나님께 소망을 두라. 나는 그가 나타나 도우심으로 말미암아("그분은 내 얼굴의 건강이시기에", KJV—옮긴이) 내 하나님을 여전히 찬송하리로다."(시 42:11)

이 말씀에서 우리는 은혜로운 영혼의 슬픈 질망과 그에게 처방되고 사용된 치유책을 읽습니다. 이 절망은 "낙심하다"(cast-down)와 "불안해하다"(disquiet)라는 비유적인 두 단어로 표현됩니다. 사람이 어떤 무거운 짐의 무게 때문에 몸이 구부려지거나 짓눌리듯(bowed or cast down), 내 영혼이 짓눌리며(cast down), 또한 폭풍우 치는 바다가 심히 요동하듯(disquiet), 내 영혼도 내 속에서 요동한다(disquiet)고 다윗은 말합니다. 이 절망에 대한 치유책은 두 가지로, 자신에 대한 책망과 자신에 대한 권고입니다. 첫째, 그는 하나님에 대한 망설임과 불신으로 자신을 책망합니다. "내 영혼아, 네가 어찌하여 낙심하며 어찌하여 내 속에서 불안해하는가" 하면서 자신을 꾸짖고 책망합니다. 둘째, 그는 하나님을 기다리며 그분에게 소망을 두라고 자신에게 권고하며 호소합니다. "너는 하나님께 소망을 두라." 그 이유는 무엇입니까? 1. 이제 나는 구원받을 것이기 때문입니다. "내 하나님을 여전히 찬송하리로다." 2. 구원은 오직 그분에게만 있기 때문입니다. "그분은 내 얼굴의 건강이시기에."^{KJV-옮긴이} 3. 그분은 나와 언약 관계에 있으며, 나는 그분과 함께 있으며, 그분은 내 하나님이기 때문입니다. "내 하나님 그분은 내 얼굴의 건강이시기에."

이제 나는 이 말씀의 전반절부터 시작할 텐데, 여러분은 여기서 다음의 세 가지를 관찰할 수 있을 것입니다.

첫째, 하나님의 성도와 백성에게는 일반적으로 영혼의 내적 평안과 안식이 부여되어 있습니다. 이 말씀에서 이 사실이 암시되고 있습니다.

둘째, 이 평안은 중단될 수 있습니다. 그래서 하나님의 백성은 심히 절망하고 낙심하며 불안해할 수 있습니다.

셋째, 하나님의 성도와 백성은 어떤 형편에 처하든 낙심할 이유가 없습니다. "네가 어찌하여 낙심하며 어찌하여 내 속에서 불안해하는가." 낙심할 이유가 없습니다.

나는 이 세 가지를 순서대로 다루겠습니다. 여기서는 첫 번째만을 언급할 것입니다. 하나님의 성도와 백성에게는 일반적으로 영혼의 내적 평안과 안식이 부여되어 있습니다.

다윗은 말합니다. "네가 어찌하여 낙심하며 어찌하여 내 속에서 불안해하는가." 이때 그는 일반적인 상황이 아니었던 것으로 보입니다. 그의 맥박이 늘 이와 같이 절망과 불안으로 요동했던 것이 아니라, 평소에는 내면에 평안과 안식이 있었습니다. 그러므로 나는 하나님의 성도와 백성에게는 일반적으로 영혼의 내적 평안과 안식이 부여되어 있음을 말하고자 합니다. 그들은 요한계시록 7:13-14에 언급된 것처럼 대체로 흰 옷을 입고 있습니다. "이 흰 옷 입은 자들이 누구며 또 어디서 왔느냐." 그들은 "어린양의 피에 그 옷을 씻어 희게" 한 사람들입니다. 요한계시록은 유대인의 관습에 관심을 기울이고 있는데, 유대인은 그들만의 상복과 기쁨의 옷을 가지고 있었습니다. 상복은 검은 옷이었습니다. 그래서 애도의 표현을 할 때는 검은 옷을 입고 나옵니다. 이는 시편 43:2에서 여러분이 확인하는 바와 같습니다. "내가 어찌하여……슬프게 다니나이까." 여기서 "슬프게"라는 단어에 해당하는 히브리어는 '검은'(קדר,—옮긴이)이라는 뜻입니다. 다시 말해, "내가 어찌하여 원수의 억압으로 말미암아 검은 옷을 입고 다니나이까"입니다. 검은 옷은 상복이고 흰 옷은 기쁨의 옷이었습니다. 그러므로 전도서 9:8은 다음과 같이 말합니다. "네 의복을 항상 희게 하며 네 머리에 향 기름을 그치지 아니하도록 할지니라." 이 구절이 의미하는 바는 말씀을 듣는 사람의 정결과 거룩함이라고 확신합니다. 요한계시록 3:4과도 같습니다. "그러나 사데에 그 옷을 더럽히지 아니한 자 몇 명이 네게 있어 흰 옷을 입고 나와 함께 다니리니 그들은 합당한 자인 연고라." 일반적으로 위의 전도서 말씀은 우리의 기쁨과 즐거움을 뜻합니다. 요한계시록 7장의 성도들도 그들의 정결과 깨끗함 때문만 아니라 그들의 기쁨으로 인해서도 흰 옷을 입고 나옵니다. 그러므로 하나님의 성도와 백성이 흰 옷을 입고 다니면 그들 속에 내적 평안과 안식이 있는 것이라고 말하고 싶습니다. (시편 기자는) "주의 법을 사랑하는 자에게는 큰 평안이 있으니 그들에게 장애물이 없으리이다"라고 합니다.^{시 119:165-옮긴이} 로마서 2:10도 다음과 같이 말씀합니다. "선을 행하는 각 사람에게는 영광과 존귀와 평강이 있으리니 먼저는 유대인에게요 그리고 헬라인에게라." 다시 말해, 행한 대로 받을 것이라는 말씀입니다. 신실하고 선을 행한다면 영광과 존귀와 평강(평안, KJV―옮긴이)이 그에게 임할 것입니다. 외적인 것뿐 아니라 내적인 평안까지 얻게 될 것입니다.

   진실로 그렇게 될 수밖에 없지 않겠습니까? 하나님의 성도와 백성은 하나님과 동행하고, 하나님과 대화하며, 하나님을 제대로 알고 있습니다. 욥기 22:21을 보면 알겠지만, 이런 인식이 안식과 평안을 가져다줍니다. "지금 너는 그분을 제대로 알며 평안하라"(KJV, "너는 하나님과 화목하고 평안하라", 개역개정―옮긴이). 하나님의 성도와 백성은 말하자면 하나님을 제대로 아는 사이입니다. 그래서 그들에게는 평안이 있습니다. 하나님과 동행하고 교제하니 말입니다. 그들은 아버지(성부 하나님―옮긴이)와 교제하는데, 이 아버지는 모든 위로의 하나님이십니다. 그들은 아들(성자 하나님―옮긴이)과 교제하고 친교하는데, 이 아들은 평안의 왕자이십니다(사 9:6, KJV, "평강의 왕", 개역개정―옮긴이). 또 그들은 성령과 교제하고 친교하는데, 이 성령은 보혜사(위로자)이십니다. 그들은 아버지와 아들과 성령과 함께 복음 안에서 그리고 복음으로 말미암아 교제합니다. 이 복음은 평안의 말씀, 평안의 복음입니다. 그러므로 하나님의 성도와 백성에게는 일반적으로 그들 속에 평안이 있습니다.

이제 이 사실을 여러분에게 더욱 상세히 밝히고자 합니다. 하나님의 성도와 백성이 더불어 교제하고 친교하는 아버지와 아들과 성령이 어떤 방식으로 그들에게 평안을 언약하시는지를 깊이 생각해 봅시다.

1. 아버지는 성도들에게 평안을 주겠다고―자신의 특권과 자신의 명령과 자신의 약속과 그리스도께서 값을 치르신 것과 성도들의 징계를 통해서―언약하셨습니다.

그분은 자신의 특권으로 언약하셨습니다. 왕과 군주들은 그들의 특권을 행사하기 위해 일어설 것입니다. 그러므로 우리 아버지 하나님의 크신 특권은 이것입니다. 평안 곧 내적 평안을 주시는 것입니다. "내가 입술의 열매를 창조하노라. 평안하라. 평안하라"(사 57:19, KJV, "평강이 있을지어다. 평강이 있을지어다", 개역개정―옮긴이). 그분은 평안의 하나님, 위로의 하나님이라 불립니다. 결코 분노의 하나님이 아닙니다. 아버지 하나님의 크신 특권이 이와 같습니다. 그분은 자신의 백성들에게 평안을 주십니다.

그분은 자신의 명령으로 언약하셨습니다. 이사야 40:1-2을 보면 알 수 있듯이, 그분은 예언자와 사역자들을 명하여 위로를 전하게 하십니다. "너희의 하나님이 이르시되 너희는 위로하라. 내 백성을 위로하라. 너희는 예루살렘의 마음에 닿도록 말하며 그것에게 외치라. 그 노역의 때가 끝났고 그 죄악이 사함을 받았느니라. 그의 모든 죄로 말미암아 여호와의 손에서 벌을 배나 받았느니라 할지니라 하시니라." 인간이 받는 고통 혹은 유혹이 얼마나 큰지 모릅니다. 그래서 하나님은 위로하라고 우리에게 두 차례나 명하셨습니다. "너희는 위로하라.……위로하라." 한 번이 아니고 두 번입니다. "너희는 위로하라. 내 백성을 위로하라." 하지만 다양한 위로자들이 있습니다. 욥의 친구와 같은 위로자들은 고통받는 불쌍한 영혼에게 무자비한 말을 합니다. 그래서 하나님은 2절에서 이렇게 말씀하십니다. "너희는 위로하듯 말하라."^{KJV-옮긴이} 원문은 다음과 같습니다. "너희는 마음에 말하라. 부드럽고 달콤한 말을 하라. 예루살렘의 마음에 말하라." 여러분은 말합니다. 오, 하지만 내가 받는 유혹은 너무도 커서 나를 위로하는 사람들의 말이 전혀 들리지 않습니다. 그러면 다음의 말씀을 봅시다. "너희는 예루살렘의 마음에 닿도록 말하며 그것에게 외치라." 불쌍한 영혼이 고통받고 유혹에 빠져 위로의 말을 듣기 힘들어하면, 너희는 음성을 높여 외쳐라. 사역자가 된 너희는 목소리를 높여 외쳐라. 마음에 말할 뿐 아니라 외쳐라. 너희의 음성을 높여 예루살렘에 외쳐라.

그렇다면 그들은 무엇을 말하고 외쳐야 합니까? 고통받는 불쌍한 영혼에게 위로가 되는 세 가지가 있습니다. 그 세 가지를 전해야 합니다. 첫째, "그 노역의 때가 끝났고"라는 말씀에 따라, 복역이 끝났음을 말해야 합니다. 고통과 유혹이 끝났으며 더 이상 없을 것입니다. 둘째, "그 죄악이 사함을 받았느니라"는 말씀에 따라, 죄악을 용서받았음을 말해야 합니다. 예루살렘은 죄를 온전히, 기꺼이 용서받았습니다. 셋째, "그의 모든 죄로 말미암아 여호와의 손에서 벌을 배나 받았느니라"는 말씀에 따라, 하나님께서는 예루살렘을 이제 더 이상 대적하지 않으시고, 언쟁하지 않으시고, 논쟁하지 않으시고, 형벌을 내리지 않으십니다. 예루살렘은 그 행한 잘못으로 인해 충분히 벌을 받았습니다. 그러므로 주께서는 사역자들에게 평안을 전하라고, 위로를 전하라고 명령하셨습니다. 그리고 우리에게 전하라 명하신 그것을 그분께서 행하겠다고 언약하십니다. 아버지께서는 이와 같이 자신의 명령으로 언약하십니다.

그분은 또한 자신의 약속으로 언약하십니다. 시편 29편을 보면, 주님께서 하신 약속을 알 수 있습니다. "여호와께서 자기 백성에게 힘을 주심이여. 주님께서 자기 백성에게 평안으로 복을 주시리로다"(11절, KJV, "……평강의 복을 주시리로다", 개역개정—옮긴이). 여기에 약속이 있습니다. "주님께서 자기 백성에게 평안으로 복을 주시리로다." 이뿐 아니라 이사야 26장에서도 주님께서는 자기 백성들의 평안을 지켜 주겠다고 약속하셨습니다. "주님께서는 마음을 주께 둔 사람을 완전한 평안으로 지키시리니"(3절, KJV, "주께서 심지가 견고한 자를 평강하고 평강하도록 지키시리니", 개역개정—옮긴이). 히브리어 원문에 따르면 다음과 같이 읽혀져야 합니다. "주님께서 평안에 평안으로 지키시리니." 갑절의 평안입니다. "주님께서는 마음을 주께 둔 사람을 평안에 평안으로 지키시리니." 그러므로 주님께서는 자기 백성들에게 평안을 주겠다고 언약하실 뿐 아니라, 그들을 위해 그 평안을 지켜 주겠다는 약속까지 언약하셨습니다.

또한 주님께서는 값을 치르심으로 언약하셨습니다. 그리스도께서 자기 백성을 위해 평안의 값을 치르셨습니다. 이것이 아버지 하나님께서 백성들에게 하신 언약입니다. 값을 치르신 내용을 에베소서 2:13-14에서 읽어 봅시다. "이제는 전에 멀리 있던 너희가 그리스도 예수 안에서 그리스도의 피로 가까워졌느니라. 그는 우리의 화평('평안', KJV—옮긴이)이신지라. 둘로 하나를 만드사 원수된 것 곧 중간에 막힌 담을 자기 육체로 허시고." "또 십자가로 이 둘을 한 몸으로 하나님과 화목하게 하려 하심이라. 원수된 것을 십자가로 소멸하시고 또 오셔서 먼 데 있는 너희에게 평안을 전하시고 가까운 데 있는 자들에게 평안을 전하셨으니."[16-17절] 그러므로 여러분은 예수 그리스도께서 피 흘려 사신 것을 알 수 있습니다. 이것이 영혼의 내적 평안과 안식입니다. 아들이신 그리스도께서 사신 그것을 아버지 하나님께서 주겠다고 언약하셨습니다.

또한 아버지께서는 자기 백성이 겪는 모든 징계로 그들에게 평안을 주겠다고 언약하셨습니다. 그래서 주님께서는 앞서 언급한 이사야 40장에서 우리에게 자기 백성을 위로하고 격려하라고 명하셨습니다. 이 명령을 내리신 까닭은, 백성이 그 모든 죄로 인한 갑절의 벌을 주님으로부터 받았기 때문입니다. 이처럼 아버지 하나님께서는 자신의 특권과 자신의 명령과 자신의 약속과 그리스도께서 값을 치르신 것과 성도들의 징계를 통해서 자기 자녀들에게 평안을 주겠다고 언약하셨습니다.

2. 이제 여기서 조금 더 들어가 봅시다. 아버지께서 언약하신 것과 마찬가지로 아들 또한 자기 종들에게 영혼의 내적 평안과 안식을 주겠다고 언약하셨습니다. 여러분은 이 사실을 보게 될 것입니다.

그분은 자기 아버지 하나님으로부터 다음과 같은 목적과 의도를 위해 자질과 능력을 받으셨습니다. 아버지 하나님은 이 자질과 능력으로 언약하셨습니다. "주 여호와의 영이 내게 내리셨으니 이는 여호와께서 내게 기름을 부으사."사 61:1-옮긴이 이렇게 하신 이유는 무엇입니까? "슬퍼하는 자들을 위로하게 하려 하심이라." 이것이 한 가지 목적입니다. 그러면 이사야 50:4을 봅시다. "주 여호와께서 학자들의 혀를 내게 주사 나로 곤고한 자를 말로 어떻게 도와줄 줄을 알게 하시고 아침마다 깨우치시되 나의 귀를 깨우치사 학자들 같이 알아듣게 하시도다." 이는 명백히 그리스도에게 해당하는 말씀인데, 이 사실은 이어지는 말씀을 읽어 보면 분명해질 것입니다. "주 여호와께서 나의 귀를 여셨으므로 내가 거역하지도 아니하며 뒤로 물러가지도 아니하며 나를 때리는 자들에게 내 등을 맡기며 나의 수염을 뽑는 자들에게 나의 뺨을 맡기며 모욕과 침 뱉음을 당하여도 내 얼굴을 가리지 아니하였느니라."5-6절 이처럼 이 말씀은 그리스도에게 해당하는 말씀입니다. 그렇다면 그리스도는 여기서 무엇을 말씀하십니까? 그분은 마음이 고통스럽고 힘든 사람을 위로하며 불쌍하고 지친 영혼을 돕도록 학자의 혀를 받았다고 말씀하십니다. 그런데 왜 하필 학자의 혀를 말씀하십니까? "주 여호와께서 학자들의 혀를 내게 주사." 모든 사람은 학자의 말을 듣고 싶어 합니다. 곤고한 자들을 위로하고 합당한 말을 하는 것이 이 세상에 있는 학자의 역할 중 가장 큰 것입니다. 이것은 또한 목회적 지식의 역할 중 가장 큰 것입니다. 그래서 그리스도께서 "주 여호와께서 학자들의 혀를 내게 주사"라고 말씀합니다. 하지만 모든 학자들이 다 합당하게 말하는 지혜를 갖춘 것은 아닙니다. 다음 말씀에 주목해 봅시다. "주 여호와께서 학자들의 혀를 내게 주사 나로 곤고한 자를 말로 어떻게 도와줄 줄을 알게 하시고." 그렇다면 예수 그리스도께서는 곤고한 자들을 위로하는 이 지식을 가지고 계십니까? 가지고 계십니다. "주 여호와께서……아침마다 깨우치시되." 스승이 아침 일찍 일어나 제자들을 가르치듯 아버지 하나님께서는 영원 전부터 이 위대한 지식을 그리스도에게 가르쳐 주셨습니다. "주 여호와께서……아침마다 깨우치시되 나의 귀를 깨우치사 학자들 같이 알아듣게 하시도다." 영원 전부터 아버지로부터 아침마다 배운 지식이 이것이며 그가 도달한 가장 위대한 지식이 바로 이것이라고 그리스도는 말씀합니다. 그분이 아버지로부터 받은 능력의 관점에서 보면 그렇습니다. 그분은 자기 백성들에게 평안을 주겠다고 언약하셨습니다. 그래서 그분은 이런 목적과 의도로 학자의 혀를 받아서 곤고한 자들에게 합당한 말을 할 수 있었습니다.

그분은 자신의 성품인 달콤하고 사랑스러우며 다정한 성품으로 언약하셨습니다. 그분은 실로 유다 지파의 사자이지만 삼킬 것을 찾아 으르렁거리는 사자는 아닙니다. 그분은 실로 왕이시지만 어린 나귀를 타고 온유하게 오십니다. "그는 외치지 아니하며 목소리를 높이지 아니하며 그 소리를 거리에 들리게 하지 아니하며."^{사 42:2-옮긴이} 우리의 주 그리스도께서는 세상을 떠나실 때 자기 제자들에게 말씀하셨습니다. "평안을 너희에게 끼치노니 곧 나의 평안을 너희에게 주노라. 내가 너희에게 주는 것은 세상이 주는 것과 같지 아니하니라."^{요 14:27} 그리고 다시 죽음에서 부활하시어 제자들을 만나셨습니다. 바로 그때, 그분께서는 제자들에게 또 무슨 말씀을 하셨습니까? "너희에게 평강이 있을지어다."^{요 20:19} 제자들을 떠나시며 하신 마지막 말씀이 평안의 말씀이듯이, 제자들을 다시 만나 처음으로 하신 말씀 또한 평안의 말씀이었습니다. 오, 주님, 우리가 주님을 뵌 이래로 지은 죄가 얼마나 큰지 모릅니다. 그래도 "너희에게 평강이 있을지어다." 하지만 주님, 주님께서 우리를 보신 이후로 주님을 세 차례나 부인한 베드로가 지금 우리와 함께 있습니다. "그것은 내가 잘 알고 있다. 그래도 '너희에게 평강이 있을지어다.'" 떠나가실 때도 평안이고, 다시 오실 때도 평안이었습니다. 이 평안이 그분의 말씀과 그분의 성품입니다. 이렇게 그분은 언약하셨습니다.

그분은 자기 백성들에게 평안을 주겠다고 직분으로 언약하셨습니다. 알다시피 사도는 그분을 우리의 큰 대제사장이라고 부릅니다.히 4:14-옮긴이 백성을 축복하는 것이 구약에서 대제사장이 하는 일이었습니다. 대제사장이 축복할 때는 다음과 같이 말하지 않았습니까? "여호와는 네게 복을 주시고……평강 주시기를 원하노라."민 6:24, 26-옮긴이 이제 예수 그리스도께서 우리의 대제사장이고, 백성을 축복하고 평안을 주시는 것이 이 대제사장의 직분이라면, 그리스도께서는 백성에게 평안을 주겠다고 자신의 직분으로 언약하십니다. 이 세 가지를 종합하면 다음과 같습니다. 하나님의 아들이신 그리스도는 아버지로부터 받은 능력으로, 자신의 성품으로, 자신의 직분으로 평안을 주겠다고 언약하셨습니다. 이렇게 해서 자기 종들에게 평안을 주겠다는 예수 그리스도의 위대한 언약이 있다는 사실이 분명해졌습니다.

3. 하나님의 성도와 백성에게 평안과 안식을 주겠다고 아버지와 아들이 언약하신 것처럼, 성령 또한 그들에게 평안을 주겠다고 언약하셨습니다. 감히 말하건대 성령은 예수 그리스도의 위대한 유언 집행자이십니다. 그리스도는 돌아가실 때 자기 제자들에게 유언을 하고 유산을 남기셨습니다. "나의 평안을 너희에게 주노라."요 14:27-옮긴이 그리고 그들의 영혼에 평안을 주시기 위해 하늘로부터 보혜사, 곧 성령을 보내셨습니다.

그렇습니다. 성령은 그리스도의 유언을 성취하는 유언 집행자일 뿐만 아니라, 우리의 대언자이십니다. 사실 우리에게는 대언자가 한 분뿐입니다. 곧 그리스도이십니다. 하지만 우리에게는 말하자면 대언자가 두 분 계시는데, 한 분은 저 하늘 위에 계신 대언자요, 또 한 분은 우리 가슴속에 있는 대언자입니다. 경건한 사람이 죄를 지으면 사탄이 하늘에서 그를 고발합니다. 그래서 요한은 말합니다. "만일 누가 죄를 범하여도 아버지 앞에서 우리에게 대언자가 있으니 곧 의로우신 예수 그리스도시라." 요일 2:1-옮긴이 사탄은 경건한 사람이 죄를 지으면 그를 성령에게도 고발합니다. 그래서 사도는 말합니다. "성령이 말할 수 없는 탄식으로 우리를 위하여 친히 간구하시느니라."롬 8:26-옮긴이 우리 주 그리스도께서도 말씀하십니다. "그가 또 다른 보혜사를 너희에게 주사."요 14:16 이 말씀은 이렇게도 번역할 수 있습니다. "그가 또 다른 보혜사를 너희에게 주사." 그렇습니다. 주님의 성령은 우리의 증인이기도 하십니다. "성령이 친히 우리의 영과 더불어 우리가 하나님의 자녀인 것을 증언하시나니."롬 8:16-옮긴이 이제 성령께서 우리 각 사람의 영에 우리가 하나님의 자녀임을 증언하십니다. 그러므로 우리에게 평안과 안식이 있습니다. 아버지와 아들과 성령께서 하나님의 백성에게 평안과 안식을 주시겠다는 이 모든 약속과 언약을 생각할 때, 하나님의 백성에게는 일반적으로 영혼의 내적 평안과 안식이 있다는 이 논점과 교훈에 분명한 결론을 내려야 하지 않겠습니까?

하지만 우리의 경험으로 볼 때, 사정은 자주 정반대인 듯합니다. 하나님의 백성들 가운데 많은 수가 내적 평안과 안식을 얻지 못하고 자신의 지속적인 상태에 대해 의심과 두려움으로 가득합니다.

여기 그 상태에 관한 두 번째 교훈이 있습니다. 곧 이 평안이 중단되는 것이 가능한가 하는 것입니다.

어떤 사람은 평생 이 평안을 누린 적이 없습니다. 한 사람이 말합니다. 오, 나는 오랫동안 고통과 괴로움에 시달렸습니다. 두 해, 네 해, 여섯 해, 시간이 지나도 내 속에 평안과 안식은 없습니다. 그러므로 이 교훈이 틀렸든가 아니면 내가 경건하지 않든가 할 것입니다.

여러분이 무슨 말을 하든, 이 교훈은 아마도 옳을 것입니다. 일반 규칙에는 언제나 어떤 예외가 있습니다. 성도들은 대체로 흰옷을 입지만, 일부는 더러 검은 옷을, 그것도 아주 오랫동안 입을 수 있습니다. 하지만 이 문제와 관련해서 걸림돌은 없습니다. 이에 대해 여러분과 함께 몇 가지 특징을 살펴보고자 합니다.

1. 하나님의 성도들에게는 근본적인 평안이 있고 이와 함께 추가적인 평안이 있음을 알아야 합니다. 근본적인 평안은 의롭다 하심을 받은 상태에서 자연스럽게 흘러나옵니다. "그러므로 우리가 믿음으로 의롭다 하심을 받았으니……하나님과 화평을 누리자."롬 5:1 그리고 추가적인 평안이 있는데, 이는 우리가 의롭다 하심을 받았다는 인식에서 나옵니다. 하나님의 자녀가 이 추가적인 평안을 오랫동안 잃을 가능성은 있지만, 근본적인 평안을 잃을 가능성은 결코 없습니다. 막대한 과부 급여(jointure, 남편 사후 처의 부양을 위해 설정한 부동산—옮긴이)가 설정된 한 여인이 여행에 나섰다가 강도를 만나고, 강도는 여인이 지닌 모든 돈을 빼앗습니다. 하지만 여인은 말합니다. 저들이 내 수중의 돈을 모두 가져갔지만, 내 과부 급여는 가져갈 수 없다. 나는 나의 과부 급여를 잃지 않았다. 이와 마찬가지로 성도들도 수중의 돈

을 잃을 수 있습니다. 이처럼 성도라도 자신이 칭의를 받았다는 감성(sense)에서 나오는 평안을 잃을 수 있습니다. 하지만 칭의 그 자체로부터 나오는 평안, 그 근본적인 평안은 결코 잃을 수 없습니다. 평안은 교회의 부동산과 같은 자산(jointure)입니다. 그러므로 성도들은 그 평안을 결코 잃지 않을 것입니다.

2. 평안과 위로와 기쁨 사이에는 아주 큰 차이점이 있다는 사실을 알아야 합니다. 위로가 없어도 평안이 있을 수 있고, 기쁨이 없어도 위로가 있을 수 있습니다. 이 셋은 서로 위상이 다르며, 그 정도도 서로 다릅니다. 대낮이라 해서 반드시 해가 나는 것은 아니며, 해가 났다고 해서 무조건 대낮도 아닙니다. 평안을 누리고 있지만 위로 없이 주님만 의지할 수 있습니다. 또 위로는 있지만 기쁨이 없을 수도 있습니다. 하지만 안타깝게도 많은 영혼이 이런 사실과는 달리, 자신에게 기쁨이 없으니 위로가 없고, 위로가 없으니 평안이 없다고 생각합니다. 우리는 이 셋의 차이를 알기 위해 노력해야 합니다.

3. 과거와 대조되는 평안과 미래와 대조되는 평안이 있다는 사실을 알아야 합니다. 경건하지만 연약한 그리스도인이 있습니다. 그가 자신의 미래의 모습과 자신이 장차 무엇을 얻게 될지를 생각할 때 그에게는 안식과 평안이 전혀 없었습니다. 그러나 이제 바로 그 사람에게 가서 한번 말해 봅시다. 당신이 이전에 얼마나 악하게 살았는지 기억해 보세요. 당신은 주정뱅이에 난봉꾼이었습니다. 어떻습니까? 다시 그런 삶으로 돌아가고 싶나요? 그는 말합니다. 아닙니다. 나는 절대로 그런 삶을 살지 않겠습니

다. 미래와 대조되는 평안과 안식은 아직 없지만, 과거와 대조되는 평안은 그 영혼에게 있습니다.

4. 은밀히 자고 있는 평안이 있고, 분명히 깨어 있는 평안도 있다는 사실을 알아야 합니다. 다시 말해 씨앗 속의 평안과 개화된 평안이 있습니다. 많은 악인의 경우에서 보듯, 지금은 그들에게 큰 위로가 있습니다. 하지만 죽음의 날이라는 고통이 오면, 그들은 죄와 관련한 고통을 겪습니다. 왜 그렇습니까? 죄와 죄책은 이전에도 그들의 마음속에 있었지만 그때는 죄와 죄책이 자고 있었고, 이제는 깨어 일어났기 때문입니다. 경건한 자와 그의 평안의 관계도 같은 방식으로 적용할 수 있습니다. 지금은 많이 고통스러울 수 있습니다. 하지만 죽음의 시간이라는 고통이 오면 그는 평안과 위로를 누립니다. 왜 그렇습니까? 평안과 위로는 이전에도 그의 마음속에 있었지만 그때는 안쪽 깊은 곳에 있어서 그것을 알지 못했습니다. 현재 그 마음에 두려움이 가득한 연약한 그리스도인에게 물어봅시다. 저기 주정뱅이에다 비방하는 자이며 난봉꾼이 하나 있는데, 당신도 저 사람처럼 살고 싶습니까? 그가 말합니다. 오, 아닙니다. 결단코 나는 저렇게 살지 않겠습니다. 그가 이와 같이 대답하는 이유가 무엇이겠습니까? 자신이 인식하지는 못해도 가슴 깊은 곳에 평안과 안식이 존재하기 때문입니다. 성도들이 슬퍼하는 것은 사실입니다. 하지만 **그들은 슬퍼할 수 있기 때문에, 슬프지만 기뻐합니다**(dolent et de dolore gaudent). 그들은 죄로 인해 괴로워합니다. 하지만 그렇게 괴로워할 수 있기 때문에 안식과 평안을 누립니다. 그들에

게는 자신의 죄로 인해 평안이 없습니다. 하지만, 그 가운데 평안을 누립니다. 그들은 자신의 죄 속에서는 평안을 가질 수 없기 때문입니다. 그들에게 한번 물어봅시다. 당신은 괴로워서 죽겠습니까? 당신은 죄로 인해 다소 슬퍼하고 있는데, 그렇게 슬픈 것이 괴롭습니까? 그들은 말할 것입니다. 아닙니다. 죄 때문에 슬퍼서 나는 기쁩니다. 더 이상 슬퍼할 수 없는 것이 나의 고통인 것을 주님도 알고 계십니다. 나는 괴로워하기 때문에 그 속에서 안식과 평안을 누립니다. 어떤 이들은 직접적인 행동에서 평안을 얻고 어떤 이들은 반성적인 행동에서 평안을 얻습니다. 직접적으로 더 많은 평안을 누리는 사람이 있는가 하면 간접적으로 더 많은 평안을 누리는 사람도 있습니다. 이 모든 특징을 생각해 보면, 경건한 자가 없다는 것을 알 수 있습니다. 하지만 어떤 측면에서 보면, 그 속에 어느 정도 평안이 있다고 말할 수도 있을 것입니다. 그렇다면 이 교훈의 논점과 지향점은 무엇입니까?

논점은 다음과 같습니다. 하나님의 성도와 백성들이 그 속에 얼마나 복된 삶을 누리고 있는지 보십시오! 그 속에 평안을 누리는 것, 내적 평안과 안정과 안식을 누리는 것은 복된 일이지 않습니까? 여러분에게 외적 평안이 없어도 내적 평안이 있다면, 여러분은 그 모든 짐을 감당할 수 있을 것입니다. "사람의 심령은 그의 병을 능히 이기려니와 심령이 상하면 그것을 누가 일으키겠느냐."잠 18:14 열병을 견디는 사람이 있습니다. 담석증을 견디고, 지독한 복통을 견디는 사람이 있습니다. 하지만 영혼이 아프고 (심령이 상하면) 누가 견딜 수 있습니까? 오, 그런데 내적 평안이 있으면 "사람의 심령은 그의 병을 능히"이깁니다. 우리의 마음이 온전하면, 이른바 우리 안에 평안이 있으면, 우리는 그 모든 짐을 견딜 수 있습니다. 우리가 사는 시대를 봅시다. 단 하루라도 온전한 평안을 기대하기가 어렵습니다. 돌연히 한밤중에 먹구름이 일어 우리의 모든 위로가 어둠 속에 묻힐 수도 있습니다. 그럼에도 우리 속에 평안이 있는 것, 안식과 안정이 있는 것이 얼마나 좋은 일입니까! 내게 내적 평안이 있다면, 어떤 고난이 와도 나는 안심할 수 있습니다. 내 속에 평안이 있는데, 친구들로 인해 괴로움을 당한들 어떻습니까? 내 속에 평안이 있는데, 비난을 당한들 어떻습니까? 내가 젖은 것은 맞습니다. 내 옷이 젖었습니다. 하지만 살갗은 젖지 않았습니다. 내 속은 젖지 않았습니다. 말라 있습니다. 내 속에 평안이 있습니다. "애통하는 자는 복이 있나니 (우리 주님께서 말씀하십니다) 그들이 위로를 받을 것임이요."[마 5:4] 장차 위로받게 될 사람들이 복됩니까? 그렇다면 이미 위로받고 평안과 안식이 있는 사람들은 얼마나 복됩니까!

이 교훈은 경건하지 않은 사람이나 경건한 사람 모두에게 유익해 보입니다. 예전에 독일의 어떤 위인은 이 교훈에 큰 호감을 느끼고 회개하고 하나님께 돌아오기 시작했습니다. 이 사람은 마르케스 갈레아시우스 카라키올루스(Marquess Galeacius Carracciolus, 16세기의 이탈리아인으로 신앙 때문에 고국을 떠나 제네바로 향했다. 칼뱅은 고린도전서 주석 제2판을 그에게 헌정했다―옮긴이)입니다. 그는 교황주의자로서 경건하지 않은 자였습니다. 가끔씩 순교자 페터(Peter Martyr Vermigli, 16세기 이탈리아 신학자—옮긴이)의 설교나 들으러 오던 그가 한번은 다음과 같은 비유의 말씀을 듣게 되었습니다. 순교자 페터가 말했습니다. "여러분은 사람들이 멀리서 이리저리 뛰며 춤추는 모습을 보고는 미쳤다고 생각합니다. 하지만 가까이 가서 그들 가운데 흘러나오는 음악을 들으면 더 이상 그들을 이상하게 여기지 않습니다. 오히려 그들을 이상하게 여겼던 여러분 자신이 이상할 것입니다. 마찬가지로 여러분은 경건한 자들이 규례를 따르고 은혜의 방편들을 지켜 행하며 하나님의 길을 즐거워하는 모습을 멀리서 보고는 저들이 미쳤다고 생각하고 또 그렇게 말합니다. 하지만 여러분이 그 경건한 자들의 모임에 가까이 가서, 그들 안에 어떤 음악이 흐르고 있는지 알게 되면 더 이상 그들이 미쳤다는 말을 하지 않습니다. 오히려 그들을 의심했던 여러분 자신이 의심받게 될 것입니다." 이 비유를 듣고서 크게 감동받은 마르케스는 자신의 삶을 살피기 시작했고, 마침내 회심하였습니다. 긴말은 하지 않겠습니다. 경건하지 않은 여러분, 성도들 안에 있는 음악, 그들 안에 있는 평안과 안식을 들어 보십시오. 물론 어느 정도 예외가 있기는 할 것입니다. 하지만 일반적으로 그들 속에는 놀라운 음악이 있습니다! 오, 그러므로 경건한 자 되기를 누가 마다하겠습니까!

이 교훈은 이미 경건한 자가 된 여러분에게도 바람직해 보입니다. 그러므로 여러분은 여러분이 누리는 이 평안과 안식으로 주님께 감사하며 찬양해야 마땅합니다. 여러분은 여러분이 누리는 외적 평안으로 하나님을 찬양할 것입니다. 특히 그 평안이 전쟁 뒤에 찾아온 평화라면 더욱 그러할 것입니다. 또한 특별히 그 전쟁이 시민들의 내전이었으며, 여러분 자신이 그 내전으로 인해 고통을 겪었다면, 여러분은 다시 찾아온 그 평화로 한층 더 하나님을 찬양할 것입니다(청교도 혁명의 발단이 된 왕당파와 의회군 사이의 내전이 1642-1652년에 있었으며, 이 책은 1649년에 출판되었다—옮긴이). 경건한 자가 되어 평화를 얻은 여러분, 여러분은 내적 전쟁, 곧 마음 깊은 곳에서 내전을 겪었으며 그로 인해 마음의 고통을 느꼈으나 이제 다시 평안을 얻었습니다. 감사할 일이지 않습니까? 이런 평안과 안식을 주신 주님을 찬양해야 하지 않겠습니까?

한 사람이 말합니다. 주님께 감사드림이 내적 안식과 평안과 안정을 얻은 모든 이들의 의무임을 인정합니다. 하지만 나의 평안과 안식에 대한 감사를 막고 주님에 대한 찬양을 훼방하는 한 가지가 있습니다. 곧 나의 평안이 거짓이 아닌가 하는 걱정입니다. 가짜 평안, 거짓 평안을 쥐고 있는 이들이 많은데, 나의 평안도 그와 같다는 두려움을 떨칠 수 없어서 이 평안에 대해 주님께 찬양과 감사를 드릴 수 없습니다.

여러분, 그와 같은 거짓 평안이 있다는 점은 나도 인정합니다. 사악한 자들의 평안이 그러합니다. 그들의 경우는 마음의 평안마저 거짓입니다. 그러므로 신명기 29:19은 다음과 같이 말씀합니다. "이 저주의 말을 듣고도 심중에 스스로 복을 빌어 이르기를 내가 내 마음이 완악하여 젖은 것과 마른 것이 멸망할지라도 내게는 평안이 있으리라 할까 함이라." 극심한 저주 아래 놓여 있으면서도 오히려 평안한 마음으로 자신의 모든 일이 잘되리라고 말합니다. 당연한 사실이지만, 안전을 침해당하지 않음으로 누리는 평안이 있습니다. 건강해서 누리는 평안뿐 아니라 잠을 자면서 누리는 평안과 안식도 있습니다. 다쳐서 아픈 사람도 잠을 잘 때는 아픔을 느끼지 못합니다. 하지만 그가 아픔을 느끼지 못하는 이유는 건강해서가 아니라 잠들어 있기 때문입니다. 그러므로 사람이 내적 고통을 겪지 않는 까닭은 건강하기 때문이기도 하겠지만 잠들어 있기 때문이기도 합니다. 그러나 성령의 열매인 평안도 있습니다. 갈라디아서 5:22은 다음과 같이 말합니다. "성령의 열매는 사랑과 희락과 화평과……." 의심할 바 없이 거짓 평안이 있고 참된 평안이 있습니다. 시중에 가짜 돈이 좀 유통된다고 해서 내게 있는 모든 돈을 가짜라고 하겠습니까?

이와 관련해 도움이 되는 말씀을 드리고 싶습니다. 참된 평안과 거짓 평안의 차이를 아주 간략히 전하겠습니다. 참된 구원의 평안은 은혜의 자녀이며, 은혜의 어머니입니다. 하나님의 통상적인 선하심을 인식하면서 생기는 평안이 있는데, 그것이 통상적인 평안입니다. 반면 특별한 평안도 있습니다. 이것은 하나님의 특별한 호의와 값없는 은혜를 인식하면서 생깁니다. 참된 평안이 이 은혜의 딸이지만 내재적인 은혜 또는 은혜로운 행위의 부모이기도 합니다. 나는 이것을 보모라고 말하고 싶습니다. 사도가 다음과 같이 말씀하셨기 때문입니다. "모든 지각에 뛰어난 하나님의 평강('평안', KJV—옮긴이)이 그리스도 예수 안에서 너희 마음과 생각을 지키시리라(보호하리라)."^{빌 4:7} 이 구원의 평안은 우리의 모든 은혜를 보호하는 자입니다. 거짓 평안이 우리의 죄를 지키는 파수꾼이라면 참된 평안은 우리의 모든 은혜를 보호하는 파수꾼입니다.

참된 구원의 평안은 믿음으로 누리는 평안입니다. "그러므로 우리가 믿음으로 의롭다 하심을 받았으니 우리 주 예수 그리스도로 말미암아 하나님과 화평('평안', KJV—옮긴이)을 누리자."(롬 5:1) 사도는 로마서 15:13에서 다음과 같이 말합니다. "소망의 하나님이 모든 기쁨과 평강을 믿음 안에서 너희에게 충만하게 하사." 참된 구원의 평안은 믿음으로 오고, 믿음으로 행해집니다. 거짓 평안은 우리와 함께 난 것으로 절대 중단되지 않습니다. 이것은 오직 자연의 소산일 뿐이고, 본성적인 양심의 산물이며, 시간, 곧 우리의 걱정을 해결해 주는 시간에서 생긴 것니나.

참된 구원의 평안은 죄 앞에서도 살아갈 것입니다. 하지만 거짓 평안은 죄를 보면 견딜 수 없습니다. 경건한 사람은 시험당하고 있지 않는 한, 자신의 죄를 보면 볼수록 평안을 얻습니다. 악인은 자신의 죄를 보면 볼수록 평안을 잃습니다. 그러므로 악인의 평안은 모두 자기 죄를 자신에게 숨김으로써 옵니다.

참된 구원의 평안은 시험받는 것을 사랑하며 기꺼이 시험받고자 합니다. 하지만 거짓 평안은 시험을 견지지 못합니다. 빛을 피해 달아납니다. 거짓 평안은 시험받기를 사랑하지 않습니다.

참된 구원의 평안에 대해 하나님께서 말씀하십니다. "내가 하나님 여호와께서 하실 말씀을 들으리니 무릇 그의 백성, 그의 성도들에게 화평을 말씀하실 것이라."[시 85:8] 하나님께서는 시험당하고 있거나 시험당한 영혼에게 평안을 말씀하십니다. 하나님께서는 평안을 그 강한 손으로 말씀하십니다. 세상의 피조물이 결코 줄 수 없는 평안을 주십니다. 하나님께서 평안을 말씀하시면 그 평안은 표현할 수 없는 평안, 인간의 모든 지식과 이해를 초월한 평안입니다. 인간의 입으로는 형용이 안 되는 평안입니다. 사악한 자들에게도 평안이 있어 내적으로 평안과 안식을 크게 누리겠지만, 하나님께서는 그러한 평안을 말씀하지 않습니다. 하나님께서는 악인이 시험에 들었거나 시험당한 후에 갖는 평안을 말씀하지 않습니다. 하나님께서 강한 손으로 말씀하신 평안은 그러한 평안이 아닙니다. 세상의 평안은 시간, 곧 걱정을 해결해 주는 시간에서 생기는 평안입니다. 세상의 즐거움과 만족이 그와 같은 평안을 낳을 것입니다. 그 평안은 표현할 수 없는 평안도 아니고 인간의 모든 이해를 초월하는 평안도 아닙니다. 여러분이 쉽게 표현할 수 있는 저열한 평안일 뿐입니다. 그럼에도 자신의 평안을 거짓으로 여겨 이의를 제기하며 마음에 두려움과 가책을 느끼는 경건한 여러분, 나는 여기서 여러분의 영혼을 향해 호소하고자 합니다. 여러분이 알고 기억하듯이 여러분은 이전에 고통을 겪었습니다. 그러나 지금은 여러분 속에 내적 평안과 안식이 있습니다. 여러분에게 질문합니다. 아래의 질문에 "예" 또는 "아니요"로 대답해 보십시오. 전에 여러분이 고통 가운데 있을 때, 나나 다른 사역자 혹은 여러분이 직접 선택한 수십 수백 명의 사역자가 차례로 약속을 들고 여러분에게 왔었다고 가정해 봅시다. 그때 그 사역자들이 여러분에게 위로를 말할 수 있었습니까? 여러분은 아니라고 대답합니다. 주님께서 내게 위로를 말씀하지 않으시면, 이 세상 어떤 사역자도 내 영혼에 위로를 말할 능력이 없습니다. 그것은 분명히 주님만 하실 수 있습니다. 여러분에게 다시 묻습니다. 그때 여러분은 여러분의 평안을, 그 내적 평안을 기꺼이 시험해 보려고 하지 않았습니까? 여러분은 그렇다고 대답합니다. 진정으로 나는 나의 평안을 시험해 보고자 합니다. 내 평안을 기꺼이 시험해 볼 마음이 없다면 나는 내 평안이 참되다는 희망을 가질 수 없을 것입니다. 여러분에게 한 번 더 묻습니다. 여러분에게 평안이 있음을, 여러분이 여러분의 죄를 보게 된 그때조차 평안이 있음을 여러분은 알지 않습니까? 그리스도께서 짊어지신 여러분의 죄를 보면 볼수록 여러분이 더 많은 평안을 누림을 알지 않습니까? 또 여러분은 믿음으로 인해, 그리스도를 바라봄으로 인해, 그분의 약속을 붙듦으로 인해, 거저 주시는 은혜를 생각함으로 인해 여러분에게 평안이 왔음을 알지 않습니까? 그렇습니다. 진정으로 그렇습니다. 내 영혼이 의지할 약속이 없었다면, 거저 주시는 은혜를 생각하지 않았다면, 주 예수를 바라보지 않았다면, 나의 불쌍한 영혼에 결코 평안이 없었을 것입니다. 하지만 주님께서는 내가 이와 같이 평안을 얻었음을 아십니다. 그렇다면 믿는 자인 여러분, 안심하십시오. 주님의 말씀에 근거하여 여러분에게 말합니다. 여러분의 평안은 참됩니다. 손목마다 부적을 꿰어 매고 겔 13:18-옮긴이 안심시키는 것이 얼마나 위험한 일인지, 아무 말도 하지 말아야 할 때 평안을 말하는 것이 얼마나 위험한 일인지 나는 압니다. 하지만 그것은 여러분의 영혼과 관련된 일입니다. 여러분의 모든 죄와 두려움에도 불구하고 주님의 말씀에 근거하여 말합니다. 여러분의 평안은 참됩니다. 안심하고 돌아가십시오. 하나님께서 사탄을 여러분의 발아래 굴복시키실 것입니다.

하지만 나의 평안, 나의 내적 평안은 지속적이지 않아서 참된 평안이 아닌 것 같다고 말하는 사람이 있습니다.

이 반론에 대한 대답으로 두 번째 교훈이 있습니다. 두 번째 교훈의 논지는 경건한 자의 평안도 중단될 수 있다는 것입니다.

여러분은 이렇게 말합니다. 나를 괴롭히는 문제가 있습니다. 나는 나의 평안을 너무 쉽게 얻었기 때문에, 나의 평안과 안식은 참되지 않은 것 같은 문제입니다. 하나님의 백성들 중에 다른 경우를 나는 알고 있습니다. 그들은 오랫동안 고통과 상처로 시달리다가 마침내 평안을 얻습니다. 하지만 내 경우는 그렇지 않습니다. 나는 쉽고 간단하게 평안과 안식을 얻었습니다. 그래서 주님께서 내 영혼에 결코 평안을 말씀하지 않으셨다는 생각마저 듭니다.

쉽게 얻었다는 것이 문제입니까? 얼마나 쉽게 얻었습니까? 여러분은 여러분의 평안을 몰래 훔쳤습니까? 다른 이들은 오랫동안 고통과 상처로 시달렸다고 말하는데, 그러면 그들은 그들의 평안을 샀습니까? 여러분에게 정중히 질문합니다. 오랫동안 괴로웠던 그들이 그간의 모든 고통과 괴로움을 주고 그리스도의 손에서 그들의 평안을 샀습니까? 아니면 그리스도께서 그들에게 평안과 위로를 거저 주셨습니까? "샀습니다!" 이것이 여러분의 대답입니다. 하지만 절대 그렇지 않습니다. 그들은 그들의 평안을 결코 구입하지 않았습니다. 그리스도께서 그들에게 값없이 주셨을 뿐입니다. 그들의 고통과 수고가 끝난 후 그리스도께서 그들에게 평안을 거저 주셨습니다. 그들보다 덜 힘들었다고 여러분에게 평안을 안 주시겠습니까? 복음서에 나오는 포도원 품꾼의 비유는 마 20:1-16-옮긴이 나도 읽고 여러분도 읽었습니다. 두 사람이 포도원으로 일하러 옵니다. 한 사람은 아침부터 와서 종일토록 더위를 견디고, 또 한 사람은 날이 저물 무렵에 왔지만, 둘 다 같은 돈을 받습니다. 그렇게 품삯을 받는데, 아침부터 와서 있던 사람이 불평하며 말합니다. 나는 하루 종일 여기서 일하며 찌는 더위를 견디고 한 푼을 받았는데, 저 사람은 날이 저물 때 왔는데도 나와 똑같이 한 푼을 받았다. 아침부터 와서 더위를 견디며 일했던 사람은 이처럼 불평을 했지만, 저물 무렵에 온 사람은 아무런 불평도 하지 않았습니다. 게다가 한낮의 더위를 견디며 고생한 사람과 달리, 자신은 수고도 하지 않고 똑같이 한 푼을 받았으므로 자신이 받은 돈은 가치가 없다는 말도 하지 않았습니다. 사실 한낮의 더위를 견디며 고생한 사람들이야 불평할 만도 합니다. 하지만 주님께서 여러분을 데려오셔서, 더위를 견딘 사람들과 똑같이 한 푼을, 똑같이 평안을 주셨습니다. 그런데 여러분이, 나는 다른 이들처럼 고생도 하지 않고 받았으니 내가 받은 것은 가짜 동전, 거짓 평안이라고 불평합니까? 여러분도 알다시피, 남들보다 더 많은 고통을 짊어지고 이 세상에 태어나는 자녀들이 있는가 하면, 더 적은 고통을 안고 나오는 자녀들도 있습니다. 고통을 적게 가지고 태어난 자녀가 이 상황에서, 나는 남들만큼 고생을 심하게 타고나지 않았으니 사생아 아니냐고 말할 수 있습니까? 그리스도께서 사람들의 영혼에 들어오실 때, 어떤 이들은 큰 고통을 겪으며 중생하고 어떤 이들은 남보다 적은 고통을 겪으며 중생합니다. 이때 고통을 적게 겪으며 중생한 사람이, 나는 중생하면서 다른 이가 겪은 정도의 고통을 겪지 않았으니 사생아일 뿐 참된 아들이 아니라고 말해야 하겠습니까? 이 문제와 관련해 삭개오의 경우는 어떠했는지 알고 있습니다. 그리스도께서 삭개오의 집으로 들어가셨고, 들어가신 바로 그날 그분께서는 삭개오에게 말씀하셨습니다. "오늘 구원이 이 집에 이르렀으니."녹 19:9-옮긴이 삭개오는 첫날부터 확신을 얻었습니다. 하지만 바울의 경우는 다릅니다. 그는 회심했지만, 여전히 고통 가운데 있었고 사흘이나 눈이 멀어 있었습니다. 그러면 여기서 삭개오가 나는 바울처럼 사흘이나 눈멀지 않았고 심한 고통을 겪지도 않았으니 회심한 것이 아니라고 말해야 합니까? 결코 그렇지 않습니다. 이제 여러분은 다른 이들처럼 고생하지 않았으니 여러분의 평안은 거짓이라고 말해서는 안 됩니다. 다른 사람의 기준을 여러분의 기준으로 삼지 마십시오. 하나님께서는 은혜와 마찬가지로 평안과 관련해서도 자기 백성들을 여러 방식으로 대하십니다. 그러므로 나는 여러분에게 다른 누구의 평안이 아닌 여러분의 평안을 바라보라고 말하고 싶습니다. 여러분에게 영혼의 평안과 안식이 있습니까? 그렇다면 여러분의 그 평안으로 인해 주님을 찬양하십시오. 진실로 여러분의 평안과 안식에 대해 주님을 찬양하고, 또한 값없이 주시는 은혜로 인하여 여러분이 그 평안을 순조롭게 얻었으니 이에 대해서도 주님을 찬양하십시오. 여러분의 문제는 하나님의 은혜를 달리 부르며 하찮게 여기거나 거짓이라고 하는 것입니다. 그리스도께서 그 은혜를 거저 주셨는데, 여러분은 그 은혜를 거짓이라고 합니다. 오, 부디 우리가 이에 대하여 겸손히 마음을 낮추고, 주님께서 여러분에게 주신 어떠한 분량의 평안과 안식이든 그분께 감사드립시다.

또 한 사람이 말합니다. 이 모든 것이 내 경우에는 해당되지 않습니다. 내게는 영혼의 평안과 안식도 없어서 감사드릴 일이 없기 때문입니다. 진정으로 평안과 안식이 있어서 명백히 감사드려야 하는 사람들이 있습니다. 하지만 나의 불쌍한 영혼은 오랫동안 고통스럽고 힘들었음에도 결코 그리스도 안에 있는 하나님의 사랑에 대한 확신을 얻지 못했습니다. 내 속에는 이 평안과 안식이 없습니다. 어떻게 해야 나는 이 평안을 얻을 수 있습니까? 불쌍한 영혼은 어찌해야 이 평안과 안식을 얻어 누릴 수 있습니까?

여러분은 시편 기자의 말을 알고 있습니다. "내가 하나님 여호와께서 하실 말씀을 들으리니 무릇 그의 백성, 그의 성도들에게 화평을 말씀하실 것이라."시 85:8 여러분에게 평안을 말씀하심은 나의 능력이나 하찮은 어느 피조물의 능력으로 가능한 일이 아닙니다. 여러분의 영혼에 평안을 말씀하시는 분은 주님뿐이시며, 주님께서는 하나의 규례로서 이 평안을 말씀하십니다.

주님께서는 과연 무슨 말씀을 하십니까? 말씀에 근거하여 규례로서 하시는 그 말씀이 무엇이기에, 결코 안식하지 못하던 내가 이 내적 평안과 안식에 이를 수 있단 말입니까?

1. 그분께서는 여러분이 예수 그리스도의 죽음과 고난과 온전한 속죄를 깊이 공부하기를 바라십니다. 그리스도의 무덤으로 들어가십시오. 그리스도의 피는 믿음의 대상이며, 믿음은 평안을 낳습니다. 불신앙은 고통스러운 죄이지만 믿음은 평안하게 하고 안식하게 하는 은혜입니다. "그러므로 우리가 믿음으로 의롭다 하심을 받았으니 우리 주 예수 그리스도로 말미암아 하나님과 화평을 누리자."[롬 5:1] 하나님의 값없고 무한한 사랑을 보면 볼수록 여러분의 마음은 더욱더 안식과 평안을 얻을 것입니다. 그런데 여러분이 그리스도의 죽음이 아니면 어디에서 하나님의 사랑을 보겠습니까? 십자가에 달리신 그리스도를 봄으로써 여러분은 승리하는 거룩한 사랑을 봅니다. 우리 속에 있는 모든 참된 평안은 우리 밖에서 이루어진 평안을 봄으로써 생겨납니다. 그리스도의 죽음이 아니면 어디에서 우리가 평안을 보겠습니까? 그러므로 선지자는 말합니다. "그가 징계를 받으므로 우리는 평화('평안', KJV—옮긴이)를 누리고."[사 53:5-옮긴이] 시편 41편에는 가난하고 힘없는 사람을 돌보는 사람에게 큰 복이 있으리라는 약속이 있습니다. "가난한 자를 보살피는 자에게 복이 있음이여."[1절] 이 가난한 자는 누구입니까? 타르노비우스(Paulus

Tarnovius, 1562-1633, 독일의 정통 루터교 신학자—옮긴이)는 10절("그러하오나 주 여호와여 내게 은혜를 베푸시고 나를 일으키사 내가 그들에게 보응하게 하소서. 이로써"—옮긴이)을 근거로 이 가난한 자는 고난받는 그리스도라고 말합니다. 그가 보는 바와 같이 이 시편은 그리스도의 시편이기 때문입니다. 9절은 다음과 같이 말합니다. "내가 신뢰하여 내 떡을 나눠 먹던 나의 가까운 친구도 나를 대적하여 그의 발꿈치를 들었나이다." 이는 그리스도의 말씀이며, 그리스도께서 이 시편을 말씀하십니다. 여기서 보살핌을 받아야 할 "가난한 자"는 고난받는 그리스도라고 타르노비우스는 말합니다. 나는 여기서 이 해석의 진위를 논하고 싶은 생각은 없습니다만, 이 해석이 옳다면 주님께서는 그리스도의 죽음과 고난을 지혜롭게 살피는 자들에게 복을 약속하신 셈입니다. 그럼 이 복은 구체적으로 무엇입니까? 바로 이것입니다. "재앙의 날에 여호와께서 그를 건지시리로다."시 41:1-옮긴이 "재앙의 날"을 갈대아 의역(구약 아람어 역본인 탈굼 성경—옮긴이)에서는 "악한 날"로, 심마쿠스역(구약의 헬라어 번역본으로, 오리게네스의 헥사플라에 포함되었다—옮긴이)에서는 "분통이 터지는 날"로 되어 있습니다. 시험과 의심과 큰 두려움이 있는 날은 재앙의 날이며 분통이 터지는 날입니다. 바로 이날 하나님께서는 그리스도의 죽음을 깊게 헤아리는 사람을 구해 주실 것입니다. 우리가 그리스도의 마음을 볼 수 있다면 더 이상 의심하는 일은 없을 것입니다. 그분의 죽음에서 여러분은 그분의 마음을 볼 수 있습니다. 그분의 피에서 여러분은 그분의 마음을 볼 수 있습니다. 여러분은 이사야가 한 말을 알고 있습니다. "여호와여 주께서 우리를 위하여 평강을 베푸시오리니 주께서 우리의 모든 일도 우리를 위하여 이루심이니이다."^{사 26:12} 하나님께서는 우리를 위하여 모든 일을 이루어 주셨습니다. 이 사실을 그리스도의 무덤과 죽음이 아니면 어디에서 발견할 수 있겠습니까?

2. 여러분은 평안을 위해 그리스도의 무덤으로 가 그분의 죽음을 공부해야 할 뿐 아니라 그리스도 그분께 직접 나아가야 합니다. 평안을 이루는 위대한 그분께서는 우리 안과 밖의 모든 불화를 떠맡는 분이십니다. 여러분은 그분의 말씀을 압니다. "주 여호와께서 학자들의 혀를 내게 주사 나로 곤고한 자를 말로 어떻게 도와줄 줄을 알게 하시고."^{사 50:4} 그러므로 그리스도에게 나아가서 이 약속의 말씀을 주장하십시오. 주님, 주님께서는 학자의 혀를 받으셨으니 곤고한 자에게 위로가 되는 말씀을 해주실 수 있습니다. 오, 주님, 제가 그와 같이 지친 영혼입니다. 시험당해 지치고, 마음의 고통으로 지쳤습니다. 그러니 주님, 이 불쌍하고 상처받고 지친 영혼에게 위로의 말씀을 주십시오. 이와 같은 마음으로 그리스도에게 나아가십시오.

여러분이 이와 같이 그리스도에게 말씀드릴 때는 오로지 정직해야 합니다. 단순히 평안 자체를 위해서 평안을 구할 것이 아니라, 여러분의 은혜를 위해서 구해야 한다는 점에 유의해야 합니다. "여호와께서 은혜와 영화를 주시며 정직하게 행하는 자에게 좋은 것을 아끼지 아니하실 것임이니이다."^{시 84:11} 선한 사람은 은혜를 위하여 평안을 구하고, 악인과 위선자는 평안을 위하여 은혜를 구합니다. 여러분이 평안을 구할 때는 반드시 정직한 마음으로 그리스도 앞에 나와야 합니다. 그리고 평안을 위해 평안을 구하지 말고 은혜를 구해야 합니다.

여러분이 평안을 구하기 위해 그리스도에게 나아갈 때는 약속을 들고 가야 합니다. 평안을 주시겠다는 그 약속에 의지해서 그분께 나아가야 합니다. 가서 그리스도를 오래 기다리십시오. 그분만을 기다리고 그분의 길을 따르십시오. 어떤 이들은 하나님을 기다린다고 하면서 그분의 길은 따르지 않습니다. 그들은 즉시 위로를 얻지 못하면 지켜야 할 신앙의 의무를 팽개쳐 버립니다. 하지만 여러분은 그리스도에게 말씀드릴 때, 가서 오랫동안 그분을 기다리십시오. 평안과 위로가 즉시 찾아오지 않을 경우, 여러분이 과연 그리스도 안에 있는지 없는지, 여러분이 과연 하나님의 자녀인지 아닌지 하는 중대한 질문은 잠시 제쳐 두십시오. 여러분의 큰 문제는 이것입니다. 오, 나는 아무래도 하나님의 자녀가 아닌 것 같다. 내가 정말 하나님의 자녀인지 알기만 한다면 평안을 얻을 텐데. 평안과 위로가 즉시 오지 않을 때는 그런 질문을 잠시 미루어 두십시오. 그러면 머지않아 그리스도께서 그 질문에 답해 주실 것입니다. 지금은 다만 그분을 기다리며 그분의 길을 따르십시오.

하지만 여러분 중에는 이렇게 말하는 사람도 있습니다. 우리가 저지른 죄를 깊이 뉘우치고 낮아져야 하지 않습니까? 이 통회의 겸손이 내적인 평안을 얻는 좋은 수단이 아닙니까? 여러분이 뉘우치며 통회할 때는 그리스도를 모시고 가십시오. 여러분이 죄를 생각하며 울 때는 높은 데서 그리스도로부터 시작하십시오. 늘 낮은 데서 죄로부터 시작한 후에 그리스도에게 올라가야 한다고 생각하지 마십시오. 그리스도와 함께 높은 데서 시작하여 여러분의 통회로 죄를 향해 내려와야 합니다. 여러분은 이렇게 말합니다. 오, 하지만 나는 그리스도께 나아가기 전에 먼저 뉘우치며 낮아지겠습니다. 이런 여러분에게 간곡히 말합니다. 과연 여러분은 먼저 죄를 보지 않고도 겸손히 뉘우칠 수 있겠습니까? 그리스도의 죽음이 아니면 어디에서 여러분이 죄의 모습을 볼 수 있겠습니까? 그리스도의 죽음만큼 죄의 비참하고 추악하며 저주스러운 본질을 보여주는 것이 이 세상에 있습니까? 여러분이 그리스도로부터 시작하면 반드시 여러분의 죄로 내려와 그 죄를 깨닫고 뉘우치게 될 것입니다. 하지만 여러분이 죄로부터 시작하면 분명히 그리스도에게 올라가지 못할 것입니다. 그런데도 다음과 같이 말하는 불쌍한 영혼이 많습니다. 나는 먼저 내 죄를 뉘우친 후에 그리스도에게 나아가겠습니다. 하지만 그들은 너무 오랫동안 율법 문제에 매달려 있느라 그리스도에게 결코 가지 못했습니다. 이렇듯 여러분이 그리스도에게 나아가기 전에 먼저 뉘우치고자 한다면, 여러분은 결국 그 통회의 자리에서 큰 평안과 위로를 얻지 못할 것입니다. 하지만 여러분이 먼저 그리스도에게 나아가서 그분을 여러분의 통회의 자리로 모시면, 거기서 큰 위로와 평안을 얻게 될 것입니다. 여러분은 통회하고 낮아짐으로써 평안을 얻으려 합니까? 그렇다면 반드시 그 자리에 그리스도를 모시고 가십시오. 언제나 죄로부터 시작해서 그리스도에게 올라가려 하지 말고, 그리스도로부터 시작해서 죄로 내려와야 합니다.

여러분의 감정을 죽이고, 여러분의 의지를 하나님의 의지 안으로 녹여 넣으려고 노력해야 합니다. 바다에 바람이 휘몰아치듯 인간의 영혼에도 감정의 바람이 휘몰아칩니다. 바람이 몰아치는 한, 바다에는 안식과 평안이 없습니다. 우리가 아직도 우리의 의지를 하나님의 의지에 맡기지 않았기 때문입니다. 그게 아니라면 무엇 때문에 우리 마음에 안식과 평안이 없습니까? 지금 우리의 평안이 요동하는 것은 우리의 의지 때문입니다. 여러분의 의지를 하나님의 의지 안에 죽여 넣으십시오. 여러분은 이렇게 말씀드려야 합니다. 주님, 나는 기꺼이 평안을 누리고 싶습니다. 하지만 내 뜻대로 마시고 주님 뜻대로 하십시오. 주님, 주님께서 원하실 때, 주님께서 원하시는 대로, 내 뜻대로 마시고 주님 뜻대로 이루어지게 해주십시오. 이렇게 하면 즉시 안식을 누릴 것입니다.

여러분은 영혼의 평안과 위로와 안식을 원합니까? 그렇다면 의심하는 친구들과 함께하지 않도록 주의해야 합니다. 두려움과 의심이 가득한 사람들과 동행하지 않도록 조심하십시오. 주정꾼 하나가 또 다른 주정꾼을 만들고, 비방꾼 하나가 또 다른 비방꾼을 낳으며, 불경한 자가 또 다른 불경한 자를 끌어오고, 행음하는 자가 또 다른 행음자를 만들 듯, 의심하는 그리스도인 하나가 또 다른 의심꾼을 만들어 냅니다. 아직 연약하고 의심이 가득한 여러분은 강하고 확신에 찬 그리스도인들에게 의지해야 합니다. 강하고 확신에 찬 여러분은 약한 이들에게 어깨를 내주며 말해야 합니다. 이리 와서 내게 기대십시오. 내가 도와 드리겠습니다. 여러분은 담쟁이덩굴과 포도 덩굴의 경우가 어떤지 압니다. 담쟁이는 참나무에 기대어 올라가고, 포도 덩굴은 기둥이나 벽에 기대어 올라갑니다. 담쟁이와 포도 덩굴은 서로에게는 기대지 않습니다. 담쟁이와 포도 덩굴이 서로 의지하면 피차간에 심각하게 얽혀서 땅에 드러눕게 됩니다. 그러므로 담쟁이는 참나무에 의지하고 포도 덩굴은 기둥이나 벽에 의지합니다. 이처럼 약한 그리스도인은 강한 그리스도인에게 기대야 합니다. 하지만 의심꾼 하나가 또 다른 의심꾼에게 기댄다면 둘 모두 땅바닥에 드러눕고 말 것입니다. 큰 시험을 당한 한 여인의 이야기를 알고 있습니다. 이 여인이 같은 형편에 있는 다른 여인을 만나 이야기를 합니다. 나는 아무래도 저주를 받을까봐 두렵습니다. 다른 여인이 받아서 말합니다. 나도 그렇습니다. 원래의 여인이 다시 말합니다. 오, 나는 두렵기만 한 것이 아니라 아예 확신이 듭니다. 나는 분명히 저주받을 것입니다. 그러자 상대방 여인도 다시 대답합니다. 그래요, 하지만 내 형편이 더 나쁩니다. 나는 이미 저주받았습니다. 오, 어떻게 이런 대화가 있을 수 있습니까! 이것이 진정 서로를 세워 주는 일입니까? 여러분은 위로와 평안을 원합니까? 약한 이들은 강하고 확신에 찬 이들에게 의지하십시오. 강하고 확신에 찬 이들은 연약하고 의심에 사로잡힌 이들에게 기꺼이 어깨를 내어 주십시오.

말씀을 맺고자 합니다. 여러분은 영혼의 평안과 안식을 원합니까? 주님께서 여러분의 마음에 대고 겨자씨만 한 평안을 말씀하시면, 부디 여러분은 그 작은 평안을 거절하지 않도록 주의하십시오. 여러분은 그 평안을 최대한 선용하며, 용기를 잃지 말고 힘을 내서 믿어야 합니다. 베풀어 주신 모든 호의에 대하여 하나님께 감사드리고, 작은 것으로 인해 기뻐하십시오. 하늘에서 여러분에게 찌그러진 동전 한 닢을 보내더라도 소중히 잘 간수하십시오. 그것은 사랑의 증표입니다. 평안은 세미하고 부드러운 것입니다. 주님께서 지금 여러분의 영혼에 평안을 말씀합니까? 힘을 내서 그 작은 평안을 믿으십시오. 그러면 주님께서 더 큰 평안을 주실 것입니다.

여러분은 나다나엘의 경우가 어떠했는지 알고 있습니다. 나다나엘이 그리스도께서 말씀하신 것을 믿자, 그리스도께서 그에게 말씀하십니다. "내가 너를 무화과나무 아래에서 보았다 하므로 믿느냐. 이보다 더 큰 일을 보리라.……하늘이 열리고 하나님의 사자들이 인자 위에 오르락내리락 하는 것을 보리라 하시니라." 요 1:50-51 주 그리스도께서는 불쌍한 영혼에게 말씀하실 것입니다. 나는 네게 말하였고, 네게 작은 평안을 주었다. 너는 내가 네게 한 말로 인해서 믿느냐? 너는 이보다 더 큰 일을 보리니, 내가 네게 넘치는 평안을 주리라. 이사야 48:18에서 주님은 말씀하십니다. "네가 나의 명령에 주의하였더라면 네 평강이 강과 같았겠고 네 공의가 바다 물결 같았을 것이며." 주님께서 백성들에게 말씀하고 믿으라고 하실 때, 백성들이 그분의 말씀에 귀 기울인다면 그들의 평안이 강같이 흐를 것입니다. 주님께서 언제 특별하신 방식으로 백성들에게 믿으라고 요구하십니까? 백성들에게 말씀하며 작은 평안을 주실 때, 그분께서는 믿으라고 요구하십니다. 지금 돌아서서 믿으라고 주님께서 말씀하십니다. 엘리야의 경우도 어떠했는지 여러분은 알고 있습니다. 오랫동안 비가 오지 않자, 엘리야는 자신의 시종을 바다 쪽으로 보내 비가 올 기미가 있는지 보게 하고, 자신은 얼굴을 땅바닥에 대고 엎드려 기도합니다. 엘리야의 시종은 주인의 말대로 가지만 비가 올 기미는 보이지 않습니다. 시종은 다시 가지만 역시 비 올 기미는 보이지 않습니다. 그런 식으로 일곱 번을 다시 가서야 엘리야의 시종은 손바닥만한 구름 한 점을 보고 주인에게 돌아와서, 사람 손바닥만한 구름 한 점을 보았다고 말합니다. 이에 엘리야는 마침내 말합니다. "오라, 올라가자. 내가 큰 물소리를 들었다." 여러분은 얼굴을 땅에 대고 크게 낙심한 채 엎드려 있었을 것입니다. 하지만 그렇게 엎드려 기도하는데 사람 손바닥만한 작은 구름이라도 온다면, 여러분은 마침내 이렇게 말해야 합니다. 진실로 더 큰 비가 오고 있다. 내 영혼아, 네가 어찌하여 그렇게 낙심하며, 어찌하여 그렇게 괴로워하느냐? 너는 하나님을 기다려라. 저기 큰 비 오는 소리 들린다. 우리의 구주 그리스도께서 평안을 말씀하실 때는 먼저 작고 세미하게 말씀하십니다. 그 작은 말씀을 우리가 잘 받아들여 선용하면 더 큰 말씀을 주십니다. 마리아의 경우도 여러분은 잘 압니다. 마리아는 무덤가에서 주님을 찾고 있었습니다. 그녀가 천사들에게 말합니다. "사람들이 내 주님을 옮겨다가 어디 두었는지 내가 알지 못함이니이다."요 20:13-옮긴이 천사들이 그녀에게 말하지만, 그녀에게는 위로가 되지 않았습니다. 마침내 우리의 구주 그리스도께서 오셔서 마리아에게 말씀하시자, 마리아는 위로를 받습니다. 주님은 마리아에게 무슨 말씀을 하셨습니까? 한 말씀만 하셨습니다. "마리아야!" 그러므로 우리가 고통 중에 있을 때 때로 주님께서는 오셔서 한 말씀만 하십니다. 그분께서는 아마 약속을 하시고 그 약속의 말씀을 영혼에 심어 주실 것이며, 그 영혼은 이렇게 대답할 것입니다. "랍오니, 나의 주님!" 그러므로 주님께서 여러분에게 한 말씀만 주시더라도 여러분은 분발하여 믿으며 그분의 말씀에 귀 기울여야 합니다. 그분께서 더 충분하고 명백하게 말씀해 주실 테니 말입니다. 그분께서 말씀하실 때는 듣기만 하십시오. 그분의 말씀에 부지런히 귀 기울이며 그분의 말씀을 잘 받아들여 선용하면, 여러분의 평안이 강같이 흐르고 여러분의 의가 바다같이 넘칠 것입니다.

 이것으로 첫 번째 논증을 마칩니다.

chapter **02.**

참된 평안도 중단될 수 있다

하나님의 성도와 백성도 심히 절망하고 낙심할 수 있습니다. 그들에게는 일반적으로 영혼의 내적 평안과 안식이 부여되어 있습니다. 그럼에도 이 안식은 중단될 수 있습니다. 그래서 그들은 심히 절망하고 낙심합니다.

우리가 논의하는 본문에는 다음과 같은 두 단어가 나옵니다. **낙심하며, 불안해하는가.** 시편 42편에서 기자는 자신의 영혼이 자기 속에서 낙심했다는 말을 세 번이나 합니다. 하지만 일반적으로 다윗은 큰 평안과 위로를 누린 사람이었습니다.

다윗과 같은 경우를 성도들은 과거에 겪기도 했고, 지금 겪고 있기도 하며, 앞으로 겪을 수도 있습니다. 성도들이 낙심하는 이 현상은 대단히 일반적이어서, 성령께서는 이와 같은 형편에 있는 성도들을 위해 일부러 통상적인 시편 혹은 기도문을 마련해 주셨습니다. 시편 102편의 제목은 "고난당한 자가 마음이 상하여 그의 근심을 여호와 앞에 토로하는 기도"입니다. 시편 119:25은 다음과 같습니다. "내 영혼이 진토에 붙었사오니." 정말 이를 데 없이 비천한 모습입니다. "나의 영혼이 눌림으로 말미암아 녹사오니."^{28절} 지금 슬픔에 짓눌려 있을 뿐 아니라 그 짓눌림으로 영혼이 녹을 정도라고 합니다. 아가 5:6에서 신부는 말합니다. "내 혼이 나갔구나." 또 시편 143:4에서 시편 기자는 말합니다. "그러므로 내 심령이 속에서 상하며 내 마음이 내 속에서 참담하니이다." 이 격하고 강렬한 많은 표현들이 지금 우리가 논의하려는 이 진리를 말하는 것이 아니라면 도대체 무엇이겠습니까?

다음과 같이 이 진리를 좀 더 명확히 밝히고자 합니다.

첫째, 선한 자의 절망과 낙심은 어느 정도까지 깊을 수 있는가.

둘째, 그는 어떻게 해서 그토록 절망하게 되는가.

셋째, 그러한 절망은 어떻게 그의 은혜와 선함과 양립하는가.

넷째, 그러한 절망은 어떻게 치유될 수 있는가.

첫째, 성도가 어디까지 절망할 수 있느냐고 묻는다면—아무리 은혜롭고 거룩한 사람이라도 심히 절망할 수 있겠지만, 자신은 절망하지 않을 것이라고 말하는 사람이 있을 것이므로—나는 다음과 같이 대답하겠습니다.

1. 여러분은 어느 정도입니까? 여러분은 여러분에게 주시는 말씀과 약속과 위로조차 거절할 정도로 불안하고 절망하고 낙

심합니까? 성도들의 절망은 그 정도로 깊을 수 있습니다. "내가 하나님을 기억하고 불안하여 근심하니."시 77:3 그는 지금 자신의 죄를 기억하고 불안하다고 말하지 않고, 하나님을 기억하며 불안하다고 합니다. 참으로 나는 불안하여 "근심하니 내 심령이 상하도다."시 77:3 하지만 약속이 오고, 자비가 오고, 위로가 올 때도 그는 거절했습니까? 그렇습니다! "내 영혼이 위로받기를 거절하였도다."시 77:2

2. 여러분의 절망과 불안과 낙심이 너무 심해서 그 고통이 아예 몸으로 느껴질 정도입니까? 여러분의 영혼을 위한 약속과 위로는 물론 육신의 모든 안락과 위로마저 거절할 정도입니까? 그렇다면 시편 102편을 펴고, 여러분의 경우만 그렇게 유별난 것인지 살펴봅시다. "내가 음식 먹기도 잊었으므로 내 마음이 풀 같이 시들고 말라 버렸사오며."4절 "나의 탄식 소리로 말미암아 나의 살이 뼈에 붙었나이다."5절 "나는 광야의 올빼미 같고 황폐한 곳의 부엉이 같이 되었사오며."6절 "나는 재를 양식 같이 먹으며 나는 눈물 섞인 물을 마셨나이다."9절 "주의 분노와 진노로 말미암음이라. 주께서 나를 들어서 던지셨나이다."10절 "내 날이 기울어지는 그림자 같고 내가 풀의 시들어짐 같으니이다."11절 여러분은 말합니다. 나는 영혼과 육신의 위로를 마다할 만큼 절망했고, 내 영혼도 낙심해서 현재의 의무를 저버리고 있습니다.

3. 선하고 은혜로운 사람의 절망도 이 정도로 깊을 수 있습니다. 이에 대한 예를 거룩한 사람 예레미야에게서 찾을 수 있다고 한다면 여러분은 아마 이상하다고 생각할 것입니다. 하지만 예

예레미야 20:7-9을 보십시오. 진실로 그는 말합니다. "내가 다시는 여호와를 선포하지 아니하며 그의 이름으로 말하지 아니하리라 하면 나의 마음이 불붙는 것 같아서 골수에 사무치니 답답하여 견딜 수 없나이다."9절 그는 잠시 동안 자신의 의무이며 임무인 주님의 이름으로 전파하는 일을 그만두기로 결심했습니다. 이 거룩하고 은혜로운 사람이 시험에 들어 크게 절망해서 그렇게 말했습니다. 하지만 13절에서 그는 말합니다. "여호와께 노래하라. 너희는 여호와를 찬양하라. 가난한 자의 생명을 행악자의 손에서 구원하셨음이니라." 그런데 바로 이어지는 구절을 보십시오. "내 생일이 저주를 받았더면, 나의 어머니가 나를 낳던 날이 복이 없었더면, 나의 아버지에게 소식을 전하여 이르기를 당신이 득남하였다 하여 아버지를 즐겁게 하던 자가 저주를 받았더면."14-15절 얼마나 급격한 변화입니까! 가장 뛰어난 성도에게도 이처럼 한순간에 희망에서 절망으로 추락하는 변화가 있습니다. 여러분은 말합니다. 하지만 나는 예레미야처럼 내가 태어난 날을 저주하고 나의 출생을 한탄하기만 한 것이 아니라, 아예 사는 것조차 괴로워 스스로 죽으려 했습니다. 과연 거룩하고 은혜로운 사람으로서 이만큼 절망하고 낙심했던 경우가 있었습니까?

있었습니다! 여러분은 욥을 어떻게 생각합니까? "내 영혼이 살기에 곤비하니."욥 10:1 그리고 3장에서 욥은 자신과 관련하여 불평을 토로합니다. "어찌하여 고난당하는 자에게 빛을 주셨으며 마음이 아픈 자에게 생명을 주셨는고. 이러한 자는 죽기를 바라도 오지 아니하니 땅을 파고 숨긴 보배를 찾음보다 죽음을 구하는 것을 더하다가."20-21절 금과 은을 채굴하는 자들이 얼마나 열심인지 여러분은 압니다. 자신이 너무 괴롭고 슬퍼서, 그 영혼은 숨긴 보화를 찾는 것보다 더 열심히 죽음을 찾는다고 욥은 말합니다.

오, 하나님의 성도와 백성도 이처럼 말할 수 없이 깊은 절망에 빠질 수 있습니다. 하지만 그럼에도 그들은 여전히 거룩하고 은혜로운 자들입니다!

둘째, 왜 하나님께서는 자기 백성이며 귀한 자녀에게 이와 같은 절망을 허락하고 그 평안을 중단하십니까? 어떤 사람은 말합니다. 우리가 지금 누리는 모든 즐거움과 위로는 육신의 기쁨과 안락이어서 곧 사라질 것을 나는 압니다. 또한 사탄이 하나님의 귀한 자녀들에게 접근해 그들을 이 절망의 구덩이로 밀어 넣고 애초부터 절망한 영혼이었던 사탄 자신과 같은 존재로 만들려는 것도 압니다. 어째서 하나님께서는 이런 일들을 허락하십니까?

일반적으로 이것은 그들의 유익을 위함입니다. 그들이 평안과 위로를 얻음도 그들의 유익을 위함이며, 평안과 위로를 얻지 못함도 그들의 유익을 위함입니다. 동방박사들을 그리스도에게 인도했던 별이 어떤 때는 나타나기도 했고 어떤 때는 사라지기도 했습니다. 하지만 이렇게 나타나고 사라지는 두 현상 모두 그들의 유익을 위함이었습니다. 이 별은 나타남으로써 그들을 그리스도에게 초대하고, 또 사라짐으로써 그들이 그분을 더욱 열심히 찾도록 했습니다. 그리스도께서 그의 모친 마리아로부터 사라져 존재를 숨기시자, 마리아는 더욱 열심히 그분을 찾아다녔습니다. 그래서 마리아가 그분을 찾았을 때 더욱 크게 기뻐하였습니다. 이와 같이 그분의 부재와 존재, 마리아의 근심과 위로는 모두 그녀의 유익을 위함이었습니다. 그분의 부재는 그녀의 열망을 이끌어 냈고, 그분의 존재는 그녀의 기쁨을 이끌어 냈습니다. 하나님께서 우리에게서 물러나 부재하실 때 우리는 하나님을 향한 열망으로 그분에 대한 우리의 사랑을 드러낼 수 있으며, 하나님께서 우리 앞에 존재하실 때 우리는 그분의 얼굴에서 나오는 빛으로 우리에 대한 그분의 사랑을 확신할 수 있습니다. 그러므로 하나님께서 빛으로 존재하시든 아니든, 우리에게 위로가 있든 없든, 두 경우 모두 우리의 유익을 위함입니다. 일반적인 설명은 이것으로 마치고 좀 더 실제적으로 살펴보겠습니다.

1. 여러분이 아는 바와 같이, 사람의 자녀들을 다양한 성향에 따라 대하시며 약한 것을 너그러이 받아 주시는 것이 하나님의 방식입니다. 예언자 호세아는 말합니다. "내가 사람의 줄 곧 사랑의 줄로 그들을 이끌었고."[11:4] 늘 하나님께 곧바로 오지 못하고 무언가를 거쳐서 오는 것이 인간의 성향입니다. 사람은 피조물에게서 어떤 만족감을 느끼면 하나님께 나아오지 않습니다. 하지만 그전에 피조물에게서 공허를 느끼고 의무와 규례를 행하면, 아, 하나님 안과 그리스도 안에 이와 같은 만족이 있구나! 하고 말하게 됩니다. "참 과부로서 외로운 자는 하나님께 소망을 두어."[딤전 5:5] 과부라 해도 외롭지 않으면 하나님을 의지하지 않을

것입니다. 하나님께서 이 과부된 여인에게 외롭고 의지할 데 없는 상황을 허락하신 것입니다. 다윗이 부하들의 돌에 맞아 죽을 곤경에 처했을 때가 있었는데, 성경은 그 상황을 이렇게 기록합니다. "그의 하나님 여호와를 힘입고 용기를 얻었더라."삼상 30:6 사람이 의지할 데가 따로 있으면 하나님을 의지하지 않습니다. 이것이 인간의 본성입니다. 하나님께서는 자기 자녀들을 위한 사랑의 의도를 가지고 계시기에, 그들의 모든 위로에 불쾌함과 절망을 허락하십니다. 이로 인해 그들의 평안은 중단되고, 마음이 불안해지며, 그 영혼은 절망합니다. 이는 그들로 하여금 하나님만을 의지하게 하시려는 것입니다.

2. 영혼의 내적 평안과 안식은 너무 귀한 것이기에 하나님께서는 그 가치를 높이고자 하십니다. 평범하고 일반적인 복도 한 번 잃었다 되찾으면 대단히 귀한 것이 됩니다. 장사꾼이 장사를 위해 날마다 가게에 나가는 것은 평범하고 일상적인 복입니다. 하지만 그가 한동안 질병으로 건강을 잃고, 대여섯 주 동안 가게를 돌볼 수 없게 되었다가 단 하루 가게에 나갈 수 있게 되었다면, 그는 이렇게 말할 것입니다. 오, 내가 다시 가게에 나오게 되다니, 이 얼마나 특별한 자비며 복이란 말인가! 그러므로 평범한 일상의 복은 중단됨으로써 특별한 복으로 격상됩니다. 사람이 아직 건강하고 힘이 있을 때는 하루에 60킬로미터, 80킬로미터, 거의 100킬로미터를 여행해도 그것을 특별하게 여기지 않습니다. 하지만 조금씩 아프기 시작해서 죽음의 문턱까지 갔다가 다시 회복되기 시작한 경우라면, 팔만 조금 내뻗고 다리만 겨우 움

직여도 벌써 하나님을 찬양합니다. 오, 친구 여러분, 내가 이렇게 침상에서 움직이며 팔과 다리를 뻗을 수 있게 되었으니, 이 얼마나 특별한 은혜이고 복입니까! 그러므로 어떤 사람이 영혼의 내적 평안과 안식이 중단되지 않은 채 누리게 되면, 그는 그 평안을 특별할 것이 없는 일상적인 자비와 축복으로 여깁니다. 하지만 그 평안이 다소 중단되고 그 영혼이 사탄에게 시달리다가 이제 막 회복되기만 해도 이렇게 말합니다. 오, 이 얼마나 특별한 자비와 복이란 말인가! 이와 같이 하나님께서는 가끔 이 필수품의 가치를 평범한 복에서 특별한 복으로 격상하기 위해 자기 자녀와 귀한 종들에게 절망을 허락하고 그들의 평안이 중단되도록 하십니다.

3. 하나님은 다정한 아버지시기에 그 자녀들의 사랑을 독차지하십니다. 그분께서는 자녀들이 자신보다 유모를 더 사랑하게 하지 않으십니다. 우리의 기쁨과 평안과 위로는 우리의 은혜를 돌보는 유모일 뿐입니다. 하나님께서는 자녀들이 자신보다 유모를 더 사랑하는 모습을 보시고, 이 유모를 없애 그들의 평안이 중단되게 하십니다.

4. 때로 하나님께서는 백성의 평안과 위로에 먹구름을 드리우시는데, 이는 그들을 훈련하여 더욱 완전한 단계에 이르도록 하기 위함입니다. 위로는 자녀들의 젖입니다. 연약한 그리스도인이 강한 그리스도인보다 더 활기차고 명백한 위로를 누릴 때가 있습니다. 왜 그렇습니까? 이 내적인 기쁨과 평안과 위로는 젖이고 달콤한 꿀인데, 그들이 세상의 즐거움과 달콤함을 끊었

기 때문에 이것이 공급됩니다. 우리가 내적인 젖으로 인해 세상의 젖을 끊었다면, 이제는 이 내적인 젖도 떼야 할 필요가 있습니다. 하나님께서는 종종 이 젖을 중지하셔서 젖을 떼게 하시며, 우리는 그로 인해 더욱 완전한 단계로 자랍니다.

5. 하나님께서는 자녀들이 평안과 위로에 젖어 헛되고 가벼우며 무분별하고 안이하게 행하는 것을 보시고 물러나 얼굴을 숨기십니다. 그래서 자녀들이 위로를 잃습니다. 아가 5장의 상황이 이와 같았습니다. 6절에서 신부가 말합니다. "내 혼이 나갔구나." 왜 그렇습니까? "내가 내 사랑하는 자를 위하여 문을 열었으나 그는 벌써 물러갔네." 그 임은 어째서 물러갔습니까? 2절에서 그 임이 사랑과 자비를 베풀겠다고 제안하는데, 신부는 아무것도 받지 않으려 합니다. "내가 옷을 벗었으니 어찌 다시 입겠으며 내가 발을 씻었으니 어찌 다시 더럽히랴마는."3절 나는 이미 자려고 누웠습니다. 이는 안이한 태도를 암시합니다. 신부가 이처럼 안락에 빠지자 임은 몸을 돌려 가버립니다. 그래서 여자의 혼이 나갑니다. 이런 상황은 하나님의 자녀들에게도 대단히 빈번히 일어납니다. 자녀들이 평안과 위로에 젖어 점차 안이해지고 헛되며 가볍고 무분별하게 행하는 것을 보시고 주님께서 몸을 돌려 가버리시니, 그들의 평안이 깨져버립니다.

6. 우리의 주님이며 구주이신 그리스도께서는 다정한 의사이십니다. 우리가 죄로 인해 스스로 부러뜨린 우리의 모든 뼈를 그분께서 맞춰 주셨습니다. 여러분은 지혜롭고 정직한 의사가 어떤지 잘 압니다. 의사는 환자가 빨리 낫기를 간절히 바라지만,

고약을 붙인 위치가 잘못 되었으면 낫는 데 시간이 걸리더라도 그것을 다시 떼어 냅니다. 그리스도께서도 이와 같습니다. 그분께서는 자기 백성이 때로 잘못된 곳에서 위로를 얻는 것을 보시고 이렇게 말씀하십니다. 이 상처 입은 불쌍한 영혼이 빨리 나았으면 좋겠지만, 이 위로, 이 약속, 이 체험이 올바른 위치에 있지 않으니 다시 떼어 낼 수밖에 없겠구나. 이처럼 때로 성도들이 잘못된 곳에서 위로를 받음으로써 오히려 고통을 초래합니다. 이는 씨를 뿌리는 경우와 같습니다. 씨앗이 좋다는 것만으로는 충분하지 않습니다. 씨앗은 올바로 심겨져야 하며, 그렇지 않을 경우 오히려 잡초가 기승을 부립니다. 의로운 이들을 위해 빛이 심겨졌지만, 때로 그 빛이 잘못 심겨져 두려움과 절망이라는 잡초가 나올 수 있습니다. 여러분은 아마 예언 없이도 이렇게 말할 수 있을 것입니다. 지금은 위로를 충만히 누리고 있지만 머지않아 심히 절망하게 될 불쌍한 영혼이 여기에 있구나.

하지만 다음과 같이 말하기는 쉽지 않습니다. 어떤 사람이 지금 아무 문제없이 위로를 누리고 있는데, 여러분이 과연 그 사람의 절망을 예언할 수 있습니까? 그렇게 위로를 누리고 있는 모든 성도 가운데 누구를 가리키며 이 사람은 분명히 크게 절망할 것이라고 말할 수 있겠습니까?

어떤 사람이, 그것도 선한 사람이 외적 축복에 의지해서 자신의 영적인 위로를 얻고 있다면, 여러분은 결과를 보지 않더라도, 이 사람의 위로는 결코 오래가지 못한다고, 이 사람은 머지않아 크게 불안해할 것이라고 말할 수 있습니다. 구약시대의 성도들이 자주 절망하며 고생한 이유가 여기에 있습니다. 그들은 너무 지나치게 외적인 축복을 기준으로 하나님의 사랑을 가늠했습니다. "그러므로 내 심령이 속에서 상하며 내 마음이 내 속에서 참담하니이다."시 143:4 왜 그렇습니까? "원수가 내 영혼을 핍박하며 내 생명을 땅에 엎어서."시 143:3 그는 이처럼 외적인 것들에 과하게 기대어 하나님의 사랑을 판단했습니다. 원수들이 쳐들어오자 이제는 하나님께서 자신을 사랑하지 않는다고 생각합니다. 그러므로 심령이 속에서 상할 수밖에 없었습니다. 이 모두가 외적인 축복에 집중한 것이 문제였습니다. 어떤 피조물의 호의로부터 하나님의 사랑을 확신하는 사람을 만난다면, 여러분은 미리 이렇게 말할 수 있습니다. 오, 이 불쌍한 사람은 머지않아 어둠을 만나 절망할 것이다.

사람이 참된 평안에 감사할 줄 모르고 거짓 평안을 뉘우칠 줄 모르면 그의 평안은 오래갈 수 없습니다. 사람이 회심하기 전에도 평안은 있습니다. "강한 자가 무장을 하고 자기 집을 지킬 때에는 그 소유가 안전하되."눅 11:21 하지만 이것은 거짓 평안입니다. 사람이 회심한 후에 누리는 평안이 있습니다. 이것이 바로 참된 평안입니다. 이전의 거짓 평안에 대해서는 겸손히 뉘우치고 현재의 참된 평안에 대해서는 감사하십시오. 하나님께서는 이것을 기대하십니다. 그런데 사람이 예전의 거짓 평안에 대해 뉘우치지도 않고 지금의 참된 평안에 대해서도 감사할 줄 모르는 모습을 하나님 앞에 보이면, 주님의 성령께서 슬퍼하며 떠나십니다. 따라서 그 영혼에 위로가 없는 것입니다.

사람이 자기 속에 있는 어떤 것에서만 위로를 받으면, 곧 자기 밖에 있는 은혜가 아니라 안에 있는 은혜로부터, 자기 밖에 있는 그리스도가 아니라 안에 있는 그리스도로부터 은혜를 받으면, 그의 위로는 지속되지 않습니다. **영원한 것은 영원한 원인을 가진 것이다**(Perpetuum est quod habet causam perpetuantem)는 말처럼, 밖에 있는 은혜가 영원합니다. 다시 말해, 그리스도께서 몸소 보여주신 순종이 그 가치 면에서 영원한 것입니다. 하지만 우리 속에 있는 은혜의 행위는 영원하지 않으며, 영원한 위로가 될 수 없습니다. 속에 있는 은혜, 즉 우리의 순종은 몇 가지 점에서 우리에게 평안을 주는 원인이 됩니다. 첫째, 순종은 평안의 **필수 원인**(causa sine qua non)입니다. 이 원인 없이는 우리가 결코 위로를 누릴 수 없습니다. 경건한 사람은 순종 없이는 위로를 얻을 수 없습니다. 둘째, 순종은 우리의 위로를 **방해하는 것을 제거하는**(removere prohibens) 원인입니다. 셋째, 순종은 증언하는 원인입니다. 증언하는 이는 셋입니다. 성령과 물과 피입니다._{요일 5:7-8-옮긴이} 우리의 성화를 상징하는 물도 증언의 원인입니다. 넷째, 순종은 확증의 원인입니다. 우리의 순종과 성화로 우리의 칭의가 확증되고 우리에게 칭의의 인식이 생기기 때문입니다. 그래도 순종은 평안의 한 원인일 뿐 유일한 원인은 아니며 주요한 원인도 아닙니다. 어떤 사람이 가진 위로의 물줄기가 어떤 경로를 통해 흐르는지 보게 되었는데, 그의 모든 위로가 자신의 순종이나 자기 속에 있는 은혜의 행위에서만 나온다면, 여러분은 이렇게 말할 수 있습니다. 지금

이 사람의 시내에는 물이 풍부하지만 조금 있으면 곧 마를 것이고, 이 사람은 크게 절망할 것이다.

선한 사람이라 해도 말씀 자체가 아니라 말씀에 대한 인상이나 말씀과 관련된 것에 의지해 위로를 구한다면, 그의 위로는 지속되지 못할 것입니다. 예를 들어, 한 사람이 성경을 가져와 펼치는 순간 어떤 약속을 우연히 만났다고 합시다. 그는 아마 당분간은 새로운 힘을 얻고 큰 위로를 누릴 것입니다. 아니면 이런 경우도 생각해 봅시다. 그는 성경을 펼쳐 읽지도 않습니다. 하지만 고통스러운 상황에서 가만히 앉아 있다가 전에는 생각지도 않았던 어떤 약속이 그에게 다가왔습니다. 이 약속이 오자 그는 크게 용기와 위로를 얻고 마침내 다음과 같이 말할 정도가 되었습니다. 나는 이제 하나님의 자녀다. 내가 하나님의 자녀이며, 그리스도 안에서 받을 분깃이 있음을 안다. 이 사람은 말씀 자체에서 위로를 받은 것이 아니라 말씀과 관련된 것에서 위로를 받았을 것입니다. 그의 위로가 말씀 자체로부터 왔다고 하면 그의 위로가 사라지겠습니까? 늘 어떤 말씀이 오지 않으면 그의 위로가 소멸하니 말입니다. 시편 16:4은 다음과 같은 뜻으로 읽을 수 있습니다. "다른 것을 급히 좇는 자는 슬픔이 커지리니." 우리의 번역은 다음과 같이 되어 있습니다. "다른 신을 급히 좇는 자들의 슬픔이 커지리니"(KJV, "다른 신에게 예물을 드리는 자는 괴로움이 더할 것이라", 개역개정―옮긴이). 그런데 히브리어 성경에는 이 "신"이라는 말이 없습니다. 16편 전체는 그리스도의 말씀입니다. 2절 이후에는 어떤 말씀이 나옵니까? "내가 여호와께 아뢰되 주는 나의 주님이시오니 주 밖에는 나의 복(거룩함, 의로움)이 없다 하였나이다. 땅에 있는 성도들은 존귀한 자들이니 나의 모든 즐거움이 그들에게 있도다."[2-3절] 그런데 주 우리의 구주여, 우리가 주님의 선하심과 거룩함과 의로움 앞에 나아가지 않고 오직 위로만을 의지하면 어찌되겠습니까? 그분께서 대답하십니다. "다른 것을 급히 좇는 자는 슬픔이 커지리니."

사람이 단순히 말씀과 관련된 것에, 말씀이 주는 막연한 인상에 의지하는 것이야말로 다른 것을 급히 좇아 사는 일이지 않습니까? 성경을 처음부터 끝까지 다 찾아봅시다. 그리스도께서 성경 어느 곳에 그러한 위로의 방식, 즉 성경 구절을 무작위로 선택하거나 성경책에서 아무 위로나 찾는 방식을 정하셨단 말입니까? 오늘 내가 무작위로 어떤 약속을 골라서 위로를 얻었다면, 내일은 화를 입을 것이라는 약속을 보고서 그 위로를 잃을 수도 있지 않습니까? 과연 그리스도께서 어디에 이와 같은 방식, 곧 특정하게 떠오른 말씀 하나로 하나님의 사랑을 판단하거나 나의 영원한 삶의 조건을 규정하는 그런 방식을 정해 놓으셨습니까? 사실 하나님께서는 가끔 섭리를 보이셔서, 우리가 성경을 여는 순간 어떤 특정한 약속에 눈이 가도록 하십니다. 하나님의 섭리에 따른 위로입니다. 특정한 슬픔이나 고통에 우리 영혼이 견디도록 때로 특정한 말씀을 주시기도 합니다. 하지만 모든 말씀을 다 이렇게 무작위로 골라서 하나님의 영원한 사랑을 판단하고 나의 영구적인 삶의 조건을 규정하라는 뜻은 결코 아닙니다. 이런 것이야말로 다른 것을 좇아 사는 일이 될 것입니다.

사실 이런 행동으로 인해 하나님의 백성이 그 마음에 얼마나 더 많은 고통을 받았습니까! 이런 방식으로 행하는 불쌍한 영혼들이 얼마나 많습니까! 우리 아버지 하나님께서는 고약이 올바로 붙지 않은 것을 보시고 부득불 그것을 다시 떼 내시지만, 그 모든 행위는 그릇된 것을 바로 잡으시려는 사랑의 의도에서 비롯된 것입니다. 이로 인해 하나님께서는 자기 백성에게 큰 절망을 허락하십니다.

셋째, 이 모든 것이 어떻게 은혜와 양립할 수 있습니까? 한 사람이 이처럼 위로받았다가 절망하고, 다시 절망하고 위로받습니다. 그런데도 자신이 그리스도 안에 있으며, 은혜롭고 거룩한 상태에 있다고 판단할 수 있습니까?

그렇게 판단할 수 있습니다. 이렇게 요동치는 현상이 좋은 것은 아니지만, 그렇게 안 좋은 상황과 함께 은혜—그런 절망과 함께한 은혜—가 성도들에게 임합니다. 그들은 크게 절망하고 낙심하지만, 그럼에도 여전히 눈물로 하나님을 찾습니다. 비록 바라는 대로 인내하지 못해도 그들은 하나님께서 오실 것을 알기만 하면 평생이라도 기다리겠노라고 진정으로 말합니다. 여기에 은혜가 있습니다. 또 비록 괴로워하는 과거의 죄를 두고 울지는 못해도, 감히 현재의 죄에 새롭게 손댈 생각은 하지 않습니다. 어떤 사람의 이야기를 읽은 적이 있습니다. 그는 괴로움과 낙심이 얼마나 심했던지 다음과 같이 말할 정도였습니다. "내 영혼에 이토록 위로가 없으니, 그리스도가 오실 때까지 내 육신이 타는 불 속에서 살아야 그나마 하나님의 사랑과 은총에 대한 확신을 얻을 수 있을 것 같다. 내가 지옥에 가는 것은 분명하겠지만, 나의 소망은 여기서 겪는 이 고통이 거기서는 조금 덜 했으면 하는 것이다." 이러한 극심한 고통을 겪으면서도 결국 자신은 하나님을 슬프게 하는 일을 할 수 없었다고 그는 말했습니다. 이 사람은 마침내 위로를 얻었고, 그 후로 종종 이런 말을 했습니다. "마귀는 내가 좋은 일에 감사하지 못하도록 나쁜 일보다는 나의 슬픔을 이용했습니다." 이런 이야기를 하는 것은, 성도들은 아무리 크게 절망하더라도 그들 속에 여전히 은혜가 있으므로 감히 죄지을 생각을 하지 않는다는 것을 보여주기 위함입니다. 또 그들은 바로 이 절망으로 불신앙에 빠져 복음을 거스르는 죄를 짓지만, 이 동일한 절망으로 인해 오히려 율법에 반하는 죄를 짓지 않을 수 있습니다. 그러므로 이 절망은 포도주를 유지해 주는 앙금과 같습니다.

그렇습니다. 비록 그들이 자신의 의로움에 과도하게 의지하여 다양한 구렁텅이에 빠지기도 하지만, 그들은 아버지 하나님께 더욱 순종하는 사람이 될 것입니다. 그러기에 모든 절망 가운데서도 하나님을 뵈올 수 있다면 세상 모든 것을 바치겠노라고 진정으로 고백합니다. 여기에 은혜가 있습니다. 절망과 함께 은혜가 있습니다. 이처럼 경건하고 은혜로운 사람도 절망하는 것은 결코 놀라운 일이 아닙니다.

하지만 이처럼 위로에서 절망으로 반복하여 요동치는 이 상태에 해악은 전혀 없습니까? 이런 식의 절망에 정말 해악이 하나도 없습니까?

많아도 아주 많습니다! 세세한 내용은 언급하지 않겠지만 이 것은 짚고 넘어가겠습니다. 이와 같은 상태에 있는데 그들이 과연 어떻게 그리스도를 선용할 수 있겠습니까? 자신의 토지 소유권에 문제가 있는 경우, 당사자는 씨를 뿌리거나 집을 짓는 행동을 할 수 없습니다. 여러분이 그에게 묻습니다. 당신은 왜 당신의 땅에 파종도 하지 않고 그 땅에 있는 집도 수리하지 않습니까? 그의 대답은 이미 정해져 있습니다. 내 소유권에 문제가 있어서 이 땅에 많은 돈을 쓸 수 없답니다. 믿음의 문제도 그렇습니다. 사람이 그리스도에 대한 권리를 명확히 하지 않을 경우, 그는 그리스도를 마땅히 선용할 수 없습니다. 사람이 여행에 나섰는데 길을 모른다면, 여행 내내 길을 잃을 것이 뻔하고 길을 물어도 안심할 수 없으며 제대로 가고 있는지 확신하기도 어렵습니다. 그는 길을 서너 번 꺾어 돌고는 2킬로미터도 채 가지 못하고 그 자리에 설 수밖에 없습니다. 들판으로 들어서서 저 멀리 목동을 향해 말을 몰고 가, 자신이 제대로 가고 있는지 묻습니다. 그렇습니다. 그는 하루 종일 길만 생각합니다. 자신이 가고 있는 길이 맞는지 아닌지만 생각합니다. 반면에, 만약 그가 길을 알고 있다면, 그는 아마도 하나님과 말씀에 대해 여러 가지 귀한 생각을 할 수 있을 것입니다. 그러므로 사람이 의심과 두려움에 사로잡혀, 자신이 천국으로 가는 길에 들어섰는지 아닌지 알지 못한다면, 얼마나 귀한 시간을 낭비하겠습니까! 그리스도에 대해 생각할 시간도, 자비에 대해 감사할 시간도 낭비하는 것입니다! 무릇 마음 중에서도 믿지 않는 마음이 악하다고 성경은 말합니다.히 3:12-옮긴이 사람의 마음이 절망하고 낙심하면, 그 마음은 믿지 않는 마음이지 않습니까? 그러므로 이렇게 절망하고 평안이 중단되는 일에 각별히 주의를 기울여야 하지 않겠습니까?

넷째, 내가 위로를 잃었다면 이제 어떻게 대답해야 합니까? 이전에 나의 영혼은 기쁨이 가득했지만, 이제는 심히 절망한 상태에 있습니다. 불쌍한 영혼이 평안과 위로를 되찾으려면, 중단되지 않는 온전한 평안을 회복하려면 어떻게 해야 합니까?

몇 가지는 질문 형식으로, 몇 가지는 교훈 형식으로 설명하겠습니다.

1. 여러분은 지존자의 오른손의 해시 77:10-옮긴이를 잊었습니까? 여러분은 자신의 경험들도 다 잃었습니까? 우리의 위로가 사라질 때 우리의 이전 경험도 뇌리에서 사라지는 것이 일반적이지만, 늘 그런 것은 아닙니다. 시편 기자는 (42편에서―옮긴이) 다음과 같이 말합니다. "내 영혼이 내 속에서 낙심이 되므로 내가 요단 땅과 헤르몬과 미살 산에서 주를 기억하나이다."6절 77편도 마찬가지입니다. "주께서 영원히 버리실까, 다시는 은혜를 베풀지 아니하실까, 그의 인자하심은 영원히 끝났는가, 그의 약속하심도 영구히 폐하였는가, 하나님이 그가 베푸실 은혜를 잊으셨는가."7-9절 이후 그는 숨 쉴 틈도 없이 다음과 같이 덧붙입니다. "지존자의 오른손의 해 곧 여호와의 일들을 기억하며 주께서 옛적에 행하신 기이한 일을 기억하리이다."10-11절 제자들이 했던 말을 여러분은 알고 있습니다. "우리에게 성경을 풀어 주실 때에 우리 속에서 마음이 뜨겁지 아니하더냐."눅 24:32 사랑하는 여

러분! 여러분에게 지금 위로가 없지만, 여러분의 기억에 남은 것은 있습니다. 이런저런 시간에 아무도 없이 온전히 홀로 여러분의 방에 있던 그때, 주님께서 오셔서 성경을 풀어 주시며 여러분의 영혼에 약속을 상기시켜 주셨습니다. 그래서 여러분의 마음이 여러분 속에서 뜨거워졌던 그때의 기억이 여러분에게 있습니다. 여러분에게 풀어 주신 그 성경 말씀을 여러분은 아주 잊었습니까? 나는 지금 여러분의 뜨거움이 사라졌다고 말하려는 것이 아닙니다. 뜨거움은 시간이 지나면 사라질 수 있습니다. 하지만 그때 풀어 주신 말씀도 사라졌습니까? 여러분은 지난번에도 고통과 낙심의 상황에서 다음과 같이 말하지 않았습니까? 주님께서 내게 다시 오신다면, 이제 두 번 다시 그분의 자비를 의심하지 않을 것이다. 그래서 그분께서 여러분에게 다시 오셔서 여러분의 마음에 약속을 심어 주지 않으셨습니까? 여러분은 지금 이런 일들을 다 잊고 있습니까? 그렇다면 여러분의 잘못입니다. 어째서 지존자의 오른손으로 행하시던 날과 때와 그 행하신 일들과 그 체험을 기억하지 못한단 말입니까?

2. 여러분은 지금 여러분의 위로를 회복하려고 사용하는 수단을 오히려 위로를 더 잃는 방식으로 사용하고 있지는 않습니까? 사람은 높은 지위에 대한 욕망이 있을 수 있고, 많은 이들이 이를 얻으려고 달려갑니다. 하지만 어떤 사람은 너무 서두르는 바람에 울타리나 도랑을 넘다가 넘어져 몸을 다칩니다. 결국 다른 사람들이 자신을 앞지르고 너무 급하게 추구한 나머지 자신은 그 지위를 잃습니다. 선하고 경건한 사람에게도 이런 일이 종종

일어납니다. 그들은 서둘러 위로를 얻고자 하지만, 오히려 위로를 잃습니다. 그렇게 미친 듯이 서두르지 않고 정상적인 방식으로 하나님을 기다렸다면 더 빨리 위로를 얻었을 것입니다. 하지만 그들은 오늘 당장 위로를 얻으려고 합니다. 어떤 사람은 이렇게 말합니다. 오, 그리스도와 함께 누릴 나의 몫을 오늘 당장 알려 주십시오. 그렇지 않으면 나는 영원히 망합니다. 사람들은 이처럼 하나님께 시간의 제약을 가하면서 거룩하신 분을 시험하고 자신이 얻을 위로에서 더욱 멀어집니다. 회초리를 보고도 뻗대며 우는 아이는 더 많이 맞을 수밖에 없습니다.

어떤 이들은 이성을 사용하여 위로를 얻으려고 합니다. 그들은 이성으로 유혹을 물리치고 위로를 받을 작정이지만, 어떤 이가 잘 말했듯이 하나님과 논쟁을 벌여 혼란을 초래하지 말고 사탄과 논쟁을 벌여 속지 않도록 주의해야 합니다.

어떤 이들은 의무에 싫증을 내고 하나님께 받은 부르심을 무시합니다. 사실 기도야말로 위로와 평안의 친구입니다. 마음이 괴로운 사람은 특별히 더 기도에 많은 시간을 쏟아 부어야 합니다. 하지만 시험을 당해 아무 위로도 누리지 못하는 상황에서 자신의 소명을 무시한 채 오로지 기도만 하면 된다고 생각한다면, 결국 그들은 그 소명을 내팽개침으로써 자신을 더욱 사탄의 시험에 노출시키는 꼴이 됩니다. 그들은 의무에 대한 열의를 극단적으로 소진하는데, 그러면 그들이 받는 시험과 유혹은 더 많아지고 그들이 누릴 위로와 평안은 더 멀어집니다. 그러므로 여러분이 위로와 평안을 다시 회복하고자 한다면, 위로가 회복되는 수단을 오히려 위로에서 더 멀어지게 하는 방식으로 사용하고 있지 않은지 헤아려 보십시오.

3. 외적인 위로를 극단적으로 추구함으로써 오히려 내적인 위로를 잃고 있는 것은 아닌지 살펴보십시오. 나는 프란체스코 스피에라(Francesco Spiera, 1502-1548, 이탈리아의 법률가. 그의 죽음과 관련해 많은 논란이 있다—옮긴이)에 대해 읽어 보았습니다. 그는 양심의 공포에 사로잡혀 자기 아내와 자식들을 평화롭게 바라볼 수 없었습니다. 처자식을 부양할 토지를 얻고자 스스로 진리를 부인했기 때문입니다. 결국 그는 양심의 고통으로 괴로워하는 자신 앞에 아내와 아이들이 다가오자 더 고통스러워하며 소리쳤습니다. 내 앞에 있는 이들이 이제는 끔찍스럽구나! 자신의 위로였던 아내와 자식들의 모습을 그는 이제 더 바라볼 수 없었습니다. 그는 생각했습니다. 오, 너희를 위하여, 너희의 양식을 위하여 내가 진리를 부인하고 이처럼 우상숭배에 굴복하고 말았구나! 내 앞에 있는 이들이 이제는 끔찍스럽구나! 유다는 은 삼십에 어떤 평안과 위로를 얻었습니까? 사람이 내면의 양심을 압박하며 얻은 외적인 위로가 무엇인지 보십시오. 아마도 죽음을 바라보는 일이 될 것입니다. 우리가 다윗에 대해 읽은 바와 같이, 그는 부하들이 목숨을 걸고 구해 온 베들레헴의 물을 마시려 하지 않고 주님 앞에 부어 드렸습니다. 그는 이와 같이 말합니다. "생명을 돌아보지 아니하고 갔던 이 사람들의 피를 어찌 마시리이까."대상 11:19-옮긴이 그는 물을 탐하는 죄를 범하지 않았고, 부하들에게 목숨을 걸고 적진에 가서 물을 떠오라는 명령을 내리지

도 않았습니다. 그는 자신의 소원을 그저 말했을 뿐입니다. "베들레헴 성문 곁 우물물을 누가 내게 마시게 할꼬."대상 11:17-옮긴이 이 말은 결국 이런 뜻으로 볼 수 있습니다. 아, 베들레헴의 우물물을 마셨으면 좋겠네! 그는 물을 탐하는 죄를 범하지 않았습니다. 그는 그 물을 마실 수도 있었지만 주님 앞에 부어 드리고 19절에서 이와 같이 말했습니다. "내가 이 일을 행하는 것을 하나님께서 금하셨도다"(KJV, 대상 11:19, "하나님이여, 내가 결단코 이런 일을 하지 아니하리이다", 개역개정—옮긴이). 그런데도 여러분은 자신의 양심의 피를 마시려 합니까? 이전에는 여러분에게 평안과 위로가 있었지만 지금은 외적인 위로를 얻으려고 여러분의 양심의 소리를 눌러 왜곡함으로써 내적인 위로를 잃고 말았습니다. 그렇다면 여러분은 이렇게 얻은 외적인 위로를 주님 앞에 부어 드리고, 하나님께서 금하셨으니 나의 평안과 위로를 희생시켜 얻은 이 피를 내가 어찌 마시겠느냐고 말해야 하지 않겠습니까? 이처럼 부정하게 훔친 것, 회복되지 않은 것을 곁에 두고 여러분 가운데 누가 평안을 누릴 수 있겠습니까?

하지만 여러분은 말합니다. 슬프구나! 나의 모든 위로가 내 두려움의 발아래 있고, 지금 내게는 평안이 전혀 없구나. 어찌해야 나의 평안과 위로가 회복된단 말인가?

지침 형식으로(교훈 형식으로, 이 책 72쪽—옮긴이) 세 가지를 말씀드리겠습니다.

1. 여러분이 의롭다 하심을 받고자 한다면 무엇을 할 것인지 살펴보고 그것을 행하십시오. 의롭다 하심을 받고자 한다면, 자

신의 죄와 육신을 보고 은혜를 통해 예수 그리스도의 의로우심 앞에 나아가, 자신의 불쌍하고 죄 많은 영혼의 짐을 그 의로우심에 맡기십시오. 그 믿음의 행위로 의롭게 되고 평안을 얻을 것입니다. 사도는 말합니다. "우리가 믿음으로 의롭다 하심을 받았으니 우리 주 예수 그리스도로 말미암아 하나님과 화평을 누리자."롬 5:1-옮긴이

우리가 처음에 믿음으로 의롭게 되고 평안을 얻었다면 그다음에는 이 믿음의 행위를 새롭게 함으로 우리의 평안을 새롭게 할 수 있습니다. 그러므로 의롭다 하심을 얻는 나의 이 믿음이 달리 무엇이겠습니까? 시험당해 어려울 때 나 자신과 나의 형편을 온전히 오직 그리스도에게 의탁하라는 말씀이 아니겠습니까? 이제 내가 경건한지 불경한지, 그리스도 안에 있는지 없는지 회의하지 않고 나 자신을 온전히 그리스도에게 맡기겠습니다. 이와 같이 행하면 평안이 다시 찾아올 것입니다.

2. 여러분은 지금 여러분의 위로와 하나님의 영광의 빛을 잃었습니다. 하나님께서 여러분을 떠나간 것은 여러분의 죄 때문일 수도 있고 아닐 수도 있습니다. 여러분의 죄 때문이 아니라면, 그분께서는 다시 속히 돌아오실 것입니다. 여러분의 죄 때문이라면, 부디 근신하고 힘써서 그 죄를 생각하고 겸손히 회개하십시오.

여러분은 말할 것입니다. 오, 하지만 이런 형편에서는 겸손히 회개할 수 없습니다. 그러나 여러분은 이 점을 기억해야 합니다. 다른 때 같으면 그렇지 않겠지만 이런 상황에서는 미흡한 회개

도 회개로 인정될 것이고, 하나님께서 여러분의 그 부족한 모습을 받아 주실 것입니다. 시편 32편에서 다윗은 말합니다. "내 허물을 여호와께 자복하리라 하고 주께 내 죄를 아뢰고 내 죄악을 숨기지 아니하였더니 곧 주께서 내 죄악을 사하셨나이다."[5절] 그는 자백하겠다고 말했지만 충분히 자백하지는 않았습니다. 그럼에도 "주께서 내 죄악을 사하셨나이다." 하나님께서는 다윗의 부족한 회개를 회개로 인정해 주셨습니다. 왜 그렇습니까? 3-4절을 보면, 다윗은 시험을 당해 크게 절망하고 있습니다. 과연 그는 이렇게 말합니다. "종일 신음하므로 내 뼈가 쇠하였도다. 주의 손이 주야로 나를 누르시오니 내 진액이 빠져서 여름 가뭄에 마름 같이 되었나이다." 하지만 하나님께서는 이 상황에서 그가 자신의 잘못을 인정하고 부족하나마 겸손한 모습을 보이기만 하면 얼마든지 받아 주실 것입니다.

여러분은 말합니다. 오, 이 모든 것이 우리와 무슨 관계가 있습니까? 이것은 다윗에게나 해당되는 일입니다. 다윗이 말합니다. 아닙니다. 이것은 내게만 해당되는 일이 아닙니다. 6절이 증명합니다. "이로 말미암아 모든 경건한 자는 주를 만날 기회를 얻어서 주께 기도할지라." 여러분이 크게 절망했을 때는 하나님께서 조금만 받으실 것입니다. 그러므로 하나님께서 여러분을 떠나가심은 여러분의 죄 때문일 수도 아닐 수도 있습니다. 여러분의 죄 때문이 아니라면, 조금만 기다리십시오. 그분께서 다시 돌아오실 것입니다. 여러분의 죄 때문이라면, 부디 그 죄를 생각하여 거듭 낮아지고 겸손해지려고 노력하십시오. 다른 때 같으면 받아 주지 않으셨을 그 부족한 겸손과 회개를 하나님께서 받아 주실 것입니다.

3. 여러분의 모든 위로가 사라진 지금, 여러분은 이전의 모든 위로를 기꺼이 회복하고자 합니까? 그렇다면 성경을 읽고 또 읽으십시오. 읽을 줄 모르면 다른 이들을 청하여 읽어 달라고 하십시오. 시험을 당해 위로가 없는 경우에 다 그렇듯, 사람의 마음이 비어 있을 때는 그리스도가 없고 두려움만 가득합니다. 그러면 마음은, 곡식 없이 돌아가는 맷돌이 다른 한 짝을 갈 듯, 저 자신을 갈아 마모시킵니다. 사람의 마음은 채워질수록 시험과 두려움에서 벗어납니다. 사람의 마음을 채우는 것으로 말하자면 성경만한 것이 없습니다. 불쌍한 죄인들을 향한 거룩한 사랑의 그늘 가운데 거니시는 그리스도를 볼수록 여러분의 믿음은 속히 되살아나고 여러분의 위로도 속히 회복될 것입니다. 그리고 성경이 아니면 어디서 여러분이 거룩한 사랑의 그늘 아래에서 불쌍한 죄인들과 더불어 거니시는 그리스도의 모습을 볼 수 있겠습니까? 그 그늘 아래 잠시 서 계십시오. 그러면 그분의 모습이 보일 테고, 여러분의 마음은 벌써 이렇게 말할 것입니다. 오, 나의 구주여, 이 죄인과도 사랑의 동행을 해 주십시오. 그러므로 성경을 공부하고 많이 읽으십시오.

여러분은 말합니다. 성경을 읽고 또 읽으면 아마도 많은 약속을 만나겠지만 이처럼 절망한 형편에서는 그러한 약속들을 적용할 수 없습니다. 나는 그런 약속들을 보면 이렇게 말할 것입니다. 이러저러한 나의 옛 친구가 이제는 원수가 되었구나. 이 약속은 내게 해당하지 않는 약속이니 적용할 수도 없고, 내게 아무런 유익도 되지 않을 것이다.

여러분은 스스로 그 약속을 적용하기 전까지 그 약속이 어떠한 능력을 발휘할지 알 수 없습니다. 약속은 실제로 믿어 적용하지 않으면 결코 그 능력과 힘을 드러내지 않습니다. 다시 말해, 약속은 일을 시켜야 일을 하지 그전까지는 아무것도 하지 않습니다. 모세는 자신의 지팡이가 뱀으로 변하는 모습을 보고 두려워 피했지만, 손을 내밀어 꼬리를 잡자 그 뱀이 다시 전과 다름없는 지팡이가 되었습니다. 여러분은 이러저러한 약속을 보고 두려워 물러나며 이처럼 말했을 것입니다. 오, 나의 원수가 여기 있구나. 이것은 이제 원수이니 나를 돕지도 않고 나를 찌르며 망하게 할 것이다. 그러나 여러분의 손을 내밀어 그 원수를 잡으십시오. 그것은 다시 약속이 될 것입니다. 예전처럼 편안한 여러분의 지팡이가 될 것입니다.

만약 약속이 여러분에게 오지 않으면 여러분이 약속을 향해 가십시오. 어떤 때는 약속이 우리에게 오고, 또 어떤 때는 우리가 약속을 향해 갑니다. 약속이 여러분에게 올 때는 여러분에게 기쁨이 넘칩니다. 또 여러분이 약속을 향해 갈 때는 여러분에게 평안이 넘치는데, 이 평안은 기쁨보다 오래갈 것입니다. 하지만 여러분이 영원한 규칙으로 기억해야 할 것이 있습니다. 곧 여러분이 약속을 믿고 의지해야 그 약속이 여러분의 것이 된다는 점입니다.

여러분은 다시 말합니다. 하지만 내가 이처럼 절망한 형편에서 성경을 많이 읽는다면 약속은 물론이고 경고도 만날 텐데 그로 인해 내가 더 절망하게 될지도 모릅니다.

그렇지 않습니다. 성경의 경고가 약속에 이르는 길을 만들고 여러분을 만나러 왔다면, 여러분에게 해가 될 일이 있습니까? 보십시오. 율법이 우리를 그리스도에게 인도하는 교사였다면, 어떤 때는 성경의 경고가 여러분을 약속으로 인도하는 초등교사가 되기도 합니다.갈 3:24-옮긴이 하나님께서는 더러 경고를 하셔서 우리를 약속으로 인도합니다. 여러분은 하나님께서 엘리야에게 어떻게 나타나셨는지 압니다. 먼저 산과 바위를 뒤흔들며 바람이 일었으나 하나님께서는 거기에 계시지 않았고, 그다음에는 지진이 일었으나 거기에도 계시지 않았으며, 이어서 불이 일었으나 거기에도 여전히 계시지 않았습니다. 하나님께서는 그 불 뒤에 들린 부드럽고 세미한 소리 가운데 계셨습니다.왕상 19:12-옮긴이 하나님께서 한 영혼에게 나타나실 때는 먼저 경고를 보내십니다. 산과 바위, 그 강퍅한 마음을 쪼개고 부숩니다. 거기에 아마 회심의 은혜는 없을 것입니다. 그 뒤에 세미한 소리, 약속의 소리가 있습니다. 하나님께서는 거기 계십니다. 그러므로 산과 바위를 뒤흔드는 이 모든 경고는 그 뒤에 있는 부드럽고 세미한 약속의 소리를 예비하는 길입니다.

여러분은 대답합니다. 하지만 내가 이런 형편에서 성경을 많이 읽으면 나와 관련 없는 다른 많은 것들을 만날 것입니다. 성경에는 지금의 내 형편과는 맞지 않는 이야기들이 많은데, 이는 내게 유익하기는 하지만 정작 위로가 되지 못할 것입니다.

그렇지 않습니다. 그리스도께서는 주의를 다른 곳으로 돌리는 방식으로 치유하십니다. 이것은 여러분이 비통한 일을 겪고 있는 사람에게 하는 방식과 비슷합니다. 어떤 친구가 남편이나 아내, 자녀를 잃었을 때, 여러분은 그 친구에게 죽은 이를 직접 언급하며 "아, 얼마나 다정한 친구, 남편, 아내, 아이였는데"라고 말하지 않습니다. 여러분은 이렇게 죽은 이를 직접 거론하지 않고 다른 것을 언급하는 방식으로 위로합니다. 물론 시간이 어느 정도 지나면 죽은 이에 대해 직접 이야기할 수 있겠지만, 처음에는 비통해하는 친구의 마음을 다른 데로 돌림으로써 그의 슬픔을 치유합니다. 그리스도께서도 불쌍하고 상처 입은 슬픈 영혼을 치유하실 때 이와 같이 하십니다. 그 영혼이 겪고 있는 슬픔의 내용을 항상 직접 언급하지 않으십니다. 종종 우리의 마음을 인도해 다른 진리를 생각하도록 하다가, 어느 정도 시간이 지난 후 슬픔의 원인이 되는 문제를 말씀하십니다. 그분께서는 주의를 다른 데로 돌리는 방식으로 치유하십니다.

그러므로 성경을 공부하고 또 공부하십시오. 주님께서 이 공부를 통해 여러분의 피 흘린 상처에 포도주와 기름을 부어 주시고, 여러분은 얼마 지나지 않아 다윗과 같이 말할 것입니다. "내 속에 근심이 많을 때에 주의 위안('위로', KJV—옮긴이)이 내 영혼을 즐겁게 하시나이다."^{시 94:19}

여러분은 말할 것입니다. 내가 부러뜨린 내 뼈들이 환호하고, 주님께서 내게 구원의 기쁨을 회복해 주시며, 내게 평안과 기쁨이 돌아오게 해주신다면, 나는 무엇을 해야 합니까?

굳이 내가 그것을 말할 필요는 없습니다. 이 정도 되면 여러분이 오히려 내게 말해 줄 수 있을 것입니다. 여러분은 이렇게 말할 테니까요. 오, 이제 나는 감사드려야 할 것이다. 이제 나는 믿어야 하고, 두 번 다시 자비와 은혜를 의심하지 않을 것이다. 다만 다음의 몇 마디 조언은 새겨들으십시오.

반드시 여러분의 위로를 바르게 이해해야 합니다. 위로와 위로 아닌 것을 혼동하면 안 됩니다. 여러분의 위로를 세밀하게 걸러 내라는 말입니다. 옛적에 이집트에서 나와 이스라엘을 불평꾼으로 만든 잡다한 무리가 있었듯이, 여러분의 위로에도 불순한 것들이 섞여 있습니다. 모든 피조물은 어느 정도 더러움을 안고 세상에 나옵니다. 여러분이 위로를 누릴 때는 이처럼 더러운 찌꺼기를 찾아 분리하십시오. 그 잡다한 무리를 멀리 치워야 합니다. 장미꽃의 잎은 그냥 잎으로는 오래가지 못합니다. 증류해서 불순물을 걸러 낸 위로가 가장 오래갑니다.

여러분의 진영으로 침입하는 사탄을 막으려면 여러분이 먼저 사탄의 진영으로 쳐들어가십시오. 나라에 쳐들어오는 적군을 방어하는 방법은 우리가 적국을 공격하는 것입니다. 그러므로 사탄을 대적하십시오. 할 수 있는 한 사탄에게 피해를 입혀야 합니다. 단순히 방어만 할 것이 아니라 적극적으로 나서서 공세를 취해야 합니다.

여러분이 위로를 지키고자 한다면, 여러분의 모든 위로를 그리스도의 손에 맡겨야 합니다. 친구에게 동전 한 닢을 얻었는데 이 돈을 지킬 줄 모르는 아이는 그 동전을 아버지나 어머니에게 가져가서 지켜 달라고 말합니다. 여러분은 여러분의 위로를 스스로 지킬 수 없음을 경험으로 압니다. 여러분은 여러분의 위로를 순식간에 잃거나 탕진합니다. 예수 그리스도께서는 우리의 모든 은혜를 공급해 주시는 분이며, 우리의 모든 위로를 맡아 지켜 주십니다. 그러므로 하나님께서 여러분에게 어떤 위로를 주시면, 그리스도에게 나아가 말씀하십시오. 주님, 나의 위로를 지켜 주십시오. 나의 증거, 나의 확신을 지켜 주십시오. 여러분은 그리스도에게 은혜만 의존하지 않고 위로도 의존합니다. 그 둘을 얻는 일뿐 아니라 지키는 일도 그분에게 의존합니다.

여러분이 그리스도로부터 어떤 영적인 위로를 받으면, 그 모두를 그분을 위해 사용하십시오. 현세적인 일에서는 쓰면 쓸수록 줄어들지만 영적인 일에서는 쓰면 쓸수록 늘어나기 때문입니다. 그러므로 어떤 위로를 받았든 그것을 성도들에게 사용하십시오. 모세처럼 하면 됩니다. 모세는 바로의 궁정에서 살며 왕을 알현하는 높은 지위에 있었지만, 고통으로 신음하는 동포들을 찾아 위로하고자 밖으로 나갔습니다. 그는 말했습니다. "무거운 짐으로 내 동포들의 형편이 어떠한지 보겠다." 여러분도 이와 같이 하십시오. 주님께서 여러분의 영혼에 평안과 위로를 말씀하셨고, 여러분은 지금 왕 중의 왕을 알현하며 그분의 얼굴에서 빛나는 영광을 보고 있습니다. 그러므로 여러분의 모든 위로가 회복되지 않았습니까? 그렇다면 이제 여러분의 형제들을 찾아 밖으로 나가십시오. 가서 무거운 짐을 지고 신음하는 형제가 누구인지 찾아서, 여러분이 받았던 것과 똑같이 그들을 위로하십시오. 쓰면 쓸수록 여러분의 위로가 늘어나고 오래 유지된다는 점을 확실히 알아야 합니다. 그리고 그리스도께서도 우리가 그분에게 받은 위로를 그분을 위해 사용하기를 바라십니다.

  이것으로 두 번째 논증을 마칩니다.

chapter **03.**
성도들은 어떤 형편에서도 절망해서는 안 된다

지금까지 첫 두 교훈을 말씀드렸습니다. 세 번째 교훈은 다음과 같습니다.

하나님의 성도와 백성은 어떤 형편에서도 절망할 이유가 전혀 없습니다.

시편 42편에서 보듯이 다윗은 누구 못지않게 절망할 이유와 근거가 많았습니다. 그것은 그에게 규례가 없었기 때문입니다. 그렇습니다. 그는 규례에서 배제되어 1-2절에서 다음과 같이 말했습니다. "하나님이여, 사슴이 시냇물을 찾기에 갈급함 같이 내 영혼이 주를 찾기에 갈급하니이다. 내 영혼이 하나님 곧 살아계시는 하나님을 갈망하나니 내가 어느 때에 나아가서 하나님의 얼굴을 뵈올까." 그렇습니다. 그는 규례의 즐거움을 맛본 후 그것을 빼앗겼습니다. "내가 전에 성일을 지키는 무리와 동행하여 기쁨과 감사의 소리를 내며 그들을 하나님의 집으로 인도하였더니 이제 이 일을 기억하고 내 마음이 상하는도다."[4절] 그리고 이런 형편에 있는 그에게 많은 적이 생겼습니다. 그는 고통과 박해를 당하는 상황이었습니다. 그의 적들은 그를 비난했으며, 하나님과 관련된 문제를 놓고 날마다 그를 비난했습니다. "사람들이 종일 내게 하는 말이 네 하나님이 어디 있느뇨 하오니……내 대적이 나를 비방하여 늘 내게 말하기를 네 하나님이 어디 있느냐 하도다."[3, 10절]

이제 그는 온전히 버림받은 상태였습니다. 원수들이 하나님과 관련해 그를 비난했지만, 그 와중에도 하나님께서 그와 함께 계셨다면 그는 만족했을 것입니다. 하지만 원수들은 말했습니다. "네 하나님이 어디 있느냐?" 그러자 다윗도 하나님께서 자신을 떠나셨다고 마음으로 대답했습니다. "내 반석이신 하나님께 말하기를 어찌하여 나를 잊으셨나이까."[9절] 하지만 이 모든 상황에도 불구하고 그는 말했습니다. "내 영혼아, 네가 어찌하여 낙심하며 어찌하여 내 속에서 불안해하는가."[11절-옮긴이] 그는 다음과 같이 말하는 듯합니다. 내 영혼아, 네 원수들이 하나님과 관련해 너를 비난하지만 너 자신도 그분을 원망하고 있구나. 너는 한때 너의 기쁨이었던 그 고귀한 규례를 행하지 못하고 있다. 하지만 어찌하여 너는 불안해하고 낙심하느냐? 그럴 이유가 없다. 이 말이 전하는 진리는 명백합니다. 경건하고 은혜로운 사람은 어떤 형편에서도 절망할 합당한 성경적 이유가 없습니다.

예언자 하박국은 자신에게 슬픈 형편을 제시하면서 3장에서 이렇게 말합니다. "나는 여호와로 말미암아 즐거워하며 나의 구원의 하나님으로 말미암아 기뻐하리로다."[18절] 오, 하지만 그대 하나님의 종이여, 그대는 지금 약속을 받은 것이 아니라 경고를 받아서 그대의 창자가 뒤틀렸습니다. 그럼에도 기뻐할 수 있습니까? 예, 그는 16절에서 말합니다. "내가 들었으므로 내 창자가 흔들렸고 그 목소리로 말미암아 내 입술이 떨렸도다. 무리가 우리를 치러 올라오는 환난 날을 내가 기다리므로 썩이는 것이 내 뼈에 들어왔으며 내 몸은 내 처소에서 떨리는도다." 그래도 그는 다시 말합니다. "나는 여호와로 말미암아 즐거워하며 나의 구원의 하나님으로 말미암아 기뻐하리로다."[18절-옮긴이]

하지만 그대는 이 경고가 결코 그대로 성취되지 않으리라 생각하는 듯합니다. 그렇습니다. 그는 17절에서 말합니다. "비록 무화과나무가 무성하지 못하며 포도나무에 열매가 없으며 감람나무에 소출이 없으며 밭에 먹을 것이 없으며 우리에 양이 없으며 외양간에 소가 없을지라도." 이후에 그는 또 말합니다. "나의 구원의 하나님으로 말미암아 기뻐하리로다."[18절-옮긴이]

포도주나 기름은 우리의 원기를 북돋우는 위로에 불과하므로 이러한 것들이 없어도 사람은 즐거워할 수 있습니다. 하지만 예언자여, 그대는 매일의 양식이 없어도, 우리가 날마다 먹어야 하는 지상의 산물이 없어도 즐거워할 수 있습니까?

예, 그는 말합니다. "밭에 먹을 것이 없으며 우리에 양이 없으며 외양간에 소가 없을지라도." 그러므로 경건한 사람은 어떤 형편에서도 즐거워할 수 있으며, 절망할 이유가 전혀 없습니다.

사실 극악무도한 죄가 없음에도 죄인은 자신이 그 죄를 범한 데는 다 합당한 이유가 있다고 생각합니다. 하나님의 성도와 백성도 자신이 절망한 데는 다 합당한 이유가 있다고 생각합니다. 그래서 그들은 늘 "왜", "어찌하여" 같은 말들을 입에 달고 다닙니다. "어찌하여 나를 잊으셨나이까."^시 42:9-옮긴이 "내가 어찌하여……슬프게 다니나이까."^시 42:9-옮긴이 그렇습니다. 그들에게는 이런저런 이유들이 있습니다. 필연적으로 절망할 이유도 있어 보입니다. 그래서 다윗은 시편 73편에서 말합니다. "내가 악인의 형통함을 보고……내 손을 씻어 무죄하다 한 것이 실로 헛되도다.……하나님의 성소에 들어갈 때에야 그들의 종말을 내가 깨달았나이다."^3, 13, 17절-옮긴이 그가 본성의 집(house of nature)과 자연 이성(natural reason) 안에 있는 동안에는, 절망할 이유(reason)가 보일 수밖에 없습니다.

그렇습니다. 그 뿐만 아니라 사태를 잘게 나누고 여러 조각으로 만들어 목적에서 수단을 떼어 내어 서로 별개로 생각한다면, 성도라 해도 그들이 절망할 합당하고 실제적인 이유가 있을 것입니다. 왜냐하면 모든 고통은 서글프기 때문입니다. 농부가 후일의 수확은 생각하지 않고 당장 자신의 땅이 쟁기질당하는 것만 안타까워한다면 당연히 절망할 수밖에 없겠지만, 그 땅이 산산이 부서지는 것과 그 땅에서 수확될 소출, 다시 말해 수단과 목적을 함께 놓고 본다면 절망할 일이 없을 것입니다. 모든 것을 전체적인 관점에서 생각한다면 그들이 어떠한 형편에 있든 낙심하거나 불안해할 이유가 전혀 없습니다.

모든 절망에 대비한 충분한 방어 수단이 성도들에게 있습니까?

대답하겠습니다. 경건하고 은혜로운 사람에게는 친히 하나님 안에서 소유권과 유익이 있습니다. 이 세상에는 특별한 사람들이 있는데, 바로 하늘과 땅의 위대한 하나님께서 자신을 그들에게 양도하심으로 그분을 자신의 하나님과 분깃으로 가진 이들입니다. 그들은 어떤 형편에서도 불안해할 이유가 없습니다. 성도의 경우가 바로 그렇습니다. 시편 기자는 43:4에서 단순히 기뻐하리라는 정도로 말하지 않고 하나님을 자신의 "큰 기쁨"이라고 표현합니다. 사탄은 이러한 빛과 기쁨을 잠시 흐리게 할 수 있으나 결단코 없앨 수는 없습니다. 하나님의 성도와 백성은 모두 이 빛을 소유하고 있습니다. 초기의 박해자들 중 하나인 로마 황제 마르쿠스 아우렐리우스(121-180, 오현제의 마지막 황제―옮긴이)에 관해 이런 기록이 있습니다. 그와 그의 군대는 적군에게 포위되어 물을 구할 수 없어서 거의 전멸할 위기에 처해 있었습니다. 그는 자기 군대에 속한 그리스도인들에게 비가 오도록 기도하라는 명령을 내렸습니다. 그들은 즉시 구조되었으며, 그의 군대는 살았고 그의 적들은 패배했습니다. 그래서 그는 로마 원로원에 그리스도인들을 옹호하는 편지를 써서 다음과 같이 그들을 천거했습니다. "그들은 **하나님으로 만족하며 그 하나님을 가슴속에 품고 다니는 자들이다**(Deo contenti Duem circumferunt secum in pectore)." 같은 편지에서 그는 또 말했습니다. "우리는 그들을 사악한 자들이라고 생각하지만, 그들이 **하**

나님을 방어의 수단으로 의식한다(Deum pro munimento habere in conscientia)는 점은 아주 믿을 만한 사실이다." 이교도이고 원수이며 이전에 박해자였던 그가 이와 같이 고백했는데, 우리는 그렇게 못하겠습니까?

또 어떤 이들은 **톨레 메움 에트 톨레 데움**(tolle meum et tolle deum, '나의[meum] 하나님[deum]'이란 표현에서 '나의'라는 말이 제거되면 '하나님'도 제거되는 형국이라는 라틴어 경구로, 종교개혁자 불링거는 가장 완벽한 신앙고백이라고 말했다. 시 63:1, 갈 2:20 참조—옮긴이)이라고 합니다. 그분이 나의 하나님이 아니라면, 내게 하나님은 없다는 뜻입니다. 하나님의 백성 중에도 확신이 없어서 하나님을 나의 하나님이라고 말하지 못하는 이들이 많습니다. 그러면서도 그들은 이 사실에서 위로받을 수 있겠습니까?

내가 하나님을 의지하는 것만으로 그분이 나의 하나님이 된다면, 나도 그분 안에서 위로를 받을 수 있습니다. 하나님의 성도와 백성은 항상 하나님을 의지할 수 있고 또 의지하고 있습니다. 사탄이 여러분을 시험하여, 너는 이제껏 하나님을 믿지 않았고 의지하지 않았다고 말해도, 여러분은 언제나 자신 있게 말하십시오. 하지만 사탄아, 나는 지금 하나님을 의지한다. 하나님의 백성은 언제나 하나님 안에서 소유권과 유익을 가지고 있으며, 이로써 위로를 받을 수 있습니다.

하나님께서는 언제나 그들을 아시고 그들의 형편을 아십니다. "내가 네 환난과 궁핍을 알거니와."계 2:9 이 말씀은 그리스도께서 슬픔을 겪고 있는 서머나 교회를 위로하기 위해 하셨습니다.

"마귀가 장차 너희 가운데에서 몇 사람을 옥에 던져 시험을 받게 하리니 너희가 십 일 동안 환난을 받으리라. 안심하라. 서머나 교회야, 내가 네 환난과 궁핍을 알거니와 네가 어떠한 형편에 있든 그런 형편 가운데 있는 너를 안다." 이것은 모든 교회에 주시는 말씀이며, 일반적인 위로의 말씀입니다. 나는 네가 한 일을 알고 있다. 오, 에베소 교회야, 서머나 교회야, 버가모 교회야, 두아디라 교회야, 사데 교회야, 빌라델비아 교회야. 그런데 네가 한 일을 알고 있다는 이 말씀은 라오디게아 교회에는 두려운 말씀이었습니다. 선한 자들에게는 더할 수 없는 위로였지만, 악한 자들에게는 더할 수 없이 두려운 것입니다. 이를테면 하나님의 임재나 전지하심 등이 그렇습니다. 그러나 악한 자들이 무서워하는 이것이 경건한 자들에게는 큰 위로가 됩니다. 내 형편이 어떠하든, 나의 아버지 하나님께서 아시고, 그 사정 가운데 있는 나를 아십니다.

하나님께서는 자기 백성이 절망하게 내버려 두지 않으십니다. 그들의 아버지 하나님과 구주 예수 그리스도께서 그들이 절망하게 내버려 두지 않는다면, 그들도 어떤 형편에 있든지 절망할 이유가 전혀 없습니다. "너희는 마음에 근심하지 말라." 이것은 우리 구주께서 요한복음 14:1에서 제자들에게 하신 말씀으로, 다음과 같은 뜻으로 말씀하신 듯합니다. 나는 이제 죽어서 너희 모두를 떠나 내 아버지에게 간다. 내가 가면 너희에게 많은 시련이 닥치겠지만, 나는 너희가 절망하게 내버려 두지 않겠다. 그러므로 너희는 마음에 근심하지 말라. 하지만 주님, 주님께서 돌아가시면 우리는 주님의 임재를 잃을 텐데, 우리에게 주님의 임재를 잃는 것보다 더 큰 근심이나 고통이 있겠습니까? 그리스도께서 말씀하십니다. 하지만 나는 너희가 근심하게 내버려 두지 않겠다. 그러므로 너희는 마음에 근심하지 말라. 오, 주님, 그렇지만 우리가 주님을 잃으면 우리는 모든 규례를 잃고, 우리 영혼에 유익한 것, 주님의 임재로 우리가 그동안 누렸던 선한 것들을 받을 많은 기회를 잃게 될 것입니다. 우리 구주께서 말씀하십니다. 그래도 나는 너희가 근심하게 내버려 두지 않을 것이다. 그러므로 너희는 마음에 근심하지 말라. 하지만 주님, 우리가 주님을 잃으면 우리는 흩어진 양이 되고 말 것입니다. 몇몇은 주님을 부인하고, 모두 주님을 저버릴 것입니다. 목자가 죽으면 우리는 양처럼 뿔뿔이 흩어져서 시험당하고 고통당하며 버림받는 슬픈 형편이 될 것입니다. 그분께서 말씀하십니다. 아무리 그래도 나는 너희가 절망하게 내버려 두지 않을 것이다. 그러므로 너희는 마음에 근심하지 말라. 이것이 그리스도께서 제자들에 대하여 보여주시는 그분의 마음과 뜻과 의지입니다.

여러분은 말할 것입니다. 하지만 아버지 하나님께서 자기 백성이 절망하지 않는 마음을 갖게 하시리라는 사실을 어떻게 알 수 있습니까? 대답하겠습니다. 분명합니다. 하나님께서 우리의 모든 형편에 적합한 위로와 구원의 약속을 준비해 놓으셨습니다. 감히 말합니다. 하나님께서 마련하신 위로와 자비와 구원의 약속으로 감당할 수 없는 형편이 있다면 한번 제시해 보십시오.

진정으로 여러분이 그분의 약속을 바라보고 깊이 음미한다면,

그 약속들은 아주 견고하고 확실해서 우리를 절망하게 하는 어떠한 반대 의견이 제기되어도 능히 논박할 수 있음을 알 수 있습니다. 이를테면 하나님의 교회가 원수의 핍박에 직면해 있다고 해봅시다. 여기에는 이사야 54:17의 약속이 있습니다. "너를 치려고 제조된 모든 연장이 쓸모가 없을 것이라." 여러분은 말할 것입니다. 하지만 주님, 우리의 원수들은 수가 많아서 들고 일어나 우리를 대적하며, 모두들 모이고 연합하여 주님의 종들에게 대항합니다. 그러면 그분께서는 이 반대 의견을 15절에서 다음과 같이 주장하십니다. "보라, 그들이 분쟁을 일으킬지라도 나로 말미암지 아니한 것이니 누구든지 너와 분쟁을 일으키는 자는 너로 말미암아 패망하리라." 여러분은 다시 말합니다. 오, 주님, 하지만 저들은 치명적인 연장, 즉 엄청난 군대와 무기를 손에 쥐고 있습니다. 16절에서 주님께서 말씀하십니다. "보라, 숯불을 불어서 자기가 쓸 만한 연장을 제조하는 장인도 내가 창조하였고 파괴하며 진멸하는 자도 내가 창조하였은즉." 오, 주님, 하지만 그들 편에는 관헌들이 있어 우리에게 맞서 송사합니다. 그러면 다음에 이어지는 17절의 내용에 주목합시다. "너를 대적하여 송사하는 모든 혀는 네게 정죄를 당하리니." 여러분은 이의를 제기합니다. 하지만 이는 우리가 아니라 유대 교회를 위해서만 주신 약속입니다. 그렇지 않습니다. "이는 여호와의 종들의 기업이요." 그러므로 여러분이 주님의 종이라면, 이것은 여러분에게 주신 약속입니다. 여러분은 다시 이의를 제기합니다. 하지만 우리는 믿음이 없어서 이 약속을 붙들 수 없습니다. 그럼에도 이 약속에 따르면 그 대상은 "여호와의 종들의 기업"입니다. 자녀들에게는 이미 지정된 유산이 있습니다. 비록 지금 당장은 그 유산을 청구하지 못해도 때가 되면 당연히 그들에게 주어집니다. 여러분은 다시 말합니다. 하지만 우리는 주님께 죄를 지을 수 있고, 이 약속과 유산을 빼앗길 수도 있습니다. 그렇다면 다음의 말씀을 보십시오. "이는 그들이 내게서 얻은 공의니라. 여호와의 말씀이니라."사 54:17-옮긴이 이 약속이 내게서 왔을 뿐 아니라 공의 또한 내게서 왔기에, 그들은 이 공의로 믿을 수 있고 약속을 붙들 수 있으며 이 약속의 보호 아래 행할 수 있다고 주님은 말씀하셨습니다. 이 얼마나 은혜로운 약속입니까! 모든 불신과 회의는 이 약속으로 논박될 수 있습니다! 다른 모든 약속들도 그러합니다. 여러분은 다만 그 약속을 잘 지켜보고 주시하십시오. 그 약속은 견고하고 확실해서 말씀 하나하나가 여러분의 불신과 회의를 꺾는 명백한 답변을 제시합니다. 이렇게 하나님께서는 우리의 모든 불신과 이의는 제기되자마자 제거될 수 있다는 약속을 제시하셨습니다. 이것이 우리 아버지 하나님께서 자기 백성이 어떠한 형편에 있든지 절망하게 내버려 두지 않으시겠다는 뜻이 아니면 달리 무엇이겠습니까? 그러므로 하나님의 백성은 절망할 아무런 이유가 없습니다.

성도들이 절망할 수 있는 합당한 이유는 없으며, 오히려 그런 절망과 연관되어 오는 격려─그 절망보다 더 큰 격려─가 있습니다. 무엇보다도 백성들이 절망하는 순간에 찾아오시는 하나님의 모습은 얼마나 은혜로운지 모릅니다. 요한은 예수 그리스도께서 살아 계실 때 그분의 가슴에 기대어 몇 년을 보냈지만, 그때는 요한계시록의 말씀을 받지 못했습니다. 그리스도께서 돌아가시자, 요한은 고통과 박해 아래 유배자가 되어 밧모섬으로 쫓겨납니다. 거기서 그리스도께서 나타나셔서 그 복된 위로의 책인 요한계시록을 주십니다. 우리가 읽은 대로, 야곱은 옛적에 특별히 주님을 뵙고서 그 장소를 '브니엘'이라고 명명했습니다. "내가 하나님과 대면하여 보았으나."창 32:30 이 사건은 언제 일어났습니까? 한쪽에서는 인색하고 심술궂은 라반이 버티고 있고, 다른 한쪽에서는 그 포악한 형 에서가 무서운 기세로 추격해 오던 순간이었습니다. 그는 사닥다리의 환상을 보기도 했는데, 그 사닥다리 꼭대기는 하늘에 닿아 있고 아랫부분은 땅에 닿아 있었으며, 천사들이 그 사닥다리를 오르내리고 있었습니다. 그리스도께서는 요한복음 1:51에서 이 사닥다리를 자신으로 해석하십니다. "하늘이 열리고 하나님의 사자들이 인자 위에 오르락내리락 하는 것을 보리라." 야곱은 이 환상을 언제 보았습니까? 자기 아버지 집에서 편안히 있을 때는 결코 아니었습니다. 형의 분노를 피해 달아나, 한밤중에 황량한 들판에서 돌베개를 베고 자던 순간이었습니다. 바로 그때 그리스도께서 그로서는 한 번도 본 적 없는 모습으로 나타나셨습니다. 또 로버트 글로버(Robert Glover, 1555년에 화형당한 영국 개신교 순교자—옮긴이)가 천국의 기쁨에 휩싸여, "그분께서 오셨다. 그분께서 오셨다" 하고 소리치던 때는 언제였습니까? 『순교자 열전』Book of Martyrs에 그에 관한 기록이 나오는데, 그는 무려 다섯 해 동안이나 두려움과 고통 속에서 지쳐갔다고 합니다. 그는 먹을 수도 잘 수도 없었고, 자칫 신앙을 버리고 배교할까 두려워 극심한 영혼의 고통을 겪었습니다. 그는 자신이 죽으면 반드시 지옥에 떨어지리라 생각했습니다. 기록에 따르면, 그는 지옥도 자신의 형편만큼 절망스럽지는 않으리라고 생각했다고 합니다. 하지만 결국 이 기나긴 시련의 시간이 지나자, 하나님께서는 기꺼이 그를 위로하며 맞아 주셨습니다. 하나님께서 그에게 오신 때가 언제였습니까? 화형장의 말뚝이 눈앞에 보이던 바로 그때, 그는 손뼉을 치며 외쳤습니다. "그분께서 오셨다. 그분께서 오셨다." 이와 같이 자비의 보고(寶庫)이신 하나님께서는 가장 깊은 위로를 남겨 두셨다가 성도들이 가장 고통스러운 순간에 베풀어 주셨습니다. 가장 깊은 위로로 가장 극심한 고통을 최적의 비율로 완화해 주셨습니다.

그렇습니다. 주님께서는 절망의 시간에 우리를 격려하시고 우리의 절망에 비례하여 그에 맞게 격려하실 뿐 아니라 우리의 절망을 희망과 평안으로 바꾸어 주십니다. 주님께서는 아담을 깊이 잠들게 하시고 그의 옆구리에서 갈빗대를 하나 취하셔서 그를 위한 조력자로 만드셨습니다. 이와 같이 하나님께서는 여러분을 절망 가운데 깊이 잠들게 하시고, 거기서 갈빗대 하나를 취하셔서 여러분을 위한 조력자로 세우십니다. 곧 성도들의 절망을 오히려 희망의 계기로 삼으십니다. 호세아 2:14-15입니다. "그러므로 보라, 내가 그(의 교회와 백성)를 타일러 거친 들로 데리고 가서 말로 위로하고 거기서 비로소 그의 포도원을 그에게 주고 아골 골짜기로 소망의 문을 삼아 주리니 그가 거기서 응대하기를 어렸을 때와 애굽 땅에서 올라오던 날과 같이 하리라." 그런데 거친 들이라는 곳은 절망스러운 곳이 아닙니까? 그 절망스러운 형편에서 무슨 위로를 얻을 수 있겠습니까? 하나님께서 말씀하십니다. 그렇다. 너희 힘으로는 얻을 수 없다. 하지만 여기서 나는 친절하고 다정한 말로 그를 위로할 것이다. 내가 불쌍한 영혼에게 복음을 전파하기로 한 모든 시간에 나는 그 일을 거친 들, 그 절망스러운 곳에서 할 것이다. 여러분은 말합니다. 주님께서 우리를 다정한 말로 위로해 주셔도, 그곳은 우리가 먹을 것도 없고 위로도 없는 불모의 들인데, 어떻게 절망하지 않을 수 있겠습니까? 주님께서 말씀하십니다. 아니다. 내가 거기에 포도원을 회복해 주겠다. 여러분은 다시 말합니다. 하지만 우리가 옛날의 이스라엘 백성처럼 광야에서 죄를 짓고 불평하면, 주님께서 그들에게 하셨던 것처럼 우리를 내치시고, 광야는 고통스러운 곳이 되어 빈번히 우리는 불평하고 절망하게 될 것입니다. 주님께서 말씀하십니다. 아니다. 내가 거기에 포도원을 회복해 주고, 아골 계곡이 희망의 문이 되게 하겠다. 아골 계곡, 곧 아골 골짜기는 혼란과 고통과 절망의 골짜기였습니다. 여호수아 7:26에 언급되듯이, 아간의 죄로 이스라엘 장정들이 아이 사람들에게 패하여 도망치는 일이 있었습니다. 그래서 그곳은 아골 골짜기가 되었습니다. 하지만 그 고통의 골짜기가 바로 가나안 땅, 곧 안식의 땅으로 들어가는 관문이었습니다. 주님께서 말씀하십니다. 이제 그들의 경우가 어떠했는지 보아라. 아골 골짜기는 고통과 혼란의 골짜기였지만 그 문을 통해서 이스라엘 백성은 안식의 땅으로 들어갔다. 너희 또한 그러할 것이다. 내가 너희의 고통과 절망을 희망의 문으로 삼겠다. 너희의 절망의 골짜기가 너희의 모든 안식과 위로로 들어가는 문과 입구가 될 것이다. 하나님께서는 머리되신 이에게 행하신 방식을 지체들에게도 동일하게 행하십니다. 그리스도의 십자가는 영광의 관문이었습니다. 그분께서 겪으신 고난의 시간은 제자들로서는 아골 골짜기였지만, 결국 그 고난의 시간이 제자들과 모든 성도에게 희망의 문이 되지 않았습니까? 이것이 하나님의 방식입니다. 절망이 희망을 불러옵니다. 성도들은 절망할수록 많은 격려와 희망을 얻습니다. 그렇습니다. 그들의 절망이 오히려 용기를 얻는 계기와 희망의 문이 될 것입니다. 이제 아골 골짜기가 약속에 의해 희망의 문이 된다면, 우리의 아골 골짜기가 어떠하며 우리의 형편이 어떠하든 절망할 까닭이 있겠습니까?

기도하는 사람은 어떤 형편에 있든지 절망할 필요가 없습니다. 하나님께서 그의 말을 귀담아들어 주시기 때문입니다. 우리 안에 계신 성령께서 할 말을 일러 주시고, 하늘에 계신 친구가 이를 받아 제시하시며, 하나님께서는 아버지로서 기도하는 이의 소원을 받으십니다. 기도는 자비입니다. 비록 우리가 기도로 구한 자비는 받지 못해도, 기도 자체가 이미 하나님께서 우리에게 내려오시고 우리가 하나님께 올라가는 수단이기 때문입니다. 기도는 지상에서 하나님과 나누는 영혼의 대화이며, 수고하고 무거운 짐을 진 영혼의 큰 안식입니다. 이 기도로 성도는 하늘로 올라가 가슴에 있는 모든 것을 가장 친한 친구의 가슴에 쏟아 놓을 수 있습니다. 경건하고 은혜로운 사람은 너 나 할 것 없이 기도하는 사람입니다. 언제나 "그가 기도하는 중이니라."^{행 9:11-옮긴이} 이는 바울이 회심한 증거로 제시된 말씀입니다. "그가 기도하는 중이니라." 사람이면 누구나 말을 하듯, 그리스도인은 누구나 기도해야 합니다. 하나님께서는 어느 자녀도 벙어리로 만들지 않으셨습니다. 여러분의 자녀는 태어나자마자 울고, 젖을 빨며, 잠을 잡니다. 하나님에게서 난 사람도 그렇습니다. 태어나자마자 기도로 하나님을 향해 울고, 약속의 젖을 빨며, 거룩한 만족감으로 하나님의 품에 안겨 잠을 자고, 세상에 대하여 죽습니다. 그는 아마 바라는 대로 기도할 수 없을 것입니다. 하지만 그가 바라는 대로 기도하지 못하고, 바라는 대로 듣지 못하며, 바라는 대로 의무를 행하지 못해도, 그에 관해 적어도 이 말은 할 수 있습니다. "그가 기도하는 중이니라." 그를 여러분이 원하는 곳으로 이끌어 보십시오. 그래도 "그가 기도하는 중이니라." 아무리 아파도 "그가 기도하는 중이니라." 시험을 당해도 "그가 기도하는 중이니라." 집에서나 밖에서나 "그가 기도하는 중이니라." 기도하는 그가 과연 절망할 수 있겠습니까? 결코 그럴 수 없습니다! 그런데 왜 그가 어떤 형편 때문에 절망합니까?

성도들의 절망이 바람에 날려 흩어지는 구름에 불과하다면, 그들의 형편이 어떠하든 그들은 절망할 이유가 전혀 없습니다. 하나님의 백성은 다 이와 같습니다. 그들이 비록 대단히 어두운 형편에 있을지라도, 그것은 구름에 의해 생긴 어둠에 불과합니다. 어떤 이가 **그것은 구름에 불과하니 곧 지나가리라**(Nubecula est, cito transibit)고 말했듯이, 하나님의 백성도 그들을 절망하게 하는 모든 문제와 관련해, 지금은 어둡지만 이 어둠이 곧 지나가리라고 말할 수 있습니다. 우리에게 거센 풍랑이 몰아치겠지만 우리는 다시 육지를 볼 수 있을 것입니다. 그것은 구름, 오로지 구름에 불과합니다! 이러한 이유로 다윗은 여기 42편에서 자신을 위로하고, 과하게 낙심한 자신의 영혼을 꾸짖고 있습니다. "내 영혼아, 네가 어찌하여 낙심하며 어찌하여 내 속에서 불안해하는가. 너는 하나님께 소망을 두라.……내 하나님을 여전히 찬송하리로다."[11절] 나는 구원받을 것이다. 이 구름은 지나갈 것이다. 이 어둠은 오래가지 않을 것이다. 다만 구름이 만든 어둠일 뿐이다.

여러분은 말합니다. 하지만 이것은 구름일 뿐이고 구름이 만든 어둠에 불과한 것을 어떻게 알 수 있습니까? 내 영혼은 지금 캄캄한 밤, 아침이 도저히 올 것 같지 않은 그런 밤 같습니다. 정말 나의 절망이 구름이 만든 어둠에 불과할 뿐임을 알 수 있다면, 나는 이렇게 절망할 이유가 없습니다. 이 어둠이 구름이 만든 어둠인지 밤이 만든 어둠인지 어떻게 알 수 있습니까?

어떤 약속이 밝게 빛나며 떠오른 뒤 즉시 나타나는 어둠은 밤에 의한 어둠이 아니라 구름에 의한 어둠입니다. 해가 떠서 금방 지고 밤이 올 수는 없습니다. 그러므로 해가 뜬 뒤에 곧바로 어둠이 온다면 그 어둠은 분명히 일식이나 구름이 만든 어둠일 뿐 밤의 어둠은 아닙니다. 요셉에게 아주 밝은 약속이 떠서 빛났습니다. 주님께서는 다음과 같이 말씀하셨습니다. "그의 곡식단이 그 형제들의 모든 곡식단보다 크리라." 이 약속이 있은 후 바로 그에게 어둠이 덮쳤지만, 그것은 구름이 만든 어둠일 뿐 밤의 어둠은 아니었습니다. 왜 그렇습니까? 그에게 빛나는 약속이 어둠보다 먼저 나타났기 때문입니다. 다윗도 사무엘에게 기름부음을 받으면서 이처럼 빛나는 왕국의 약속을 받았습니다. 곧 어둠이 찾아왔지만 그것은 구름에 의한 어둠일 뿐 밤의 어둠은 아니었습니다. 왜 그렇습니까? 그 어둠은 약속이 밝게 떠서 빛난 후 바로 찾아온 어둠이었기 때문입니다. 여러분에게 밝은 약속 이후 즉시 나타난 어둠치고 이내 소멸하는 구름의 어둠이 아닌 것이 성경에 있으면 알려 주십시오. 또 성경을 처음부터 끝까지 찾아 보십시오. 약속을 받은 직후 어둠에 처한 불쌍한 영혼이 다시 빛 가운데로 나오지 않은 예가 하나라도 있었습니까? 그러므로 성도들을 덮는 어둠이라면 대체로 그것은 밝은 약속을 받은 후에 오는 어둠이며, 구름이 만든 어둠일 뿐입니다. 그들은 그것이 구름, 정말 구름에 불과하니 곧 지나가리라 말할 수 있습니다.

주변이 좀 어두운데도 구덩이를 파며 일할 생각을 한다면, 그 어둠은 구름에 의한 어둠입니다. 사람이 때에 맞지 않게 밤에 일할 생각을 하기는 어렵습니다. 하지만 구름으로 인해 그늘이 생기면, 어둠이 좀 짙더라도 여전히 낮이므로 구덩이를 파고 일할 생각을 할 수 있습니다. 시편 기자는 84:5-7에서 이렇게 말합니다. "주께 힘을 얻고 그 마음에 시온의 대로가 있는 자는 복이 있나이다. 그들이 눈물('바카', KJV—옮긴이) 골짜기로 지나갈 때에 그 곳에 많은 샘이 있을 것이며 이른 비가 복을 채워 주나이다.

그들은 힘을 얻고 더 얻어 나아가 시온에서 하나님 앞에 각기 나타나리이다." 여기서 우리는 유대인의 관습을 엿볼 수 있습니다. 그들의 순례길은 바카 골짜기로 나 있었는데, 이 바카 골짜기는 대단히 건조해서 주변에 인가가 없었고 먹고 마시며 쉴 만한 물가도 없었습니다. 그래서 그들은 구덩이를 팠고, 비가 와서 이 구덩이에 물이 채워지면, 그것을 마시고 기운을 차리고 힘을 얻어 예루살렘으로 올라가 주님의 규례를 지키며 그분을 뵈었습니다. 시편 기자는 말합니다. "그 마음에 하나님의 법이 있는 자들은 복되도다." 이 세상에는 원하는 대로 하나님을 향해 나아가지 못해도, 그 마음에 그분의 법을 가진 사람들이 있습니다. 이들은 이따금씩 메마른 불모의 형편에 처합니다. 거기는 물도 없고 위로도 없습니다. 하지만 이러한 형편에도 그들이 구덩이를 파고, 기도하러 가며, 의무를 행하는 중에 하나님을 기다린다면, 지금 당장은 그들의 의무에서 솟아나는 위로가 없어도 머지않아 하나님의 복된 비가 그 마른 구덩이, 그 빈 의무의 구덩이를 채울 것입니다. 그래서 그들의 삶은 가득 찬 샘물과 같을 것이며, 그들은 은혜로 힘을 얻어 마침내 주님을 뵈올 것입니다. 그러므로 여러분이 알아야 할 것이 있습니다. 이처럼 물이 없는 바카 골짜기에 있는 누구라도 구덩이를 파고, 기도하고, 말씀을 읽고 듣고, 묵상하고, 의논하고, 의무를 행하려 한다면, 그러한 의무들이 비록 지금 당장은 위로가 되지 않겠으나 머지않아 은혜와 자비의 비가 그 구덩이 안으로 떨어지면, 그는 힘에 힘을 얻어 마침내 영광 중에 계신 주님 앞에 이르게 될 것입니다. 다른 모든 성도들도 이와 같습니다. 그들에게 깊은 어둠이 닥치지만, 그 어둠 가운데서도 그들은 여전히 구덩이를 파고 있으므로 이 어둠은 밤의 어둠이 아니요, 구름에 의한 어둠일 것입니다. 그들은 이것이 구름이 만든 어둠에 불과하니 머지않아 지나가리라고 말할 수 있습니다.

사람이 어둠에 처했지만 그 어둠 가운데 빛의 틈새가 있다면, 그것은 구름이 만든 어둠일 뿐 밤이 만든 어둠이 아닙니다. 구름으로 인해 어둠이 짙을 수 있으나, 그 어둠이 가끔 열려서 잠깐씩 빛이 비치기도 합니다. 하지만 밤의 어둠은 아예 열리지 않으며, 잠시 비추는 빛도 없습니다. 잠깐씩 나타나는 빛은 앞으로 더 큰 빛이 오리라는 명백하고도 확실한 증거입니다. 여러분이 알다시피, 압살롬을 피해 달아나는 다윗의 형편은 막막하고 어두웠습니다. 성경은 이렇게 말합니다. "맨발로 울며 가고……울며 올라가니라."삼하 15:30-옮긴이 자신의 친자식에게 박해를 당하고 왕위에서 쫓겨납니다. 제 속에서 나온 자식이 사악한 자들과 공모하여 반란을 일으켰습니다. 칠흑 같은 어둠이 말할 수 없이 절망스러운 일이었지만, 그것은 구름에 의한 어둠일 뿐이었습니다.

여러분은 말할 것입니다. 그것이 구름에 의한 어둠에 불과한지 다윗이 어떻게 알 수 있었습니까?

다윗은 주님께 아히도벨의 계획이 어리석은 것이 되게 해달라고 기도했습니다. 다윗이 압살롬을 제압하고 왕권을 탈환하기 전에 아히도벨은 목을 매고 죽었습니다. 다윗은 특별히 아히도벨을 지목하여 벌해 달라는 기도를 올렸고, 주님께서는 그의 기도를 들으셨습니다. 아히도벨에 대한 심판은 다윗의 기도에 대한 응답이었습니다. 여기서 구름이 열렸고, 다윗의 기도에 대한 이 응답은 이후에 이루어진 온전한 구원의 보증이었습니다. 하나님께서는 다른 여러 문제에 대해서도 이와 동일한 인장으로 보증하십니다. 그러므로 끝이 보이지 않는 시험과 고통과 버림받음으로 인해 어둠에 처했을 때, 완전한 구원이 오기 전 잠시 작은 구원을 경험했다면, 그 작은 구원이 바로 그 당사자에게는 미래의 구원에 대한 보증이 됩니다. 그래서 그는 "이와 같이 구름이 열렸으니 이는 내 온전한 구원의 보증이다"라고 말할 수 있습니다. 하나님의 백성은 언제나 이와 같습니다. 그들이 고통과 시험을 당하고 버림받게 되는 형편에 있을 때, 큰 구원이 오기 전에 먼저 특별하신 섭리, 고통 중에 잠시 오는 활력, 어떤 막간의 빛, 잠시 동안 구름이 열리는 일들을 경험하게 됩니다. 그로 인해 그들은 고통과 시험을 당하고 버림받는 와중에도 이와 같이 말할 수 있습니다. 정녕 나의 이 어둠은 밤의 어둠이 아니요, 구름의 어둠일 뿐이다. 그러므로 성도들에게 오는 절망은 구름이 아닌 것이 없으니, 그들은 이처럼 말할 수 있습니다. 이것은 구름일 뿐이므로 곧 지나가리라. 그러므로 왜 절망해야 합니까? 우리가 어떤 형편에 있든지 절망할 이유는 전혀 없습니다.

그렇다면, 이 교훈을 엄중한 질책으로 받아들여야 할 사람들이 있습니다. 이런 말을 해서 안 됐지만, 그 사람들은 하나님의 종과 백성들입니다! 경건한 사람은 아무리 형편이 어려워도 절망할 이유가 없습니다. 그런데 어떤 사람들은 아무리 형편이 좋아도 늘 절망합니다. 무슨 일이 일어나도 성도들은 절망하지 말아야 합니다. 그렇습니다. 어떤 일에도 절망하지 말아야 합니다. 하지만 많은 이들이 모든 일, 모든 경우에 절망합니다. 이 얼마나 합당치 않은 일인지요! 하나님을 이토록 거슬러 행할 수 있다니요! 여러분은 하나님을 거슬러 행하는 것이 무엇인지 압니까? 하나님께서 이렇게 말씀하지 않으셨습니까? "너희가……내게 대항할진대 나 곧 나도 너희에게 대항하여." 레 26:23-24-옮긴이

하지만 어떤 사람은 말할 것입니다. 나는 절망할 이유가 있습니다. 하나님의 사랑을 느낄 수 없으니 말입니다.

우리는 감정으로 살지 않고 믿음으로 삽니다. 그리스도인은 마땅히 믿음으로 시작해서 감정으로 올라가야 합니다. 여러분은 감정으로 시작해서 믿음으로 내려오려고 하지만, 반드시 믿음으로 시작해서 감정으로 올라가야 합니다. 하나님께서 여러분에게 우리 주님에게 하시듯 행하는 것으로는 여러분이 만족할 수 없습니까? 대답해 보십시오. 그리스도께서도 하나님의 사랑을 느끼지 못 할 때가 있지 않았습니까? 이와 같이 말씀하셨으니 말입니다. "나의 하나님, 나의 하나님, 어찌하여 나를 버리셨나이까." 마 27:46-옮긴이 진실로 그리스도께서는 해 아래 가장 위대한 순종의 행위를 보여주시던 그때도 그분 자신을 향한 하나님의 진노를 느끼지 않으셨습니까? 그때 그리스도께서도 여러분처럼 이렇게 말씀하셨습니까? 나는 하나님의 사랑을 느낄 수 없고 오히려 그분의 분노만 느끼고 있으므로 그분의 자녀가 아니다. 그분께서는 버림받았다고 말씀하신 바로 그 순간 "나의

하나님, 나의 하나님"이라고 말씀하셨습니다. 그와 동시에 하나님을 아버지라 부르셨습니다. "아버지, 저들을 사하여 주옵소서."눅 23:34-옮긴이 여러분도 이와 같이 할 수 있습니다. 하나님께서 여러분을 버리시고, 여러분이 그분의 사랑을 느낄 수 없어도, 오히려 그분의 분노만 느껴도, 여러분은 여전히 말할 수 있습니다. 주님은 나의 아버지이십니다. 그리고 여러분은 아버지이신 그분에게 갈 수 있습니다. 여러분이 하나님은 나의 아버지라고 말할 수 있다면, 과연 절망할 이유가 있겠습니까? 그럼에도 하나님의 자녀라는 사람들이 얼마나 자주 절망하고 낙심하는지요! 오, 그리스도의 제자인 여러분, 여러분의 주님께서 보여주신 모범을 따르십시오. 그리고 이 시편 말씀의 다윗처럼 틈나는 대로 말하십시오. "내 영혼아, 네가 어찌하여 낙심하며 어찌하여 내 속에서 불안해하는가."

경건한 사람과 악인의 차이는 실로 대단합니다. 그 이유는 다음과 같습니다. 경건하고 은혜로운 사람은 어떤 형편에서도 절망할 이유가 없고, 악인은 어떤 형편에서도 기뻐할 이유가 없습니다. 은혜로운 사람은 크게 절망하는 경향이 있지만 그렇게 절망할 정당한 이유는 없습니다. 악인은 크게 기뻐하는 경향이 있지만 그렇게 기뻐할 정당한 이유도 없습니다. 악인에 관해서는 시편 7:11에서 다음과 같이 말씀합니다. "매일 분노하시는 하나님이시로다." 어떤 날이든 하나님께서는 악인들에게 분노하십니다. 금식과 기도의 날이라 해도 악인들에게는 분노하시며, 찬양과 감사의 날이라 해도 악인들에게는 분노하십니다. 악인이 죄를 많이 지을 때나 적게 지을 때나 하나님께서는 분노하십니다. 하나님의 분노 없이 악인의 머리 위로 해가 넘어가는 날은 단 하루도 없습니다. 어떤 식으로든 하나님의 분노는 날마다 악인에게 미칩니다. 악인은 그런 분노를 늘 느끼지 않아도, 하나님께서 그를 치고 계시므로 그분의 분노는 날마다 악인과 함께 있습니다. 따라서 악인은 어떤 형편에서도 기뻐할 이유가 없습니다. 어떤 사람이 중죄를 저질러 군주나 관청의 노여움을 사서 사형선고를 받고 감옥에 갇혀 있다고 합시다. 그의 하인이 감옥으로 면회를 와서 말합니다. 주인 나리, 안심하십시오. 안주인 마님께서 댁에 평안히 계시고, 어여쁜 자제분들 또한 무탈하며, 곡식 농사도 잘 되었습니다. 나리의 이웃들이 나리를 대단히 존경하고, 나리의 가축들은 번성하고 있으며, 나리의 온 집안이 순조롭게 돌아갑니다. 그러면 그는 하인에게 이처럼 대답하지 않겠습니까? 내가 사형선고를 받아 죽게 생겼는데 그 모든 것이 다 무슨 소용이란 말이냐? 악인들의 경우가 다 이와 같습니다. 악인은 위대하신 하나님의 노여움을 얻어 사형선고를 받은 사람이며, 하나님께서는 날마다 악인에게 분노하십니다. 악인이 하나님의 분노를 깨닫는다면 이처럼 말할 것입니다. 내게 좋은 친구들과 재물과 명성과 사업이 있다고들 하지만 사형선고를 받은 사람에게 그 모든 것이 다 무슨 소용이란 말인가? 하나님께서 날마다 내게 분노하고 계시지 않는가? 지금은 하나님의 노여움을 느끼거나 깨닫지 못해도, 결국은 이 문제의 진실을 알게 되는 날이 오리라는 것을 악인은 알아야 합니다. 그때가 되면, 옛날에 사울이 다급하게 외친 심정과 같을 것입니다. "블레셋 사람들은 나를 향하여 군대를 일으켰고 하나님은 나를 떠나서."^{삼상 28:15} 악인 또한 다급하게 외치며 말할 것입니다. 하나님께서 나를 버리셨는데 내가 지금 시험을 당하고 있구나. 나의 죄악이 지금 나를 치고 있구나. 하나님께서 나를 버리셨는데 마귀들이 지금 나를 치고 있구나. 하지만 경건하고 은혜로운 사람은 현재의 형편이 아무리 슬프고 어렵고, 그의 영혼이 아무리 크게 낙심해도, 절망할 이유가 없습니다. 형편이 어떠하든지 말입니다. 그러므로 성도들은 얼마나 영광스러운 형편 속에 있는지 모릅니다! 이러한 형편을 사랑하지 않을 자 누구인지요! 그리스도 안에 있기를 원치 않는 자 누구인지요! 악인들의 길에서 떠나지 않으려는 자 누구인지요! 경건하게 되지 않으려는 자 누구인지요! 오, 경건치 않은 여러분, 부디 경건하게 되기를 힘쓰십시오.

하지만 특별히 성도들을 위한 권고가 있습니다. 나는 여러분에게 반드시 권면의 말을 남기고자 합니다. 절망과 낙심에 각별히 주의를 기울이십시오. 여러분은 절망할 이유가 전혀 없고, 오히려 절망하지 말아야 할 이유는 많습니다.

여러분이 절망함으로 사탄의 마음은 흡족하게 됩니다. 사탄은 여러분이 낙심한 모습을 보고 손뼉을 치며 웃습니다. 그는 이와 같이 말합니다. 비로소 진정 이 사람이 나와 같이 되었다. 나는 절망하는 영인데, 이 사람도 그렇게 되었다. 나는 절망하고 낙심하는데, 이 사람도 그렇게 되었다. 사탄은 벌떡 일어서서, 이처럼 절망하고 있는 여러분의 모습을 내려다봅니다. 여러분이 슬퍼할 때 사탄은 기뻐합니다.

그리고 여러분이 사탄을 기쁘게 한다면 이는 역으로 하나님을 슬프시게 하는 일이 됩니다. 친구는 친구의 슬픔과 절망을 슬퍼합니다. 친구의 슬픔을 바라보는 고통은 우정이 깊을수록 큽니다. 하나님께서는 신실한 아브라함의 친구였던 것과 조금도 다름없이 (아브라함은 적극적으로나 소극적으로나 "하나님의 벗"이었습니다. 약 2:23-옮긴이 하나님께서는 아브라함의 친구였고 아브라함은 하나님의 친구였습니다) 오늘날 모든 신자의 친구이십니다. 그리스도 또한 모든 신자의 친구이십니다. "이제부터는 너희를 종이라 하지 아니하리니 종은 주인이 하는 것을 알지 못함이라. 너희를 친구라 하였노니"라고 말씀하셨습니다. 요 15:15-옮긴이 성령께서도 모든 신자의 친구이신데, 이는 신자에게 오셔서 그들 안에 거하시며, 그들에게 그분 자신을 드러내 보이시는 분이 바로 성령이기 때문입니다. 그런데 우리는 그러한 성령을 슬프게 한다고 합니다. 하나님은 더할 수 없이 무서운 원수로 보이기도 하지만 또 한편으로는 세상에서 가장 좋은 친구, 가장 진실한 친구, 가장 참된 친구이십니다. 그러므로 여러분이 낙심하고 절망하면 그분을 슬프시게 하는 일이 됩니다. 아버지를 슬프시게 하고, 아들을 슬프시게 하며 성령을 슬프시게 하는 일이 됩니다. 주님을 슬프게 하는 것이 얼마나 중대한 일인지 여러분은 압니까? 그런 친구를 슬프게 하는 것이 별일 아닙니까?

여러분은 절망함으로써 그리스도께서 오신 목적을 어느 정도 헛되게, 아니 대단히 헛되게 합니다. 알다시피 그리스도께서는 우리를 지옥뿐 아니라 현재의 두려움에서도 자유롭게 하시려고 오셨습니다. "우리가 원수의 손에서 건지심을 받고 종신토록 주의 앞에서 성결과 의로 두려움이 없이 섬기게 하리라 하셨도다."눅 1:74-75 그런데도 여러분은 평생 두려움에 사로잡혀 절망한 채 고개를 숙이고 다니려 합니까?

여러분은 절망함으로써 그리스도를 섬기기에 합당치 않은 사람이 됩니다. 옛날의 유월절은 절대 묵은 누룩으로 지낼 수 없었습니다. 묵은 누룩은 깨끗이 치워야 했습니다. 슬프고 비참한 것들이 거룩한 것을 먹어서는 안 되기 때문입니다. 사도는 말합니다. "우리의 유월절 양 곧 그리스도께서 희생되셨느니라. 이러므로 우리가 명절(즉, 복음의 명절)을 지키되 묵은 누룩으로도 말고 악하고 악의에 찬 누룩으로도 말고 누룩이 없이 오직 순전함과 진실함의 떡으로 하자."고전 5:7-8-옮긴이 그럼에도 여러분은 누룩 들어간 빵, 시큼한 빵, 슬픔의 빵 말고는 먹을 빵이 없습니까? 여러분은 그런 식으로 여러분의 유월절, 여러분의 신앙의 명절을 지키려 합니까? 여러분 중에 어떤 이들은 이미 여러 해를 의심과 두려움과 염려와 낙심과 절망으로 보내고 있습니다. 이제 여러분의 믿음 없음을 한탄하고 값없이 주시는 은혜를 감사함으로 맞아야 하지 않겠습니까? 아니, 여러분은 언제까지 성령과 아버지와 그리스도를 슬프게 하려 합니까? 언제까지 그리스도의 공로를 헛되게 하려 합니까? 언제까지 묵은 누룩을 먹으려 합니까? 이제는 이처럼 말해야 할 때가 아닙니까? "내 영혼아, 네가 어찌하여 낙심하며 어찌하여 내 속에서 불안해하는가. 나는 내 하나님을 여전히 찬송하리로다."

여러분은 말합니다. 사실 내 낙심의 타당하고 성경적인 근거가 없다는 것을 나도 압니다. 오히려 낙심하지 말아야 할 이유가 많습니다. 하지만 나는 영혼이 괴로운 사람입니다. 그렇지 않았다면 마침내 나도 값없이 주시는 은혜를 찬양했으리라고 기꺼이 말할 수 있을 것입니다. 어떻게 해야 나는 어떤 형편에서도 절망하지 않고 견뎌 낼 수 있습니까?

시편 기자가 이 말씀에서 가르쳐 주는 유일한 방법은 하나님을 소망하고 신뢰하며 믿는 것입니다. 우리가 절망하지 않도록 그리스도를 믿는 믿음을 어떻게 사용할 것인가 하는 점은 아래와 같이 기술되어 있습니다. 현재로서는 이 지침을 따르면 됩니다.

1. 어떠한 형편에서도 절망하지 않으려면, 여러분의 형편에서 위로를 구하지도 말고 형편 자체를 사랑하지도 마십시오. 여러분의 형편 자체가 여러분의 기쁨의 이유나 근거가 되면 안 됩니다. 썩은 옷걸이에 외투를 걸면 옷걸이는 부러지고 외투는 바닥에 떨어집니다. 형편이라는 것은 하나같이 썩은 옷걸이에 불과합니다. 우리의 형편은 언제든 바뀔 수 있습니다. 무수한 변화를 견디어 낼 만큼 단단하고 견고한 형편은 없습니다. 그것은 썩은 버팀목입니다. 하나님은 하나의 기둥, 아니 기둥들이십니다. 하나님의 이름 '아도나이'가 바로 그런 뜻이며, 이사야 26장에서 우리는 주님을 신뢰하라는 명령을 받는데, 이는 주 하나님만이 우리를 보호하는 "영원한 반석"이시기 때문입니다.4절 시편 기자는 말합니다. "내 육체와 마음은 쇠약하나 하나님은 내 마음의

반석('힘', KJV—옮긴이)이시요 영원한 분깃이시라."^시 73:26 히브리어 성경에도 '반석'으로 되어 있습니다. 여러분의 형편에 기초해 위로를 세운다면 모래 위에 집을 지음과 같습니다. 그 집은 언제든 비바람에 휩쓸려 나갈 것입니다. 하지만 여러분이 그리스도 위에, 하나님 위에 집을 세우면 이는 반석 위에 집을 세움이니 홍수가 나고 폭풍우가 몰아쳐도 여러분은 위로를 잃지 않을 것입니다. 여러분의 위로가 반석 위에 세워졌기 때문입니다.

2. 반드시 그리스도를 바르게, 다시 말해 여러분이 처한 형편에 맞는 분으로, 복음서에 제시되어 있는 모습 그대로 그분을 생각해야 합니다. 우리는 빈번히 그리스도를 잘못 생각합니다. 사탄은 이따금씩 광명의 천사로 가장합니다.^고후 11:14-옮긴이 여러분 앞에서 그리스도를 어둠의 천사로 보이게 하려고도 할 것입니다. 하지만 성경에서 그리스도를 설명하며 사용하는 용어들을 보면 그분께서는 불쌍한 죄인들에게 더할 수 없이 온화한 분이십니다. 사탄이 여러분을 고발하고, 세상과 여러분의 양심이 여러분을 고발합니까? 그리스도께서는 여러분의 대언자라고 불리십니다. 여러분은 앞날에 무지합니까? 그리스도께서는 여러분의 예언자라고 불리십니다. 여러분은 죄를 지었습니까? 그리스도께서는 여러분의 제사장이시며 대제사장이라고 불리십니다. 여러분은 무수한 원수들에게 안팎으로 시달리고 있습니까? 그리스도께서는 왕이며 왕들의 왕이라고 불리십니다. 여러분은 궁지에 몰렸습니까? 그리스도께서는 여러분의 길이라고 불리십니다. 여러분은 배고프고 목마릅니까? 그리스도께서는 생명의 떡

이요, 물이라고 불리십니다. 여러분은 신앙에서 떨어져 나가 마침내 저주받을까 두렵습니까? 그리스도께서는 우리의 두 번째 아담, 곧 우리 모두를 대표하는 분입니다. 그분의 죽음으로 우리가 죽고 그분의 속죄로 우리가 속죄되었습니다. 어떤 시험이나 고난이 올 때 특별히 그 상황에 맞는 약속이 있듯이, 우리가 어떤 형편에 처하든 특별히 그 형편에 맞는 그리스도의 이름이나 직함이나 속성이 있습니다. 또 여러분이 각자 처한 형편과 상관없이 그리스도를 바라보지 않듯이, 역으로 그 형편에 맞는 그리스도의 속성은 외면한 채 형편 자체만 바라보아서는 안 됩니다. 여러분이 처한 형편과 상관없이 그리스도의 사랑이라는 속성만 바라볼 경우, 여러분은 거만해질 수 있습니다. 반대로 그리스도의 사랑이라는 속성 없이 여러분의 형편만 바라볼 경우, 여러분은 절망할 수 있습니다. 이 두 가지를 함께 생각하면 절망하지 않을 것입니다.

3. 절망이 시작되어 밀려온다면, 스스로를 헤아려 다음과 같이 말하십시오. 어찌하여 나는 알지도 못하면서 생각이 이토록 많은가? 어찌하여 나는 이와 같은 생각으로 내 영혼을 지치게 하는가? 이것으로 내가 나의 영적인 키를 한 자라도 늘릴 수 있는가? 나의 이 모든 염려로 나는 나의 형편을 바꿀 수 있는가? 이 근심과 염려로 나는 오히려 바라던 자비에서 더 멀어지지 않았는가? 사실, 바라던 위로를 잃는 유일한 방법은 위로를 못 얻으면 어찌하나 하는 걱정입니다. 외적인 축복을 얻는 유일한 방법이 그러한 축복이 없어도 만족하는 데 있듯이, 영적인 혹은 외

적인 고통을 제거하는 유일한 방법은 하나님과 그리스도께서 그 고통을 지속하리라 말씀하셨다면 그 고통이 지속되어도 괜찮다는 만족에 있습니다. 하지만 여러분은 그 고통을 즉시 제거해야 하고, 여러분이 은혜를 입고 있는 상태인지 하나님의 자녀인지 즉시 알아야 하며, 그렇지 않으면 절망할 것이라고 말합니다. 그물에 걸린 새는 벗어나려고 버둥거릴수록 심하게 얽히는데, 여러분의 경우도 이와 같습니다. 그러므로 시험과 고통과 버림받는 시련이 올 경우, 게다가 사탄이 이러한 고난에 편승하여 이 고난이 영원히 지속될 것이라고 여러분에게 말할 경우, 여러분은 다음과 같이 대답하십시오. 거짓말쟁이 사탄아, 네가 그렇게 말하니 나는 더욱 네 말과는 반대로 생각할 수밖에 없구나. 하지만 하나님께서 그렇게 말씀하신다면 나는 만족하며 고난을 그분께 맡기리라. 내가 영원히 이와 같은 형편에 있을 것인가의 문제는 내게 중요한 것이 아니다. 오, 주님, 지금은 다만 주님을 섬기게 하소서. 그것만이 내가 원하는 바입니다. 주님께서 원하시는 때, 주님께서 원하시는 대로 주님을 바라보게 하소서. 주님, 나는 이제 지쳤습니다. 지금까지 오랜 세월을 내 형편에 대해 질문하고 또 질문했습니다. 이 질문은 끝이 없습니다. 질문할수록 나는 더 질문할 수밖에 없을 것입니다. 이 질문으로 내가 얻는 것은 전혀 없습니다. 그러므로 내 영혼아, 어찌하여 내가 이러한 근심으로 나 자신을 소진한단 말이냐? 이와 같이 여러분 자신을 헤아려 보십시오.

    4. 여러분이 몹시 두려운 어떤 일, 절망하는 어떤 일이 생각날

때는 언제나 하나님께서 그동안 여러분에게 주시고 처방해 주신 아름다운 것들을 함께 떠올려 보십시오. 하나님께서 위로가 되는 어떤 것들을 주실 수 없을 만큼 여러분에게 두려운 것은 세상에 없습니다. 하나님의 이름은 두렵습니다. 그분께서는 크고 두려워할 주 하나님이십니다.단 9:4-옮긴이 하지만 이 두려움을 완화하는 것이 있습니다. 그분께서는 모든 위로의 하나님으로도 불립니다.고후 1:3-옮긴이 죽음은 두렵습니다. 죽음은 공포의 왕이라고 불립니다.욥 18:14-옮긴이 하지만 이 두려움을 완화하는 것이 있습니다. 죽음은 잠으로도 불립니다. 심판의 날은 두렵습니다. 하지만 이 두려움을 완화하는 것이 있습니다. 현재 우리의 대언자되시는 분, 우리의 가장 좋은 친구이신 그분께서 장차 우리의 심판관이 되십니다. 그러므로 여러분이 어떤 대상의 위로가 되는 부분을 떼어 놓고 무섭고 두려운 부분만 생각한다면 당연히 크게 절망할 수밖에 없습니다. 하나님께서 제시하시는 그대로 바라보고 주시는 그대로 받는 것이 우리의 의무입니다. 하나님께서 짝지어 주신 것을 사람이 갈라놓아서는 안 됩니다. 어떤 대상이나 조건의 고통스러운 면은 도외시한 채 좋은 쪽만 생각한다면 여러분은 방종하기 쉽습니다. 어떤 대상이나 조건의 좋은 면은 무시한 채 두려운 쪽만 생각한다면 여러분은 크게 근심할 수 있습니다. 하지만 여러분이 이 두 측면을 함께 생각한다면, 두려워하면서도 믿을 수 있고, 믿으면서도 두려워할 수 있을 것입니다. 결과적으로 절망을 막아 낼 수 있을 것입니다.

5. 여러분의 형편이 어떠하든 절망하지 않으려면, 자기 사랑

을 죽여 없애야 합니다. 더 나아가서 경건한 자기 사랑마저 죽여 없애기 위해 부단히 노력해야 합니다. 여러분이 절망이라고 하는 것은 모두 자기 사랑에서 옵니다. 형편이 나빠서 절망이 오는 것이 아니라 자기 사랑이라는 이 독으로 인해 옵니다. 여러분은 말합니다. 오, 하지만 나는 확신이 없어서 절망합니다. 그렇다면 여러분에게 확신이 있다고 해봅시다. 그때는 어떻겠습니까? 그때는 위로를 받을 것입니다. 여기에 '자기'라는 것이 보이지 않습니까? 오, 하지만 나는 나의 영원한 형편으로 절망합니다. 자기중심적이지 않습니까? **형편**이라는 이 말이 자기중심적으로 들리지 않습니까? 감히 여러분에게 말합니다. 영혼에 어떤 동요나 과도한 절망이 없어도, 그 밑바닥에는 자기가 있습니다. 여러분이 여러분 자신과 여러분의 형편을 하나님이신 그리스도에게 맡기고 그분의 섬김과 영광과 영예에 좀 더 마음을 쓴다면, 하나님께서 여러분의 위로를 책임져 주실 것입니다. 하지만 여러분이 여러분 자신과 여러분의 형편에 과도히 마음을 쓰고 하나님의 섬김과 영광과 영예를 소홀히 한다면 당연히 큰 절망이 찾아올 수밖에 없습니다. 그러므로 이 자기 사랑을 죽여 없애는 일에 더 많은 노력을 기울여야 합니다. 그러면 여러분은 형편이 어떠하든 결단코 절망하지 않을 것입니다.

6. 시험이 닥쳐 여러분을 슬픈 절망으로 몰아대면 여러분의 영혼에게 다음과 같은 취지로 말하십시오. 어찌하여 나는 이토록 비싼 대가를 치르고 회개해야 하는가? 여러분은 후일 지금의 이 모든 의심과 믿지 못해서 오는 두려움과 절망에 대해서는 하

나의 예외 없이 부끄러워하며 회개할 것입니다. 여러분은 어떤 여행자의 경우가 어떠한지 압니다. 그는 해가 아직 안 떴다고 생각하고는 빈둥거리며 앉아 있습니다. 하지만 해는 구름 뒤로 올라가 순식간에 모습을 드러냅니다. 그는 말합니다. 눈에 안 보인다 하여 해가 아직 안 떴다고 생각하다니 정말 나는 바보구나. 이렇게 빈둥거리며 앉아 있었다니 참으로 나는 어리석구나! 여러분도 이와 같을 것입니다. 여러분은 지금 땅바닥에 누워 있으며, 절망으로 배가 진토에 붙었습니다. 하지만 하나님의 은혜와 그리스도의 사랑은 검은 구름 위로 올라가고 있으며, 마침내 불현듯 여러분 앞에 모습을 드러내 그 찬란한 자비의 빛줄기로 여러분의 얼굴을 비출 것입니다. 그 은혜는 여러분보다 앞서가고 언제나 여러분 앞에 있을 것입니다. 그때서야 여러분은 말할 것입니다. 이렇게 절망하다니 참으로 나는 어리석구나. 하나님의 사랑을 이렇게 의심하다니 참으로 나는 무익한 자구나. 내가 죄를 지었다. 이토록 믿지 못해 죄를 지었다. 주님, 나의 이 모든 의심을 용서하소서! 오, 주님, 주님의 사랑을 이처럼 의심한 내가 부끄럽습니다. 오, 주님, 내 영혼의 이 의심을 용서하소서! 이것이 바로 여러분이 처하게 될 상황입니다. 여러분은 결국 이 모든 불신과 의심과 두려움을 부끄러워하며 회개하게 될 것입니다. 그러므로 이러한 것들이 여러분에게 닥쳐오거든 처음부터 여러분 자신에게 이렇게 말하십시오. 어찌하여 나는 이와 같은 절망에 굴복함으로써 이토록 비싼 대가를 치르고 회개해야 하는가? 이와 같은 이유로, 말하자면 절망은 반드시 회개해야 하므로 하하나님의 성도와 백성들은 어떤 형편에 처하든 절망할 이유가 하나도 없습니다.

이렇게 해서 나는 일반적인 견지에서 이 진리를 말씀드렸습니다. 이제 은혜를 통해 여러분에게 좀 더 구체적으로 이 진리를 밝히고자 합니다.

chapter **04.**

큰 죄를 범한 경우의 회복

지금까지의 논의로 우리가 얻은 교훈 혹은 우리가 주목해야 할 사실은 다음과 같습니다.

하나님의 성도와 백성은 어떤 형편에서도 절망할 합당하고 참된 성경적인 이유가 전혀 없습니다.

이는 앞서 행한 일반적인 논의에서 명백히 입증되었습니다.

이제 몇 가지 사례를 통해 좀 더 구체적으로 밝혀보겠습니다. 하나님의 백성들이 절망하는 이유로는 대체로 다음과 같이 아홉 가지가 있습니다.

Ⅰ. 때때로 그들의 절망은 그들의 크고도 중한 죄에서 비롯된다.
Ⅱ. 때때로 그들의 절망은 약한 은혜에서 비롯된다.
Ⅲ. 때때로 그들의 절망은 그들이 의무 이행에 실패하거나 그

의무를 받아들이지 않은 데서 비롯된다.

Ⅳ. 때때로 그들의 절망은 천국에 대한 증거 부족과 하나님의 사랑에 대한 확신이 없는 데서 비롯된다.

Ⅴ. 때때로 그들의 절망은 그들의 시험에서 비롯된다.

Ⅵ. 때때로 그들의 절망은 그들의 버림받음에서 비롯된다.

Ⅶ. 때때로 그들의 절망은 그들의 고통에서 비롯된다.

Ⅷ. 때때로 그들의 절망은 그들이 쓰임받지 못한 데서 비롯된다.

Ⅸ. 때때로 그들의 절망은 그들의 형편 자체에서 비롯된다.

이 모든 경우에도 하나님의 성도와 백성들이 절망할 이유가 없다면, 우리는 지체 없이 결론을 내릴 수 있습니다. 곧 경건한 사람은 어떤 형편에서도 절망해서는 안 된다고 말입니다. 그러므로 나는 그리스도의 은혜로 이 위대한 진리를 이 모든 경우와 관련하여 밝히고자 합니다. 여기서는 우선 첫 번째 경우부터 시작하고자 합니다.

Ⅰ. 하나님의 성도와 백성들의 절망은 때때로 그들의 크고도 중한 죄에서 비롯된다. 하나님의 성도와 백성들의 평안과 안식은 빈번히 그들의 죄로 인해 중단된다.

어떤 이가 말합니다. 오, 나는 마음이 반역적인 사람입니다. 나는 성정이 가볍고 행실이 거룩하거나 반듯하지 못해서, 내 마음과 삶을 돌아보면 절망하지 않을 수 없습니다. 나는 진실로 사람이 큰 시험에 빠지거나 슬프게 버림받은 상태에 있는 것이 얼마나 큰 악인지 압니다. 내 마음과 내 삶과 내 행실이 선하다면 굳이 절망할 필요가 없을 것입니다. 하지만 나는 이러저러한 큰 죄들을 지었으며 지금도 짓고 있습니다. 이런 내게 절망할 정당한 이유가 없습니까?

전혀 없습니다! 절망은 그 자체로 하나의 죄, 또 다른 죄, 복음을 거스르는 죄이기 때문입니다. 내가 율법에 반하는 죄를 저질렀다고 복음에 반하는 죄마저 저지를 정당한 이유는 없습니다. 사실, 죄라는 것은 모두 대단히 악하다는 사실을 나는 인정합니다. 아무리 작은 죄라도 아주 큰 고통보다 나쁩니다. 고통, 심판 형벌 등은 죄라는 이 사자의 발톱에 불과합니다. 지옥의 고통보다 더 하나님과 상반되는 것이 바로 죄입니다. 콘스탄티노플의 크리소스토무스(Chrysostomus)는 죄의 해악에 어찌나 예민했던지, 황후 에우독시아(Eudoxia)가 그에게 협박의 전갈을 보냈을 때 아예 이렇게 말할 정도였습니다. 가서, 황후에게 말하시오. **죄를 제외하고 나는 아무것도 두렵지 않다**(Nil nisi peccatum metuo). 몇 가지 점에서 경건한 자들의 죄는 다른 이들의 죄보다 나쁩니다. 그들의 죄는 다른 이들의 죄보다 더 성령을 슬프게 하고, 더 그리스도를 욕되게 하며, 더 성도들을 슬프게 하고, 더 하나님의 이름을 더럽히며, 더 하나님의 사랑과 은혜와 호의를 거스르기 때문입니다. 주님께서는 자기 백성들의 죄를 보고 계십니다. 백성들의 죄를 보고 계시므로 그 죄로 인해 그들을 책망하고 징계하십니다. 그들의 죄에 **근거하여** 책망하실 뿐 아니라 바로 그 죄 **때문에** 책망하십니다. 그러므로 사도는 고린도전서 11:30에서 주님의 만찬을 받기에 합당하지 않은 자들에 대해 말합니다. "너희 중에 약한 자와 병든 자가 많고." 그는 겉으로만 성도인 사람들, 교회에서만 성도인 사람들뿐 아니라 참된 성도들까지 모두 포함해서 언급합니다. "우리가 판단을 받는 것은 주께 징계를 받는 것이니 이는 우리로 세상과 함께 정죄함을 받지 않게 하려 하심이라."고전 11:32-옮긴이 그는 자신을 이 "우리"에 포함시킵니다. "우리"가 판단받고 징계받는 것은, "우리"가 세상과 함께 정죄함을 받지 않게 하려는 것입니다. 우리 구주 그리스도께서 요한계시록 3:19에서 말씀하십니다. "무릇 내가 사랑하는 자를 책망하여 징계하노니 그러므로 네가 열심을 내라. 회개하라." 이는 저지른 죄 때문인 것으로 보입니다. 그렇지 않다면 무엇 때문에 그분께서 회개하라고 말씀하시겠습니까? 회개는 이미 저지른 죄 때문에 하는 것이며, 여기 나오는 사람들은 그분께서 사랑하시는 사람들이었지만 그분에게 책망과 징계의 경고를 받는 사람들이었습니다. 어느 아버지가 그 자녀를 죄에 근거해서만 책망하고 징계하고 교정하겠습니까? 모세는 은혜롭고 거룩한 사람 아니었습니까? 하지만 그는 불신과 죄 때문에 가나안 땅을 잃었습니다. 삼손은 선한 사람 아니었습니까? 하지만 그는 죄로 인해 두 눈은 물론 목숨마저 잃었습니다. 다윗은 은혜롭고 거룩한 사람 아니었습니까? 하지만 그의 죄 때문에 주님께서는 그의 집안에서 영원히 칼부림이 떠나지 않으리라고 말씀하셨습니다. 그럼에도 그리스도께서는 오늘날의 성도들에게 하시는 것과 마찬가지로 그의 죄 또한 구속하셨습니다. 그러므로 하나님의 백성들의 죄가 아무리 악해도 이제 그들은 낙심하고 절망할 까닭이나 정당한 이유나 성경적인 근거가 없습니다.

그렇다면 하나님의 백성들의 죄로 인해 하나님의 성령께서 슬퍼하시고 예수 그리스도의 영광이 더럽혀지며 하나님의 이름과 그리스도에 대한 고백이 심각하게 해를 입게 됨에도 불구하고 성도들은 낙심하고 절망할 이유가 없다는 점을 우리는 어떻게 알 수 있습니까?

1. 그들은 그들의 죄가 무엇이건 그 죄로 인해 정죄받지 않으리라는 점을 알고 있거나 아마 알 것입니다. 사도는 말합니다. "그러므로 이제 그리스도 예수 안에 있는 자에게는 결코 정죄함이 없나니."롬 8:1-옮긴이 그리스도께서 그들을 위해 대신 죄인으로 여김을 받으셨습니다. 그리스도께서 나를 위해 대신 죄인이 되셨다면, 내 죄가 나를 절대로 상하게 하지 않을 것입니다. 루터는 이 부분에서 담대하게 말합니다. "그리스도가 죄를 정죄하는(sin-damning) 분이 되셨기에, 우리의 죄는 정죄받은 죄(sin-damned)가 되었다. 나는 죄인임을 진정으로 고백한다. 그런데 죄를 정죄하는 것이 정죄받은 죄보다 강하다. 그러므로 그리스도는 나를 위해 죄를 정죄하는 분이 되셨다." 표현이 낯설지만 맞는 말입니다. 그리스도께서 성도들을 위해 죄 있는 분으로 여김을 받으셨으니, 그들이 그들의 죄로 인해 해를 당하는 일은 없을 것입니다. 같은 빚을 두 번이나 갚는 것은 하나님의 공의에 부합하지 않습니다. 그러므로 주 예수 그리스도께서 하나님의 성도와 백성들의 빚으로 인해 잡히시고 또한 옥에 갇히셔서, 그

들의 빚을 한 푼도 남김없이 갚으셨습니다. 그분께서는 그들이 지옥에 감으로써 그 빚을 스스로 갚는 것보다 훨씬 더 잘 갚으셨습니다. 왜냐하면 경건한 사람이 지옥에 가서 영원히 저주받을 경우, 그 빚을 갚아도 결코 청산되지 않을 것이기에 그렇습니다. 그래서 그리스도께서 그 빚을 단번에 갚아 주신 것입니다. 여러분이 성경을 보면 알겠지만, 주님께서는 사람을 정죄하지 않으실 뿐 아니라 악인 또한 이전에 지은 죄의 행위로 인해서는 정죄하지 아니하시고 다만 그 악인이 죄에서 돌아서지 아니하므로 정죄하십니다. "하나님은……매일 분노하시는 하나님이시로다. 사람이 회개하지 아니하면 그가 그의 칼을 가심이여. 그의 활을 이미 당기어 예비하셨도다."시 7:11-12 주님께서는 모든 악인들에 대해 죽음의 도구를 준비해 놓으셨습니다. 하지만 사람이 아무리 악해도 주님께 돌아오기만 하면 하나님께서는 그 죽음의 도구를 휘두르지 않으실 것입니다. 그의 죄가 아무리 크더라도 말입니다. 그러나 "사람이 회개하지 아니하면" (그가 이전에 죄를 지었기 때문이 아니라 그 죄에서 돌아서지 않았기 때문에) "그가 그의 칼을 가심이여. 그의 활을 이미 당기어 예비하셨도다." 하나님의 성도와 백성은 비록 하나님을 거슬러 죄를 짓지만 언제나 돌아서려는 마음이 있습니다. 다시 말해, 그들에게는 늘 돌아서려는 마음이 있으므로 주님께서는 그들에게 죽음의 도구를 휘두르지 않으실 것입니다. 이런 면에서 그들에게는 절망할 이유가 전혀 없습니다.

2. 경건한 사람들이 그들의 죄로 인해 정죄받는 일이 결코 없

다면, 그들의 죄로 인해 하나님과 그들이 분리되는 일 또한 결코 없을 것입니다. 어떤 사람들이 자신들의 죄에 대해 그토록 절망하는 이유를 볼 때, 그들이 자신들의 죄로 인해 하나님의 얼굴과 임재를 잃을 뿐 아니라 아예 하나님마저 잃으리라고 생각하기 때문이 아니라면 달리 무엇 때문이겠습니까. 하지만 경건한 사람들의 죄가 하나님과 그들을 갈라놓는 일은 없을 것입니다. 그들의 죄가 하나님의 얼굴을 가릴 수는 있습니다. 하지만 애초부터 그들의 죄가 하나님과 그들의 하나됨을 방해하지 못하듯이, 그들의 죄가 하나님과 그들을 갈라놓는 일 또한 결코 있을 수 없습니다. 그들의 죄로 인해 하나님과 그들 사이가 소원해질 수는 있지만 결코 미움이 생기지는 않을 것입니다. 그들의 죄가 하나님의 얼굴을 가려 그들이 볼 수 없도록 할 수는 있지만 결코 그들에게서 하나님의 등을 돌리게 할 수는 없습니다. 하나님께서는 사랑하시는 이들을 끝까지 사랑하십니다. 그분께서 말씀하십니다. "나 여호와는 변하지 아니하나니."말 3:6-옮긴이 예언자 이사야도 말합니다. "내가 다시는 노아의 홍수로 땅 위에 범람하지 못하게 하리라 맹세한 것 같이 내가 네게 노하지 아니하며 너를 책망하지 아니하기로 맹세하였노니."사 54:9 이제 창세기 8장을 봅시다. 주님께서 거기서 노아와 맺으시고 노아를 통해 세상과 맺으신 언약이 무엇인지 여러분은 알 것입니다. 노아는 방주에서 나와 제단을 쌓고 제사를 드렸습니다. "여호와께서 그 향기를 받으시고 그 중심에 이르시되 내가 다시는 사람으로 말미암아("때문에", for, KJV—옮긴이) 땅을 저주하지 아니하리니."21절

왜 그렇게 다짐하셨습니까? "이는("왜냐하면", for, KJV—옮긴이) 사람의 마음이 계획하는 바가 어려서부터 악함이라." 여러분은 아마 이것이 바로 하나님께서 땅을 다시 저주하실 이유였다고 생각할 것입니다. 사람이 악하기 때문에 반드시 하나님께서 땅을 다시 저주하실 것이라고 말입니다. 주님께서 말씀하십니다. 그렇지 않다. 불쌍한 너희들은 그렇게 생각하겠지만, 모든 은혜의 하나님[벧전 5:10-옮긴이]인 나는 노아를 통해 세상과 이와 같은 언약을 맺었다. 이제 더 이상 사람 때문에 땅을 저주하는 일은 없으리라. 사람의 마음의 생각이 어릴 때부터 악하기 때문이다. 여러분에게 말씀드립니다. 이 구절의 히브리어 원문(כִּי—옮긴이)은 사실 "때문에, 왜냐하면"뿐 아니라 "불구하고"의 뜻도 있습니다. 그래서 "사람의 마음이 계획하는 바가 어려서부터 악함에도 불구하고"로 번역할 수도 있습니다(갈대아 의역과 칠십인역은 이 부분을 "때문에"로 번역하고 있습니다). 하지만 이렇게 번역해도 이 구절을 통해 내가 여러분에게 강조하고자 하는 진리와 교훈의 입증에는 아무런 문제가 없습니다. 주님께서 백성들과 맺으신 언약은 바로 노아와 맺으신 그 언약입니다. 예언자 이사야도 동일하게 말했습니다. 이제 어떻게 됩니까? 하나님께서 사람과 언약 관계에 있다면 그 사람은 이제 두 번 다시 하나님의 진노 아래 놓이지 않습니다. 세상이 죄를 지어도 더 이상 물에 잠기지 않을 것이기에 그렇습니다. 그러므로 그가 죄를 지어도 다시는 진노 아래 놓이지 않을 것입니다. 이제 하나님의 백성은 모두 하나님과 언약 관계에 있습니다. 그들은 모두 하나님의 은혜로운 언약 아래 있습니다. 비록 산들이 다 무너져 사라져도 그들에게 내린 하나님의 자비는 결코 사라지지 않을 것입니다. 비록 큰 산들이 들려 바다에 빠질지라도, 하나님과 한 번 언약을 맺은 백성들은 결코 지옥에 빠지지 아니할 것입니다. 그러므로 내게 말해 보십시오, 하나님의 백성된 여러분이 낙심하고 절망할 정당한 이유나 까닭이 과연 있습니까?

3. 하나님의 백성들의 죄가 오히려 능하신 은혜의 손을 통해 그들이 일찍이 경험하지 못했던 더 많은 은혜와 위로를 얻는 계기가 된다면, 명백히 그들은 절망할 아무런 이유가 없습니다. 하나님께서는 결코 자기 백성들이 죄에 빠지는 것을 허용하지 않으시며, 오히려 그러한 죄를 그 백성들이 더 큰 은혜와 위로를 얻는 계기로 삼게 하십니다. 여러분은 이에 대한 예를 사람의 자녀들이 저지른 최초의 큰 죄, 곧 아담의 타락에서 볼 수 있습니다. 주님께서 친히 오셔서 복음을 전파하셨습니다. 타락한 사람에게 그리스도를 전파하셨습니다. 하나님께서 친히 복음을 전파하셨다면 분명히 사람들은 회개하였을 것으로 생각하는 것이 마땅합니다. 일찍이 세상이 경험한 가장 큰 축복은 예수 그리스도의 의로우심이었습니다. 하지만 그런 일이 어떻게 일어났습니까? 하나님께서는 사람의 타락을 두고 보셨고, 사람의 불의로 그리스도의 의로움이 반드시 필요한 상황이 되었습니다. 성경이 우리에게 알려 주듯이, 주님께서는 히스기야의 실패를 허용하시어 그의 심중에 있는 생각을 알도록 하셨습니다. 히스기야는 이전에는 제 마음을 알지 못했지만, 하나님께서는 그가 넘어지도

록 두셔서 자신의 마음을 알도록 하셨습니다. 로마서 11장을 보면, 내가 지금 말하는 것을 명백히 알 수 있을 것입니다. "하나님이 모든 사람을 순종하지 아니하는 가운데 가두어 두심은 모든 사람에게 긍휼을 베풀려 하심이로다."32절 오, 사람들의 불신앙에 대한 복된 계획이 이와 같습니다! 하나님께서는 모든 사람을 믿지 않는 상태에 가두시어 모두에게 자비를 베풀고자 하십니다. 그러므로 죄는 경건한 사람들의 넘어짐으로 얻는 것이 없고 오히려 패배자가 될 뿐입니다. 여러분이 성경을 보면 알겠지만, 하나님의 백성들이 넘어질 경우, 대체로 그들은 가장 뛰어난 능력을 보이던 바로 그 은혜에서 실패합니다. 그들은 가장 뛰어난 부분에서 가장 크게 실패했습니다. 아브라함은 무엇보다 믿음에 가장 뛰어났지만 바로 그 부분에서 가장 크게 실패했습니다. 모세는 모든 사람 가운데서 가장 겸손한 사람이었지만 바로 그 부분에서 가장 크게 실패했습니다. 우리는 사실 모세와 관련하여 그의 분노 외에 다른 죄에 대한 언급은 알지 못합니다. 욥은 인내에 가장 뛰어났지만 바로 그 부분에서 가장 크게 실패했습니다. 베드로는 그리스도를 향한 열정과 각오에서 누구보다 뛰어났지만—"모두 주를 버릴지라도 나는 결코 버리지 않겠나이다."마 26:33-옮긴이—바로 이 부분에서 그는 가장 크게 실패했습니다. 곧 하녀가 하는 말에 놀라 그리스도를 부인하고 말았습니다. 그러므로 여러분은 이제 성도들이 가장 뛰어난 능력을 보이던 바로 그 은혜에서 넘어지고 실패했음을 알 것입니다. 이에 대한 이유를 볼 때, 주님께서 그 능하신 은혜의 손으로 그들의 실패를 더 큰 은혜와 거룩함의 시초와 계기로 삼으려 하셨음이 아니면 달리 무엇이겠습니까? 하나님께서는 백성들의 결함에서 오히려 많은 것을 거두십니다. 그분께서는 백성 중 누구 하나라도 죄에 빠지도록 허용하지 않으시고, 다만 그 실패를 계기로 그들이 빠지는 그 죄를 꺾으려는 계획을 가지고 계십니다. 그러므로 하나님의 성도와 백성이 절망할 하등의 이유가 있겠습니까? 성도들은 그들의 죄로 인해 위로와 특권을 중지당할 수 있으며 빈번히 중지당합니다. 하지만 그들의 죄로 인해 그들의 권리마저 잃는 것은 아닙니다. 구약시대 유대인 사회에서 나병환자가 부정하다는 이유로 자신의 집을 떠나 도시나 마을 밖으로 격리되는 경우, 또는 오늘날 어떤 사람이 역병에 걸려 역시 부정하다는 이유로 집을 떠나 격리되는 경우가 어떠한지 여러분은 압니다. 옛날의 그 나병환자, 그리고 지금 역병, 즉 페스트에 걸린 사람은 이와 같이 말할 것입니다. 내가 내 집에서 격리되어 내 집을 사용할 수는 없지만, 내 집에 대한 권리는 여전히 내게 있다. 그리고 내가 내 땅을 사용할 수는 없지만, 내 땅에 대한 권리도 여전히 내게 있다. 그러므로 경건한 사람은 자신의 죄와 관련하여 이와 같이 말할 수 있습니다. 진정 나의 이 죄는 내 영혼의 흑사병이고 역병이며 나병이다. 이 나병으로 나의 위로가 끊기고, 예수 그리스도에 대한 나의 온전한 권리가 중지되어도, 그리스도에 대한 권리는 여전히 내게 있다. 내가 내 권리를 잃지 않았으므로, 여전히 나는 그리스도에 대한 권리를 가지고 있다. 내가 예전처럼 그분에 대한 권리를 사용할 수는 없어도, 나는 예전처럼 그분에 대한 권리를 여전히 소유하고 있다. 그런데도 경건한 사람이 낙심하거나 절망할 이유가 있겠습니까? 그래야 할 이유가 전혀 없습니다.

여러분은 말합니다. 어떤 사람이 이제까지 결코 용서받은 적이 없는 죄를 지었다고 해보십시오. 내가 그런 경우에 해당하는데, 나는 큰 죄를 지었으며 하나님의 말씀을 모두 읽어도 내 죄와 같은 죄가 용서받은 예를 찾지 못했습니다. 이래도 내가 절망하고 낙심할 이유가 전혀 없습니까?

대답하겠습니다. 전혀 없습니다. 아담을 한번 생각해 봅시다. 아담은 인류의 첫 번째 타락으로 큰 죄를 지었습니다. 주님께서 친히 오셔서 그에게 복음을 전하셨습니다. "여자의 후손은 네 머리를 상하게 할 것이요."^{창 3:15-옮긴이} 아담이 과연 다음과 같이 말해야만 했습니까? 오, 나보다 앞서 용서받은 선례가 없기에 나는 희망이 없습니다. 아담은 최초의 인간이었고 최초로 죄를 지은 사람이었기에 결코 그보다 앞서 용서받은 사람의 예라는 것이 있을 수 없었습니다. 그가 과연 자신이 저지른 죄와 같은 죄 용서의 예를 도무지 찾을 수 없어서 주저앉아 절망했습니까? 우리 구주 그리스도께서 하신 말씀을 여러분은 압니다. "사람에 대한 모든 죄와 모독은 사하심을 얻되 성령을 모독하는 것은 사하심을 얻지 못하겠고."^{마 12:31-옮긴이} 모든 죄, 즉 신성모독의 죄까지 용서받습니다. 여러분은 여러분이 지은 죄가 용서받은 예를 알지 못한다고 말합니다. 그렇다면 여러분의 죄는 "사람에 대한 모든 죄와 모독은 사하심을 얻되" 하신 말씀의 범위에 들지 않는단 말입니까? 그러나 여러분의 죄는 분명히 이 말씀의 범위 안에 있습니다. 이처럼 강력한 반대에도 여러분이 절망할 이유가 있습니까?

한 사람이 말합니다. 하지만 어떤 사람이 자신의 양심이나 생각이나 지식을 거슬러 큰 죄를 지었다고 해보십시오. 과연 그에게 낙심하고 절망할 정당한 이유나 근거가 없습니까?

없습니다. 이러한 죄에 대한 희생 제사가 있기에 이 죄를 지은 당사자는 당연히 절망할 이유가 전혀 없습니다. 아래의 설명을 통해 여러분이 알겠지만, 그 사람은 검손히 회개할 이유가 있을 뿐 절망할 이유는 전혀 없습니다. 구약 및 율법 시대의 유대인들에게는 모르고 지은 죄뿐 아니라 생각과 양심을 거슬러 지은 죄에 대해서도 희생 제사가 있었습니다. 여러분에게 호소합니다. 이와 같은 식으로 이의를 제기하는 여러분이 누구이건 간에, 베드로가 주님을 부인할 때 자기 양심과 생각과 지식을 거슬러 죄를 지었음을 생각해 보십시오. 이런 면에서 보면 여기서 언급한 사람이 절망할 이유는 전혀 없습니다.

여러분은 다시 말합니다. 하지만 어떤 사람의 죄가 극단적으로 크고 중하며 악한 경우를 생각해 보십시오. 사실 나도 경건한 사람이 때때로 자신의 생각과 양심에 반하는 죄를 지을 수 있음을 인정합니다. 하지만 내 경우는 그 죄가 극도로 크고 중하며 악합니다. 이러함에도 내가 절망할 합당한 이유나 근거가 없습니까?

여전히 없습니다. 여러분의 죄가 크다고 하는데, 하나님의 자비는 크고 더구나 극도로 크지 않습니까? 그리스도께서 이루신 속죄는 크지 않습니까? 그리스도의 피의 공로는 작습니까? 하늘과 땅의 위대한 하나님께서는 크신 일을 하실 수 없습니까? 여러분은 하나님께서 여러분을 먹이시는 일에 전능하심을 인정합니다. 그 하나님께서 여러분을 용서하시는 일에는 전능하지 않습니까? 여러분은 하나님으로부터 용서의 전능을 강탈하려 합니까? 여러분은 여러분의 죄가 크다고 하는데, 그 죄가 무한합니까? 하나님만이 무한한 존재이시지 않습니까? 여러분의 죄가 하나님만큼 크고 그리스도만큼 큽니까? 예수 그리스도께서는 작은 죄들만 중보하십니까? 여러분은 그리스도의 속죄와 하나님의 자비를 여러분의 기준에 맞추려 합니까? 주님께서는 용서하시는 자비와 관련하여 이와 같이 말씀하지 않으셨습니까? "내 생각이 너희의 생각과 다르며……하늘이 땅보다 높음 같이……내 생각은 너희의 생각보다 높음이니라."^{사 55:8-9} 주님께서 이사야 43:22-25에서 유대인들에게 다음과 같이 말씀하지 않으셨습니까? "그러나 야곱아, 너는 나를 부르지 아니하였고 이스라엘아, 너는 나를 괴롭게 여겼으며 네 번제의 양을 내게로 가져오지 아니하였고 네 제물로 나를 공경하지 아니하였느니라.……너는 나를 위하여 돈으로 향품을 사지 아니하며 희생의 기름으로 나를 흡족하게 하지 아니하고 네 죄짐으로 나를 수고롭게 하며 네 죄악으로 나를 괴롭게 하였느니라. 나 곧 나는 나를 위하여 네 허물을 도말하는 자니 네 죄를 기억하지 아니하리라." 이렇게 큰 죄가 있습니다. 하나님께서 백성들의 죄가 크므로 그 죄를 용서하신다면, 명백히 그들은 절망할 이유가 없습니다. 시편 25:11에서 다윗이 말합니다. "여호와여, 나의 죄악이 크오니 주의 이름으로 말미암아 사하소서." 그의 이 말에 주목하십시오. "나의 죄악이 크오니." 다윗의 죄가 큰 죄이므로 용서해 달라는 논리를 사용했다면 여러분도 같은 논리를 사용할 수 있습니다. 바로 그 이유로, 즉 그 죄가 크므로 하나님께서 용서하셨다면, 큰 죄라는 이유와 논리는 결코 여러분이 절망할 정당한 이유가 될 수 없습니다.

어떤 사람은 말할 것입니다. 하지만 배신이나 퇴보의 죄를 지은 경우를 생각해 보십시오. 내 경우가 그렇습니다. 나는 오랫동안 내 죄와 싸우고 또 싸웠지만 다시 죄를 향해 돌아서고 말았습니다. 이전에는 말할 수 없이 앞서 달렸고 선한 것을 이내 알아보았습니다. 하지만 지금 나는 한참이나 퇴보하였고, 아예 거꾸로 돌아서 배신, 그것도 철저한 배신의 길을 가고 있습니다. 오랫동안, 참으로 여러 해 동안 나는 이러하였습니다. 이래도 내게 내 속에서 낙심하고 절망할 합당한 이유가 없습니까?

대답하겠습니다. 여전히 없습니다. 반역의 죄는 크게 뉘우치며 회개해야 할 죄이기는 합니다('반역'이 성경에서는 '거역'으로 불리고, 거역하는 것은 점치는 죄와 같습니다).^{삼상 15:23-옮긴이} 하지만 선한 사람은 이와 관련하여 절망할 아무런 이유가 없습니다. 주님께서 이와 같이 말씀하셨기 때문입니다. "그들이 말하기를 가령 사람이 그의 아내를 버리므로 그가 그에게서 떠나 타인의 아내가 된다 하자. 남편이 그를 다시 받겠느냐. 그리하면 그 땅이 크게 더러워지지 아니하겠느냐 하느니라. 네가 많은 무리와 행음하고서도 내게로 돌아오려느냐. 여호와의 말씀이니라."렘 3:1 "배역한 이스라엘아, 돌아오라. 나의 노한 얼굴을 너희에게로 향하지 아니하리라. 나는 긍휼이 있는 자라. 노를 한없이 품지 아니하느니라."렘 3:12 "배역한 자식들아, 돌아오라. 나는 너희 남편임이라."렘 3:14 주 예수 그리스도께서 어떤 영혼과 혼인을 약조하셨다면, 그분께서는 그 영혼을 절대로 버리지 않으실 것입니다. "나는 이혼하는 것을 미워한다"라고 하나님께서 말씀하십니다.말 2:16-옮긴이 유대 사회에서 남자들은 아내들을 버리지만, "나는 이혼하는 것을 미워한다"라고 주님께서 말씀하십니다. "나 여호와가 이같이 말하노라. 내가 너희의 어미를 내보낸 이혼 증서가 어디 있느냐."사 50:1 유대 사회에서 남편은 사소한 일로 아내를 내쫓았습니다. 간통의 경우 그 형벌은 죽음이었습니다. 남편은 아내가 간통했을 때 내쫓지 않았습니다. 아내가 간통의 형벌로 죽어야 했으니 말입니다. 하지만 다른 경우에는 아내를 내쫓았고, 그렇게 내쫓을 때는 이혼 증서를 써 주어 그 여자가 전 남편으로부터 자유롭게 된 몸임을 언제든 증명하게 했습니다. 너희는 내가 너희를 버렸다고 나를 비난하고 불평하는데, 이리 와서 내게 이혼 증서를 보여라. "나 여호와가 이같이 말하노라.……이혼 증서가 어디 있느냐." 불쌍한 영혼아, 너는 내가 너를 버렸다고 불평한다. 그렇다면 와서 이혼 증서를 내게 보여라. 누구든 내가 자신을 버리고 관계를 끊었다고 불평하는 자는 와서 이혼 증서를 꺼내 보여라. 여러분은 이혼 증서를 보여드릴 수 없습니다. 사람들은 실제로 버리고 내쫓지만, 주 그리스도께서는 여러분과 한 번 혼인하시면 결코 여러분을 버리지 않습니다.

여러분은 이전으로 퇴보했고 크게 배신했으며 그런 상태를 여러 해 지속했다고 하지만, 무언가 착각하고 있지는 않은지 생각해 보십시오. 감정이 식었다고 모두 다 은혜의 퇴보는 아닙니다. 어느 정도 시간이 지난 지금 우리는 처음 회개했을 때만큼 죄를 슬퍼하지는 않겠지만, 죄를 미워하는 것으로 말하면 그때보다는 지금이 더할 것입니다. 처음에 여러분은 죄를 대적하는 기도를 많이 했겠지만, 지금은 그때보다 죄를 더 경계할 것입니다. 여러분에게는 지금 죄의 얼굴이 하나님의 값없는 사랑의 거울로 보는 것처럼 추악하게 보이지는 않습니다. 그럼에도 여러분은 지금 하나님의 그 값없는 사랑을 더 많이 보고 있지 않습니까? 처음에는 여러분의 감정이 드높았을 테지만, 지금은 확신이 더 명확하고 온전하지 않습니까? 우리의 감정이 메말라 간다면 판단은 점차 성숙해져 갑니다. 여러분의 판단이 더 성숙해진다면 감정이 다소 식었어도 퇴보한 것이 아닙니다.

여러분은 말하기를, 여러분이 거듭해서 죄로 돌아섰으며 지속적인 배신과 거역의 상태로 여러 해를 보냈다고 하는데, 나로서는 여러분에게 우리의 복된 순교자 빌니(Thomas Bilney, 1495-1531, 순교한 영국 그리스도인—옮긴이)가 했던 말을 해줄 수밖에 없습니다. 빌니는 한 성직자의 설교를 듣고 있었는데, 죄에 대하여 무서운 설교를 하던 그 성직자가 이렇게 말했습니다. "늙은 죄인 여러분, 보시오. 육십 년이나 죄의 무덤 속에 썩어 있던 여러분이 지금 일 년 만에 천국에 갈 생각입니까? 육십 년이나 뒤로 돌아서서 지옥으로 가던 여러분이 지금 천국으로 돌아선 지 일 년 만에 그보다 더한 거리를 가고자 합니까?" 이에 빌니가 말했습니다. "아, 그리스도의 이름으로 이처럼 아름답게 회개를 전파하다니! 이전에 내가 이와 같은 설교를 들었다면 불쌍한 내 영혼은 영원히 절망했으리라! 하지만 주 그리스도께서 죄인들을 위해 돌아가셨으니, 어린 죄인들과 늙은 죄인들을 위하여, 한 사람만이 아니라 모두를 위하여, 죄에 빠진 지 얼마 안 된 이들은 물론 오랫동안 죄 가운데 있는 이들까지 모두를 위하여 돌아가셨으니, 이제 그들은 그리스도에게 돌아오기만 하면 된다." 여러분은 우리 구주께서 하시는 말씀을 압니다. "네 형제가 죄를 범하거든……용서하라."눅 17:3-옮긴이 하지만 주님, 그가 전에도 내게 죄를 지어서 이미 용서해 주었습니다. 우리 구주께서 말씀하십니다. 그래도 그를 다시 용서해 주어라. 오, 주님, 하지만 나는 그를 용서하고 또 용서했는데, 그는 또 다시 내게 잘못을 저지릅니다. 그래도 그를 다시 용서하라고 주님께서 말씀하십니다. 하지만 주님, 내 형제를 몇 번이나 용서해야 합니까? 네 형제가 네게 일흔 번씩 일곱 번 죄를 짓고 회개하거든, 너도 그만큼 용서하라. 이처럼 형제가 일흔 번씩 일곱 번 죄를 짓더라도 용서해 주라고 우리에게 이르신 주 예수 그리스도이십니다. 어떤 불쌍한 영혼이 그분께 돌아와 주님, 내가 주님께 죄를 지었으니 회개한다고 아뢰면 더욱 용서해 주시지 않겠습니까? 주 그리스도께서 나같이 불쌍한 영혼에게 수도 없이 용서하라고 하셨다면, 위대하신 하나님께서야 얼마나 많이 용서해 주시겠습니까? 뭐라고요? 일흔 번씩 일곱 번! 아닙니다. 칠백 번씩 칠백 번이라도 용서하십니다! 그러므로 여러분이 절망할 이유가 있습니까? 명백히 없습니다.

하지만 여러분은 말합니다. 어떤 사람이 지독하게 악하고 큰 죄를 범하였으되 그에 합당하게 회개하거나 겸손히 뉘우칠 수 없는 경우를 생각해 보십시오. 내 경우가 그러합니다. 나는 죄를 지었고 그것도 큰 죄를 지었는데, 이 모든 일을 겪고 난 지금 마음이 굳어져서 내 죄에 합당하게 낮아질 수 없습니다. 오, 나는 합당하게 회개할 수 없습니다. 그런데도 내게 절망할, 크게 절망할 정당한 이유와 근거가 없습니까?

여전히 없습니다. 주님께서 여러분을 점차적으로 겸비의 단계에 이르게 하신다면 어찌하겠습니까? 지금 당장 여러분이 크게 겸손해진다면, 여러분은 다른 이들이 그러했듯 차후로는 여러분의 죄를 결코 생각하지 않을 것입니다. 하지만 주님께서는 겸비에 이르는 이 일이 여러분의 영혼에서 오랜 기간에 걸쳐 진행되도록 하실 것입니다. 결코 단번에 여러분을 겸비에 이르게는 하지 않으실 것입니다. 집을 얻을 때, 처음에는 보증금을 많이 내다가 나중에 집세를 적게 내는 사람이 있는가 하면, 처음에 보증금을 적게 내다가 나중에 집세를 많이 내는 사람도 있습니다. 그리스도에게 나아오는 영혼들도 이와 같습니다. 어떤 이들은 처음에 큰 겸비를 체험하지만 그 후로는 그 체험이 약해집니다. 하지만 또 어떤 이들은 처음에는 겸비의 체험이 약하지만 그 후 지속적으로 체험함으로써 더욱 깊은 겸비에 이릅니다. 주님께서 지금 여러분의 영혼을 후자의 방식으로 인도하시면 어찌하겠습니까? 주님께서 합당하다 여기시면 이 나중 방식이 더 나은 방식일 것입니다.

또 여러분이 처음부터 큰 겸비의 단계에 들어가면, 여러분의 그 겸비로, 그 겸비에 의해, 그 겸비 때문에, 여러분은 하나님께서 여러분을 받아 주셨으며 여러분의 죄가 사함받았다고 생각할 것입니다. 하지만 여러분이 거쳐야 할 겸비의 단계를 거치지 못함으로써 오는 이 바위와 위험을 피할 수 있다면, 그래서 여러분을 겸비하게 하시는 주님의 값없는 은혜를 귀하게 여길 수 있다면, 여러분이 불평할 이유가 있겠습니까?

여러분이 지금 당장 크게 겸비(humiliation)한 상태가 되면 나중에는 덜 겸손(humility)하게 될 것입니다. 작은 겸손도 큰 겸비와 다를 바 없이 훌륭합니다. 이루어 가는 겸손도 이미 이룬 겸손만큼 훌륭합니다. 여러분은 지금 완전히 겸손한 상태가 되지 않았으므로 여러분의 영혼이 계속해서 겸손할 수 있습니다. 여러분이 한 번에 많은 눈물, 엄청난 눈물을 쏟아 내면 어떤 자랑스러운 마음이 들 수 있습니다. 하지만 주님께서는 여러분의 눈물을 인정하지 않으시며, 여러분은 자신이 원하는 정도의 겸손에 이르지 못합니다. 이와 같이 주님께서는 여러분이 단번에 겸비의 단계에 이르는 것을 유보하심으로써 여러분을 계속해서 겸손하게 하십니다.

지금 당장 혹은 처음부터 여러분이 아주 겸손하게 된다면 아마 여러분 마음의 두려움은 적어지게 될 것입니다. 겸손에 이를수록 이후의 두려움이 덜하고, 아직 겸손이 적을수록 이후의 두려움이 많습니다. 종종 사람은 겸손이 적을수록 자신의 마음과 형편을 두려워하게 됩니다. 은혜로운 두려움은 겸비와 다를 바 없이 좋은 것입니다. 여러분이 겸비함에서 부족한 부분을 두려움으로 이루어 간다면, 절망할 이유가 있겠습니까? 대체로 사탄은 하나님의 백성들이 그리스도에게 처음 왔을 때 그들에게 겸손이 충분치 않다고 말함으로써 그들을 자비와 은혜에 다가서지 못하게 합니다. 하지만 여러분에게 묻습니다. 한번 말해 보십시오. 충분히 겸손한 것이 과연 가능합니까? 여러분의 죄와 겸비 사이에는 어떤 비례관계 같은 것이 없습니까? 사실 우리는 우리의 겸손과 겸비가 우리의 죄에 비례하도록 노력해야 합니다. 하지만 하나님께서는 비탄을 위한 비탄, 슬픔을 위한 슬픔은 기뻐하지 않으십니다. 우리의 모든 슬픔과 비탄의 목적은 죄를 증오하고 예수 그리스도를 귀하게 여기며 일신의 즐거움과 안락을 멀리하고 우리 마음의 속임수와 악함을 드러내기 위함입니다. 신약의 언어로 회개는 나중의 지혜, 나중의 마음, 자기 자신에 대한 숙고, 자각이라고 합니다. 여러분은 지금 스스로 원하는 정도의 겸손에 이르지는 못했지만, 그럼에도 여러분 자신에 대해 숙고하고 있지 않습니까? 여러분은 이전의 악한 행실을 깨우치고 있지 않습니까? 주님께서 여러분에게 나중의 지혜를 주지 않으셨습니까? 그리고 여러분의 죄와 관련하여 여러분은 이와 같이 말하고 있지 않습니까? 오, 다시 그런 일이 일어난다면, 이제는 죽어도 그렇게 하지 않을 것이다. 하나님의 종과 백성이 이와 같습니다. 그들은 원하는 정도의 겸손에는 이르지 못해도, 그들의 죄가 쓰고 증오스럽게 느껴질 만큼의 겸손에는 이르렀고 그만큼 비통해합니다. 그들은 그렇게 함으로써 세상의 즐거움과 안락을 끊고, 그들의 악한 죄를 깨닫습니다. 그들은 겸비에서 부족한 부분을 겸손에서 얻습니다. 처음에 겸손이 미약할수록 나중에 더욱 지속적으로 겸손하게 됩니다. 처음에 모자란 부분은 나중에 점차 얻게 되며 그것이 지속적으로 영혼에 스며듭니다. 그러므로 그들이 절망할 이유가 있습니까? 명백히 없습니다.

하지만 경건하고 은혜로운 사람이라면 마땅히 자신의 죄로 인해 최대한 비통해하고 겸손해야 하는 것 아닙니까?

자신의 죄로 인해 비통해하고 겸손해야 한다? 분명히 그렇습니다. 주님께서 그 능하신 은혜의 손을 통하여 내 죄로부터 내게 선을 이루셔도, 나는 내 죄로 인해 겸손해야 하며, 그분께서 내 죄에서 선을 이루시므로 더욱 겸손해야 합니다. 나는 사실 저 세 학자들의 어머니에 대한 글을 읽은 적이 있습니다. 저 세 학자들이란 페트루스 롬바르두스(Petrus Lombardus, 1100-1164, 이탈리아 태생의 프랑스 신학자—옮긴이), 볼로냐의 그라티아누스(1158 사망, 이탈리아 볼로냐 태생의 가톨릭교회 법학자—옮긴이), 페트루스 코메스토르(Petrus Comestor, 1178 사망, 12세기 프랑스 신학 저술가—옮긴이)를 말합니다. 이들은 로마 가톨릭교회의 위대한 세 기둥이었습니다. 롬바르두스는 『명제집』(Sentences), 그라티아누스는 『교령집』(Popish Decretals), 코메스토르는 『신학의 역사』(Historia Scholastica)를 각각 썼습니다. 그 어머니에 관한 내용은 다음과 같습니다. 어머니가 임종할 때가 되자 사제가 와서 그녀의 간통을 회개하라고 했습니다. 롬바르두스, 그라티아누스, 코메스토르 이 세 학자들은 자신들의 저작에서 인정하듯 사생아들이었기 때문입니다. 사제는 그녀에게 그 부정한 행위에 대하여 크게 괴로워하고 비통해하며 겸손해야 한다고, 그러지 않으면 구원받을 수 없다고 말했습니다. 그녀의 대답은 이러했습니다. "그래요, 간통과 부정이 큰 죄임을 나는 진실로 인정합니다. 하지만 내 죄로 인해 하나님의 교회에 얼마나 큰 유익이 있었는지 생각하면, 내 죄로 인해 저렇게 위대한 세 학자들이 세상에 나왔다는 것을 생각하면, **나는 회개할 수 없고 그렇게 하지도 않겠습니다**(non valeo paenitentiam agere)." 불쌍하고 무지한 많은 영혼이 이와 같습니다. 그들은 주님께서 그 능하신 은혜의 손으로 그들의 죄에서 외적인 축복이나 자비 같은 선을 그들에게 이루시는 것을 보고는, 그들의 죄를 회개하는 것이 아니라 오히려 합리화합니다. 하지만 경건한 사람, 은혜로운 영혼을 봅시다. 그는 주님께서 그의 죄에서 선을 이끌어 내시는 것을 보게 되면, 더욱 그 죄에 대해 겸손한 태도를 보입니다. 하나님께서 그 죄로부터 선을 이루신다는 그 이유로 더욱 겸손해지는 것입니다.

우리가 알아야 할 것이 더 있습니다. 주님께서는 대체로 다윗을 그분의 종 다윗으로 부르셨지만, 다윗이 밧세바 문제로 큰 죄를 지었을 때는 예언자를 보내 이렇게 말씀하셨습니다. "가서 다윗에게 말하기를."삼하 24:12-옮긴이 다윗은 종이라는 호칭을 잃었습니다. 이제는 다윗, 그저 다윗, "나의 종"이라는 호칭이 없는 다윗이었습니다. 그러므로 하나님께서는 대개 이스라엘 백성을 자기 백성이라고 부르셨지만, 그들이 금송아지 사건으로 우상숭배라는 큰 죄를 지었을 때는 그들을 자기 백성이라 하지 않으시고, 모세에게 이렇게 말씀하셨습니다. "이 백성" 다시 말해 "나의 백성"이 아니라 "이 백성"이었고 "모세, 너의 백성"이었습니다. 그들은 옛 이름을 잃었습니다. 하나님의 백성이라는 그들이 죄로 인해 그 영적인 특권을 빼앗기고 말았습니다. 그렇다면 어떤 은혜로운 마음이 이런 일을 보면서, 자신의 영적인 특권이 박탈되는 것을 생각하면서 울지 않을 수 있겠습니까? 친구를 슬프게 했다면 자신도 슬퍼야 하지 않겠습니까? 성도들이 그들의 죄로 가장 좋은 친구이신 하나님을 슬프게 한 이상, 반드시 성도 자신도 슬퍼해야 하고 겸손해야 합니다. 슬픔이나 겸손이 없으면 은혜도 없습니다. 그들은 지은 죄로 인해 슬퍼하고 겸손한 까닭에 절망하지 않습니다. 절망은 겸비의 걸림돌이며, 진정으로 사람이 지은 죄에 대하여 겸손할수록 덜 절망하고, 절망이 많을수록 덜 겸손하기 때문입니다.

여러분은 말할 것입니다. 하지만 이 둘이 무슨 차이가 있습니까? 겸손하되 절망하지 않아야 하고, 절망하지 않되 겸손해야 한다! 이 둘, 겸손과 절망은 서로 무엇이 다릅니까?

이것은 시간을 할애할 가치가 있는 유익한 질문입니다. 다음과 같이 대답하겠습니다.

사람이 겸손하고 진정으로 겸손하면, 그의 탄식이나 슬픔이나 괴로움의 대상은 하나님을 욕되게 하는 그 죄 자체입니다. 반면 절망의 대상은 그 사람 자신의 형편이나 그런 형편을 만든 죄입니다. 다시 말해 절망의 궁극적 대상은 그 사람 자신의 형편입니다. 절망한 사람을 보면 우리가 늘 알 수 있는 것처럼, 사람의 고민은 모두 자신의 형편에 관한 것뿐입니다. 절망한 사람은 말합니다. 오, 내가 죄를 지었습니다. 내가 이러저러한 죄를 지었으므로 내 형편이 나쁩니다. 그리고 지금 내 형편이 이렇게 나쁜데 결코 더 좋아지지 않을 것입니다. 주님, 내 영혼은 어찌되겠습니까? 그의 걱정은 언제나 자신의 형편뿐입니다. 하지만 사람이 죄로 인해 슬퍼하고 진정으로 겸손한 마음을 갖는다면 그의 고민은 하나님을 욕되게 한 죄 자체에 대한 것뿐입니다. 성경으로 이 점을 명확히 밝혀 보겠습니다. 여러분은 가인이 절망한 것은 알고 있습니다. 그런데 가인은 겸손하지 않았습니다. 이를 어떻게 알 수 있습니까? 가인은 자신의 형편을 괴로워했던 것입니다. 그는 이렇게 말합니다. 아, 내 죄벌이 지기가 너무 무거우니이다.창 4:13-옮긴이 반면에 불쌍한 탕자는 겸손했으나 절망하지 않았습니다. 이를 어떻게 알 수 있습니까? 그가 괴로워한 것은 그의 죄였을 뿐 그 자신의 형편은 아니었습니다. 그는 말합니다. "내가 일어나 아버지께 가서 이르기를 아버지, 내가 하늘과 아버지께 죄를 지었사오니 지금부터는 아버지의 아들이라 일컬음을 감당하지 못하겠나이다. 나를 품꾼의 하나로 보소서 하리라 하고."눅 15:18-19-옮긴이 다윗은 때때로 절망과 겸손의 모습을 둘 다

보여주었습니다. 여러분이 아는 것처럼 그의 회개와 겸비의 과정은 대단히 고통스러웠습니다. 하지만 시편 51편을 보면, 겸손하되 절망하지 않는 다윗의 모습을 볼 수 있는데, 역시 그것은 회개의 시편답습니다. 그는 겸손하되 절망하지 않았습니다. 과연 그는 굳건히 확신을 유지했습니다. "하나님이여, 나의 구원의 하나님이여, 피 흘린 죄에서 나를 건지소서."14절 그는 무엇을 회개하고 무엇을 괴로워했습니까? 그가 회개하고 괴로워한 것은 그의 죄였을 뿐 그의 형편은 아니었습니다. "나의 죄악을 말갛게 씻으시며 나의 죄를 깨끗이 제하소서. 무릇 나는 내 죄과를 아오니 내 죄가 항상 내 앞에 있나이다. 내가 주께만 범죄하여 주의 목전에 악을 행하였사오니……내가 죄악 중에서 출생하였음이여, 어머니가 죄 중에서 나를 잉태하였나이다."2-5절 여러분이 보듯, 그의 눈은 시종일관 그의 죄를 바라볼 뿐 그의 형편은 바라보지 않습니다. 그러므로 나는 말합니다. 사람이 죄로 인해 진실로 낮아지고 슬퍼하는 경우, 그 슬픔의 대상은 하나님을 욕되게 한 죄입니다. 또 사람이 절망하되 겸손하지 않을 경우, 그의 고민은 모두 자신의 형편에 관한 것, 자신의 미래에 관한 것뿐입니다.

진정으로 겸비하며 낮아지는 것은 영적인 기쁨의 적이 아니라 참된 친구, 하나님 안에서 누리는 우리 기쁨의 적이 아니라 참된 친구입니다. 저지른 죄에 대하여 겸손할수록 하나님 안에서 누리는 기쁨이 클 것이며 또한 자신의 죄로 인해 슬퍼할 수 있다는 사실이 더욱 기쁠 것입니다. 그는 슬퍼하되, 죄로 인해 슬퍼할 수 있음을 기뻐합니다. 그러므로 자신의 죄를 깨우치며 낮아지는 이 겸비는 우리 구주 그리스도의 말씀에 따르면 보혜사께서 하신 일의 결과라고 합니다. "가면 내가 그를 너희에게로 보내리니 그가 와서 죄에 대하여, 의에 대하여, 심판에 대하여 세상을 책망하시리라." 요 16:7-8-옮긴이 위로는 언제나 참된 겸비와 함께하므로, 겸비는 우리의 영적인 기쁨의 적이 아니라 친구입니다. 하지만 절망은 영적인 기쁨의 적입니다. 절망한 사람은 슬퍼합니다. 그는 슬프기 때문에 슬퍼합니다. 여러분이 그에게 하나님 안에서 기뻐해야 한다고 말하고 실제로 기뻐하라고 말해 보십시오. 그러면 그는 말합니다. 오, 아닙니다. 기쁨은 내게 맞지 않습니다. 나는 그럴 기분이 아닙니다. 기쁨은 내게, 나 같은 형편에 있는 사람에게 어울리지 않습니다. 하지만 사람이 진정으로 겸손하다면, 죄에 대하여 겸손한 마음을 보일수록 하나님 안에서 더욱 기뻐할 수 있습니다. 반면, 사람이 절망할수록 하나님 안에서 누리는 기쁨은 적어집니다.

사람이 겸손할수록, 죄에 대하여 진정으로 겸손할수록 의무 수행에 열심을 내고, 사람이 절망할수록 의무 수행에 게으릅니다. 이것은 물의 경우와 같습니다. 물은 계속해서 제 수위를 유지하면 제방으로 넘치거나 둑을 무너뜨리지 않습니다. 그런데 더러 큰물이 들고 엄청난 홍수가 날 때도 있습니다. 그러면 강은 제방을 넘고 둑을 무너뜨립니다. 여기서도 그렇습니다. 의무는 죄에 대한 슬픔과 탄식과 겸손의 제방입니다. 말하자면 여러분이 행하는 의무는 여러분의 모든 경건한 슬픔의 제방입니다. 그러므로 슬픔이나 탄식의 수위가 너무 높아져서 의무라는 제방을 넘게 되면, 그 사람은 이처럼 말합니다. 아무런 효과도 없으니 이제 더 이상 기도하지 않겠다. 내 영혼에 아무런 희망이 되지 않으니 이제 더 이상 말씀을 듣지 않겠다. 이제 더 이상 내 마음을 헤아려 살피지도 않겠다. 이와 같이 슬픔이 의무 위로 넘치고 의무라는 둑을 무너뜨리면, 그것은 절망이지 겸손이 아닙니다. 착각하지 마십시오! 그것은 겸손이 아니라 명백한 절망입니다. 절망과 겸손은 엄청나게 다릅니다. 많은 사람들이 자신의 절망을 겸손이라고 생각합니다. 하지만 절망의 홍수 속에는 단 한 방울의 겸손도 없음을 우리 주님께서는 아십니다. 그러므로 여러분은 겸손하고자 합니까? 오, 그렇다면 절망하지 마십시오. 절망할수록 겸손이 덜하고, 겸손할수록 절망이 덜할 테니 말입니다.

하지만 여러분은 이렇게 반응합니다. 이 둘의 차이가 그토록 크다면, 죄에 대하여 겸손하되 절망하지 말아야 할 의무가 우리에게 있다면, 과연 우리는 어떻게 마음을 굳건히 하여 겸손에 이르고 또한 그 모든 절망에 꺾이지 않을 수 있습니까? 우리는 어떻게 절망하지 않고 겸손할 수 있으며, 겸손의 과정에서 절망하지 않고 겸비에 이를 수 있습니까?

그리스도인은 언제나 다음과 같은 원칙을 몸에 지니고 다녀야 합니다. 곧 아무리 작은 죄라도 그 죄에 관해 겸손하고, 아무리 큰 죄라도 그 죄로 인해 절망하지 말아야 하는 원칙입니다. 이 두 부분은 틀림이 없습니다. 사람은 아무리 큰 죄라·해도 그 죄에 눌려 절망해서는 안 됩니다. 절망은 그 자체로 또 하나의 죄일 뿐 아니라 절망으로는 죄를 대적하는 데 도움이 되지 않기 때문입니다. 죄를 대적하는 데 죄가 도움이 될 수는 없습니다. 또 사람은 아무리 작은 죄라도 그 죄에 관하여 겸손해야 하는데, 그 작은 죄는 하나님을 욕되게 할 뿐 아니라 작은 죄가 결국은 큰 죄로 이어지기 때문입니다. 그러므로 겸손하되 절망하지 않으려면, 언제나 이 원칙을 몸에 지니고 다니며 늘 기억해야 합니다. 즉, 이것은 나의 의무이니, 아무리 작은 죄라도 나는 그 죄에 관해 겸손할 이유가 있다. 또한 나는 아무리 큰 죄라도 그 죄에 눌려 절망할 이유가 없다.

여러분의 모든 뉘우침과 겸비의 과정에서 분명히 할 것이 있습니다. 하나님께서 짝지으신 것을 여러분이 나누거나 분리해서는 결코 안 됩니다. 하나님께서는 계명과 약속을 하나로 결합하셨습니다. 약속과 계명은 쌍둥이로 태어났습니다. 도와주시겠다는 약속, 받아 주시겠다는 약속, 상급을 주시겠다는 약속 등과 같이 어떤 약속이 부가되지 않은 계명을 여러분은 알지 못합니다. 약속은 도외시하고 계명 자체만 바라본다면 여러분은 절망할 것입니다. 또 계명은 도외시한 채 약속만 바라본다면 여러분은 거만해질 것입니다. 그러나 약속과 계명, 계명과 약속을 함께 바라본다면, 여러분은 죄를 지어도 겸손하되 절망하지 않을 것입니다. 주님께서 사람에게 두 눈을 주셨는데 사람이 한 눈을 뽑아 버리고서, 나는 한 눈만 가지고도 잘 볼 수 있는데 두 눈이 무슨 필요가 있단 말인가 하고 말한다면, 큰 죄를 짓는 것입니다. 그러므로 주님께서는 영혼을 위해서도 두 눈을 주셨습니다. 다시 말해 하나님의 계명을 보라고 주신 양심의 눈과 하나님의 약속을 보라고 주신 믿음의 눈입니다. 그런데 사람이, 나는 믿음의 눈을 빼 버리겠다, 나는 양심의 눈으로 하나님의 계명을 아주 잘 볼 수 있다고 말한다면, 그는 아주 큰 악을 행하는 것입니다. 또 사람이, 나는 양심의 눈을 빼 버리겠다, 나는 믿음의 눈으로 충분히 잘 볼 수 있다고 말한다면, 그는 아주 큰 악을 행하는 것입니다. 하지만 여러분이 어떤 계명을 거슬러 죄를 짓게 되면 그때마다 지체 없이 말하십시오. 약속은 어디에 있는가? 나는 약속 없는 계명도 보지 않을 것이고 계명 없는 약속도 보지 않을 것이다. 이와 같이 둘을 결합하십시오. 그리하면 여러분은 절망하지 않고서도 겸손하게 될 것입니다.

여러분의 모든 겸비의 과정에서 주의할 것이 있습니다. 여러분의 형편을 고치려는 의도로 죄를 슬퍼할 것이 아니라 여러분의 죄를 고치려는 의도로 여러분의 형편을 슬퍼해야 합니다. 여러분이 앞에서 들은 바대로, 우리의 겸손은 하나님을 욕되게 하는 죄 자체를 향해 있습니다. 우리가 슬퍼하는 대상, 곧 우리 겸손의 대상은 하나님을 욕되게 하는 죄 자체이지만, 여러분의 절망의 대상은, 앞에서 이미 들은 대로, 여러분의 형편일 뿐입니다. 그러므로 여러분이 겸손하되 절망하지 않으려면, 여러분의 형편만 바라볼 것이 아니라 여러분의 영혼에게 이처럼 말하십시오. "오, 내 영혼아, 너는 크게 오해하였구나. (주님께서는 이미 용서하셨다!) 그러므로 너의 모든 질문이 네 형편, 네 장래에 관한 것일 수밖에 없었다. 그리고 네가 어느 때든 죄를 슬퍼했더라도 그 슬품은 네 형편을 향해 있었으니, 그것은 네 형편이 나쁘고 장래에 너 자신이 어찌 될지 알지 못하기 때문이었다. 그러나 이제 네가 진정으로 겸손하되 절망하지 않고자 한다면, 네 형편에 대한 생각은 잠시 접고 죄를 하나님의 법에 대한 위반으로, 하나님을 욕되게 하는 것, 그리고 그리스도와 너 사이에 있는 사랑의 법의 파기로 보아야 한다." 여러분이 겸손하되 절망하지 않으려면 이렇게 슬퍼하십시오.

겸비에 이르는 과정에서 여러분이 주의해야 할 것이 있습니다. 하나님의 특권, 하나님의 전권을 침해하지 않도록 해야 합니다. 겸비의 과정에서 사람은 사람에 속한 것에 간섭할 수 있습니다. 하지만 오직 하나님에게 속한 것, 그분의 특권에 속하는 것들이 있습니다. 여러분은 공중의 새들이 어떠한지 압니다. 새들은 공중에서 날아다니는 한 평화롭게 살 수 있습니다. 하지만 그 새들이 불의 영역까지 날아오른다면 그 불에 날개가 타서 지상으로 곤두박질할 것입니다. 이를 여기에 적용해 봅시다. 사람은 뉘우치고 낮아지는 겸비의 과정에서 자신의 영역을 벗어나지 않는 한 그 안에서 평화롭게 걸어 다닐 수 있습니다. 하지만 그가 자신의 영역을 벗어나 하나님의 특권에까지 오르려 한다면, 분명히 그의 영혼은 지상으로 추락하여 크게 절망할 것입니다. 그러므로 한번 보십시오. 누가 하나님께 버림받은 자인지 아닌지, 오로지 하나님에게 속한 특권을 이보다 더 잘 대변하는 것이 있습니까? 사람이 자신의 죄를 뉘우치고 슬퍼하는 이 겸비의 과정에서, 그동안 자신이 하나님께 너무 많은 죄를 지은 것을 깨닫고는 자신은 하나님에게 버림받은 자라고 결론 내립니다. 이것이 하나님의 권리를 침해하고 간섭하는 것 아닙니까? 사실 성경은 사람에게 현재 그가 어떠한 인간인지 말해 줍니다. 주정뱅이, 혹은 하나님을 비방하는 자, 혹은 안식일을 어기는 자, 혹은 음행하는 자 등등. 그러므로 성경은 그 사람이 현재 은혜를 받지 못한 자연의 상태에 있으며 하나님의 진노 아래 있다고 말합니다. 하지만 성경이 그에게 그가 하나님께 버림받은 자라서 회개하고 하나님에게 돌아오는 것은 불가능하다고 말합니까? 이것은 명백히 하나님만 아시는 특권이며 오직 그분이 간직하신 비밀입니다. 그러므로 사람이 하나님 앞에 나아가 자신을 낮추며 뉘우치는 과정에서, 오, 하나님, 나는 버림받은 자이니 내게는 희망이 없으며, 회개도 불가능할 것이라고 결론을 내린다면, 이는 너무 높이 날아올라 하나님의 특권에 해당하는 영역을 침범하는 것입니다. 그는 날개가 다 탄 큰 절망의 구덩이로 추락할 것입니다. 따라서 여러분이 겸비에 이르는 동안 주의해야 할 것이 있습니다. 하나님의 특권에 속하는 그 어떤 것도 간섭하지 않아야 합니다. 그렇게 하지 않으면 여러분은 겸비에 이르지 못하고 절망하게 될 것입니다.

하나님의 값없는 사랑과 은혜를 보고 감격하여 낮아지고 슬퍼할수록 여러분은 더 겸손해지고 덜 절망할 가능성이 많습니다. 여러분은 겸손의 자리로 나와야 겸손해질 수 있습니다. 그동안 여러분이 하나님을 거슬러 죄를 지었기 때문입니다. 하지만 여러분은 이 하나님을 여러분의 영혼에게 어떻게 소개합니까?

그분을 재판관으로만 소개합니까? 아니면 아버지로도 소개합니까? 여러분은 주님의 위대하심이라는 속성만을 생각하며 그분을 여러분의 영혼에게 소개합니까? 아니면 그분의 선하심이라는 속성도 생각하며 소개합니까? 루터는 이렇게 말했습니다. "나는 활발하고 기분이 좋을 때는 하나님의 위대하심을 생각하며 그분을 나에게 소개한다. 하지만 마음이 우울하고 두려울 때는 하나님의 선하심을 생각하며 소개한다. 나는 어떤 때는 그리스도를 내가 따라야 할 모범으로 여기고 또 어떤 때는 내게 주신 선물로 여긴다. 내가 너무 의기양양할 때는 그리스도를 나의 모범으로 여기고, 너무 기운이 없을 때는 그리스도를 나의 선물로 여긴다." 여러분도 이와 같이 하십시오. 여러분은 아마, 주님의 사랑에 대한 확신이 없어서 그분을 늘 아버지로 생각하며 소개할 수는 없다고 말할 것입니다. 하지만 여러분은 주님을 근본적으로 은혜로우신 분, 선하신 분, 사랑이 많으신 분으로 생각해도 됩니다. 여러분이 은혜로우신 하나님이신 주님을 거슬러 이러저러한 죄를 짓고, 특별히 여러분을 향한 하나님의 사랑을 확신할 수 없더라도, 여러분이 하나님의 보편적인 선하심을 생각하고 그분은 근본적으로 선하시다는 생각으로 그분을 소개한다면, 여러분은 결코 절망하지 않고 겸손에 이를 것입니다.

여러분이 진정으로 겸손하되 절망하지 않고, 절망하지 않되 겸손하고자 한다면, 여러분이 지은 모든 죄의 근원이 결국 여러분의 불신에 있음을 인정하고, 이 믿지 못하는 불신의 죄를 무엇보다 슬퍼해야 합니다. 감사의 문제가 그렇습니다. 모든 자비는 결국 근원적인 자비, 곧 예수 그리스도의 피에서 비롯됨을 알고 인정한다면, 그는 진정으로 감사한 마음을 갖게 될 것입니다. 겸손의 문제 또한 마찬가지입니다. 모든 죄가 결국 근원적인 죄, 곧 으뜸가는 죄에서 비롯됨을 알고 인정한다면, 그는 진정으로 자신을 낮추어 겸손을 보일 것입니다. 그렇다면 여러분의 모든 죄 가운데 가장 큰 죄, 근원적인 죄, 으뜸가는 죄는 믿지 못하는 불신이 아니고 달리 무엇이겠습니까? 그러므로 여러분이 믿어야 할 것이 있습니다. 곧 자신의 불신에 대해 겸손한 사람은 믿음에서 멀리 있지 않고, 믿음에서 멀리 있지 않은 사람은 결코 절망하지 않을 것입니다. 따라서 여러분이 어느 때나 여러분의 영혼이 죄 가운데 있음을 알게 된다면 이와 같이 말하십시오. 나의 불신이 이 죄를 만들었다. 내게 이러한 불신의 마음이 있는 줄 몰랐다. 오, 믿지 못하는 나의 마음이여! 나의 불신이 이 죄, 바로 이 모든 죄를 낳았다. 주께서 나의 믿지 못하는 마음을 치유하실 것이다! 불신을 슬퍼하는 영혼은 과한 절망에 빠지지도 부족한 겸손에 이르지도 않을 것입니다. 사실 그는 죄에 대해 겸손할 것인데, 이는 그가 근본적인 죄가 되는 자신의 불신에 대해 겸손하기 때문입니다. 또한 그는 절망하지 않을 것인데, 이는 그가 모든 절망의 원인이 되는 이 죄에 대해 겸손하기 때문입니다. 그러므로 여러분은 무엇보다 이 죄를 슬퍼하십시오. 그러면 합당치 않은 절망에 빠지지 않고 진정으로 겸손하게 될 것입니다. 이것으로 나는 첫 번째 구체적인 설명을 마치고자 합니다. 이를 통해 은혜롭고 경건한 사람은 자신의 죄로 인해 겸손히 뉘우치고 낮아져야 할 정당한 이유가 있지만, 자신의 죄로 인해 절망할 정당하고 성경적인 이유가 없음을 이제 압니다. 큰 죄를 지었더라도, 이런 형편이라고 절망에 빠져서는 안 됩니다.

이것으로 첫 번째 사례 설명을 마치겠습니다.

chapter **05.**

은혜가 약한 경우의 회복

Ⅱ. 때때로 성도들의 절망은 약한 은혜에서 비롯된다.

한 사람이 말합니다. 오, 나는 불쌍하고 연약한 사람입니다. 어떤 이들은 주님 안에서, 주님의 능력으로 강건하여 하나님을 위하여 많은 일을 합니다. 하지만 나는 그리스도 안에서 아직 연약한 아기일 뿐이며, 아기는 하나님을 위해 할 수 있는 일이 거의 없습니다. 그래서 이처럼 절망하고 낙심합니다. 이래도 내게 절망할 정당한 이유와 근거가 없습니까?

없습니다. 이유는 이렇습니다. "하나님이 능히 모든 은혜를 너희에게 넘치게 하시나니 이는 너희로 모든 일에 항상 모든 것이 넉넉하여 모든 착한 일을 넘치게 하게 하려 하심이라."^{고후 9:8} 하나님께서 여러분의 약함을 지혜로 채우신다면, 명백히 여러분은 여러분의 약함을 불평할 이유가 없습니다. 때때로 약함에 대한 보상으로 지혜가 옵니다. 솔로몬은 잠언 30:24에서 이와 같이 말합니다. "땅에 작고도 가장 지혜로운 것 넷이 있나니." 이 넷은 개미와 사반과 메뚜기와 거미(KJV, "도마뱀", 개역개정—옮긴이)입니다. 개미는 어떤 면에서 지혜롭습니까? "곧 힘이 없는 종류로되 먹을 것을 여름에 예비하는 개미와."^{25절} 개미는 장차 먹을 것이 부족한 시기를 대비해 먹을 것이 풍족할 때 저장해 둡니다. 사반은 어떤 면에서 지혜롭습니까? "약한 종류로되 집을 바위 사이에 짓는 사반과."^{26절} 사반은 원래 약한 동물이지만 튼튼한 곳에서 삽니다. 메뚜기의 지혜는 어디에서 나타납니까? "임금이 없으되 다 떼를 지어 나아가는 메뚜기와."^{27절} 메뚜기 한 마리는 약하지만 그 약한 것들이 모두 하나로 뭉쳐 강해집니다. 그렇다면 도마뱀은 어떤 면에서 지혜롭습니까? "거미는 자기 손으로 지탱하며 왕궁에 있느니라"(28절, KJV, "손에 잡힐 만하여도 왕궁에 있는 도마뱀이니라", 개역개정—옮긴이). 왕의 거처는 언제나 쓸고 닦아서 깨끗하기 이를 데 없지만, 거미는 제 손을 부지런히 놀림으로써 왕궁의 들보 위에 붙어, 높은 곳에서 위험을 피해 삽니다. 이러한 네 종류의 생물들은 애초부터 약하지만, 그 약함을 지혜로 보충하여 훨씬 강한 생물들처럼 부상과 피해로부터 스스로를 보호합니다. 이와 같이 개미, 사반, 메뚜기, 거미도 각각의 방식으로 지혜롭게 살아가는데 그리스도인들이야 당연히 그렇게 살아야 하지 않겠습니까? 참된 구원의 은혜는 최고의 지혜입니다. 경건한 사람은 모두가 지혜로운 사람입니다. 비록 은혜는 약해도 참된 지혜를 가지고 있습니다. 궂은 날을 대비해 여름에 미리 준비하는 개미의 지혜, 그리스도라는 바위 안에 집을 짓는 사반의 지혜, 서로 연합하는 메뚜기의 지혜, 약속의 들보를 붙잡고서 우리의 왕이신 그리스도의 왕궁에서 사는 거미의 지혜입니다. 하나님께서 여러분의 약함을 이런 지혜로 보상해 주시는데, 여러분이 불평할 이유가 있습니까?

그렇다면 은혜가 약해도 불리한 것이 없단 말입니까?

아닙니다. 불리한 것이 아주 많습니다. 약한 그리스도인들은 강한 그리스도인들과 달리 여러 가지 어려운 상황을 겪습니다. 여러분이 알듯이, 약한 불 위에 아직 마르지 않은 장작을 얹으면 강한 불처럼 타오르는 것이 아니라 꺼질 듯 위태로워집니다. 그리스도의 꺼져 가는 심지들도 이처럼 강한 그리스도인들과 달리 여러 가지 어려운 상황을 겪습니다.

예를 들어 사람이 참된 은혜를 얻기는 했으나 그 은혜가 약하면, 그는 쉽게 넘어지고 길에서 벗어날 가능성이 많습니다. "그러므로 피곤한 손과 연약한 무릎을 일으켜 세우고 너희 발을 위하여 곧은 길을 만들어 저는 다리로 하여금 어그러지지 않고 고침을 받게 하라."히 12:12-13 약한 사람은 강한 사람보다 쉽게 넘어지고, 일단 넘어지면 다시 일어나기가 더 어렵습니다. 강한 사람은 넘어져도 이내 다시 일어납니다. 하지만 약한 사람은 넘어지면 일어나다가 다시 넘어지기 쉽습니다. 약한 그리스도인들이 이와 같습니다. 그들은 빈번히 넘어지고 쉽게 넘어집니다. 그리고 넘어지면, 일어나려고 애쓰다가 다시 넘어지기 십상입니다.

약한 그리스도인은 강한 그리스도인보다 쉽게 자신의 위로를 잃습니다. 강한 그리스도인은 자신에게 적대적인 것을 자신의 발전을 위해 이용하지만, 약한 그리스도인은 자신에게 이로운 것도 자신에게 해가 되는 쪽으로 이용합니다. 우리의 구주 그리스도께서 가나안 여인에게 이렇게 말씀하셨습니다. "자녀의 떡을 취하여 개들에게 던짐이 마땅하지 아니하니라."^{마 15:26-옮긴이} 여인은 이 말씀을 이용하여 그리스도의 마음을 움직일 만한 주장을 했습니다. "주여, 옳소이다마는 개들도 제 주인의 상에서 떨어지는 부스러기를 먹나이다."^{마 15:27-옮긴이} 이와 같이 여인은 자신에게 불리해 보이는 것을 오히려 자신에게 유리한 것으로 바꾸었습니다. 왜 그렇습니까? 여인은 믿음이 강했기 때문입니다. 우리 구주께서 여인에게 말씀하셨습니다. "여자여, 네 믿음이 크도다."^{마 15:28-옮긴이} 하지만 마노아는 주님의 천사가 나타나자 자신의 아내에게 이렇게 말했습니다. "우리가 하나님을 보았으니 반드시 죽으리로다."^{삿 13:22} 이처럼 그는 애초에 자신에게 유익이 되도록 의도된 사건을, 23절에서 그의 아내가 올바로 해석한 것과는 달리, 자신에게 해가 되는 쪽으로 받아들였습니다. 그의 믿음이 약해서 그런 게 아니면 무엇 때문이겠습니까? 강한 불은 그 위에 물을 부으면 더 강하게 타오르지만, 약한 불은 연료가 되는 장작이나 석탄을 얹으면 그 기세에 눌려 꺼지고 맙니다. 약한 그리스도인도 이렇게 그 진리와 섭리를 감당하여 더욱 강하게 타오르지 못하고 꺼지기 쉽습니다.

약한 그리스도인은 강한 그리스도인처럼 하나님을 영광스럽게 할 수 없습니다. 태양 하나가 수많은 다른 별들보다 조물

주를 더 영화롭게 합니다. 이는 이 천체 하나에 여러 별들의 빛을 합친 것보다 더 많은 빛이 있기 때문입니다. 이처럼 강한 성도 하나가 작고 약한 수많은 성도들보다 하나님을 더 영광스럽게 합니다. 그것은 이 한 사람에게 훨씬 더 많은 빛과 은혜가 있기 때문입니다. "찬양으로(KJV, "감사로", 개역개정—옮긴이) 제사를 드리는 자가 나를 영화롭게 하나니"라고 하나님께서는 시편 50:23에서 말씀하십니다. 약한 그리스도인은 하나님을 찬양하기 어렵습니다. 사실 약한 그리스도인은 빈번히 하나님의 사랑을 의심하므로 그분을 올바로 찬양할 수 없습니다. 하지만 강한 그리스도인은 이렇게 말할 수 있습니다. 나를 향하신 사랑으로 이러저러한 자비를 보여주신 주님, 찬양받으소서.

"바랄 수 없는 중에 바라고 믿었으니"롬 4:18-옮긴이라는 말씀대로, 바라고 믿을수록 지각으로 살아갈 가능성은 그만큼 적어지고, 하나님을 영화롭게 할 가능성은 그만큼 많아집니다. 강한 그리스도인이 보여줄 수 있는 믿음이 어느 정도인지는 사도 바울이 하는 다음의 말로 알 수 있습니다. "그가……자기 몸이 죽은 것 같고……믿음이 약하여지지 아니하고……믿음으로 견고하여져서 하나님께 영광을 돌리며."롬 4:19-20 연약한 그리스도인은 이렇게 할 수 없습니다. 그 이유를 사도는 이와 같이 말합니다. "그가……자기 몸이 죽은 것……같음을 알고도 믿음이 약하여지지 아니하고……하나님의 약속을 의심하지 않고 믿음으로 견고하여져서." 그러므로 하나님께 영광을 돌리는 것은 강한 믿음, 약해지지 않는 믿음이 아닌가 합니다. 그러면 강한 믿음과 약한 믿음은 그 작용이라는 면에서 어떤 차이가 있습니까? 사도가 말하는 대로, 약한 믿음은 약속을 의심하고 강한 믿음은 그렇지 않습니다. 약한 믿음은 인간의 선택이나 우연과 같은 제2의 원인들에 너무 많은 관심을 기울이지만 강한 믿음은 그렇지 않습니다. 약한 믿음은 자기 안에서 보고 느끼는 것으로 판단하지만 강한 믿음은 그렇게 하지 않고 오직 밖에 있는 말씀으로만 판단합니다. 그러므로 하나님을 특별히 영화롭게 하는 것은 강한 믿음입니다.

강한 그리스도인은 하나님을 위해 큰 일을 하겠지만, 약한 그리스도인은 힘이 없고 영혼이 약하므로 작은 일밖에 할 수 없습니다. 그러므로 우리가 하나님을 위해 하는 일이 클수록 그분께 더 많은 영광을 돌리게 됩니다.

강한 그리스도인은 다른 이들에게 마음을 쓰고 관심을 갖지만, 약한 그리스도인은 그렇게 할 수 없습니다. 그는 집에서도 할 일이 많다고 말합니다. 오, 내 형편이 영원히 해결된다면 다른 이들에게도 관심을 갖고 마음을 쓰겠습니다.

강한 그리스도인은 하나님을 오랫동안 기다릴 수 있습니다. 오랫동안 고요히 하나님을 기다리는 사람은 그분을 영광스럽게 합니다. 하지만 여러분의 약한 자녀들이 원하는 것을 오래 기다리지 못하고 즉시 손에 쥐기를 원하듯, 약한 그리스도인 또한 바라는 것을 두고 오랫동안 하나님을 기다리지 못합니다. 그러나 강한 그리스도인은 오래 기다립니다.

강한 그리스도인은 다른 이들에게 도움이 됩니다. "믿음이 강한 우리는 마땅히 믿음이 약한 자의 약점을 담당하고."롬 15:1 "믿음이 연약한 자를 너희가 받되."롬14:1 어린이나 아기들은 어른들의 품에 안길 뿐, 어른들을 안고 갈 수는 없습니다. 약한 그리스도인은 다른 이들에게 화를 내고, 비난하며, 판단하기 쉽고, 그로 인해 다른 이들에게 짐이 될 수 있습니다.롬 14:1-2 하지만 강한 그리스도인은 짐을 지고 남을 안고 가며 다른 이를 돕고자 자신의 불편을 감내하는 사람입니다. 다른 이들을 섬기고 도울수록 그만큼 더 하나님을 영화롭게 합니다. 강한 그리스도인은 그렇게 할 수 있지만, 약한 그리스도인은 이 모든 일에서 강한 그리스도인처럼 하나님을 영광스럽게 할 수 없습니다. 그러므로 강한 그리스도인과 달리 약한 그리스도인은 분명히 어렵고 불리한 점이 많습니다.

그래도 절망할 이유는 없습니다.

왜냐하면 약하다고 하나님께서 자비를 거두시는 것이 아니라, 약하므로 오히려 자비를 베풀고 싶어 하시기 때문입니다. "여호와여, 내가 약하오니(KJV, "수척하였사오니", 개역개정—옮긴이) 내게 은혜를 베푸소서."시 6:2 이는 육체적이고 외적인 약함을 말합니다. 이런 외적인 약함에도 하나님께서 자비를 베풀고 싶어 하시므로, 이보다 중요한 부분이 약하다면 당연히 더 많은 자비를 베풀어 주실 것입니다. 약한 그리스인도 강한 그리스도인과 다를 바 없이 그리스도에 대한 큰 권리와 분깃이 있고 달려가 의지할 약속이 있고 아버지 하나님의 사랑의 포옹을 받는다면, 그는 결코 자신의 약함과 관련하여 절망할 정당한 이유가 없습니다.

여러분의 은혜가 아무리 약해도 그 은혜가 참된 은혜인 한, 여러분은 강한 그리스도인과 마찬가지로 여러분의 칭의를 위한 그리스도의 의에 대하여 큰 분깃과 권리를 소유하고 있습니다. 여러분도 다른 어느 누구와 마찬가지로 여러분에게 전가된 그리스도를 소유하고 있습니다. 여러분은 아마 매일의 양식인 이 만나를 조금 적게 거두어들였을 것입니다. 하지만 여러분이 참된 이스라엘의 백성인 이상, 그것은 결코 여러분의 필요에 모자라지 않을 것입니다. 이스라엘 백성에 대해 다음과 같이 말씀하셨기 때문입니다. "그 거둔 것이 많기도 하고 적기도 하나……많이 거둔 자도 남음이 없고 적게 거둔 자도 부족함이 없이."출 16:17-18-옮긴이 모든 것이 그렇게 동등한 비율로 계산되었고, 모든 신자가 그리스도 안에서 그 영적인 만나를 소유하고 있다고 헨리 에인스워드(Henry Ainsworth, 1517-1622, 영국 비국교도 성직자이자 학자―옮긴이)는 말합니다.

여러분이 성경을 보면 알겠지만, 어느 누구보다도 은혜가 약한 사람들에게 풍성한 은혜가 쏟아지지 않았습니까? 그리스도께서는 마태복음 5장의 약속들과 함께 가르침을 시작하셨습니다. 특별히 이 약속들을 받을 사람들이 은혜가 약한 사람들이 아니면 누구란 말입니까? "심령이 가난한 자는 복이 있나니……애통하는 자는 복이 있나니……의에 주리고 목마른 자는 복이 있나니."3-4, 6절-옮긴이 그리스도는 은혜가 강한 사람은 복이 있고, 하나님 안에서 기뻐하는 사람은 복이 있고, 자신들의 영원한 형편에 대해 온전한 확신이 있는 사람은 복이 있다고 말씀하지 않으셨습니다. 그분께서는 자신의 위대한 임무와 사역이 약한 자들을 위로하고 격려하며 힘을 주는 것이라는 듯 이러한 일들을 시작하셨고, 약한 사람들에게 은혜롭고 복된 많은 약속들을 말씀하셨습니다. 진정으로 주님의 약속들은 귀 기울여 듣기만 한다면 약한 이들의 모든 두려움을 온전히 해결해 줄 수 있는 약속들이었습니다. 예를 들어 주님께서는 마태복음 12장에서 이와 같이 약속하십니다. "상한 갈대를 꺾지 아니하며."^{20절-옮긴이} 약한 그리스도인은 말할 것입니다. 오, 나는 약해도 너무 약합니다. 그러면 우리 구주께서 말씀하십니다. "상한 갈대를 꺾지 아니하며." 상한 갈대보다 약한 것이 있습니까? 사실 온전한 갈대도 강한 것이 아니거늘 상한 갈대야 얼마나 약하겠습니까? 약한 그리스도인은 말할 것입니다. 오, 하지만 나의 약함은 많은 죄와 섞여 있습니다. 그것은 꺼져 가는 심지가 연기에 휩싸여 있는 것과 같습니다. 하지만 그리스도께서 말씀하십니다. "꺼져 가는 심지를 끄지 아니하기를."[20절-옮긴이] 약한 그리스도인은 말합니다. 오, 하지만 하나님께서 끄지 아니하셔도 나는 꺼질 것입니다. 그리스도께서 말씀하십니다. 아니다. "나는 심판을 승리로 가져오리라"(사 42:3, KJV, "진실로 정의를 시행할 것이며", 개역개정—옮긴이). 그 일은 내 책임이니 내가 그 일을 하리라. 약한 그리스도인은 말할 것입니다. 오, 하지만 내 길에는 가로막고 반대하는 것들이 너무 많은데, 어떻게 심판을 승리로 가져올 수 있단 말입니까? 그러면 그리스도께서 말씀하십니다. 내가 승리를 가져올 것이다. 다시 말해, 승리를 강하게 밀어서 내보낼 것이다. 이 말에 해당하는 헬라어(ἐκβάλω—옮긴이)는 성경의 다른 구절에서(마 7:4, 9:38, 10:5) '힘'이란 뜻으로 사용됩니다. 그리스도께서도 이런 뜻으로 말씀하셨다고 할 수 있습니다. 내가 힘차게 이 승리를 내보내 만나는 모든 반대를 뚫고 나가게 할 것이다. 이와 같이 주님께서는 은혜가 약한 사람들에게 여러 가지 약속을 하실 뿐 아니라 그 약속들이 반드시 실현되도록 하겠다고 몸소 약속까지 하십니다.

여러분이 그동안 겪은 것을 헤아려 보십시오. 약한 그리스도인보다 더 우리 아버지 하나님의 입맞춤과 포옹을 많이 받은 사람이 과연 누구란 말입니까? 부모는 다 자란 아이에게는 입을 맞추지 않아도 아기에게는 입을 맞춥니다. 이 아기는 아직 어리니까 그렇다고 부모는 말합니다. 그런데 탕자가 집에 돌아오자 그 아버지는 아들의 목을 부여잡고 입을 맞춥니다. 왜 그렇습니까? 아들이 집으로 돌아온 순간 그 아들은 그리스도 안에서 아직 아기에 불과하기 때문이지 않습니까? 아버지가 말합니다. 이 아이는 아직 어린 아기이므로 내 입술로 입을 맞추리라.

은혜가 약한 것이 큰 문제이기는 하나 그리스도께서 나의 결함을 굽어보신다면, 어떻게 내가 나의 연약함 때문에 절망하겠습니까? 그분의 굽어보시는 자비는 크고 부드럽습니다. 하나님께서는 모든 백성에게 자비를 보이시나, 대제사장이신 그리스도를 통하여 보이실 것입니다. 그 대제사장의 직분은 약한 이들의 결함을 동정하시고 참으시는 것이 아니면 달리 무엇이겠습니까? 사도는 말합니다. "우리에게 있는 대제사장은 우리의 연약함을 동정하지 못하실 이가 아니오."^{히 4:15} 은혜가 약한 이들을 향하신 하나님의 굽어보시는 사랑을 명백히 증언하는 것 세 가지가 있습니다. 1. 하나님께서는 약한 이들이 행하는 의무가 비록 여러 가지 연약함과 섞여 있고, 그들의 섬김이 비록 약한 가지에서 나왔어도, 받아 주십니다. 그리스도께서 빌라델비아 교회에 말씀하십니다. "내가 네 행위를 아노니 네가 작은 능력을 가지고서도 내 말을 지키며 내 이름을 배반하지 아니하였도다."^{계 3:8} 2. 주님께서는 약한 이들을 채근하지 않으시고 기꺼이 그들과 보조를 맞추십니다. "그는 목자 같이 양떼를 먹이시며 어린 양을 그 팔로 모아 품에 안으시며 젖먹이는 암컷들을 온순히 인도하시리로다."^{사 40:11} 3. 주님께서는 종종 그들의 요구를 들어주시며 그들의 뒤를 따라가십니다. "예수께서 이 말씀을 하실 때에 한 관리가 와서 절하며 이르되 내 딸이 방금 죽었사오나 오셔서 그 몸에 손을 얹어 주소서. 그러면 살아나겠나이다 하니 예수께서 일어나 따라가시매."^{마 9:18-19} 이 구절을 보면, 그 지도자는 믿음이 있기는 있었습니다. "그 몸에 손을 얹어 주소서. 그러면 살아나겠나이다." 하지만 그 믿음이 약했습니다. 이는 그가 시간과 수단의 측면에서 그리스도를 제한했기 때문입니다. "오셔서 그 몸에 손을 얹어 주소서." 마태복음 8장에는 한 백부장이 주님께 와서 자신의 종을 치유해 달라는 장면이 나오는데, 그리스도께서 다음과 같이 말씀하신 것을 보면 그는 믿음이 강한 사람이었습니다. "내가 진실로 너희에게 이르노니 이스라엘 중 아무에게서도 이만한 믿음을 보지 못하였노라."^{10절-옮긴이} 그리스도께서는 먼저 움직여 백부장보다 앞서 가십니다. 이는 6절에서 백부장이 "주여, 내 하인이 중풍병으로 집에 누워 몹시 괴로워하나이다" 하고 말했을 때, 예수께서 "내가 가서 고쳐 주리라"^{7절-옮긴이} 하신 말씀으로 보아 알 수 있습니다. 이렇게 그리스도께서는 가겠다고 말씀하십니다. 그러자 백부장이 말합니다. 아닙니다. 주님, "다만 말씀으로만 하옵소서."^{8절-옮긴이} 하지만 앞서 언급한 그 지도자는 그리스도께서 자신과 함께 가 주시기를 바랐고, 그리스도께서는 그를 따라가셨습니다. 이렇듯 그리스도께서는 강한 자는 앞서 가시고 약한 자는 뒤따라가셨습니다. 강한 백부장은 칭찬하시고 약한 지도자는 겸손히 응대하셨습니다. 그렇다면, 약한 지도자가 강한 백부장처럼 칭찬받지 못해서 절망할 필요가 있겠습니까? 아닙니다. 그리스도의 칭찬하시는 호의가 백부장에게 알맞듯이, 그분의 굽어보시는 사랑은 그 지도자에게 알맞기 때문입니다. 강한 믿음은 더욱 칭찬받겠지만, 약한 믿음은 그리스도의 굽어살피시는 사랑으로 더욱 격려를 받을 것입니다.

그리스도께서 약한 자들의 절망에 **왜** 혹은 **어찌하여** 같은 말로 의문을 표하셨다면, 약한 자들은 그들의 약함과 관련하여 절망할 정당한 이유가 없습니다. 마태복음 8:26을 보면, 우리 구주께서 제자들에게 말씀하시는 장면이 나옵니다. "어찌하여 무서워하느냐. 믿음이 작은 자들아." 24절을 보면, 큰 풍랑이 일어 배가 물결에 뒤덮일 지경이 되었습니다. 이 정도면 무서워할 만한 상황이지 않습니까? 하지만 그리스도께서 말씀하십니다. "어찌하여 무서워하느냐?" 사실 그때 그들을 도우실 그분께서 잠들어 계셨다고 합니다. 그리스도는 그들이 풍랑 가운데서 의지할 유일한 도움이었지만, 24절에 기록된 대로, 주무시고 계셨습니다. 그들로서는 무서워할 이유가 충분하지 않습니까? 하지만 그리스도께서는 말씀하십니다. "어찌하여 무서워하느냐. 믿음이 작은 자들아." 마태복음 16:8에도 비슷한 상황이 나오는데, 예수께서 이렇게 말씀하십니다. "믿음이 작은 자들아, 어찌 떡이 없으므로 서로 논의하느냐?" 여기서도 주님께서는 그들의 절망에 "어찌하여"라는 말로 의문을 표하십니다. 마태복음 14:31에도 있습니다. 물에 빠진 베드로가 살려 달라고 외치자, 주님께서 말씀하셨습니다. "믿음이 작은 자여, 왜 의심하였느냐?" 역시 "왜" 혹은 "어찌하여"가 약한 믿음으로 인한 절망 위에 붙습니다. 왜 우리 구주께서는 그들에게 이러한 방식으로 말씀하십니까? 왜 의심하느냐? 왜 무서워하느냐? 이것은 그들의 의심과 절망을 책망하실 뿐 아니라 그렇게 의심하고 절망할 아무런 이유가 없음을 보여주시기 위함입니다. 그들의 절망은 대단히 컸고 그들의 믿음은 아주 작았음에도, 주님께서는 그들에게 절망할 이유가 없다고 말씀하십니다. "어찌하여 무서워하느냐. 믿음이 작은 자들아." 주님께서 이처럼 "왜" 혹은 "어찌하여"라는 의문사를 사용하시므로 우리가 알 수 있습니다. 사람의 믿음이 작고 절망이 크더라도 절망할 합당하고 정당한 이유가 없습니다.

그리스도인이 때때로 자기 속에 약한 믿음, 작은 믿음이 없어서 절망하는 경우를 생각하면, 사실 우리의 이 약함 때문에 절망할 이유는 없습니다. 여러분이 아는 대로, 하늘나라는 우리 밖에서, 즉 복음이라는 면에서, 그리고 우리 안에서, 즉 그 복음에 의한 구원의 효력이라는 면에서, 겨자씨 한 알에 비유되는데, 이 겨자씨는 우리 구주의 말씀에 의하면 모든 씨앗 중에 가장 작은 것입니다. 하지만 그 작은 씨앗이 시간이 지나면 공중의 새들이 와서 둥지를 틀 정도로 크고 높고 거대한 나무로 자랍니다. 복음도 전파와 효력이라는 면에서 그와 같습니다. 복음은 미약하게 시작되며 처음에는 아주 작습니다. 사람이 처음에는 자신의 믿음이 작다는 사실을 알지 못하고, 자기 안에 과연 하늘나라가 있는지 없는지 의심하며 이와 같이 말할 것입니다. 하늘나라는 어느 씨앗보다 작은 겨자씨 한 알과 같다고 하는데, 내 영혼에는 이처럼 작은 씨앗조차 없구나. 내게 이처럼 작은 은혜도 없으니, 정녕 내 영혼에 하늘나라가 없는 것은 아닌지 의심스럽구나. 이처럼 사람들은 때로 작은 믿음조차 발견하지 못해서 의심하고 절망합니다. 그렇다면 우리가 우리 안에서 약하고 작은 것을 발견했다고 하여 절망할 이유가 있습니까? 명백히 절망할 합당한 이유와 근거는 없습니다.

여러분은 말합니다. 오, 하지만 약한 것은 편치 않은 일입니다. 강한 그리스도인들은 위로로 충만합니다. 그들은 하나님의 사랑에 대한 확신이 있고 기쁨이 가득합니다. 하지만 약한 이들은 두려움과 의심이 가득합니다. 이것이 나의 형편입니다. 내게는 전혀 위로가 없습니다. 그래서 이와 같이 절망합니다. 이래도 내게 절망할 이유와 근거가 없습니까?

없습니다. 일반적으로 약한 믿음에는 의심과 두려움이 함께 오고 강한 믿음에는 확신과 기쁨과 위로가 따르지만, 사람이 큰 믿음을 갖고도 확신이 없을 수 있으며, 하나님의 사랑을 확신하고 아무런 의심이 없음에도 믿음은 작을 수 있기 때문입니다.

여러분은 위로가 없는 것과 위로가 덜한 것이 다름을 알아야 합니다. 사람이 세상에서 큰 재산을 가지고 있다면 그 재산에 대한 담보와 보증만 가지고 있는 사람보다 위로가 클 것입니다. 하지만 그 재산을 소유하지는 않았어도 담보와 보증이 있다면 나 역시 그 재산으로 인해 많은 위로를 누릴 수 있습니다. 그러므로 가장 적은 은혜는 더 큰 은혜, 더할 수 없이 많은 은혜의 담보와 보증이므로, 사람이 장차 누릴 영광의 담보와 보증을 소유하는 것은 위로가 되는 일이지 않겠습니까? 믿음이 약한 사람들은 모두 그런 보증을 소유하고 있습니다.

하지만 여러분은 말합니다. 내가 가진 그 작은 것이 더 크고 많은 것의 담보와 보증임을 어떻게 알 수 있습니까?

양자의 영 롬 8:15-옮긴이이 온전한 상속의 담보와 보증이 되십니다. 여러분이 여러분보다 크고 강한 형제만큼 여러분의 하늘 아버지를 섬기지는 못해도, 그분의 계명에 따라 순종할 뿐 아니라 어린아이와 같은 마음으로 순종한다면, 여러분에게는 양자의 영이 있는 것이며, 여러분의 작은 것은 더 크고 많은 것의 확실한 보증이 됩니다.

여러분이 여러분의 작은 것을 슬퍼하며, 더 크고 많은 것을 얻고자 하나님을 기다린다면, 여러분의 작은 것이 더 크고 많은 것의 보증이 됩니다. 사도는 말합니다. "그뿐 아니라 또한 우리 곧 성령의 처음 익은 열매를 받은 우리까지도 속으로 탄식하여 양자될 것 곧 우리 몸의 속량을 기다리느니라."롬 8:23 사도는 로마인들이 신음하며 기다림으로써 성령 안에서 더 크고 많은 것의 담보와 보증이 되는 첫 열매를 얻었다고 증명합니다. 여러분은 지금 약함이라는 짐에 눌려 신음하며 더 많은 것을 얻고자 하나님을 기다리고 있습니까? 그렇다면 여러분도 성령의 첫 열매를 소유하고 있습니다. 그리고 여러분이 가진 작은 것이 더 크고 많은 것의 담보와 보증입니다. 여러분의 믿음이 애초부터 작고 약해도 이것을 하나의 보증으로 여긴다면, 그것은 이미 큰 것입니다. 그러므로 장차 누릴 영광의 담보와 보증을 얻는 것은 위로가 되는 일이지 않습니까? 그것이 바로 믿음이 약한 모든 이들의 위로가 됩니다. 그런데도 왜 그들은 자신의 약함과 관련하여 절망합니까?

여러분은 대답합니다. 오, 하지만 내가 나의 약함에 절망하는 것은 그 약함으로 인해 위로를 받을 수 없어서가 아니라 섬길 수 없기 때문입니다. 내가 믿음이 강하면 하나님을 더 많이 섬길 수 있을 것입니다. 그렇게 되면 나는 유혹을 견디고 악한 자를 이길 수 있을 것입니다. 사도 요한은 말했습니다. "청년들아, 내가 너희에게 쓴 것은 너희가 강하고……너희가 흉악한 자를 이기었음이라."요일 2:14-옮긴이 하지만 내게 오는 유혹은 크고 그 유혹에 저항할 나의 힘은 미약합니다. 내게는 하나님을 위해 할 일이 산더미같이 많지만 그 일을 할 힘이 없습니다. 그래서 나는 이렇게 절망합니다. 내게 절망할 이유와 까닭이 없습니까?

없습니다. 강한 자만이 언제나 영적인 승리를 거두는 것이 아니기에 그렇습니다. 우리의 승리는 우리 안에, 우리의 선천적인 힘에 있지 않고 그리스도의 새로운 도우심에 있습니다. 강한 자가 넘어지고 약한 자가 일어서는 일이 얼마나 빈번한지요! 우리는 어린 왕 에드워드 6세의 이야기를 알고 있습니다. 황제 찰스 5세가 이 어린 왕에게 전갈을 보내, 왕의 누이 매리 튜더(후일 영국의 여왕)가 집안에서 자유롭게 미사를 거행하도록 허락하라고 요구했습니다(에드워드 6세는 개신교도로 개혁을 시행하는 중이었고 매리 튜더는 가톨릭교도였다—옮긴이). 어린 왕은 이 유혹에 완강히 저항했습니다. 자신의 자문회의조차 황제의 요구에 찬성했음에도 말입니다. 그렇습니다. 그 훌륭한 사람 크랜머 대주교와 또 다른 거룩한 사람 리들리 주교가 황제의 요청에 굴복해 어린 왕을 압박하자, 어린 왕은 마침내 눈물을 터뜨리며 만류하기까지 했습니다. 이에 대주교 크랜머는 왕의 스승 체케 경의 손을 잡고 말했습니다. "아, 체케 경! 당신이 키운 학자 한 사람의 새끼손가락에 있는 신성이 우리가 온몸에 지닌 신성보다 많습니다." 이렇게 약한 자가 일어서고 강한 자가 넘어졌습니다. 약한 자는 유혹에 저항하고 강한 자는 굴복했습니다. 우리의 힘은 우리 밖의 그리스도에게 있고 우리 안의 자신에게 있지 않기 때문입니다. 여러분이 요한계시록 2장과 3장을 보면 알 수 있듯이, 모든 교회가 이러저러한 죄로 책망을 받지만 빌라델비아 교회는 어떠한 죄로도 책망받지 아니하고 오히려 인내하라는 그리스도의 말씀을 지킨 것으로 칭찬받습니다. 그런데 다름 아닌 이 교회가 힘이 적은 교회였다고 합니다. 여러분이 아는 바와 같이 바울은 이렇게 말합니다. "이는 내 능력이 약한 데서 온전하여짐이라.……그러므로 도리어 크게 기뻐함으로 나의 여러 약한 것들에 대하여 자랑하리니 이는 그리스도의 능력이 내게 머물게 하려 함이라."고후 12:9-10

비록 여러분의 은혜가 약해도, 여러분은 살아가는 동안 하나님을 위해 많은 일을 할 수 있습니다. 야고보는 말합니다. "이와 같이 혀도 작은 지체로되 큰 것을 자랑하도다. 보라, 얼마나 작은 불이 얼마나 많은 나무를 태우는가."약 3:5 그는 또 말합니다. "또 배를 보라, 그렇게 크고 광풍에 밀려가는 것들을 지극히 작은 키로써 사공의 뜻대로 운행하나니."약 3:4 그러므로 작은 은혜 또한 작은 혀나 작은 불이나 작은 키와 같지 않겠습니까? 은혜가 비록 작으나 확실히 그 은혜는 여러분의 모든 삶과 행실의 키, 방향타가 될 것입니다. 여러분은 자연에서 약한 것들이 얼마나 생산력이 높은지 압니다. 강한 개체가 언제나 가장 많은 후손을 생산하는 것은 아닙니다. 오히려 약한 개체가 출산율이 높습니다. 청어는 고래에 비하면 약한 물고기이지만 얼마나 풍부한 생산력을 자랑합니까! 비둘기는 독수리와 견주면 약한 새이지만 얼마나 새끼를 많이 낳습니까! 포도 덩굴은 참나무와 비교하면 약한 나무이지만 과실이 더 많습니다. 은혜도 그러합니다. 여러분은 은혜가 약함에도 그 과실은 대단히 풍성할 수 있습니다. 옥문을 지키던 간수는 처음 회심했을 때는 삭개오나 십자가에 달린 강도처럼 은혜가 약했습니다. 하지만 그 가지에서 거룩한 포도송이들이 얼마나 순식간에 자라났습니까? 그러므로 여러분이 약하되 선한 열매를 많이 맺을 수 있다면, 그 약함으로 인해 절망할 이유가 무엇이겠습니까?

여러분은 말합니다. 오, 하지만 내가 내 약함에 절망하는 것은 주님을 섬기지 못하거나 열매를 맺지 못하기 때문만이 아니라 내가 지은 죄 때문이기도 합니다. 나는 내 죄로 인해 스스로 내 은혜를 약하게 만들었습니다. 나는 죄에 빠졌고, 그로 인해 나 자신과 내 은혜를 약하게 했습니다. 내 은혜는 약할 뿐 아니라 내 죄 때문에 더 약해졌습니다. 내가 이처럼 절망하는데, 그럼에도 내게 절망할 이유와 까닭이 없습니까?

없습니다. 여러분이 잘못 생각했을 수도 있기 때문입니다. 선천적인 재능이 약해지면 자신들의 은혜가 약해졌다고 생각하는 사람들이 있습니다. 자신들의 재능과 능력이 커지면 은혜가 커졌다고 생각하는 사람들과 같습니다. 하지만 여러분이 크고 중한 죄에 빠지지 않았다면 여러분의 은혜를 약하게 할 영적인 질병에 걸릴 염려는 없습니다.

그렇다면 여러분이 여러분의 경우로 언급한 것, 즉 여러분이 죄를 지었으며 그 죄로 인해 여러분의 은혜가 지금 약해졌다고 하는 그 문제를 생각해 봅시다. 그렇다면 여러분은 주님 앞에서 크게 겸손할 이유는 있으나 절망할 이유는 없습니다. 왜냐하면 참된 신자에게 일어날 수 있는 일 외에 다른 일이 일어나지 않았다면, 희망 없는 사람처럼 절망할 이유가 없기 때문입니다. 여러분은 삼손의 경우가 어떠했는지 압니다. 그는 내적으로나 외적으로나 굉장한 힘을 소유했었지만, 그 힘을 다 빼앗기고 우리와 같이 평범한 사람이 되었습니다. 어떻게 그렇게 되었습니까? 애석하게도 그는 들릴라의 무릎을 베고 누웠으며, 그로 인해 힘을 잃고 약해졌습니다. 그렇게 힘을 잃은 대가는 너무도 컸습니다. 그는 두 눈뿐 아니라 목숨마저 잃었습니다. 여러분이 들릴라의 무릎을 베고 누워 힘을 잃는다면, 여러분도 값비싼 대가를 치를 가능성이 높습니다. 하지만 이 경우는 성경에 참된 신자로 기록된 사람에게 일반적으로 일어날 수 있는 일에 지나지 않습니다.

그러나 여러분이 여러분의 죄로 인해 힘이 약해지고 은혜가 약해져도 참된 구원의 은혜는 결코 소멸하지 않을 것입니다. 그 은혜는 새로운 피조물이기 때문입니다. 하나님께서 창조하신 것은 결코 우리에 의해 소멸할 수 없습니다. 사람은 하나님에 의해 창조되었습니다. 사람은 사람에 의해 죽임을 당할 수는 있어도, 소멸되거나 무로 돌아갈 수는 없습니다. 나무는 불에 타서 재가 될 수 있지만 소멸하여 무로 돌아갈 수는 없습니다. 나무 또한 피조물의 일부이기 때문입니다. 비록 작기는 하지만 여러분의 은혜 역시 하나님에 의해 창조되었습니다. 여러분의 죄로 인해 약해질 수는 있어도 결코 소멸하여 무로 돌아갈 수는 없습니다.

그리고 여러분과 여러분의 형편에 약속이 주어져 있다면, 여러분의 죄로 인해 약해졌다는 이 문제와 관련하여 절망하거나 낙심할 이유가 없습니다. 요한계시록 3장을 보면 여러분이 알 수 있는 대로, 여러 교회에 많은 약속이 주어졌듯이 사데 교회에도 약속이 주어졌습니다. 그런데 이 교회는 죄에 빠져 스스로 약해진 상태였습니다. 이는 그리스도께서 이 교회에 하시는 말씀을 보면 알 수 있습니다. "너는 일깨어 그 남은 바 죽게 된 것을 굳건하게 하라. 내 하나님 앞에 네 행위의 온전한 것을 찾지 못하였노니."[2절] 여러분의 은혜가 약해져도, 더구나 여러분의 죄로 인해 모든 것이 거의 죽어 가는 듯 보일 정도로 약해져도, 바로 이런 형편에서 약속이 주어졌으므로 여러분이 낮아지고 겸손할 이유는 많습니다. 그러나 절망할 정당한 이유는 없습니다.

여러분은 또 다시 말합니다. 내가 내 은혜의 약함에 절망하는 것은 내가 지은 죄 때문만이 아니라 내 은혜가 아주 저급한 은혜와 닮았기 때문입니다. 작은 은혜는 전혀 은혜가 아니라는 말이 모순임을 나는 압니다. 하지만 내 작은 은혜는 너무나 작아서 아예 아무것도 아니라는 생각을 지우기가 어렵습니다. 내 수중의 동전 한 닢이 작아도 금으로 된 것이라면 그것은 아주 좋은 일입니다. 하지만 그 동전이 작은데다가 가짜라고 한다면 내가 뭐가 좋겠습니까? 내 사정이 이와 같기에 내 작은 은혜는 가짜일 뿐 참된 은혜가 아니라는 걱정이 듭니다. 그러므로 내가 이처럼 절망합니다. 이런 내게 절망할 이유와 까닭이 없습니까?

없습니다. 여러분의 은혜가 아무리 작아도, 그것이 가짜 동전이 아니라 진짜 동전인 이상 여러분은 이 점과 관련하여 절망할 이유가 없습니다. 여러분이 그 작은 것에도 만족할 수 있도록, 그 작고 약한 은혜가 하는 것과 하지 않는 것을 여러분에게 설명하여 저급한 은혜와 구분해 보도록 하겠습니다.

1. 참된 은혜는 더 큰 은혜를 대적하지 않습니다. 작은 불꽃이 더 큰 불을 대적하거나 저항하는 일은 없을 것입니다. 불에 대적하는 것은 물입니다. 물과 불은 상극이기 때문입니다. 그러므로 거짓 은혜는 가장 높은 은혜를 대적하며 말할 것입니다. 왜 너는 그토록 엄격하고 정확해야 하는가? 너는 그렇게 힘들이지 않고도 천국에 갈 수 있다. 하지만 낮더라도 참된 은혜는 높은 은혜에 대적하지 않을 것입니다.

2. 참된 은혜는 시험을 사랑합니다.^{벧전 5:12-옮긴이} 자세히 살펴 시험하고 시험받기를 사랑합니다. 참된 은혜는 진실하고, 이 진실은 자세히 살피고 조사함으로써 많이 드러납니다. 이 참된 은혜는 헬라어로 자신의 모든 행동을 햇빛에 드러낸다는 뜻을 가진 단어입니다(ἐπιμαρτυρέω—옮긴이). 거짓된, 가짜의, 저급한 은혜와는 달리 참된 은혜는 자세히 살펴 조사하는 일을 사랑합니다.

3. 참된 은혜는 하나님의 길을 더욱 알고 싶어 하며 더 깊은 진리를 탐구하고자 합니다. 사람이 나무에 오를 때는 우선 낮은 가지부터 하나씩 붙잡고 오르다가 마침내는 나무의 중심부를 지나 꼭대기에 다다릅니다. 그리스도인의 자세도 그러합니다. 그는 낮은 데서 시작하여 높은 데로 올라가고, 마침내 더 높은 경지에 이릅니다. 그러므로 그는 처음에는 대단히 탐구적입니다. "어떻게 해야 내가 구원을 얻을 수 있습니까?" 그리고 더 높이 오르면 이렇게 말합니다. "주님, 내가 무엇을 하기를 원하십니까?" 거짓되고 저급한 은혜는 이와 같이 하지 않습니다.

4. 참된 은혜는 통회와 겸손에 몰두합니다. 참된 은혜는 물이

많은 곳에서 자랍니다. 이렇게 한번 생각해 봅시다. 아주 비슷한 약초가 둘 있는데 하나는 효능이 뛰어나고 다른 하나는 전혀 없습니다. 그 효능이 뛰어난 약초는 물이 많은 데서 자라고 나머지 약초는 바위에서 자란다고 들었다고 합시다. 그러면 여러분은 당연히 그 두 약초가 자라는 지역을 보고 그 두 약초를 쉽게 구분하지 않겠습니까? 우리가 여기서 논의하는 문제도 이와 같습니다. 성도들의 약한 은혜는 물기가 많은 데서 자라며, 울며 낮아지는 겸손에 몰두합니다. 하지만 위선자들의 저급하고 거짓된 은혜는 바위에서 자랍니다. 약한 그리스도인이 자신의 행위에 의지하는 경향이 강하듯, 그는 겸손의 행동, 겸손의 행위에 가장 많이 몰두합니다.

5. 참된 은혜는 약하지만 그 약함의 정도에 따라 열심을 냅니다. 참된 은혜는 약속 앞에서 망설이지만 그 약속을 향해 나아갑니다. 길을 가다 걸려 넘어지지만 길을 벗어나지는 않습니다. 그리스도의 사랑을 의심하지만 그리스도에게 달려갑니다. 그리스도에 대해 무지하고, 그리스도에 대한 지식의 진보가 기대만큼 빠르지 않지만, 기초를 닦습니다.[히 6:1] 성숙한 경지로 나아가지 못하고 늘 기초를 닦는 것은 약한 그리스도인의 잘못이지만, 그래도 그는 기초를 닦습니다. 약하기는 해도 그 은혜는 약함의 정도에 따라 열심을 냅니다. 하지만 저급하고 거짓된 은혜는 그렇지 않습니다.

6. 참된 은혜는 기꺼이 남에게 배우고자 합니다. 약한 그리스도인은 말합니다. 나는 아직 그리스도 안에서 아기에 불과한데,

다른 이들의 품에 안기기를 마다할 이유가 없지 않은가? 내가 스스로 하는 일이 적을수록 오히려 나는 많이 받을 것이다. 강한 그리스도인은 일을 많이 해야 하고, 나는 받기를 많이 해야 한다. 그러나 거짓되고 저급한 가짜 은혜는 이렇지 않습니다. 박물학자들의 보고와 기록에 따르면, 사자는 스스로 사냥한 먹이 외에는 먹지 않는다고 합니다. 그 외의 짐승들은 다른 짐승이 사냥한 먹이를 먹습니다. 하지만 이 동물의 왕은 자부심이 강해서 다른 짐승이 죽인 동물은 먹지 않습니다. 마찬가지로 능력과 재능은 뛰어나지만 은혜가 없는 사람들은 스스로 사냥하지 않은 것은 먹지 아니할 것입니다. 그리고 스스로 사냥해도, 그것으로 끝날 뿐 그 이상은 없습니다. 은혜가 강한 그리스도인과 믿음이 약한 그리스도인은 둘 다 이와는 다른 자세를 보여줍니다. 하지만 참된 은혜 없이 능력과 재능이 많은 사람은 다른 이들이 앞에 가져다준 것을 제대로 즐길 수 없습니다.

7. 참된 은혜는 자신의 약함을 아주 잘 알고 있습니다. 약한 그리스도인은 약합니다. 그는 자신의 약함을 느끼고, 그것을 아주 잘 의식하고 있습니다. 그는 말합니다. 세상에서 나보다 약한 사람은 하나도 없다. 여러분이 아는 대로, 어떤 귀부인이나 여왕이 어느 집에 방문할 경우에는 대규모의 수행원이 시중을 듭니다. 여러분의 눈에 여왕은 안 보이고 그 시종들만 보인다고 해도, 여러분은 여전히 그 여왕이 집 안에 있다고 생각합니다. 이 위대한 여왕이 바로 은혜입니다. 사람이 은혜를 아무리 조금만 가지고 있어도, 그 조그만 은혜는 대규모의 수행원을 거느리고

옵니다. 여러분의 눈에 작은 은혜는 보이지 않고 수행원들만 보여도, 여러분은 다음과 같이 말하지 않겠습니까? 의심할 바 없이 여기에 하나님의 은혜가 있다. 은혜가 약한 여러분이 이와 같습니다. 지금까지 언급한 일곱 가지와 이보다 훨씬 큰 수행원들을 여러분은 삶에서 볼 수 있습니다. 명백히 여러분은 이와 관련하여 절망할 합당한 이유와 까닭이 없습니다.

여러분은 다시 대답합니다. 오, 하지만 내가 걱정하는 것은 그것이 아닙니다. 나는 자비를 통하여 문제의 뿌리*욥 19:28, KJV-옮긴이*가 내 영혼에, 은혜라는 이 위대한 여왕이 내 마음에 거처를 정하였기를 희망합니다. 그럼에도 내 은혜는 여전히 너무 약하고 부족합니다. 어떤 이들이 은혜가 약한 것은 그들이 새로 심은 나무이고 새로운 회심자로 이제 막 그리스도에게 나왔고, 그래서 아직은 그리스도 안에서 아기에 불과하기 때문이라고 말합니다. 그들의 약함에는 나름대로 타당한 이유가 있습니다. 하지만 나는 오래전에 회심했음에도 여전히 약하기만 합니다. 이미 늙은 이가 되었는데도 은혜가 약합니다. 나는 믿음을 고백한 지 오래되었는데도 은혜가 약합니다. 내가 이렇게 불안한데도, 내게 그럴만한 합당한 이유와 까닭이 없습니까?

없습니다. 늙은 사람이 어린아이의 옷을 입거나 약한 그리스도인들이 하듯 아기처럼 다른 이의 품에 안기는 것은 부끄러운 일이며, 은혜의 수단들 아래 오랫동안 앉아 있었는데도 여전히 느리고 굼뜬 사람들을 그리스도께서는 책망하십니다. 그럼에도 여러분이 절망할 합당한 이유와 까닭은 없습니다. 여러분이 다른 이들과 비교해서는 약할 수 있어도 여러분의 이전 상태와 비교할 때는 강할 수 있고, 또한 주님 안에서, 그분의 능력으로, 이전보다 더욱 강해졌기 때문입니다. 다음의 내용을 살펴보면서 이 부분을 명확히 밝혀 봅시다.

1. 하나님의 계명에 대한 순종이 광범위할수록 은혜가 자랍니다. 약한 그리스도인들은 몇 가지 의무에 뛰어나고, 무엇보다 그 부분에 열심을 내지만 다른 부분에서는 거의 열심을 내지 못합니다. 그들의 은혜가 자라면서 그들의 마음도 다른 의무들로 넓어지고 확대됩니다.

2. 의무를 정확하고 엄밀하게 지킬수록 은혜가 자랍니다. 은혜가 자랄수록 그는 자신의 의무에 점점 더 정확하고 엄밀해집니다. 이전보다 글을 더 잘 쓰게 되어도 종이를 더 많이 사용하거나 글자를 더 많이 쓰는 것이 아닙니다. 다만 더 정확하고 엄밀하게 쓸 뿐입니다. 장성한 그리스도인은 이전보다 더 많은 의무를 수행하는 것이 아니라 같은 의무를 더욱 정확하게 수행합니다.

3. 그리스도인의 자유를 더 잘 알고 이해할수록, 그리고 더 엄격하게 행할수록 은혜가 자랍니다. 어떤 이들은 이전보다 더 방종하게 행하면서도 자신들이 그리스도인의 자유를 더 많이 이해하게 되었으므로 은혜가 자란다고 생각합니다. 이들은 영적인 성장을 잘못 이해하고 있습니다. 하지만 내가 그리스도인의 자유를 더욱 온전히 알고 이로써 내 삶에서 더 엄격히 행한다면, 진정으로 나의 은혜가 자라난 것입니다. 여러분도 이와 같습니

까? 그렇습니다! 은혜를 통하여 나는 이렇게 말할 수 있습니다. 나는 이전보다 그리스도인의 자유를 더 잘 알고 있으며, 그럼에도 내 삶에 더욱 엄격합니다. 나는 비록 원하는 대로 기도하고 말씀을 듣고 의무를 행하지는 못하지만, 이전보다 더 정확하게 나의 의무를 이행하고 있습니다. 비록 예전에 내가 하나님의 몇 가지 일에 쏟았던 열심과 사랑은 지금 없지만, 그때보다 마음이 넓어졌고 하나님의 길과 계명에 대한 순종이 더 넓게 확장되었습니다. 여러분은 다른 이들과 비교하면 여전히 약하지만 여러분의 이전 상태와 비교하면 더 강해졌습니다. 그러므로 이 약함이라는 문제와 관련해서는 명백히 여러분이 절망할 합당한 이유나 까닭이 없습니다.

하지만 여러분은 말합니다. 그럼에도 여전히 나는 은혜가 약할 뿐 아니라, 내 은혜의 약함이라는 문제와 관련한 시험과 절망이 밀려온다고 생각해 보십시오. 어떻게 해야 나는 마음을 굳게 하여 이러한 절망에 맞설 수 있습니까?

하나님 아버지께서 그 약한 자들과 관련하여 그리스도에게 얼마나 큰 명령을 주셨는지 생각해 보십시오. "내가 붙드는 나의 종, 내 마음에 기뻐하는 자 곧 내가 택한 사람을 보라, 내가 나의 영을 그에게 주었은즉."^{사 42:1} 이유가 무엇입니까? "상한 갈대를 꺾지 아니하며 꺼져 가는 등불을 끄지 아니하고."^{사 45:3} 이것이 내가 내 아들에게 주는 나의 명령이라고 아버지께서 말씀하셨습니다. 이런 이유로 그리스도께서는 세상에 오셨습니다. 이는 양들이 생명을 얻고 또 넘치도록 얻게 하려 하심이었습니다. 그리고 바로 이 목적으로 그분께서는 우리를 위해 돌아가셨습니다. "우리가 아직 연약할 때에 기약대로(혹은 시간에 따라, 즉 아버지가 정하신 그 시간에 따라) 그리스도께서 경건하지 않은 자를 위하여 죽으셨도다."롬 5:6

우리 구주 그리스도께서 은혜가 약한 사람들과 관련하여 사도들에게, 다시 그 사도들을 통해서 모든 복음의 사역자들에게 내리신 명령을 생각해 보십시오. 베드로야, 베드로야, (우리 구주께서 말씀하셨습니다) 네가 나를 사랑하느냐? (그렇다면) 내 어린 양떼를 먹여라. 그리고 다시 말씀하셨습니다. 네가 나를 사랑하느냐? (그렇다면) 내 양떼를 쳐라. 그리고 다시 세 번째로 말씀하셨습니다. 네가 나를 사랑하느냐? 내 양떼를 먹여라. 은혜가 약한 자들을 돌보라. 그리스도께서는 지상에서 사역하시는 내내 두루 다니시며 선한 일을 하시고 온갖 아픔과 질병을 고쳐 주셨으며 사람들의 약함을 겸손히 헤아리셨습니다. 그리스도께서는 자신에게 와서 허락도 없이 치유받고자 했던 여인을 용인하셨습니다. 그리고 어떤 사람이 와서 주님의 의지에 **만약**(if)을 가정하며 "주님, **만약** 하고자 하시면, 나를 깨끗하게 해주실 수 있습니다"라고 했지만, 그리스도께서는 그 사람도 용인하셨습니다. 또 어떤 사람은 그분의 능력에 **만약**을 가정했습니다. "**만약** 하실 수 있으면, 우리를 불쌍히 여기시고 도와주십시오." 하지만 그리스도께서는 그 사람에게도 양보하셨습니다. 그리고 세상을 떠나가실 때는 사도들에게 약한 성도들을 보살피라고 명령하셨습니다. "내 어린 양떼를 먹여라." 그리고 또 다시 "내 양떼를 먹여라."

비록 작기는 하지만 은혜를 가지고 있다는 것이 얼마나 감사한 일인지 생각해 보십시오. 아무리 작아도 그 은혜가 참된 은혜인 이상, 여러분은 그리스도와 연합하고, 아버지와 교제하며, 여러분의 자연적 본성을 버리고 하나님의 성품에 참여하는 자가 됩니다. 또한 여러분은 모든 약속에 대한 권리, 모든 규례에 대한 권리, 만물에 대한 권리를 소유하게 됩니다. 여러분의 고통과 고난은 저주가 아니며, 저주는 우리가 지는 모든 십자가에서 떨어져 나갔습니다. 이로써 여러분은 그리스도께서 이루시고 겪으신 모든 것에 대한 권리를 소유하게 되었고, 성도들이 빛 가운데서 받을 유산의 참여자, 썩지 않고 더러워지지 않고 낡아 없어지지 않는 그 유산을 물려받는 자가 되었습니다. 여러분은 여러분의 분깃으로 하나님을, 여러분의 구주로 그리스도를, 여러분의 보혜사로 성령을, 여러분의 유산으로 천국을, 여러분의 수호자로 천사들을 소유합니다. 지상에서는 여러분의 발아래 만물을 소유하고 있습니다. 여러분의 은혜가 아무리 작아도 여러분은 이 모든 것을 소유하고 있습니다. 과연 여러분은 이 모든 자비의 목록을 읽고도 그 가운데 주저앉아 절망할 수 있습니까?

하지만 절망의 유혹이 왔는데 지금까지 이야기한 모든 것이 별다른 효력을 발휘하지 못하거든, 그런 절망으로 인해 여러분이 얼마나 많이 약해질지 신중하게 생각해 보십시오. 모든 절망은 사람을 약하게 합니다. 겸손은 약하게 하지 않습니다. 겸손은 아무리 커도 약하게 하지 않지만 절망은 아무리 작아도 약하게 합니다. 이처럼 절망은 종류를 불문하고 우리를 약하게 합니다. 그러므로 여러분의 약함을 보고 절망하는 것이 얼마나 어리석은 일입니까! 여러분의 약함을 보고 절망한다면 여러분은 더욱더 약해질 것입니다. 그러므로 자신이 약해서 절망하는 것은 명백히 어리석은 일입니다. 성도들이여, 손을 들어 올리십시오. 오, 주저앉은 영혼들이여, 일어서십시오. 우리가 받은 명령은 이와 같습니다. 여러분은 우리의 임무를 이사야 35:3-4에서 읽어 볼 수 있습니다. "약한 손을 강하게 하며 떨리는 무릎을 굳게 하며 겁내는 자들에게 이르기를 굳세어라, 두려워하지 말라……하라." 이와 같이 말하는 것이 우리의 임무라면, 주님 안에서 여러분 자신을 격려하며 스스로에게, 오, 내 영혼아, 굳세어라, 두려워 말라고 하는 것은 여러분의 임무입니다. 여러분이 가진 그 작은 것에 감사하십시오. 합당한 때에 여러분은 더 큰 것을 얻게 될 것입니다. 큰 것을 얻고자 노력하되, 하나님께서 그렇게 말씀하시면, 그 작은 은혜에도 만족하십시오.

이것으로 두 번째 사례 설명을 마치겠습니다.

chapter **06.**

의무들을 불이행한 경우의 회복

Ⅲ. 때때로 성도들과 하나님의 백성들의 절망은 그들이 의무 이행에서 실패하거나 그 의무를 아쉽게 이행하는 데서 비롯된다.

그들은 이렇게 생각합니다. 나는 주님의 은혜와 자비를 통하여 크고 중한 죄는 짓지 않게 되었지만, 주님께서 참으로 나를 사랑하신다면 내 마음이 주님을 향하도록 이끄실 것입니다. 하지만 나는 기도나 의무에 임할 때 마음과 정신이 죽은 듯 견고하고 부자연스러워, 나 같은 사람은 주님께서 결코 받지 않으시고 나 같은 사람이 행하는 의무도 받지 않으실까 두렵습니다. 기도하려고 하면 할 말이 떠오르지 않아 멍한 상태가 되거나 무슨 말을 하더라도 전혀 생명력이 없는 말만 합니다. 말씀 앞에 앉아 듣고자 하면 집중하지 못하고 온갖 잡념으로 시달립니다. 어떠한 의무를 행하든 내게는 그 의무에 대한 생명력과 사랑이 결여되어 있습니다. 오, 내 마음은 바위나 돌과 같습니다. 그래서 주님께서 과연 내 의무를 받으실까 두렵고, 기도 생활이 오래되었는데도 나아지는 모습이 전혀 없으니 더욱 안 받아 주실까 두렵습니다. 주님께서는 내 말에 귀 기울이지 않으십니다. 내게 관심을 두지 않으십니다. 이런 내게 절망할 이유와 까닭이 없습니까?

없습니다. 사실 힘들고 고통스러울 수는 있으나 절망할 이유는 없습니다. 나는 진정으로 이것이 슬픔과 고통의 이유임을 인정합니다. 기도를 예로 들어 봅시다. 기도는 영혼의 행위이자 활동으로서 사람이 하나님과 대화하는 수단입니다. 기도는 하나님께서 사람과 대화하시고 사람이 하나님과 대화하는 일입니다. 그러므로 불쌍한 인간이 세상에 둘도 없는 친구이신 하나님의 문 앞에서 제지를 당한다면 참으로 큰 고통이지 않겠습니까? 크리소스토무스는 이렇게 말했습니다. "오, 기도를 빼앗김은 죽음보다 비통한 것입니다." 그래서 다니엘도, 크리소스토무스가 본 대로, 기도를 잃느니 목숨을 잃기로 했던 것입니다. 기도는 영혼의 무기입니다. 우리의 영적 전쟁에서 무기가 없다면 슬픈 일이 아니겠습니까? 기도는 영혼의 보석이며 그리스도인의 아름다운 옷입니다. 이 옷 없이 벌거벗고 있다면 괴로운 일이 아니겠습니까? 기도는 그리스도인이 살아가는 터전입니다. 물고기가 그 서식지인 물에서 살고 이 물을 벗어나면 죽듯이, 그리스도인도 자기 삶의 터전인 기도 안에서 살며, 이 기도를 벗어나면 영혼이 죽게 됩니다. 기도는 영혼의 양식을 공급하며, 영혼과 그 영혼의 모든 은혜를 위하여 양식을 가져옵니다. 어미 새는 어린 새들의 먹이를 날라 오기 위해 밖으로 나가고, 새끼들은 어미가 돌아오면 먹이를 받아먹으려고 입을 벌린 채 둥지에서 기다립니다. 그래서 어미 새가 밖에서 죽으면 새끼들도 둥지에서 이내 죽고 말 것입니다. 기도 또한 그렇습니다. 기도는 밖으로 나가 우리의 모든 은혜를 위하여 양식을 가지고 오고, 우리의 은혜들은 기도의 입에서 나오는 이 양식을 받아먹기 위해 입을 벌리고 있습니다. 그런데 이 기도가 죽으면 다른 은혜들은 어찌 살겠습니까? 사실 그리스도인이 어떤 일에서 얻는 기쁨이 클수록 그 일을 빼앗겼을 때의 고통도 크기 마련입니다. 은혜로운 영혼이 기도에서 누리는 기쁨이 얼마나 큰지요! 그러므로 사람이 기도에 제약을 받거나 기도가 막히면 큰 고통이 아닐 수 없습니다. 하지만 그것이 큰 고통이라도 선한 사람은 전혀 절망할 이유가 없습니다. 그렇습니다. 기도에 자주 실패하고 원하는 대로 기도할 수 없으며 의무도 기대만큼 훌륭히 이행하지 못해도, 결코 절망할 이유가 없습니다.

그것을 어떻게 알 수 있습니까?

경건하고 은혜로운 모든 사람은 예수 그리스도로 인해 하나님과 언약을 맺었습니다. 그 언약은 은혜 언약으로, 영적인 모든 권리와 특권을 담고 있는 대헌장 "마그나카르타"라고 할 수 있습니다. 이 대헌장을 통해 주님께서는 참됨을 완전으로 간주하시며 시험당해 어려울 때 하나님을 위해 행한 작은 것을 큰 것으로 여기겠다고 선언하십니다. 주님께서는 이 대헌장에서 모든 백성에게 선포하시는데, 곧 그분께서는 어떤 감정이나 기쁨으로 충만한 마음의 넓음보다는 마음의 태도를 더 많이 보시며, 행위 자체보다는 하려고 하는 의지를 더 눈여겨보신다고 합니다. 값없이 주시는 은혜 언약인 이 대헌장에서 주님께서는 모든 백성들에게 선포하시는데, 그들이 기도와 그 외(반드시 기도만을 말하지 않는다) 다른 의무들에 실패할 경우, 그분께서는 그들을 버리지 않고 도리어 불쌍히 여기신다고 합니다. 이것은 주님께서 백성들과 맺으신 언약이 남자가 그 아내와 맺은 언약과 같기에 그렇습니다. 주님께서 말씀하십니다. "내가 네게 장가 들어 영원히 살되."호 2:19 아내가 잘못했다고 해서 남편이 아내를 내쫓지 않듯, 우리 주님께서도 자기 백성을 아내로 삼으셨으므로 그들이 의무를 이행하지 못해도 내쫓거나 버리지 않으실 것입니다. 또한 대헌장인 이 은혜 언약에서 주님께서는 모든 자녀들에게 선포하시는데, 그 자녀들이 의무 이행에 부족한 것이 있으면 그분께서 너그럽게 채워 주겠다고 하시며, 친히 주신 것 이상으로는 요구하지 않겠다고 하십니다. 그분께서는 친히 요구하는 것을 주실 것이며, 그 주신 것을 받으실 것입니다. 나는 이 은혜 언약을 맺은 상태입니까? 나의 모든 의무 이행에는 실패가 많습니까? 하지만 내가 실패해도 주님께서 나를 버리지 않으시고 오히려 불쌍히 여기신다는 말이 사실이라면, 나는 절망할 이유가 없습니다. 하나님의 모든 자녀가 이와 같습니다. 하나님의 자녀는 모두 이 은혜 언약 안에 있습니다. 그러므로 이 대헌장의 모든 권리와 특권은 자녀의 것입니다.

경건한 사람의 의무 이행에 많은 실패를 하더라도 그것이 의무인 한, 거기에는 어느 정도 그리스도의 것, 어느 정도 하나님의 것이 들어 있습니다. 하나님께서는 친히 자신의 것을 버리지 않으실 텐데, 그것은 그분의 것에 우리의 것이 섞여 있기 때문입니다. 또 그분께서는 우리의 것을 용인하시고 받아 주실 텐데, 그것은 우리의 것에 그분의 것이 섞여 있기 때문입니다. 농부는 자신의 밀이 쭉정이와 섞여 있기에 그것을 버리지 않고 창고에 들였다가 합당한 때에 쭉정이를 골라냅니다. 그는 알곡이 쭉정이에 섞여 있으므로 버리지 않습니다. 하지만 이 알곡에는 농부의 모습이 전혀 담겨 있지 않습니다. 반면 선한 사람의 의무에는 언제나 그리스도의 모습이 어느 정도 담겨 있습니다. 그러므로 하나님께서는 자기 것에 우리의 것이 섞여 있으므로 자기 것을 버리지 않으실 것이며, 우리의 것에 친히 자기 것이 섞여 있으므로 우리의 것을 용인하고 받아 주실 것입니다.

우리의 의무가 이행이라는 문을 통해서 받아들여지지 않고 또 다른 문을 통해서 받아들여진다면, 그 또 다른 문이 그리스도라면, 경건한 사람은 의무 이행에 많은 실패를 해도 절망할 이유가 없습니다. 그리스도로 인해 우리의 모든 의무가 받아들여지기 때문입니다. 우리의 제물이 그리스도의 향연과 섞여 있기 때문입니다. "향연이 성도의 기도와 함께 천사의 손으로부터 하나님 앞으로 올라가는지라."[계 8:4] 우리의 기도는 그리스도의 손을 통해 아버지 하나님께 올라갑니다. 우리의 기도가 우리의 손에서 곧바로 아버지의 손으로 들어간다면 우리는 두려울 수밖에 없지만, 우리의 기도는 그리스도의 손을 거쳐 아버지에게 갑니다. 즉, 그리스도께서 우리의 기도를 받아 아버지 하나님 앞으로 가져가십니다. 여러분이 죽을 때 여러분의 몸과 영혼이 그러하듯, 다시 말해 죽을 때 여러분의 몸이 뒤틀리고 일그러지며 여러분의 영혼이 더러워지지만 그리스도께서 여러분의 영혼을 만나 영광을 덧입혀 주시고 아버지 하나님 앞으로 데려가시듯, 여러분의 의무도 이와 같습니다. 아마도 여러분의 의무는 일그러지고 더러워지고 뒤틀렸을 것입니다. 하지만 그리스도께서 여러분의 의무를 만나 영광을 덧입혀 주시고 아버지 하나님 앞으로 가져가십니다. 하나님의 성도와 백성이 다 이와 같습니다. 그러므로 분명히 그들은 의무 이행의 실패로 슬프고 괴로울 수는 있지만, 절망할 이유는 전혀 없습니다.

하지만 여러분은 말합니다. 나는 의무를 이행할 능력과 재능이 없어서 이와 같이 절망합니다. 의무 의행에 큰 능력을 지닌 이들이 있습니다. 그들은 기도를 해도 대단하게 하고, 설교를 들으러 가서도 모든 내용을 머리에 담아 올 수 있으며, 모임에서도 뛰어난 능력을 발휘합니다. 하지만 나는 이러한 능력이 전혀 없는 불쌍한 인간일 뿐입니다. 나는 모임에 가서 말도 못하고, 기도를 잘하지도 못하며, 설교를 기억하는 능력도 없습니다. 나의 기억력은 아예 체와 같아서 좋은 것들이 들어오자마자 새어 나갑니다. 나는 전혀 재능이 없습니다. 나는 불쌍한 뱃사람이요, 장사꾼일 뿐입니다. 나는 의무를 행하는 능력과 재능이 없습니다. 그럼에도 내게 절망할 이유와 까닭이 없습니까?

없습니다. 이와 같이 이의를 제기하는 여러분이 누구이든, 두 번째 성전의 영광이 첫 번째 성전의 영광보다 크다는 것을 여러분은 모릅니까? 솔로몬은 위대한 건물을 지었습니다. 그 내부에 금과 은이 가득한 영광스러운 건물이었습니다. 두 번째 성전은 금과 은이 가득하지 않았지만, 이 성전의 영광은 첫 번째 성전의 영광을 능가했다고 합니다. 왜 그렇습니까? 이유는 다음과 같습니다. "모든 나라의 보배가 이르리니" 하신 말씀 때문입니다.학 2:7 이는 진정으로 "모든 나라의 보배"이신 그리스도를 말합니다. **사실상**(de facto) 금과 은은 모든 나라의 보배이지만, **법률상**(de jure) 주 예수 그리스도께서 "모든 나라의 보배"이십니다. 그리고 "모든 나라의 보배"이신 그리스도께서 두 번째 성전에 들어오시므로, 이 성전의 영광이 첫 번째 성전의 영광을 능가했던 것입니다. 여러분의 영혼은 성령의 전입니다. 여러분은 남들만큼 금과 은을, 남들이 가진 그 빛나는 능력과 재능을 갖지 못했을 것입니다. 하지만 "모든 나라의 보배"이신 주 예수 그리스도께서 여러분의 영혼에 들어오십니다. 여러분이 불평할 이유가 있습니까? 하나님의 모든 자녀가 이와 같습니다. 비록 그 자녀에게 남들이 가진 능력과 재능은 없지만, "모든 나라의 보배"이신 주 예수께서 그분의 성전에, 곧 그 자녀의 영혼에 들어오십니다. 그러므로 그 자녀는 절망할 이유가 없습니다.

능력과 재능이 모자란 것이 여러분에게 더 좋은 것이라면, 여러분이 능력과 재능 없음으로 절망할 이유는 없습니다. 여러분이 알겠지만, 작은 살림에 작은 농사가 큰 농사에 작은 살림보다 낫습니다. 살림살이는 작은데 농사만 크게 벌이는 사람은 당장은 그럭저럭 버티며 자신보다 살림 규모가 큰 사람들과 교제도 하겠지만, 결국에는 가세가 기울어 파산하고 말 것입니다. 살림이 작으면 농사도 살림 규모에 맞게 작은 것이 좋습니다. 우리 아버지께서는 우리가 가진 좋은 것이 작음을 아십니다. 여러분에게는 어느 정도 좋은 것들이 있습니다. 하지만 이 좋은 것, 다시 말해 이 작은 살림살이는 능력과 재능이라는 큰 농사를 감당할 정도의 규모는 아닙니다. 주님께서는 여러분이 가진 은혜의 살림살이가 큰 재능이라는 농사를 감당할 정도의 규모가 아닌 것을 아시기에 이와 같이 명하셔서 작은 재능이라는 농사를 짓게 하신 것입니다.

하나님께서 우리의 재능과 능력을 보시고 우리의 섬김과 의무를 받으시는 것이 아니라면, 여러분이 재능과 능력이 없다고 절망할 이유는 없습니다. 재능과 능력으로는 우리 자신도, 우리의 섬김도 하나님 앞에 서지 못합니다. 여러분의 접시에 좋은 고기가 놓여 있습니다. 여러분은 고기 옆에 꽃을 좀 놓아둘 수도 있고 오렌지나 레몬을 잘라 둘 수도 있습니다. 하지만 현명한 사람은 접시 가장자리에 놓인 그 꽃이나 과일 조각으로 인해 고기가 결코 더 좋아지지 않는 것을 압니다. 현명한 사람은 그러한 부수적인 것이 없어서 고기가 결코 더 나빠지지 않는다는 것을 압니다. 사랑하는 여러분, 우리 아버지 하나님께서는 지혜가 무한한 분이십니다. 능력과 재능은 사실 그런 꽃일 뿐입니다. 의무를 잘 다듬어서 사람들 눈에 좀 더 그럴듯해 보이도록 해주기는 하지만, 지혜로우신 주님께서는 그런 꽃들로 인해 우리의 의무가 결코 더 좋아지지 않음을 아십니다. 그런 꽃들이 없어도 우리의 의무가 결코 더 나빠지지 않는 것도 아십니다. "모든 육체는 풀이요, 그의 모든 아름다움은 들의 꽃과 같으니 풀은 마르고 꽃이 시듦은."사 40:6-7 능력과 재능은 육체일 뿐이기에, 우리의 지혜로우신 하나님께서는 그러한 꽃이 없어도 고기가 더 나빠지는 것이 아님을 아십니다. 그렇습니다. 내가 모든 능력과 재능을 지녔고 천사와 같이 전파하고 말을 할 수 있으며 마귀들을 쫓아낼 수 있어도, 내 안에 그리스도와 은혜가 없으면 나의 재능과 능력은 오히려 나를 지옥으로 더 깊이 빠뜨릴 뿐입니다. 두 사람이 강물에 빠졌다고 합시다. 한 사람은 금 자루를 지녔고 또 한 사람은 지닌 것이 없습니다. 아무것도 지니지 않은 사람은 어떻게든 헤엄쳐서 물 밖으로 나옵니다. 하지만 금 자루를 둘러맨 사람은 그 무거운 금으로 인해 가라앉습니다. 그는 물에 잠기며 소리칩니다. 오, 이 금 자루를 좀 빼내 주시오. 이 금 때문에 내가 죽소. 이 금 때문에 내가 가라앉는단 말이오! 사람 안에 은혜와 그리스도가 없으면 바로 이 황금 같은 능력, 이 황금 같은 재능으로 인해 지옥으로 더욱 깊이 빠질 것입니다. 이러한 능력과 재능으로 인해 하나님께서 우리와 우리의 섬김을 흡족히 여기시는 것도 아니며, 이러한 능력과 재능이 없다고 우리를 덜 받으시는 것도 아닙니다.

여러분은 능력이나 재능이 없다고 말하며 불평합니다. 하지만 여러분의 그 부족한 부분을 주님께서 다른 것으로 보상해 주지 않으셨습니까? 철학은 자연에 관해 **하나가 부족한 곳에 다른 것이 풍부하다**(Ubi deficit in uno, abundat in altero)고 합니다. 사람은 눈이 안 보이면 그만큼 청력이 더 뛰어납니다. 사람은 덜 볼수록 기억력이 좋습니다. 자연은 하나가 부족하면 다른 것이 풍부합니다. 자연이 이와 같으며, 자연의 하나님과 은혜의 하나님도 이와 같습니다. 여러분은 머리의 기억력은 부족할지 모르겠지만, 그 대신 주님께서 여러분에게 필요에 따라 설교를 기억하라고 마음의 기억력을 주지 않으셨습니까? 어떤 사람은 능력과 재능은 있지만 하나님을 솔직하게 대하는 마음이 없습니다. 또 어떤 사람들은 하나님께 진실하고 솔직한 마음은 있지만 능력과 재능이 많이 부족합니다. 야곱은 "기도로 하나님과 겨루어 이겼다"고 합니다.창 32:28 참조—옮긴이 그는 "평범한 사람"(창 25:27, KJV, "조용한 사람", 개역개정—옮긴이)이었다고 합니다. 성령께서 이 둘을 어떻게 조화하는지 보십시오. 기도로 하나님을 이기는 사람은 평범한 사람이었으며, 평범한 그 사람은 기도로 하나님을 이기는 사람이었습니다. 평범하지만 하나님을 이기는 사람입니다. 그렇다면 여러분이 평범한 사람이라 해도, 다른 사람만큼 능력이나 재능이 없어도, 여러분은 하나님을 이길 수 있으며 이스라엘이라 불릴 수 있습니다. 하나님께서는 어떤 자비를 허락지 않으실 때는 또 다른 자비를 보여주십니다. 하나님의 성도와 백성 모두가 이와 같습니다. 따라서 경건하고 은혜로운 사람은 이와 같이 말할 수 있습니다. 내게 큰 능력과 재능은 없지만 주님께 진솔하고 솔직한 마음이 있으니, 주님을 찬양합니다. 주님께서 이와 같이 여러분을 위해 다른 방식으로 보상해 주셨습니다. 그러므로 여러분이 의무 이행의 능력과 재능이 부족해도 절망할 이유가 있습니까? 명백히 없습니다.

여러분은 말합니다. 오, 하지만 그것 때문에 내가 절망하는 것은 아닙니다. 나는 의무 이행의 능력과 재능이 부족해서가 아니라 의무 이행의 은혜와 거룩함이 부족해서 절망합니다. 다시 말해 기도의 은혜와 거룩함이 부족합니다. 나는 기도와 의무 이행을 위해 나아가지만, 주님께서도 아시듯, 내 마음은 무기력하고 감정이 없으며 궁색합니다. 세상에 내 마음보다 더 돌처럼 단단하고 무감각한 마음은 없다고 생각합니다. 때때로 하나님께 기도하며 나 자신을 드리고자 하지만 그때마다 나는 한마디도 할 수 없고, 마음이 닫혀 좁아집니다. 그럼에도 절망할 이유와 까닭이 없습니까? 이것은 마땅히 절망할 만한 문제이지 않습니까?

아닙니다. 진주는 바위에서 자라기도 합니다. 그 돌 같고 바위 같은 마음 위에서 자라는 은혜의 진주도 더러 있기 때문입니다. 더 들어가 봅시다.

여러분은 의무를 행할 때 마음이 좁아진다고 말합니다. 여러분은 그런 상태가 좋습니까? 아니면 의무를 행할 때 마음이 넓어지면 좋겠습니까? 여러분은 대답합니다. 아닙니다. 나는 좁고 닫힌 상태가 싫습니다. 그리고 사실, 마음이 아무리 넓어져도 넓어지는 것 자체만으로는 내 영혼을 만족시킬 수 없습니다. 내게 더 많은 감정이 있다면 나는 모두 주님께 드릴 것입니다. 그렇습니다. 내게 바다처럼 넘치는 감정이 있다면 주님 앞에 모두 쏟아

놓을 것입니다. 내게 바닷가의 모래알과 같이 많은 기도의 말과 눈물과 넓은 마음이 있다면 그 모든 것을 하나님께 드릴 것입니다. 그렇습니다. 이것이야말로 하나님을 향해 열린 마음이지 않습니까? 지갑에 동전 한 푼 없는 가난한 사람이 궁핍한 다른 많은 사람들을 봅니다. 그는 그 사람들을 구제할 여력이 전혀 없지만 이렇게 말합니다. 내게 돈이 있다면 이 사람들을 모두 구제할 것이다. 이 사람들 모두에게 옷을 입히고, 이 사람들 모두에게 음식을 줄 것이다. 이 가난한 사람은 남을 도울 만한 동전 한 닢도 없지만, 바로 이 사람의 마음이야말로 가난한 사람들을 향해 마음이 넓은 것이 아닙니까? 여러분의 경우도 그러합니다. 지금은 비록 여러분의 감정이 메마르고 마음이 닫혔지만, 여러분은 말합니다. 내게 바다와 같은 감정이 있다면 하나님께 모두 드릴 것이다. 내게 바닷가의 모래알처럼 많은 기도의 말이 있다면 하나님께 모두 드릴 것이다. 이것이 하나님을 향해 열린 마음이 아닙니까? 하나님께서는 더러 거절하시는 방식으로 여러분을 대하십니다.

지금까지 언급한 여러분의 상태가 하나님의 성도와 백성의 상태와 다른 것이 아니라면, 여러분은 이 문제와 관련하여 절망할 합당한 이유와 까닭이 없습니다. 시편 77:3-4에서 시편 기자는 말합니다. "내가 하나님을 기억하고 불안하여 근심하니 내 심령이 상하도다. 주께서 내가 눈을 붙이지 못하게 하시니 내가 괴로워 말할 수 없나이다." 기도할 수가 없습니다. 지쳐서 말할 힘도 없습니다. 아기가 우는 소리를 들은 어머니가 말합니다. 우리 아기가 젖이 먹고 싶어서 이렇게 우는구나! 아기는 한마디도 할 수 없지만 어머니는 그 울음이 무슨 뜻인지 압니다. 이처럼 사람의 어머니도 제 자식이 왜 우는지 아는데 하물며 우리 아버지이신 하나님께서 말 못하는 자녀가 무슨 연고로 우는지 모르시겠습니까? 여러분에게 적선을 바라고 따라오는 거지가 있는데, 말을 못하는 자입니다. 여러분은 저 걸인이 우리를 따라오니 뭘 좀 줘서 보내자고 말할 것입니다. 여기서도 그렇습니다. 여러분이 의무에 마음이 닫혀도 하나님을 따라갈 수만 있다면, 그분께서 여러분을 은혜의 보좌에 앉은 거지로 보시고 합당한 때에 여러분을 다독이며 위로를 주어 들려 보내실 것입니다.

여러분은 마음이 활짝 열려 기도를 뛰어나게 잘하고 싶습니까? 하지만 그 열린 마음으로 무엇을 하고자 합니까? 의무에 임하여 여러분의 그 넓어진 마음, 여러분의 그 뛰어난 기도, 여러분의 그 은혜를 하나님께 보여드리고자 합니까? 여러분도 알겠지만, 거지는 금이나 은처럼 좋은 것이 있으면 그것을 감추고 곪은 상처와 종기를 보여줍니다. 여러분이 적선할 요량으로 그 거지에게 돈이 좀 있느냐고 물으면, 거지가 이렇게 말합니다. 겨우 한두 푼 정도 있습니다. 그는 좋은 것을 감추고 상처를 드러내 보입니다. 여러분 앞에 곪은 데를 보여주면 무언가를 얻기가 더 좋다고 생각하기 때문입니다. 사랑하는 여러분, 우리는 모두 기도로 하나님께 나아가는데, **거지의 모습으로**(in forma pauperis, 통상적인 소송 비용을 낼 수 없는 무능한 자를 일컫는 법률 용어—옮긴이) 나아갑니다. 의무에 임할 때 여러분의 마음이 닫히고 단단해지고 무감각해지면, 여러분은 하나님 앞에 나아가 헐고 곪은 여러분의 상처와 종기를 내보일 수 있습니다. 여러분은 그분께 나가서 이렇게 말할 수 있습니다. 주님, 내 마음이 이렇게 단단합니다. 내 마음이 이토록 무감각하고 닫혀 있습니다! 이렇게 하는 것이 거지에게 더 유익합니다. 여러분이 그분 앞에 나아갈 때는 반드시 거지처럼 나아가십시오. 하지만 여러분이 알아야 할 것이 있습니다. 여러분의 가난이나 부도, 여러분의 닫힘이나 열림도 하나님의 마음과 의지를 바꿀 수는 없습니다. 때때로 하나님께서는 사람의 아버지가 어린 자녀를 대하듯 그렇게 우리를 대하시는 것 같습니다. 그분께서는 금전이나 은전 같은 것을 손에 쥐고 말씀하십니다. 네가 이것을 내 손에서 빼내 갈 수 있으면 빼내 가거라. 그래서 자녀는 온갖 힘을 다해 아버지의 손을 잡아끌고 당기고 합니다. 아버지는 당신의 손을 차례차례 펼칩니다. 손가락 하나, 손가락 둘, 그러다가 마침내 손바닥 전체를 펼칩니다. 자녀는 순전히 자신의 힘과 노력으로 아버지의 손을 벌리고 열어 그 돈을 얻었다고 생각합니다. 반면에 아버지는 애초부터 그 돈을 오로지 그런 방식으로 자녀에게 주려고 했습니다. 여기서도 그렇습니다. 하나님께서는 우리에게 기도라는 방식으로 자비를 주고자 하십니다. 그분께서는 자비를 주기 위해 우리 앞에 기도라는 방식을 설정해 두셨습니다. 그런데 우리는 우리가 하는 기도의 힘으로 그 자비를 얻어 냈다고 생각합니다. 우리가 우리의 의무를 행함으로써 하나님의 뜻을 움직이고 바꾸었다는 듯이 말입니다. 하지만 세상의 그 어떠한 탁월함과 넓음도 하나님의 뜻을 바꿀 수 없습니다. 그분께서는 움직이고 변하시는 분이 아닙니다. 영원히 한결같은 분이십니다. 하지만 그분께서는 기도라는 방식을 통해 자신의 은총을 나누어 주실 것입니다. 그러므로 기도는 우리의 의무지만, 우리 원대로 기도할 수 없어도 절망하는 일이 없도록 해야겠습니다.

 주님께서는 기도하는 사람에게 열린 마음을 주시기 전에 먼저 기도를 제한하시고 일시적으로 말을 못하게 하신 후 그 입을 열어 주십니다. 그것이 일반적입니다. 누가복음 1장을 보면 우리는 은혜롭고 거룩한 사람 사가랴가 그러한 경우에 처했음을 알 수 있습니다. 67절은 그를 이와 같이 언급합니다. "그 부친 사가랴가 성령의 충만함을 받아 예언하여 이르되." 하지만 여러분이 1장 전반부를 보면, 사가랴가 성령이 충만하여 예언하기 전에 말을 못하는 상태에 있었음을 알 수 있을 것입니다. 20절에서 천사가 그에게 말합니다. "보라, 이 일이 되는 날까지 네가 말 못하는 자가 되어 능히 말을 못하리니." 그래서 그는 성령이 충만하여 예언할 때까지 말 못하는 상태로 있게 됩니다. 사가랴가 레위 지파의 적법한 제사장인 점을 감안하면 아마도 여기에는 눈에 보이는 것 이상의 깊은 신비가 있을 것입니다. 사가랴가 말 못하게 된 사건 이후 즉시 우리 주님이요, 구주이신 그리스도께서 세상에 오시기로 되어 있었습니다. 사가랴가 이처럼 말을 못하게 된 것은 주님께서 우리의 적법한 모든 행위를 침묵하게 한 후에야 그리스도의 열림으로 또한 복음의 열림으로 우리 마음이 열릴 것을 보여주기 위함이 아니겠습니까? 이것이 하나님께서 자기 백성을 대하시는 일반적인 방식입니다. 여러분은 아마 적법한 방식으로 의무를 수행했을 테지만, 지금은 말을 못 하는 상태입니다. 하지만 하나님께서 여러분의 영혼에 그리스도를 더 많이 계시하실 계획을 가지고 계시다면, 또한 성령의 열림으로 여러분이 열리게 할 계획을 가지고 계시다면, 여러분이 불평할 이유가 있습니까?

의무와 기도에 임하는 여러분의 마음이 무감각한 것에 관해 말하자면, 그 무감각이 나쁜 죄이기는 하지만 그것을 인식하는 것은 좋은 신호라고 할 수 있습니다. 엉겅퀴가 잡초이기는 하나 뿌리내린 그곳이 비옥한 땅임을 알려 주는 좋은 신호이듯, 여러분의 무감각 또한 나쁜 잡초이기는 하지만 그것을 인식하는 것은 좋은 신호입니다. 이 무감각이 나쁜 잡초인 것은 여러분이 개인 기도나 의무에 익숙해져 있다는 증거이기 때문입니다. 확실히 개인적인 의무에는 무감각하고 공적인 의무에서는 자부심을 느끼는 것은 시험이 아닐 수 없습니다. 여기서는 세 가지만 기억하십시오. 1. 여러분의 현재의 감정으로 여러분 자신이 장차 처하게 될 영원한 형편을 짐작하거나 판단하지 마십시오. 2. 의무에 임하여 무감각해진다는 이유로 의무 이행을 중단하지 마십시오. 의무 이행은 오히려 무감각에 대한 뛰어난 치료제입니다. 그리고 사실 무감각하고 죽은 영혼이 살아 계신 하나님께 가지 않으면 달리 어디로 가겠습니까? 3. 여러분이 무감각해지는 한 가지 중요한 원인은 의심과 절망입니다. 그러므로 여러분이 무감각을 이유로 절망할 이유는 없습니다. 그것은 오히려 무감각을 더욱 심화하는 일이 될 테니 말입니다.

기도란 무엇입니까? 기도의 본질은 무엇입니까? 기도는 하나님께 영혼을 쏟는 것입니다. 말이나 표현이 아니라 영혼을 쏟는 것입니다. 말과 표현은 흔히 영혼과 유리되기 십상입니다. 하지만 한숨과 신음은 영혼과 가장 가까이 있으며, 이 둘에는 말과 표현이 가진 것보다 많은 영적인 것이 들어 있습니다. 여러분은 마음이 닫히고 죽고 무감각하다고 불평합니다. 하지만 기도에 임하여 마음이 말할 수 없이 닫히고 갑갑할 때, 여러분은 기도를 갈망하는 한숨과 신음을 쏟아 내며 이와 같이 말하지 않습니까? 오, 예전에는 내게도 자유가 있었도다! 오, 주님, 예전의 그 자유를 다시 누리게 해주십시오! 그리고 여러분은 의무에 임하여 마음이 단단해진다고 말하지만, 어떤 마음의 단단함과 부드러움에 대해 큰 착각을 하고 있지는 않은지 헤아려 보십시오.

굳은 것은 만져도 굴복하지 않지만 부드러운 것은 굴복한다 (Durum est quod tactui non cedit molle cedit). 밀랍은 부드러워서 만지면 들어갑니다. 양모도 부드러워서 만지면 들어갑니다. 하지만 단단한 것은 들어가지 않습니다. 성경은 바로의 마음을 단단한 마음(출 7:3, KJV, '완악한 마음', 개역개정—옮긴이)이라고 했습니다. 왜 그렇습니까? 하나님께 굴복하지 않았기 때문입니다. 그는 잘 구부러지고 휘는 태도가 없었습니다. 불쌍한 많은 영혼들이 자신의 마음이 단단하다고 하소연합니다. 하지만 그들은 사실 모든 진리에 굴복하는 마음, 하나님으로부터 오는 모든 고통과 섭리에 굴복하는 마음을 가지고 있습니다. 무슨 까닭으로 여러분은 마음이 몹시 단단하다고 하소연합니까? 하지만 바로 이때 하나님의 모든 진리에 굴복하고자 하는 마음, 주님의 모든 손길에 복종하고자 하는 마음이 있다면, 이것이 바로 부드러운 마음임을 여러분은 주님의 은혜로 알아야 합니다. 혼동하지 마십시오. 많은 이들이 혼동하고 있습니다. 하지만 그것은 단순한 혼동일 뿐이므로, 절망할 아무런 이유가 없습니다.

여러분은 말합니다. 나는 의무를 행할 때 마음이 자유롭지도 않고 부드럽지도 않을 뿐 아니라 잡념에 시달리기까지 합니다. 내 마음이 무감각하고 죽어 있으며 좁아져 궁색한 것은 물론 여러 가지 뚜렷한 해악마저 느낍니다. 나뭇잎이 애벌레에 먹히듯 나의 의무들도 잡념에 먹힌다고 말할 수 있습니다. 주님께서 아시지만, 내가 의무를 이행하러 나서기만 하면 무수한 잡념이 들이닥칩니다. 이러한 내게 절망할 합당한 이유와 까닭이 없습니까?

이것은 명백히 큰 해악입니다. 누군가 다음과 같이 잘 말했기 때문입니다. **집중한 시간만 기도한 시간이다**(Tantum temporis oras quantum attendis). 우리 영혼이 의무에서 떠나 있는 시간, 우리의 기도에서 잡념으로 보낸 모든 시간을 계산에서 뺀다면, 우리가 드렸다고 할 만한 기도가 얼마나 되겠습니까? 왕이 불쌍한 청원자의 말을 들어주는데 그 청원자가 왕에게 등을 돌린다면 무례한 일이라고 여러분은 말할 것입니다. 하물며 하나님께서 불쌍한 영혼의 말을 들어주시는데 그 영혼이 기도를 들어주기 위해 내려오신 주님 앞에서 잡념에 빠져 등을 돌린다면, 그것은 얼마나 큰 악이겠습니까? 옛날부터 우리가 해온 말이 있습니다. 촛불이 타면 쥐가 초를 물어뜯거나 갉아먹지 않고, 촛불이 타지 않으면 쥐가 초를 갉아먹는다. 그러므로 사람의 마음이 기도로 뜨겁게 타오르면 마음을 갉아먹는 잡념과 산만함에서 자유롭게 됩니다. 하지만 사람의 마음이 기도를 해도 차갑게 식어 있으면 이처럼 좋지 않은 잡념이 생깁니다. 명백히 이런 잡념에는 엄청난 악이 있다고 할 수 있습니다. 하지만 절망할 이유는 없습니다. 그 이유는 다음과 같습니다.

단단하고 견고한 암석치고 표면에 갈라진 틈과 더러운 자국이 없는 암석이 있습니까? 의무에 임하여 단단하고 견고하며 흔들림 없는 자세를 견지하는 영혼치고 더러운 자국, 잡념의 흉터 없는 영혼이 있습니까? 믿음의 조상인 아브라함에게도 희생제물 위에 새가 내려앉은 경험이 있었습니다. 하물며 아브라함의 후손들이야 당연히 희생제물 위에 이와 같이 더러운 새들, 잡념이라는 부정한 새들이 내려앉는 경험을 더러 하지 않겠습니까?

하지만 주님께서 이러한 잡념으로 자녀들이 해를 입는 것을 막아 주신다면, 자녀들은 이 잡념으로 인해 낮아지고 겸손할 이유는 있겠지만 절망할 이유는 없습니다. **기쁘지 않은 것은 해를 입히지 않는다**(non nocet, quod non placet)는 말은 참된 법칙입니다. 의무를 행할 때 오는 이 잡념은 성도들에게 기쁜 것이 아닙니다. 성도들은 무거운 짐처럼 이 잡념을 감수하고 있습니다. 그러므로 그 잡념이 성도들에게 해를 입히지는 않을 것입니다. 여러분은 시편 기자의 말을 알고 있습니다. "내가 나의 마음에 죄악을 품었더라면 주께서 듣지 아니하시리라."^시66:18 기도 중의 잡념은 악한 생각입니다. 내가 기도 중에 이 악한 생각을 품는다면 주님께서 나의 기도를 듣지 않으실 것입니다. 그렇다면 악한 생각을 품었다고 할 수 있는 때는 언제입니까? 여러분이 아는 대로, 존경하는 사람이 여러분의 집에 오면 여러분은 문 앞으로 뛰어나가 그를 맞아들이며 환영 인사를 하고 안으로 들여 앉을 자리를 마련하고 잘 대접합니다. 하지만 여러분이 그 사람에게 가라고, 당신과는 친하고 싶지 않고, 당신은 내게 짐일 뿐이니 제발 가라고 말한다면, 여러분은 그 사람을 존경하지 않는 것입니다. 주님의 성도와 백성이 이와 같습니다. 잡념이 그들의 기도와 의무에 들이닥칩니다. 하지만 여러분이 이 잡념을 위해 앉을 자리를 마련합니까? 이 잡념을 대접하고, 환영 인사를 합니까? 아닙니다. 주님께서 아시겠지만, 나는 잡념에게 가라고 합니다. 주님께서 아시겠지만, 잡념은 나의 짐입니다. 그러므로 명백히 "내가 나의 마음에 죄악을 품었더라면 주께서 듣지 아니하시리라" 하는 이 말씀이 옳듯이, 이와 반대로 내가 마음에 죄악을 품지 않으면 주님께서 내 기도를 들어주실 것이라는 진술 또한 옳습니다. 더러 귀한 사람을 위해 문을 열어 주는데 다른 사람들이 그와 함께 몰려 들어옵니다. 주인이 종에게, 어찌하여 너는 이 모든 사람들을 들였느냐고 묻습니다. 종이 대답합니다. 주인님, 저는 이 사람들에게 문을 열어 준 것이 아니라 다른 한 분을 위해 열어 드렸는데, 이 사람들이 모두 몰려 와서 막을 방도가 없었습니다. 이렇게 하면 주인은 이해를 하고 종은 용서받습니다.

하나님의 백성들의 경우가 빈번히 이와 같습니다. 그리스도께서 그들의 문 앞에 서서 두드리십니다. 그들은 기도로 주님을 맞이하기 위해 달려 나갑니다. 그리고 기도로 그들 마음의 문을 주님께 열어 드리는데 잡념이 몰려 들어옵니다. 하지만 그들은 진정으로 말씀드릴 수 있습니다. 주님, 나는 결코 이 잡념을 위해 문을 열지 않았습니다. 나는 이 모든 잡념이 다시 나가기를 원합니다. 그렇다면 여러분의 이 정직한 대답으로 하나님은 여러분의 사정을 이해하고 만족하실 것입니다. 여러분은 그렇게 생각하지 않습니까? 틀림없이 그분께서는 그렇게 하실 것입니다. 이러한 잡념이 여러분에게 몰려와도 그것은 힘들고 고통스러운 일이지만 절망할 일은 아닙니다.

여러분이 의무를 이행할 때 잡념이 찾아오는 것을 보시고 주님께서 여러분을 불쌍히 여기신다면, 여러분은 이와 관련하여 겸손히 낮아지기는 하되 절망할 이유는 없습니다. 여러분은 사랑이 많은 아버지가 어떠한지 압니다. 이 아버지에게 말할 수 없이 사랑스러운 아들이 있습니다. 이 아이는 정신이 온전치 못하지만 정신이 **맑은 시기**(lucida intervalla)에는 종종 아주 이치에 맞는 말을 하고는 합니다. 아버지는 아들이 정신이 돌아와서 사리가 분명한 말을 하면 기쁘게 듣습니다. 하지만 아이는 그러다가 돌연 정신을 잃고 맙니다. 그러면 어떻게 됩니까? 그렇게 됐다고 아버지가 아들을 미워합니까? 아닙니다. 아버지는 이미 불쌍한 마음이 듭니다. 오, 이제 내 아들이 정신을 잃었구나. 아버지는 이렇게 기쁨을 주던 이 아들로 인해 마음이 아픕니다. 하나님과 불쌍한 영혼의 관계도 이와 같습니다. 하나님께서는 자녀들을 말할 수 없이 사랑하시고, 자녀들이 기도하면 기쁘게 들으십니다. "내가 네 얼굴을 보게 하라. 네 소리를 듣게 하라. 네 소리는 부드럽고 네 얼굴은 아름답구나."아 2:14 하나님께서는 이렇게 자녀들이 기도하는 것을 기쁘게 들으시지만, 자녀들은 걸음을 옮길 때마다 길에서 벗어나고, 벗어났다가는 다시 제 길로 들어섭니다. 그러면 어떻게 됩니까? 자녀들이 제 길을 잃었다고 주님께서 자녀들을 멸하기로 작정하십니까? 아닙니다. 여러분 아버지의 마음은 이미 아프고, 이미 여러분을 불쌍히 여기십니다. 세상 아버지도 마음 아파하고 불쌍히 여기거늘, 하물며 우리 하늘 아버지이신 하나님께서 마음 아파하고 불쌍히 여기지 않으시겠습니까? 틀림없이 그렇게 하십니다. 그러므로 여러분의 잡념과 관련하여 여러분은 필히 낮아지고 겸손할 이유는 있지만, 절망할 이유는 전혀 없습니다.

여러분은 말합니다. 오, 하지만 지금 논의한 것은 내 경우에 해당하지 않습니다. 내가 여러 가지 잡념과 산만함으로 괴롭더라도, 또한 의무에 임하는 내 마음이 죽어서 무감각하고 완고하더라도, 또한 내게 의무 이행의 능력과 재능이 없더라도, 위에서 논의한 이 문제는 내가 특별히 절망할 만한 이유가 아닙니다. 의무와 관련하여 절망이 되는 일은 나는 기도하고 또 기도해도 결코 진전이 없기 때문입니다. 지금까지 몇 년을 기도했지만 이처럼 진전이 없습니다. 내게 불순종하는 자녀가 있어서 이 아이를 위해 오랫동안 기도했으나, 아이는 나아지지 않습니다. 하나님의 사랑을 느끼려고 이처럼 오래 기도했지만 전혀 진전이 없습니다. 이러저러한 영적인 자비를 구하고자 오랜 세월을 기도해도 결코 더 거룩해지지 않습니다. 내게 응답하지 않으시니 하나님께서는 나를 생각하지 않으십니다. 그런데도 나는 절망할 합당한 이유와 까닭이 없습니까?

없습니다. 이유는 다음과 같습니다.

하나님께서는 비록 여러분에게 즉시 응답하지는 않아도 듣기는 즉시 들으십니다. 그분께서는 모세가 기도한 것을 허락하지는 않으셨으나 그의 기도를 들으셨습니다. 그러므로 여러분이 기도로 구한 것을 전혀 받지 못해도 하나님께서 여러분의 기도를 받으시는 것은 큰 자비입니다. 여러분은 구한 것을 받지 못해도 언젠가는 이와 같이 말하게 될 것입니다. "아버지여, 내 말을 들으신 것을 감사하나이다."요 11:41-옮긴이

하나님의 백성이며 귀한 자녀라는 사람들에게서 흔하게 볼 수 있는 대로, 종종 그들은 주님께서 응답해 주시는데도 응답을 안 하신다고 말하고 생각합니다. 기도의 응답에는 두 종류가 있습니다. 눈에 보이는 응답이 하나이고, 눈에 보이지 않는 응답이 또 하나입니다. 태양열에 의해 상공으로 올라가는 수증기가 이와 같은데, 이 중 일부는 비와 우박이 되어 다시 지상으로 떨어집니다. 여러분은 낮에 수증기의 귀환(응답)을 듣거나 봅니다. 하지만 때때로 수증기는 밤에 이슬로 지상에 내리는데, 여러분은 이 경우 수증기의 귀환을 보기 어렵습니다. 그러나 아침에 나가 보면 밤에 이슬이 내리는 것을 보지 못했지만 땅에 내린 이슬

을 여러분은 발견합니다. 여기서도 그렇습니다. 여러분의 기도는 그리스도 안에 있는 하나님의 사랑의 열기에 의해 위로 올라갑니다. 그렇게 올라간 기도의 일부는 낮에 가시적으로 여러분에게 다시 돌아와 응답되고, 또 다른 일부는 여러분이 볼 수 없는 밤에 비가시적으로 돌아와 응답됩니다. 이와 같이 기도는 가시적인 응답과 비가시적인 응답이 있습니다. 하나님께서는 사실 기도를 들어주시고 응답해 주실 뿐 아니라, 다른 사람들이 보기에는 아예 가시적으로 응답해 주시기도 합니다. 그럼에도 하나님의 백성들은 주님께서 자신들의 기도를 듣지도 아니하시고 응답해 주지도 아니하신다고 말하고 생각하는데, 그들에게서 이러한 말과 생각보다 더 흔하게 볼 수 있는 것이 무엇이겠습니까? 누가복음 1:6에 나온 사가랴와 엘리사벳에 대한 기록대로, "이 두 사람이 하나님 앞에 의인"이었습니다. 그들에게는 자녀가 없었습니다. 하지만 사가랴가 자녀를 달라는 기도를 한 것이 분명한데, 이는 13절에서 천사가 사가랴에게 한 말을 보면 알 수 있습니다. "사가랴여, 무서워하지 말라. 너의 간구함이 들린지라. 네 아내 엘리사벳이 네게 아들을 낳아 주리니 그 이름을 요한이라 하라." 주님께서는 사가랴의 기도를 들어주셨고 그에게 천사를 보내 기도를 들어주셨다는 말을 전하셨으나, 그는 그 말씀을 의심했습니다. "사가랴가 천사에게 이르되 내가 이것을 어떻게 알리요. 내가 늙고 아내도 나이가 많으니이다."[18절] 여기서 그는 의심했고, 이와 같이 의심하는 것은 죄였습니다. 이는 20절을 보면 알 수 있습니다. "보라, 이 일이 되는 날까지 네가 말 못하는 자가 되어 능히 말을 못하리니." 이처럼 명백히 기도의 응답이 있었습니다. 그렇습니다. 가시적인 기도의 응답이 있었지만 사가랴는 경건하고 거룩한 사람이었음에도 주님께서 과연 자신의 기도를 들어주셨는지 안 들어주셨는지 의심했습니다. 그러므로 하나님께서 백성들의 기도에 응답하실 뿐 아니라 아예 가시적으로 응답해 주시기까지 했지만, 하나님의 백성이며 귀한 자녀라는 사람들이 주님께서 자신들의 기도를 들어주시지 않는다고 말하고 생각하는 것은 새삼스러운 일이 아닙니다.

하지만 주님께서 여러분의 기도를 즉시 들어주지도 허락하지도 응답하지도 않으셔서 오히려 여러분이 큰 위로와 힘을 얻기도 한다면, 그렇게 안 들으시는 것이 늘 절망할 일은 아닙니다. 이처럼 주님께서 여러분의 기도를 즉시 들어주지도 즉시 허락하지도 않으시는 것이 오히려 큰 위로가 되기도 합니다. 여러분의 여러 자녀가 식탁에 앉아 있다고 합시다. 어린 아이들과 큰 아이들, 즉 젖먹이와 어린아이부터 다 자란 아이들까지 있습니다. 여러분이 이 아이들에게 음식을 나누어 줄 때는 어린 아이들부터 나누어 주지 가장 큰 아이부터 나누어 주지 않습니다. 왜 그런가는 여러분이 하는 말로 알 수 있습니다. 이 어린아이들은 칭얼거릴 것이고 기다릴 인내심이 없으니 이 아이들부터 줘야 합니다. 반면에 큰 아이들은 더 어른스럽고 인내심이 많아서 기다릴 수 있습니다. 사랑하는 여러분, 하나님과 우리 사이도 이와 같습니다. 기도로 주님께 오는 자녀들은 두 부류입니다. 그분께서는 이 두 부류의 자녀들을 모두 보살피고자 하시지만, 약한 자녀들을 특히 더 눈여겨보시고 그들을 먼저 헤아리십니다. 더 강하고 더 믿음과 인내심이 많은 자녀들에 대해서는 주님께서 이처럼 말씀하십니다. 너희는 기다릴 수 있다. 나는 너희의 믿음과 인내심을 알고 있으니, 약한 자녀들을 먼저 살피고 너희는 나중에 살피리라. 아브라함의 경우가 이와 같았습니다. 주님께서는 아브라함에게 자손에 대한 약속을 하시고는 오랫동안 기다리게 하셨습니다. 왜 그렇습니까? 아브라함에게 기다릴 믿음이 있음을 보셨기 때문입니다. 이처럼 여러분도 즉각적인 기도 응답을 받지 못하고 있습니다. 왜 그렇습니까? 아마도 주님께서 여러분에게 기다릴 힘과 믿음과 인내심이 있음을 보셨기 때문일 것입니다. 그렇다면 이처럼 즉각 기도 응답을 받지 못하는 것은 절망이 아니라 오히려 격려가 되는 일이지 않겠습니까?

하나님을 오랫동안 의지하고 기다린 이들로서 과연 기도한 것보다 넘치게 받지 않은 이들이 있습니까? 하나님께서는 여러분의 기도에 즉시 응답해 주십니다. 그렇게 하지 않을 경우에는 원금에 연체이자까지 더해서 갚아 주실 것입니다. 그래서 여러분은 안전한 원금에 대한 담보를 확보하게 됩니다. 소망은 소망하는 것의 담보이고, 기도는 기도하는 것의 담보이며, 기다리는 마음은 기다리는 것의 담보입니다. 여러분이 의무의 자리에 오래 머무를수록 여러분의 마음은 기도로 바라던 것에서 벗어나 그만큼 더 하나님을 기다리는 법을 배우게 될 것입니다. 그리고 어떻게 보면 이 기다림의 자세는 기다림으로 구하던 것보다 큰 자비일 수 있습니다. 이 기다림의 자세로 여러분은 또한 여러분의 기도 자체를 의지하지 않게 될 것입니다. 아기는 유모를 사랑한 나머지 어머니를 잊을 수 있습니다. 마찬가지로 우리는 기도를 비롯한 의무를 사랑한 나머지 그리스도를 잊을 수 있습니다. 하지만 하나님께서 응답을 연기하심으로 여러분은 이 유모에게서 정을 떼고 이 유모를 의지하지 않게 됩니다. 또 여러분은 아마 의무 이행은 높이 평가하면서 의무 자체는 하찮게 여기며 의무에 임했을 수 있습니다. 그러므로 하나님께서는 여러분에게 그 반대로 의무 자체를 귀하게 여기고 여러분의 이행을 하찮게 여기며 의무에 임하는 법을 가르치십니다. 그렇습니다. 의무의 자리에 오래 머무를수록 여러분은 그만큼 더 낮아질 것이며, 기도를 쉽게 할 수 없음으로 인해 오는 자기부정과 멸시의 감정을 하나님께서는 달변의 기도보다 더 기뻐하실 것입니다. 낚시를 하면 물속으로 줄을 던지는데, 이 줄에 바늘과 미끼가 달려 있고 이 둘은 무겁습니다. 그리고 또 하나 달린 것이 찌인데, 이 찌는 가볍습니다. 낚시꾼은 이 가벼운 찌가 물속으로 딸려 들어가는 것을 보고, 이제 고기가 물었다고 말합니다. 이제 희망이 있다. 이제 무언가가 오고 있습니다. 여러분이 기도하러 갈 때도 그렇습니다. 여러분의 마음에는 다소 무거운 것이 있지만, 찌처럼 가벼운 것도 있습니다. 여러분이 자리에 오래 머무를수록 여러분의 그 가벼운 찌는 그만큼 더 물속으로 깊이 가라앉을 것입니다. 여러분 마음의 그 가벼운 것이 물속으로 깊이 딸려 들어갈수록 여러분은 낮아지고 또 낮아질 것입니다. 이렇게 해서 여러분은 여러분의 기도를 까불어 골라내는 법을 배웁니다. 우리의 의무라는 좋은 알곡에는 쭉정이가 많이 섞여 있습니다. 하나님께서 응답을 미루시는 시간이 우리에게는 키질을 하는 시간입니다. 낚시꾼은 물고기가 물지 않으면 미끼를 손봅니다. 그는 말합니다. 아마도 내 미끼에는 물고기가 잘 물리지 않는가 보다. 여러분도 이렇게 해야 합니다. 기도로 아무것도 건지지 못할 때는, 하나님께서 응답을 미루신 것을 생각하고 여러분의 기도를 손봐야 합니다.

그렇습니다. 이렇게 해서 여러분은 여러분 자신이 주님께 대답을 미루고 그분을 기다리게 했음을 깨달을 수 있을 것입니다. 주님께서는 여러분에게 자주 말씀하셨지만 여러분은 오랜 시간이 지나도록 그분의 말씀에 귀 기울이지 않았습니다. 하나님께 그토록 오랫동안 귀 기울이지 않은 우리가 과연 하나님께서 우리에게 오랫동안 귀 기울이지 않으신다고 생각할 수 있습니까? 여러분은 아마 여러분 자신이 하나님께 대답을 미루었다는 사실을 잊었겠지만, 하나님께서는 이처럼 응답을 미루셔서 은혜롭게도 여러분의 잘못을 깨닫게 하십니다.

그렇습니다. 주님께서는 응답을 미루고 연기하셔서 여러분에게 견디는 법을 가르치십니다. 하나님께서 지체하심으로 우리가 인내를 배웁니다. 이것이 아무것도 아닙니까? 이 모든 것을 생각하면 여러분은 진실로, 이것은 절망할 일이 아니라 위로가 되는 일이라고 말할 수 있을 것입니다.

또, 주님께서 언제나 여러분의 의무와 기도에 즉시 응답하신다면 여러분은 아마 절망하게 될 것입니다. 왜 그렇습니까? 아마도 여러분은 다음과 같이 말할 것이기에 그렇습니다. 성경을 살펴본 결과, 하나님께서 자녀들의 기도에 늘 즉시 응답해 주시지는 않음을 알 수 있습니다. 하나님의 자녀들은 기도하고 나서 기다렸습니다. 이것이 하나님께서 자녀들을 대하시는 방식이었습니다. 그런데 지금 하나님께서 내게는 이 방식을 취하지 않으시니, 아마도 나는 하나님의 자녀가 아니지 않을까 두렵습니다. 그렇게 해서 여러분은 절망하게 됩니다. 하나님의 성도와 백성인 여러분은 명백히, 응답의 지체라는 이 문제와 관련하여 절망할 아무런 이유가 없습니다.

여러분은 말합니다. 오, 하지만 나는 하나님께서 응답을 미루실 뿐 아니라 아예 내 기도를 거부하지 않으실까 두렵습니다.

그럴 수 있습니다. 하나님께서는 백성이 기도로 구하는 것을 더러 거부하시기 때문입니다. 야고보는 말합니다. "구하여도 받지 못함은……잘못 구하기 때문이라."^{약 4:3-옮긴이} 하지만 그들은 하나님의 백성이었습니다. 아불렌시스(Teresia Abulensis, 1515-1582, 맨발의 카르멜회 수사로, 신비주의자였다—옮긴이)의 견해에 따르면, 하나님께서는 때때로 악인의 간청은 허락하시고 경건한 사람의 간청은 거절하시는데, 이는 악인을 격려하여 기도하게 하시고, 선한 자들이 자신들의 기도에 의지하지 않도록 가르치시기 위함이라고 합니다. 하지만 여러분이 하나님께 구하는 것이 그분께서 기뻐하시는 것이고, 또한 그분께서 여전히 여러분의 마음을 붙드셔서 그분께 기도하고 의지하게 하신다면, 이는 여러분의 기도를 거부하시는 것이 아니라 응답을 미루고 계신 증거입니다. 시편 10:17("여호와여, 주는 겸손한 자의 소원을 들으셨사오니 그들의 마음을 준비하시며 귀를 기울여 들으시고"—옮긴이)을 보면, 여러분의 마음을 준비해 주시는(굳게 하여 주시는) 것과 귀를 기울이는 것은 동시 발생적입니다. 그리고 요한1서 3:22에서 사도는 말합니다. "무엇이든지 구하는 바를 그에게서 받나니 이는 우리가 그의 계명을 지키고 그 앞에서 기뻐하시는 것을 행함이라."

여러분은 대답합니다. 오, 하지만 내게는 슬픈 일이 있습니다. 나는 하나님의 계명을 지키지 못했습니다. 이로 인해 나는 하나님께서 나를 못마땅하게 여기고 노여워하실까 두렵습니다.

그렇다면 요나는 하나님의 계명을 지켜서 다소로 도망갔습니까? 하나님께서는 노엽지 않으신데도 요나를 바다에 던지셨단 말입니까? 이런데도 요나는 기도했고 하나님께서는 들으셨습니다. 또 그리스도께서는 그 불쌍한 가나안 여인을 마땅하게 여기셔서 다음과 같은 말씀을 하신 것처럼 보입니까? "자녀의 떡을 취하여 개들에게 던짐이 마땅하지 아니하니라."마 15:26-옮긴이

여러분은 말합니다. 오, 하지만 그 여인에게는 믿음이 있었습니다. 나는 하나님께서 내 기도를 전혀 듣지 않으실까 두려운데, 내 기도에는 여인에게서 볼 수 없었던 불신이 몹시 많기 때문입니다.

그렇다면 다윗은 그렇지 않았단 말입니까? "주의 목전에서 끊어졌다 하였사오나……주께서 나의 간구하는 소리를 들으셨나이다."시 31:22 불신으로 말하면 이보다 더한 불신이 어디 있습니

까! "주의 목전에서 끊어졌다." 그럼에도 주님께서는 그의 기도를 들어주셨습니다.

여러분은 다시 말합니다. 오, 하지만 나는 주님께서 내 기도를 듣지 않으시고 내 의무를 생각하지 않으실까 두려운데, 그것은 내가 몹시 이기적인 마음으로 기도와 의무에 임하기 때문입니다. 나는 힘들어서 하나님께 왔고, 이렇게 고통스러워서 기도하게 되었습니다. 결국 나는 내 고통 때문에 기도하고, 내 고통 때문에 외칩니다. 이것은 이기적입니다.

그렇다면 그리스도에게 병 고침을 받으러 왔던 사람들은 자신들을 먼저 생각하지 않았단 말입니까? 모든 참된 사랑은 자기 사랑에서 시작됩니다. 더러운 꽃대에서 아름다운 꽃이 피어납니다. 요나를 생각해 보십시오. 그는 말했습니다. "내가 받는 고난으로 말미암아 여호와께 불러 아뢰었더니 주께서 내게 대답하셨고 내가 스올의 뱃속에서 부르짖었더니 주께서 내 음성을 들으셨나이다." 욘 2:2-옮긴이

여러분은 말합니다. 오, 하지만 나는 주님께서 내 기도를 전혀 듣지 않으실까 두려운데, 그것은 내가 더 잘 준비하지 못했을 뿐 아니라 아예 준비하지 못했기 때문입니다.

여러분은 하나님께서 히스기야에게 어떻게 해주셨는지 모릅니까? 히스기야는 기도했습니다. "비록 성소의 결례대로 스스로 깨끗하게 못하였을지라도 사하옵소서 하였더니 여호와께서 히스기야의 기도를 들으시고 백성을 고치셨더라." 대하 30:19-20 그렇습니다. 하나님께서는 구름 없이, 준비 없이, 비를 보내실 수 있

습니다.

여러분은 대답합니다. 오, 그럼에도 나는 주님께서 내 기도를 듣지 않으시고 내 의무를 생각하지 않으실까 두려운데, 그것은 내가 삶과 언행에서 성정이 격하고 고집스럽기 때문입니다.

그렇다면 여러분은 엘리야를 어떻게 생각합니까? 엘리야는 비가 오지 않도록 해달라고 기도했고 그 결과 삼 년 육 개월이나 비가 오지 않았으며, 그가 다시 비를 내려 달라고 기도하자 땅에 비가 내렸습니다. 사도의 말에 따르면, 그럼에도 "엘리야는 우리와 성정이 같은 사람"이었습니다.^{약 5:17}

여러분은 말합니다. 오, 하지만 나는 주님께서 나의 기도와 나의 의무를 생각하지 않으실까 두렵고 떨린데, 그것은 내가 이러저러한 사람이기 때문입니다.

여러분은 어떠하고 어떠하며 어떠한 사람입니까? 여러분은 이제 막 그리스도에게 눈을 돌렸을 뿐 그분 앞에 완전히 이르지는 못한 사람입니까? 여러분은 고넬료에 관한 말씀을 압니다. "고넬료야, 하나님이 네 기도를 들으시고 네 구제를 기억하셨으니."^{행 10:31} 또 여러분은 세리와 같은 사람입니까? 세리는 멀찍이 서서 가슴을 치며 말했습니다. "하나님이여, 불쌍히 여기소서. 나는 죄인이로소이다."^{눅 18:13} 그리고 우리 구주께서는 이 세리에 대해 이렇게 말씀하십니다. "이에 저 바리새인이 아니고 이 사람이 의롭다 하심을 받고 그의 집으로 내려갔느니라."^{눅 18:14} 또 여러분은 그 불쌍한 탕자와 같은 사람입니까? 그는 제 아버지에게 이와 같이 말하고자 했습니다. "지금부터는 아버지의 아들이라 일컬음을 감당하지 못하겠나이다. 나를 품꾼의 하나로 보소서."눅 15:19-옮긴이 이에 아버지는 그의 말을 듣고 그의 간청보다 넘치는 것을 허락했습니다. 이 모든 일들이 사실입니다. 그렇다면, 의무와 관련하여 자신 없어 하고 의심하는 불쌍한 영혼을 마땅히 절망하게 할 일이 무엇이겠습니까? 능력과 재능이 부족한 것? 잡념이 많은 것? 아닙니다. 능력과 재능이 좀 부족해도, 정신과 마음이 무감각하고 죽어 있어도, 잡념에 시달리며 어렵게 의무를 행해도, 주님께서 얼굴을 숨기시고 기도에 대한 응답을 미루셔도, 주님께서 노여워하시는 듯 보여도, 의무를 행하면서도 믿지 못하는 마음이 많아도, 엄청나게 이기적인 생각으로 의무에 임해도, 성소의 성결 예식대로 마음을 깨끗이 준비하지 못해도, 성정이 격하고 고집스러워도, 그리고 정말 이 모든 결함을 다 가지고 있어도 절망할 정당한 이유나 근거는 없습니다. 이 모든 결함으로 인해 낮아지고 겸손할 이유는 있지만 낙심하고 절망할 합당한 이유는 결코 없습니다.

그러므로 적용해 봅시다. 이것은 불쌍하고 의기소침한 모든 영혼에게 하나님 앞으로 나와 의무를 행하라는 큰 격려가 아닐 수 없습니다! 죽어 있어도, 무감각해도, 궁색하고 좁아져도, 하나님 앞으로 나와 의무를 행하라는 것입니다.

이것은 경건한 사람과 악인 사이에 있는 큰 차이를 보여줍니다! 악인은 기도하러 가지만, 주님께서는 그의 기도를 역겨워하십니다.잠 28:9 그리고 여러분이 호세아 8:13에서 보듯, 주님께서는 악인들에게 다음과 같이 경고하십니다. 즉, 악인들이 주님께 기도하고 제물을 바치러 오면 주님께서 그들의 지난 죄악을 기억하시겠다는 것입니다. "내가 그를 위하여 내 율법을 만 가지로 기록하였으나 그들은 이상한 것으로 여기도다. 그들이 내게 고기를 제물로 드리고 먹을지라도 여호와는 그것을 기뻐하지 아니하고 이제 그들의 죄악을 기억하여."[12절] 여기서 "이제"라는 말에 주목합시다. 이제는 언제를 말합니까? 이제, 그들이 기도하러 올 때, 내가 그들의 죄악을 기억하겠다고 주님께서 말씀하십니다. 나는 너희가 이러저러한 장소에서 한 모든 행위를 알고 있다고 주님께서 말씀하십니다. 나는 너희가 어둠 속에서 가림막을 치고 촛불을 끄고서 저지른 부정과 음행을 알고 있다. 나는 너희가 술집에서 보여준 행동거지를, 거기 의자에 앉아 내 자녀들을 비웃고 헐뜯었음을 안다. 나는 너희가 경건한 자들을 대적하고 조롱했음을 안다. 내가 이 모든 것을 아는데, 너희는 이제 기도하러 오는구나. 오, 하나님을 비방하는 자들아, 음행하는 자들아, 주정꾼들아, 이제 너희가 의무를 행하러 오니, 이제 내가 너희의 죄악을 기억하리라. 사람이 기도하러 왔는데 주님께서 그 사람의 죄를 기억하신다면 슬픈 일이 아닙니까? 하지만 주님께서는 악인들을 이와 같이 대하십니다. 반면에 경건하고 은혜로운 사람들은 악인과 같지 않습니다. 주님께서는 그들이 기도하러 오면, 그들이 의무 이행에 많이 실패하더라도, 자신의 자비를 기억하시고 자신의 사랑 넘치는 친절을 기억하십니다. "여호와께서……그의 언약을 영원히 기억하시리로다."[시 111:5-옮긴이] 오, 진정으로 이것은 모든 사람이 경건하게 되어 그리스도와 하나

될 수 있다는 큰 격려가 아닌지요! 또한 진정으로 이것은 하나님의 성도와 백성들이 거리낌 없이 의무에 임할 수 있는 큰 격려가 아닙니까! 오, 그러므로 믿음 없다는 여러분, 과연 여러분이 절망할 이유가 있습니까? 여러분도 마지막에는 여러분의 영혼에게 이처럼 말하지 않겠습니까? "내 영혼아, 네가 어찌하여 낙심하며 어찌하여 내 속에서 절망하는가."

하지만 여러분은 말합니다. 내가 어리석게 행하고, 모든 경우에 절망하는 죄를 저질렀다고 생각해 보십시오. 내가 의무 이행에 자주 실패해서 주님께서 내 기도에 즉시 응답해 주시지 않는다고 생각해 보십시오. 어떻게 해야 나는 의무 이행의 실패에 관해서든 하나님께서 응답을 안 해주시는 문제에 관해서든 절망에 맞서 마음을 굳건히 할 수 있겠습니까?

의무를 행하는 능력이 됐든 의무에서 얻는 은혜가 됐든 의무에 대한 즉각적인 응답이 됐든, 여러분이 모든 위로의 비중을 이 의무에만 과도하게 두지 않도록 주의하십시오. 여러분이 의무를 거르거나 의무에 대한 응답을 못 받을 경우, 그에 대한 절망은 여러분이 위로의 비중을 의무에 둔 정도에 비례할 것입니다. 주님께서 시험당한 바울에게 가시를 주시고 그것으로 그를 치셨을 때, 바울은 세 차례나 기도했습니다. 그는 말합니다. "이것이 내게서 떠나가게 하기 위하여 내가 세 번 주께 간구하였더니."고후 12:8 세 번이나, 말하자면 자주 바울은 기도했고, 주님께서 그에게 주신 응답은 바로 다음의 말씀이었습니다. "내 은혜가 네게 족하도다. 이는 내 능력이 약한 데서 온전하여짐이라 하신

지라. 그러므로 도리어 크게 기뻐함으로 나의 여러 약한 것들에 대하여 자랑하리니 이는 그리스도의 능력이 내게 머물게 하려 함이라."고후 12:9-옮긴이 여러분은 지금까지 기도하고 있습니까? 여러분은 세 번 혹은 자주 기도하고도 "내 은혜가 네게 족하도다" 하시는 말씀 외에는 응답을 받지 못했습니까? 그렇다면 여러분은 바울이 받은 응답을 받은 줄 알고, 마땅히 다음의 사실, 곧 주님을 기다리는 여러분의 신실함을 그분께서 알아주신다는 사실을 영광으로 여겨야 합니다. 여러분은 부디 절망하지 말고, 주님의 능력이 여러분의 약함에서 온전하게 됨을 알아야 합니다.

여러분은 다음의 법칙을 진지하게, 자주 생각하기 바랍니다. 즉, 어려움이 의무를 값지게 한다. 여러분이 하나님께 드리는 의무에 어려움이 많을수록 여러분의 의무는 하나님께 그만큼 더 많이 받아들여집니다. 의무를 행할 때 여러분에게 즐거운 것이 적을수록 하나님께서 기뻐하시는 의무가 됩니다. 우리가 의무를 행하는 일은 옛날에 유대인들이 제사를 드리던 일과 비슷합니다. 유대인들의 경우, 제사를 드리는 일에는 두 가지가 있었습니다. 하나는 제사 자체요, 또 하나는 제사를 드리는 순종의 행위였습니다. 그래서 어떤 불쌍한 유대인이 빈곤 등의 이유로 이 제사를 드리는 일이 어려울수록 제사를 바치는 그의 순종은 그만큼 크고 귀하게 됩니다. 제사 드리는 일에 어려움이 많을수록 바친 순종이 귀합니다. 우리의 복음의 제사, 우리의 모든 의무 또한 마찬가지입니다. 여기에는 두 가지가 있습니다. 하나는 제사 자체 곧 의무이며, 또 하나는 이 의무를 행하는 순종입니다. 그래서 의무 이행에 어려움이 많을수록 우리가 하나님께 드리는 의무 이행의 순종은 그만큼 더 크고 귀합니다. 마음이 굳어 무감각하고 닫혀 있으며 더구나 자신이 그것을 의식하고 있을 때도, 기도하고 또 기도하는 것은 대단히 어렵고 힘든 일이지 않습니까? 그런 경우 그는 절망해서 나는 이제 더 이상 기도하지 않겠다고 말하기가 쉽습니다. 하나님께서 자신의 기도를 헤아려 주시지 않는다는 생각이 들 때도 끈질기게 기도하는 것은 대단히 어려운 일 아닙니까? 그럴 경우 그는 이렇게 말하기 쉽습니다. 하나님께서 헤아려 주시지 않는데 내가 더 이상 기도할 이유가 무엇이란 말인가? 하지만 이러한 상황에서도 여러분이 기도하고 의무를 행한다면, 하나님께서는 여러분의 순종을 더욱 순종적이고 받아 주실 만한 것으로 여기십니다. 그리고 여러분이 이 법칙―어려움이 의무를 값지게 한다. 의무를 행할 때 여러분에게 즐거운 것이 적을수록 하나님께서 기뻐하시는 의무가 된다는 법칙―을 생각하거나 기억하기만 한다면, 이것은 여러분에게 두려움 없이 의무에 임하라는 격려인 동시에 의무로 인한 절망을 피하는 방도가 될 것입니다.

우리는 모두 영적인 일의 결과와 성공을 하나님께 맡길 줄 알아야 하고, 그렇게 되면 우리는 어떠한 의무에 임해서도 절망하는 일이 없을 것입니다. 왜냐하면 주님의 말씀은 확실하고, 하나님께서 다음과 같은 말씀을 하셨기 때문입니다. "네 짐을 여호와께 맡기라. 그가 너를 붙드시고 의인의 요동함을 영원히 허락하지 아니하시리로다."[시 55:22] 여러분의 성경에는 앞부분이 다음과 같이 번역되어 있습니다. "네 짐을 주님께 맡기라." 하지만 히브리어로는 **네 은사**(יהב—옮긴이)입니다. 그래서 "네 은사를 주님께 맡기라"입니다. 쉰들러(Schindler)가 말하듯이, 이것은 "하나님께서 주시기를 바라는 것이 무엇이든 그분께 맡기라"(Quicquid tibi dari donative expelis)는 말입니다. 여러분은 기도하러 와서, 이러저러한 자비 혹은 이러저러한 선물을 달라고 기도합니다. 바로 그것을 하나님께 일임하십시오. 그것을 그분께 전부 맡기십시오. 여러분은 말합니다. 오, 하지만 내가 기도로 구하는 자비는 내가 필요해서 구하는 것인데 어떻게 맡깁니까? 그렇더라도 그것은 하나님께 맡겨야 합니다. 하지만 여러분은 다시 말합니다. 그것은 영적인 은사입니다! 나는 죄를 용서받기 위해, 하나님의 사랑을 느끼기 위해, 은혜가 자라는 것을 위해, 의기소침해 있는 불쌍한 내 영혼을 위로하기 위해 기도합니다. 그렇더라도 여러분은 반드시 그것을 하나님께 맡겨야 합니다. 외적이고 물질적인 것의 결과와 성공을 하나님께 맡길 수 있는 사람들은 많습니다. 하지만 기도의 결과와 성공, 영적인 일들의 결과와 성공을 하나님께 맡기는 것, 그들은 이러한 것을 이해할 수도 없고 아예 알지도 못합니다. 하지만 여러분의 은사가 무엇이든, 그것을 주님께 맡기십시오. 여러분의 영적인 모든 일들의 성공과 결과를 하나님께 맡기십시오. 그러면 어떻게 됩니까? "그가 너를 붙드시고 의인의 요동함을 영원히 허락하지 아니하시리로다." 여러분은 지금 당장은 요동하며 흔들리고 있습니다. 여러분의 마음이 요동하고 여러분 자신은 크게 절망해 있습니다.

하지만 부디 이와 같이 해보십시오. 결과를 주님께 맡기십시오. 기도하러 가십시오. 가서 여러분의 의무를 행하고, 그 결과는 주님께 맡기십시오. 그리하면 이러한 약속을 하신 주님께서 이루실 것입니다. 주님께서 여러분을 붙들어 주실 것입니다. 여러분이 지금은 요동하며 흔들릴지라도 이후로는 영원히 요동치 않을 것입니다.

이것으로 세 번째 사례 설명을 마치겠습니다.

chapter 07.
확신이 부족한 경우의 회복

Ⅳ. 때때로 하나님의 백성이 절망하는 것은 천국에 대한 그들의 증거 부족에서 비롯된다.

그들은 이렇게 주장합니다. 나는 하나님의 사랑과 나 자신의 구원에 대한 확신이 없는 불쌍한 인간입니다. 그래서 이와 같이 절망합니다. 진실로 내게 그리스도에 대한 유익이 있다는 증거가 조금이라도 있으면, 나의 형편이 어떠하든 나는 결코 절망하지 않을 것입니다. 아, 하지만 나는 하나님의 사랑과 나의 영생에 대한 확신이 없습니다. 지금 내가 죽는다면 어찌 될지 나는 모릅니다. 나는 천국에 갈 것인가 지옥에 갈 것인가? 내 영혼은 영원히 어떻게 될 것인가? 오, 나는 내 구원에 대한 확신이 없습니다. 그런데도 내게 절망할 합당한 이유와 근거가 없습니까?

없습니다. 여전히 이유가 없습니다. 하나님의 사랑과 자신의 구원에 대한 확신이 없는 것은 진실로 큰 악이며 지독한 고통입니다. 하지만 이런 확신이 없는 것 자체가 여러분의 절망에 충분한 근거나 원인이 되지는 못합니다. 확신이 없는 것은 큰 악이고 고통임을 인정합니다. 이 확신 없음에는 죄와 고통이 한 가닥으로 꼬여 있기 때문입니다. 축복으로 말하면 은혜와 위로가 함께 묶인 축복이 가장 크듯, 고통으로 말하면 죄와 고통이 한 가닥으로 꼬여 결합된 것이 가장 큽니다. 바로 이 가장 큰 고통이 확신이 없는 경우에 생깁니다. 확신에 어느 정도의 은혜와 위로 혹은 상급이 있다면, 확신이 없는 경우에는 어떤 죄와 불신 그리고 고통스러운 것이 있습니다. 죄와 고통, 고통과 죄는 한 가닥으로 꼬여 확신 없음이라는 이 상황에 존재합니다.

사실, 하나님의 사랑과 그리스도에 대한 자신의 유익에 대하여 확신이 없는 사람은 마땅히 받아야 할 하나님의 자비를 받기에도 합당치 않고 하나님께 마땅히 드려야 할 사랑과 찬양을 드리기에도 합당치 않습니다. 받아 마땅한 자비를 받기에 합당치 않은 까닭은, 그가 그리스도를 안으로 영접하고자 하나 불신으로 그분 앞에서 문을 닫고, 자신 앞에 제시된 자비들을 악하게 해석하기 때문입니다. 어떤 자비나 축복이 제시되면 그는 말합니다. 이것은 내게 심판으로 왔다. 이것 자체는 축복의 형태를 취하고 있지만, 아무래도 내게는 이것이 심판일 것이다. 이와 같이 그는 축복을 악하게 해석하여 그 축복을 받기에 합당치 않게 됩니다. 그리고 그는 하나님께 받은 사랑을 다시 드리기에도 합당치 않습니다. 사실 확신은 찬양을 드립니다. 그러므로 본문은 말합니다. 오, 내 영혼아, 너는 하나님께 소망을 두라. "내 하나님을 여전히 찬송하리로다." 왜 그렇습니까? 그분은 내 하나님이시기 때문입니다. 찬양은 확신 위에서 자랍니다. 확신이 없는 사람은 받아 마땅한 자비를 받기에도 합당치 않고 마땅한 찬양을 드리기에도 합당치 않습니다.

이뿐 아닙니다. 하나님의 사랑에 대한 확신이 없는 사람은 사탄과 너무 많은 대화를 합니다. 하나님의 사랑에 대한 확신이 있는 사람은 그리스도와 대화하고, 성령께서 그가 하나님의 자녀임을 그에게 증언해 주시지만, 이 확신이 없는 사람은 사탄과 대화하고 사탄은 거짓임에도 그가 하나님의 자녀가 아니라고 그의 영혼에게 증언합니다. 이렇게 사탄과 대화하며 지옥의 불덩어리를 느끼는 것은 비참한 일이지 않습니까? 다윗은 불신의 고통을 격하게 한 번 느끼고서 외쳤습니다. "그것이 내게 심한 고통이 되었더니."시 73:16 한 번의 불신도 이처럼 고통스러운데, 늘 믿지 못하고 누워 있는 경우라면 그 고통이 얼마나 크겠습니까? 정숙하고 애정 깊은 아내는 남편의 사랑을 의심하고 질시하도록 충동질하는 하찮은 인간의 권유를 고통과 못된 일로 여깁니다. 그 아내는 당연히 이렇게 말합니다. 그가 이렇게 내 뒤를 따라다니며 내 남편의 사랑을 의심하도록 충동질하는 것은 자신의 더러운 욕망을 이루고자 함이다. 은혜로운 영혼도 이와 같이 말합니다. 마귀는 언제나 내 뒤를 따라다니며 나를 시험하여 그리스도의 사랑을 의심하도록 한다. 마귀가 그렇게 하는 것은 내게 품은 의도를 이루고자 함이다. 마귀는 내가 그리스도의 사랑을 의심할수록 사탄의 사랑을 그만큼 더 많이 받을 것을 잘 알고 있다. 사랑하는 여러분, 사실 이처럼 하나님의 사랑에 확신이 없는 것, 자신에게 그리스도에 대한 유익이 있다는 확신이 없는 것은 여러 가지 죄와 불행으로 들어가는 입구입니다. 우선 그는 자신의 구원을 의심합니다. 그리고 그 이후로 그 의심이 지속됩니다. 그다음에 그는 완전한 결론으로 도약하여 다음과 같이 말합니다. 이제 나는 그리스도께서 나를 사랑하지 않음을 안다. 전에는 의심만 했으나 이제는 그분께서 나를 사랑하지 않는 것을 안다. 그리고 일단 이 결론에 이른 후에는 곧바로 더 높이, 더 멀리 도약하여 이와 같이 말합니다. 그리스도께서 지금 나를 사랑하지 않으신다면 앞으로도 결코 나를 사랑하지 않으실 것이다. 그리고 지금 내게 그리스도에 대한 유익이 없다면, 그 모든 설교를 듣고 그 모든 규례를 즐거워하며 지킨 후에도 나는 결코 그 유익을 얻지 못할 것이다. 내가 오래 살면 살수록 나의 저주는 가중될 것이다. 따라서 일찍 지옥에 가든 나중에 가든 다를 것이 없다. 차라리 나는 여기서 죽어 버리고 말겠다. 오, 이 검은 사슬을 보십시오! 이 사슬의 첫 번째 고리는 확신 없음입니다. 어떤 어여쁜 아이가 대로변에 방치된 채 누워 있는 것을 여러분이 본다면 불쌍한 생각이 들지 않겠습니까? 여러분은 그 아이에게 가서 묻습니다. 아가야, 네 아버지는 어디 있느냐? 아이가 대답합니다. 모릅니다. 그러면 네 어머니는 어디 있느냐, 아가야? 모릅니다. 네 아버지는 누구냐? 네 아버지의 이름은 무엇이냐, 아가야? 모릅니다. 길거리에서 이런 어린아이를 보면 가슴이 아프지 않겠습니까? 하지만 불쌍한 영혼이 길거리에 누워 있는 것, 자신의 아버지를 모르는 것, 하나님이 자신의 아버지인지 마귀가 자신의 아버지인지 모르는 것, 그리고 말하기를, 나는 내 아버지를 모른다, 그리스도 안의 하나님이 내 아버지인지 아닌지 나는 모른다고 하는 것, 사실 이것이야말로 더할 나위 없이 불쌍한 일입니다. "아버지"라는 말이 얼마나 정겨운 말인지 모릅니다. 그래서 그 말은 우리의 모든 의무를 정겹게 합니다. 우리의 기도에서 "아버지"라는 말을 빼 보십시오. 얼마나 무미건조하고 삭막한 기도가 되겠습니까! 명백히 그리스도 안에 있는 하나님의 사랑에 대한 확신이 없는 것은 슬프고도 극심한 고통입니다. 하지만 이 확신 없음이 큰 악이고 극심한 고통일지라도, 하나님의 성도와 백성들은 결코 낙심하거나 절망할 이유가 없습니다. 이 확신이 없어도 말입니다.

그것을 어떻게 알 수 있습니까?

이와 같습니다. 즉, 이 확신 없음이 저주스러운 불신과 같은 것이 아니라면, 결코 그 사람은 절망할 이유가 없습니다. 확신이 없는 것은 사실 불신과 많은 연관이 있기는 하지만 단순히 확신이 없는 것은 한 사람의 영혼을 영원히 저주에 처하게 하는 그 불신과는 다릅니다. 단순한 확신 없음은 그리스도께서 심판이라는 말로 경고하신 그 불신이 아닙니다. 요한복음 3:18을 보면 우리 구주께서 이와 같이 말씀하고 계심을 알 수 있습니다. "그를 믿는 자는 심판을 받지 아니하는 것이요. 믿지 아니하는 자는 하나님의 독생자의 이름을 믿지 아니하므로 벌써 심판을 받은 것이니라." 하지만 믿고 싶어도 믿을 수 없는 불쌍한 영혼이 이 말씀으로 고통받지 않도록 우리 구주 그리스도께서 다음과 같이 말씀하십니다. 믿지 않아서 심판받는 것이 어떤 경우인지 너희에게 이르겠다. "그 정죄는 이것이니 곧 빛이 세상에 왔으되 사람들이 자기 행위가 악하므로 빛보다 어둠을 더 사랑한 것이니라."요 3:19 이 빛은 그리스도입니다. 여러분은 이 빛, 바로 그리스도를 미워합니까? 여러분의 행위가 드러날까 두려워 이 빛 앞으로 나아오지 않습니까? 아니면 이와 반대로, 여러분은 여러분의 삶에 악한 행위와 여러분의 마음에 많은 악이 있음을 모르고 있습니까? 모르기 때문에 참된 빛이신 그리스도에게 나아와 여러분의 행위를 고백하고 죄를 사함받으려는 마음이 없습니까? 후자라면 여러분은 믿고자 하나 믿을 수 없는 경우에 속하고, 확신이 있든 없든 간에 여러분이 이 확신 없음으로 인해 영원히 심판받는 일은 결코 없을 것이며, 오히려 주님이신 그리스도께서는 확신 없는 여러분을 너그러이 용서해 주실 것입니다. 이러한 까닭에 명백히 하나님의 백성들은 절망할 이유가 없습니다.

은혜와 자비의 전능한 손이 있어 성도들의 확신 없음이 성도들 자신에게도 유익이며 다른 이들에게도 유익이 되도록 역사한다면, 비록 확신이 없어도 절망할 아무런 이유가 없습니다.

성도들 자신의 유익에 관하여 말씀드리겠습니다. 확신 없음으로 인해 그들은 경험을 하게 되는데, 그들은 자신들의 의로움이 허망하고 무가치한 것을 알게 됩니다. 다윗은 말합니다(여러분은 이 성경 말씀을 알고 있습니다). "나는 급하게 이르기를 모든 사람이 거짓말쟁이라 하였도다"(시 116:11, KJV, "내가 놀라서……", 개역개정―옮긴이). 히브리어로는 이렇게 읽을 수 있습니다. "나는 흔들려서 이르기를 모든 사람이 거짓말쟁이라 하였도다." 다윗은 사람들에게 흔들려서 사람들이 거짓말쟁이임을 알게 되었습니다. 사람이 자신의 의로움이라는 측면에서 흔들리면 그 의로움의 허망함과 거짓된 성향을 알게 됩니다. 여러분에게 묻습니다. 하나님의 사랑에 대한 확신이 없을 때보다 더 자신의 의로움이 흔들리는 때는 언제입니까? 사람은 이 확신 없음으로 인해 하나님의 사랑에 대해 더 많고 큰 확신을 얻게 됩니다. **불확실성 이후의 확실성이 최고의 확실성이다**(Certissimum est, quod certum est post incertitudinem). 흔들린 나무가 강하게 자랍니다. 모든 사도들 중에서 유독 도마가 이렇게 외치며 말했다고 합니다. "나의 주님이시요, 나의 하나님이시니이다."요 20:28-옮긴이 **나의**라는 말이 두 번입니다! "나의 주님" 또는 "나의 하나님" 하는 식으로 따로 한 번씩이 아니라, **두 번** 연속해서 말합니다. "나의 주님이시요, 나의 하나님이시니이다." "나의"가 두 번 언급됩니다! 왜 그렇습니까? 그것은 도마가 그전에 **두 번** 부인했기 때문입니다! "내 손을 그 옆구리에 넣어 보지 않고는 믿지 아니하겠노라 하니라."요 20:25-옮긴이 여러분의 성경은 이렇게 되어 있지만, 원문에는 두 번의 부정어가 나옵니다. "I will not, not believe." 이처럼 믿지 못하겠다는 말을 중복해서 합니다.요 20:24-29 이처럼 불신의 말이 두 번 있었기에, "나의"라는 믿음의 말도 두 번 한 것입니다. 선한 사람이 불신에 빠졌다면, 빠진 그 깊이만큼 다시 믿음을 향해 날아오를 것입니다. 사람이 불신으로, 또한 확신의 부족으로 흔들렸다면 흔들린 그만큼 다시 확신을 회복하고, 그 확신을 더욱 굳게 다질 것입니다.

이제 다른 이들의 유익에 관하여 말씀드리겠습니다. 두려워 떠는 다른 이들을 위로하고 안심시키며 납득하게 할 만한 때로 자신이 직접 의심과 두려움을 겪은 이후보다 더 적절한 때는 없습니다. 나는 자신만만한 베드로보다 의심 많은 불쌍한 도마를 더 믿고 싶습니다. 한 번도 의심해 보지 않은 베드로보다는 의심하는 불쌍한 도마를 더 믿겠습니다. 한 번 의심해 본 도마는 의심하는 불쌍한 영혼들을 어떻게 대해야 하는지 알고 있었습니다. 이와 같이 하나님께서는 자기 종들의 확신 없음을 그들 자신과 다른 이들에게 유익이 되도록 하십니다. 그러므로 그들이 지금은 비록 확신이 없을지라도 이것으로 인해 낙심하고 절망할 아무런 이유가 없습니다.

은혜로운 사람이 위로를 얻을 수 있다면, 다시 말해 확신이 없어도 위로를 받으며 살 수 있다면, 진정 그는 절망할 아무런 이유가 없습니다. 여러분에게는 모순처럼 보이겠지만, 거기서 어떤 진리를 발견할 수 있을 것입니다. 나는 말합니다. 지금 확신이 없는 사람도 위로를 얻을 수 있다고 말입니다. 그렇습니다. 모든 것이 조화롭다면 확신 없는 사람도 평화롭고 즐겁게 살 수 있습니다. 확신 없는 사람도 희망을 가질 수 있습니다. 희망은 즐거운 것입니다. 확신 없는 사람도 예수 그리스도를 의지할 수 있고 또한 그리스도에게 영혼을 의탁할 수 있습니다. 모든 의지에는 어떤 위로와 평안이 있습니다. 확신이 없는 사람도 의롭게 여김을 받을 수 있으며, 믿음으로 의롭다 여김을 받음으로써 하나님과 더불어 평안을 누립니다. 확신 없는 사람도 하나님의 계명에 복종할 수 있습니다. 그래서 시편 기자는 말합니다. "주의 말씀을 열면 빛이 비치어."시 119:130-옮긴이 즐거운 빛이 비칩니다. "또 주의 종이 이것으로 경고를 받고 이것을 지킴으로 상이 크니이다.시 19:11-옮긴이 위로도 얻을 것입니다. 솔로몬은 말합니다. "빛은 실로 아름다운 것이라. 눈으로 해를 보는 것이 즐거운 일이로다."전 11:7-옮긴이 모든 빛에는 위로와 즐거움이 있습니다. 하나님께서는 빛이시니, 하나님의 값없는 은혜와 사랑도 빛입니다. 이 빛을 확신 없는 사람도 볼 수 있습니다. 여러분은 어떤 이야기를 읽고서 큰 만족을 누리는 경우가 더러 있습니다. 나는 지금 성경 이야기를 말하는 것이 아니라 일반적인 다른 책들에 있는 이야기를 말합니다. 사람은 어떤 이야기를 읽고서, 비록 그 이야기가 자신과 관련이 없어도, 크게 만족하는 경우가 있습니다. 과연 그는 이렇게 말합니다. 이 이야기는 나와 상관이 없지만 나는 정녕 만족스럽고 기쁘게 읽었다. 이 이야기에서 나는 한 남자의 용맹, 한 남자가 친구에게 보이는 신의, 남자들의 뛰어난 행위와 덕성을 읽었기 때문이다. 그러므로 사랑하는 여러분, 하나님께는 영혼을 만족시킬 만한 탁월함이 없습니까? 하나님께는 신의와 신실함이 없습니까? 하나님께서는 사랑과 자비가 없습니까? 주님께서는 나의 형편이 어떠하든 상관없이 모든 위로의 하나님, 자비의 하나님이 아니십니까? 하나님은 말할 수 없이 넓고 큰 사랑과 자비가 없습니까? 여러분은 성경이라는 이 작은 책에서 사랑과 은혜의 아름다운 이야기들을 얼마나 많이 읽을 수 있는지 압니까? 이뿐 아닙니다. 확신이 없는 사람에게도 때로는 약속이 와서 그를 격려합니다. 엘리야가 시냇가에 숨어 지내며 그 땅의 일반적인 음식을 먹지 못할 때 까마귀가 특별한 고기와 음식을 날라다 주었습니다. 경건한 사람이 이와 같은 형편에 있을 때 이러저러한 까마귀가 위로를 주지 않은 경우가 있습니까? 어떤 때는 시험이 까마귀가 됩니다. 하나님께서 그 시험과 유혹을 까마귀로 삼으십니다. 어떤 때는 버림받음이, 또 어떤 때는 고통이 까마귀가 됩니다. 이러한 형편에 있는데 어떤 특정한 말씀과 약속이 그의 영혼으로 들어옵니다. 여기에 위로와 즐거움이 없겠습니까? 그러므로 나는 말합니다. 지금 비록 확신이 없어도 평안히 살 수 있습니다. 따라서 지금은 비록 확신이 없어도 경건한 사람은 절망할 이유가 전혀 없습니다.

여러분은 말합니다. 하지만 내게는 하나님의 사랑에 대한 고정된 확신, 즉 땅의 일반적인 음식이 없을 뿐 아니라 위로해 줄 까마귀도 없습니다. 다시 말해 내게는 내 영혼을 위로하고 어둡고 힘든 상황에서 나를 붙들어 줄 약속이나 특별한 말씀이 없습니다. 비록 내게 고정된 확신이 없어도, 이 확신을 얻기까지 내게 특별한 말씀이나 약속이 있어 나를 붙들어 준다면 나는 절망하지 않을 것입니다. 하지만 나는 이 고정된 확신도 없고, 또 이 확신이 오기까지 내 영혼을 격려하고 붙들어 줄 특별한 말씀이나 약속도 없습니다. 그러므로 나는 이렇게 절망합니다. 과연 나는 절망할 이유가 없습니까?

대답하겠습니다. 없습니다. 그리스도인 여러분, 여러분은 어떤 특별한 말씀이나 약속을 얻고자 합니까? 여러분 앞에는 지금 황금의 약속을 가득 담은 주머니, 곧 온전한 복음이 있지 않습니까? 어떤 아버지에게 두 자녀가 있습니다. 그는 한 자녀에게 와서 금화 한 닢을 주면서 말합니다. 애야, 이것으로 네게 필요한 것을 충당하여라. 하지만 다른 자녀에게는 이렇게 말합니다. 애야, 나는 너의 궁핍을 알고 있다. 나의 서재에 금화와 은화가 가득 담긴 자루들이 있으니, 여기 내 서재 열쇠를 들고 가서 네가 원하는 대로 가져다 쓰거라. 두 번째 자녀의 형편이 첫 번째 자녀의 형편과 같거나 좀 더 낫지 않습니까? 성도들이 이와 같습니다. 주님께서는 어떤 자녀들에게 종종 기꺼이 특별한 말씀을 주시지만, 다른 자녀들에게는 도리어 이렇게 말씀하십니다. 이 믿음의 열쇠를 받아라. 믿음이야말로 모든 약속을 여는 열쇠이며 능력이다. 나는 너희에게 믿음을 준다. 그리고 이 믿음으로 나는 너희에게 나의 모든 약속 앞으로 나아갈 능력을 준다. 지금 이 성도들의 형편이 먼저 언급한 성도들의 형편만큼 좋지 않습니까? 하나님의 모든 성도 여러분, 사도가 고린도후서 7:1에서 말하는 "이 약속"을 받은 모든 성도들이 이와 같습니다.

은혜의 약속이 여러분의 것입니다. 그러므로 여러분은 나를 붙들어 주는 말씀도 약속도 없다는 말을 할 수 없습니다. 은혜의 약속이 여러분의 것이라는 사실은 다음에서 명백해집니다.
1. 여러분이 약속에 의지하는 것 자체가 약속을 여러분의 것으

로 만듭니다. 말하자면, 여러분이 약속에 의지하면 약속은 여러분의 것이 됩니다. 2. 계명이 여러분의 것이라면 약속은 왜 여러분의 것이 아니겠습니까? 계명의 말씀이 여러분의 것이지 않습니까? 즉, "너희는 살인하지 말라. 너희는 간음하지 말라. 너희는 도둑질하지 말라"와 같은 이 말씀들 말입니다. 이 계명의 말씀이 여러분의 것입니까? 예, 명백히 그렇습니다. 계명은 "**너희는, 너희는, 너희는……말라**" 하는 식으로 기록되었습니다. **너희**라는 이 말에는 **나**도 포함됩니다. 약속의 말씀 또한 **너희, 네, 너희의**와 같은 말들을 사용하고 있습니다. "여호와를 의뢰하고 선을 행하라. 땅에 머무는 동안 그의 성실을 먹을거리로 삼을지어다. 또 여호와를 기뻐하라. 그가 네 마음의 소원을 네게 이루어 주시리로다."시 37:3-4 여러분이 자신을 계명의 "너희"에 포함시키면, 하나님께서는 여러분을 약속의 "너희"에 포함해 주실 것입니다. 3. 여러분이 약속에 의지할 수 있고 의지하는 것이 의무라면, 약속은 여러분의 것입니다. 여러분은 성화를 위한 은혜와 거룩함의 약속에 의지할 수 있으며, 의지하지 않는 것이 죄라면, 의지하는 것은 여러분의 의무입니다. 사실, 믿지 않는 것과 약속을 의지하지 않는 것은 죄입니다. 하지만 여러분은 위로의 약속과 성화의 약속에는 큰 차이가 있다는 점을 알아야 합니다. 거룩함을 추구하는 노력 없이 위로의 약속만을 주장하는 것은 주제넘은 일입니다. 더 거룩하게 되고자 성화의 약속을 자신의 것으로 삼는 것은 주제넘은 일이 아니라 나의 의무입니다. 그리고 이 약속을 사용하고 의지하는 것이 여러분의 의무라면, 약속은 여러분의 것이 됩니다.

여러분은 대답합니다. 오, 하지만 내가 성경 말씀을 보니 하나님의 약속은 어떤 조건 하에서만 유효한데, 나는 그 조건을 이행할 능력이 없습니다. 내게서는 그러한 조건을 찾을 수 없으니, 나는 약속들 앞으로 나아갈 수 없고 그 약속들에 대한 권리도 없는 것이 아닌가 하여 두렵습니다.

하지만 조건을 이행하지 않았음에도 선하고 은혜로운 사람은 이 조건부 약속을 사용할 수 있다면 어찌하겠습니까? 느헤미야 1장을 보십시오. 거기에 유대인들이 포로로 잡혀간 상황이 나옵니다. 느헤미야는 기도로 하나님 앞에 나아가, 하나님께서 예전에 그분의 종 모세를 통해 유대인들에게 하신 약속을 주장합니다. "옛적에 주께서 주의 종 모세에게 명령하여 이르시되 만일 너희가 범죄하면 내가 너희를 여러 나라 가운데에 흩을 것이요, 만일 내게로 돌아와 내 계명을 지켜 행하면 너희 쫓긴 자가 하늘 끝에 있을지라도 내가 거기서부터 그들을 모아 내 이름을 두려고 택한 곳에 돌아오게 하리라 하신 말씀을 이제 청하건대 기억하옵소서. 이들은 주께서 일찍이 큰 권능과 강한 손으로 구속하신 주의 종들이요 주의 백성이니이다."8-10절 바빌론의 유대인들은 말씀에 따라 흩어졌지만, 안타깝게도 약속의 조건대로 주님께 돌아오지 않았고 죄를 버리지도 않았습니다. 그럼에도 느헤미야는 주님 앞으로 가서 이 약속을 주장했고, 여러분이 그다음 장에서 확인할 수 있듯이, 주님께서는 그의 기도를 들어주셨으며, 그의 기도는 받아들여졌습니다.

어떤 한 약속에서 요구하는 조건이 다른 곳에서는 약속된 내용이라면 어떻습니까? 여러분은 그 약속의 조건을 이행하지 못했으므로 그 약속은 여러분의 것이 아니라고 염려합니까? 사실 한 약속에서 제시된 조건은 다른 곳에서 약속된 내용입니다. 예를 들어 보겠습니다. 한 약속에서는 회개가 그 약속의 조건입니다.대하 6:37-38, 욜 2:15-19 하지만 다른 곳에서는 회개가 약속된 내용입니다. "너희 육신에서 굳은 마음을 제거하고 부드러운 마음을 줄 것이며."겔 36:26 한 약속에서는 믿음과 그리스도에게 나아옴을 조건으로 제시합니다. "수고하고 무거운 짐 진 자들아, 다 내게로 오라. 내가 너희를 쉬게 하리라."마 11:28 하지만 또 다른 곳에서는 이와 동일한 내용의 약속이 나옵니다. "아버지께서 내게 주시는 자는 다 내게로 올 것이요."요 6:37 한 약속에서는 순종이 그 약속의 조건입니다. "너희가 즐겨 순종하면 땅의 아름다운 소산을 먹을 것이요."사 1:19 다른 곳에서는 그 순종이 약속된 내용입니다. "또 내 영을 너희 속에 두어 너희로 내 율례를 행하게 하리니."겔 36:27 한 약속에서는 인내가 조건입니다. "그러나 끝까지 견디는 자는 구원을 얻으리라."마 24:13 하지만 다른 곳에서는 그 인내가 약속된 내용입니다. "그 잎사귀가 마르지 아니함 같으니."시 1:3, "……나를 경외함을 그들의 마음에 두어 나를 떠나지 않게 하고."렘 32:40 구약성경의 한 책에서는 유대인들이 죄악에서 돌아서는 조건으로 그들에게 구속자가 온다고 약속되어 있습니다. "여호와의 말씀이니라. 구속자가 시온에 임하며 야곱의 자손 가운데에서 죄과를 떠나는 자에게 임하리라."사 59:20 하지만 신약성경의 어떤 책에서는 야곱을 죄악에서 돌이키겠다는 내용이 약속되어 있습니다. "……구원자가 시온에서 오사 야곱에게서 경건하지 않은 것을 돌이키시겠고."롬 11:26 이와 같이 한 약속의 조건이 다른 곳에서는 그렇게 해주겠다는 약속의 내용이 되어도, 여러분은 그 조건을 이행하지 못했으니 그 약속은 여러분의 것이 아니라고 걱정하겠습니까?

그리고 약속의 조건을 누군가 여러분을 대표하여 여러분이 이행할 수 있는 것보다 더 잘 이행한다면 어떻겠습니까? 태초에 주님께서 사람과 언약을 맺으셨고, 바로 '행위 언약'을 맺으셨습니다. 말하자면 "이를 행하라. 그러면 살리라" 하는 약속입니다.눅 10:28-옮긴이 첫 번째 인간 아담은 우리 모두를 대표하는 자로서 이 행위의 조건을 이행하려고 섰습니다. 아담이 그 조건을 이행했더라면 우리 모두가 그 조건을 이행한 것이 되었을 것입니다. **그런데** 주님께서 '은혜 언약'이라는 새로운 언약을 사람과 맺으십니다. 주 예수 그리스도께서는 두 번째 아담이시고 우리 모두를 대표하는 분으로 서 계시니, 그분께서 조건을 이행하시면 그분의 모든 자손이 조건을 이행하는 것이 됩니다. 그리고 주 예수 그리스도께서는 그분의 모든 자손을 위해 그 조건을 이행하셨습니다. 첫 번째 아담은 그의 자손을 위해 이행해야 할 조건을 이행하지 못했지만, 두 번째 아담은 그분의 자손을 위해 그 약속의 조건, 그 언약의 조건을 완전히 이행하셨습니다. 그러므로 이 세 가지―첫째, 사람은 약속의 조건을 다 이행하지 못해도 그 조건부 약속 앞으로 나아가 받아들여질 수 있다는 점, 둘째, 한 약속의 조건은 다른 곳에서 약속된 내용이라는 점, 셋째, 주 예수 그리스도께서 여러분을 위해 그 약속의 조건을 여러분이 이행할 수 있는 것보다 더 잘 이행하셨다는 점―가 모두 옳다면, 조건을 이행하지 못해서 여러분이 절망하고 약속 앞으로 나아가지 못할 이유가 있겠습니까?

하지만 여러분은 말할 것입니다. 이것은 내 경우가 아닙니다. 왜냐하면 나는 하나님의 사랑에 대한 확신도 없고 특별한 약속을 받은 것도 아니며 약속 대신 오히려 내 영혼이 경고를 받았기 때문입니다. 오, 고통스러운 그 협박의 말씀이 내 가슴에 있습니다. 사실 이전에는 내게 약속이 있던 때가 있었습니다. 나는 약속이 있었고 그 약속을 즐거워했다고 말할 수 있습니다. 하지만 지금은 그 약속을 잃었고, 약속 대신 경고가 왔습니다. 오, 나는 지금도 그 경고의 통렬함과 분노를 느낍니다. 이러한 내게 절망할 정당한 이유와 까닭이 없습니까?

없습니다. 여러분이 이왕에 그리스도에게 이끌려 왔다면, 베 줄에 이끌려 왔는가, 비단 줄에 이끌려 왔는가가 중요하겠습니까? 하나님께서는 우리를 그리스도에게 이끄시되 두 팔로 이끄십니다. 하나는 사랑의 팔이요, 또 하나는 분노와 공의의 팔입니다. 그 사랑의 팔은 약속으로 내미시고, 분노와 공의의 팔은 경고로 내미십니다. 이와 같이 그분께서는 두 팔을 다 사용하셔서 넘어진 죄인들을 일으키십니다. 여러분이 일어서기만 한다면, 그분께서 여러분을 왼팔로 일으키시면 어떻습니까! 그분께서는 더러 우리를 경고의 팔로 일으키시는데, 이는 결국 우리를 그분의 약속의 팔로 안고 가시려 함입니다. 율법이 우리를 그리스도에게 인도하는 초등교사라면, 경고는 우리를 약속으로 인도하는 초등교사이기 때문입니다. 경고가 이미 왔습니까? 그렇다면 이제 약속이 옵니다. 경고는 우리를 약속으로 인도하기 위해 옵니다.

여러분이 불평하는 이것이 성도들의 일반적인 경험이라면, 여러분은 절망할 이유가 없습니다. 여러분이 약속을 잊었다고 하는 문제에 관해서는, 여호수아의 경우를 봅시다. 주님께서는 여호수아에게 은혜로운 약속을 주셨습니다. "내가 너를 떠나지 아니하며 버리지 아니하리니 강하고 담대하라."수1:5-6 하지만 이스라엘 자손들이 아이 사람들과의 전투에 투입되었을 때, 여호수아가 어떤 식으로 그 약속을 망각하는지 보십시오. "여호수아가 옷을 찢고 이스라엘 장로들과 함께 여호와의 궤 앞에서 땅에 엎드려 머리에 티끌을 뒤집어쓰고 저물도록 있다가 이르되 슬프도소이다. 주 여호와여, 어찌하여 이 백성을 인도하여 요단을 건너게 하시고 우리를 아모리 사람의 손에 넘겨 멸망시키려 하셨나이까. 우리가 요단 저쪽을 만족하게 여겨 거주하였더면 좋을 뻔하였나이다."수7:6-7 오, 이러한 불신이 있다니요! 이러한 절망이 있다니요! 이렇게 약속을 잊을 수 있단 말입니까! 여호수아는 말했습니다. "주여, 이스라엘이 그의 원수들 앞에서 돌아섰으니 내가 무슨 말을 하오리이까."수7:8-옮긴이 여호수아조차 약속 앞에서 패하고 돌아왔는데, 이제 **우리가** 무슨 말을 할 수 있겠습니까? 여기 여호수아의 경우에서 보듯, 그는 이전에 받았던 약속을 잊었습니다. 경고에 관해 말하자면, 여러분은 다윗의 경우가 어떠하였는지 알고 있습니다. 주님께서는 우리야의 문제로 큰 죄를 저지른 다윗에게 이처럼 경고하십니다. "칼이 네 집에서 영원토록 떠나지 아니하리라."삼하 12:10-옮긴이 이로써 경고는 다윗을 사로잡았고, 다윗은 이 경고의 습격을 받는 운명에 처했습니다. 여호수아는 경건한 사람이 아니었습니까? 다윗도 경건한 사람이 아니었습니까? 모두 경건한 사람들이었습니다. 그러므로 이처럼 경건한 사람들도 약속을 망각할 수 있으며, 그 영혼 또한 경고의 습격을 받을 수 있습니다.

하지만 주님께서 하신 약속과 경고는 결코 취소되지 않습니다. 그렇다면 여러분이 이 경고 문제와 관련하여 두려워할 이유는 없습니다. 일반적으로 경고는 실제로 그 경고가 실현되는 일을 방지하는 차원에서 내려집니다. 요나는 이 점을 잘 알고 있었습니다. 그러므로 자신은 스페인으로 달아난다고 주님께 말합니다. "주께서는 은혜로우시며 자비로우시며 노하기를 더디하시며 인애가 크시사 뜻을 돌이켜 재앙을 내리지 아니하시는 하나님이신 줄을 내가 알았음이니이다."욘 4:2-옮긴이 그의 말은 거의 이런 뜻이 아니었나 싶습니다. 즉, 주님, 주님께서는 은혜가 한량없는 하나님이시니, 비록 니느웨에 경고하셔도 결국 그 경고를 철회하실 줄을 나는 알고 있었습니다. 하지만 영혼에게 한 번 하신 약속은 결코 파기되거나 철회되지 않을 것입니다. 그 약속은 종종 그렇듯이 맹세로 격상되는데, 하나님께서 영혼에 약속을 하실 때 이의가 제기되면, 하나님께서는 동일한 약속을 반복하시고 이는 곧 맹세와 다름없습니다. 주님께서 말씀하십니다. "나는 결단코 너희에게 한 이 약속을 파기하지 않으리라." 한 번 하신 약속은 결코 파기되거나 철회되지 않을 것입니다. 갈라디아서 3장에서 여러분은 지금 논의되는 이 문제를 확인할 수 있습니다. 15절에서 바울은 말합니다. "형제들아, 내가 사람의 예대로 말하노니 사람의 언약이라도 정한 후에는 아무도 폐하거나 더하거나 하지 못하느니라." 이처럼 약속을 말씀하셨으므로, 비록 율법이 약속 뒤에 와도 그 약속은 폐기되지 않는다고 사도는 말합니다. 그런데 주님께서 아브라함에게 주신 그 약속이 430년 뒤에 생긴 율법에 의해 폐기되지 않는다면,[17절] "율법의 용도는 무엇입니까?" 사도는 19절에서 우리에게 말합니다. "그런즉 율법은 무엇이냐 범법하므로 더하여진 것이라." 이제 여러분이 말합니다. 하나님께서 이전에 주신 약속이 그 뒤에 오는 경고에 의해 철회되거나 무효가 되지 않는다면, 내 영혼에 율법이나 경고를 주신 까닭이 무엇입니까? 그것은 범죄들 때문에 더하여진 것입니다. 여러분이 저질렀으나 여러분이 생각하지 못한 범죄들, 하나님께서는 여러분에게 밝히실 그 범죄들을 알고 계시고, 따라서 그 후에 경고와 율법이 온 것입니다. 하지만 여러분은 말합니다. 나는 약속이 전혀 보이지 않으니 약속을 잊은 것입니다. 그렇다면 유대인들은 아브라함에게 하신 그 약속을 망각하지 않았단 말입니까? 하나님께서 율법을 주시고 그들이 두려움과 떨림으로 시내산 앞에 섰을 때, 그들은 아브라함에게 주신 그 약속을 망각하지 않았습니까? 그러므로 나는 말합니다. 여러분이 이전에 얻었던 약속을 망각하고 그 자리를 경고가 대신 차지했더라도, 430일 전이든 여러 해 전이든 한 번 주신 약속은 결코 취소되거나 파기되지 않을 것입니다. 하나님께서는 복음의 문제와 관련해서는 후회가 없으시기 때문입니다. 여러분이 성경에서 읽는 대로, 하나님께서는 더러 후회하신다고 합니다. "이는 내가 그것들을 지었음을 후회함이니라"(창 6:7, KJV, "……한탄함이니라", 개역개정―옮긴이). 그런가 하면 후회하지 않으신다고 하는 말씀도 있습니다. "그는 사람이 아니시므로 결코 후회하지 않으심이니이다 하니"(삼상 15:29, KJV, "……변개하지 않으심이니이다 하니", 개역개정―옮긴이). 후회하신다. 후회하지 않으신다. 이 상반된 두 진술은 어떻게 양립할 수 있습니까? 우리의 현재의 목적에 맞도록 하나님께서는 경고와 관련해서는 후회하시고, 약속과 관련해서는 결코 후회하지 않으십니다. 하나님께서는 경고 문제에 대해 후회하시므로 예레미야에게 이렇게 말씀하십니다. "이는 내가 뜻을 돌이키기에 지쳤음이로다."렘 15:6 나는 경고하고 또 경고했으나 이제 경고하기에도 지쳤다. 하나님께서는 이처럼 경고와 관련해서는 후회하셨지만, 약속에 관해서는 결코 후회하지 않으십니다. 따라서 사도는 로마서 11:29에서 말합니다. "하나님의 은사와 부르심에는 후회하심이 없느니라." 약속은 큰 선물입니다. 그러므로 이 약속과 관련해서는 하나님께서는 결코 후회하지 않으십니다. 불쌍한 영혼들이여, 여러분은 어찌하여 5년 전, 10년 전, 20년 전에 받은 약속을 모두 잊었단 말입니까? 어찌하여 여러분의 영혼에 그 약속 대신 경고가 들어앉아 여러분의 마음을 두려워 떨게 한단 말입니까? 나는 여기서 여러분에게 주님의 말씀에 근거하여 말합니다. 지금은 비록 여러분이 약속을 잊었더라도 한 번 여러분에게 주어진 약속은 결코 철회되거나 취소되지 아니할 것입니다. 오, 이 얼마나 격려가 되는 일인지요! 이것이 절망스러운 일입니까? 아닙니다. 크게 격려가 되는 일입니다.

여러분은 대답합니다. 오, 하지만 이것은 내 경우가 아닙니다. 나는 하나님의 사랑에 대한 확신은 없고, 오히려 하나님의 진노에 대한 확신만 넘칩니다. 나는 내 구원에 대한 확신은 없고, 오히려 나의 저주에 대한 확신만 넘칩니다. 나는 나를 하나님의 자녀라고 내 영과 더불어 증언하시는 성령의 증언은 없고, 오히려 나는 하나님께 버림받은 자라고 내게 증언하는 또 다른 증언만 있습니다. 이러한 내게 절망할 이유가 없습니까?

아니, 여전히 없습니다. 아마도 여러분은 하나님의 섭리의 이면을 보았을 것입니다. 하나님의 섭리의 앞면을 바라보면 그분의 사랑과 기쁘신 뜻을 볼 수 있습니다. 하지만 우리가 그분 섭리의 뒷면을 볼 때는 그분의 분노와 노여움을 보는 것으로 끝납니다. 여기서는 여러분의 경우가 그러할 것입니다. 하지만 여러분이 성경 전체를 봐도 여러분이 위에서 말한 것처럼 하나님께 영원히 버림받고 저주받은 자라는 증언을 찾을 수 없다면, 여러분은 이 문제와 관련하여 두려워하거나 절망할 이유가 없습니다. 이제 성경을 찾아봅시다. 여러분은 말씀에서 그러한 영원한 저주의 증언에 대한 근거 같은 것은 발견할 수 없을 것입니다. 이 영원한 저주에 관해 우리가 아는 것은 사실 성경 외부의 글, 곧 절망으로 유명한 프란체스코 슈피에라(Francesco Spiera, 1502-1548, 이탈리아의 개신교 법률가. 그의 죽음과 관련해 많은 논란이 있었다—옮긴이)의 일화에서 온 것입니다. 친구들이 찾아와서 위로의 말을 하자, 슈피에라는 이렇게 말했습니다. 왜 당신들은 나를 위로하려 하는 거요? 나는 영원히 저주받은 자이니 위로는 나와 상관없는 일이오. 그중 한 친구가 말했습니다. 오, 그렇게 말하지 마시오. 누구도 그런 말을 할 수 없소. 그러자 슈피에라는 말했습니다. 아니요. 나는 그렇게 말해도 됩니다. 하나님의 선택을 받은 자들에게는 그들이 하나님의 자녀라고 증언하는 성령이 그들 안에 있듯이, 하나님께 영원히 버림받은 자들에게는 그들이 하나님의 자녀가 아니라 사탄의 자녀라고 그들의 영과 더불어 증언하는 또 다른 영이 있소. 바로 그 영원한 저주의 영이 내게 있단 말이오. 사랑하는 여러분, 여기서 말하는 것과 같은 영원한 저주의 영이나 증언이 있다면, 그것은 틀림없이 하나님의 성령으로부터 왔거나 사탄의 영으로부터 왔을 것입니다. 사탄의 영으로부터 왔다면, 그는 거짓말쟁이니 믿을 것이 못 됩니다. 그러나 하나님의 성령으로부터 왔다면, 그것이 어떻게 말씀과 일치하겠습니까? 하나님의 성령께서는 위로자라고 불리시는데, 영원한 저주의 영이 위로자에게서 올 수 있습니까? 그리고 여러분에게 지금 논의하는 것과 같은 증언이 있다면, 그것은 틀림없이 말씀으로부터 왔거나 말씀과 상관없이 하나님의 성령으로부터만 왔을 것입니다. 말씀으로부터 왔다면, 그것은 경고로부터 온 것입니다. 왜냐하면 그러한 증언은 약속으로부터 온 것도 아니요, 계명으로부터 온 것도 아니기 때문입니다. 경고로부터 왔다면, 경고는 취소될 수 있습니다. 여러분이 지금까지 들었듯이 경고는 철회될 수 있습니다. 그리고 여러분이 이 영원한 저주의 영을 주님의 성령으로부터 받았다면, 그 성령께서 어찌 위로자라고 불릴 수 있겠습니까? 그러므로 여러분의 가슴에 그러한 영이 있다면 명백히 그것은 사탄으로부터 온 것이고, 그 사탄은 거짓말쟁이입니다. 사랑하는 여러분, 나는 여기서 여러분에게 호소하고자 합니다. 살아생전에 스스로 말하기를, 나는 필시 지옥에 가리라 하던 많은 영혼들이 지금 천국에 있음을 여러분은 믿지 않습니까? 손에 들고 있던 잔을 땅바닥에 내던지며 말했다는 그 유명한 여인의 이야기를 여러분은 알고 있습니다. 이 잔이 깨지는 게 확실하듯 나 또한 그렇게 확실하게 저주받으리라. 하지만 그 잔은 깨지지 않았습니다. 그러므로 보십시오. 여러분만 지금 그러한 형편에 있는 것이 아닙니다. 하나님의 다른 백성들도 이와 같은 시험의 방식으로 인도받고 있거나 인도받았을 것입니다. 그러므로 여러분이 낙심하거나 절망할 이유는 없습니다.

여러분은 다시 말합니다. 이것은 내 경우나 형편에 해당하지 않습니다. 나는 하나님의 사랑과 나 자신의 구원에 대한 확신이 없으며, 최근 2년, 4년, 6년, 8년, 10년을 돌아봐도 그런 확신은 없었습니다. 이처럼 오랫동안 불신에 싸여 의심이 지속되었고, 내 마음은 돌처럼 단단해졌습니다. 이제 나의 치유나 구원은 불가능한 것이 아닌가 하여 두렵습니다. 오, 나는 이러저러한 고귀한 복음의 수단들을 오랫동안 접했는데, 하나님께서 내게 사랑에 대한 확신을 주실 생각이 있으셨다면, 진즉에 나는 그 확신을 얻었을 것입니다. 여러 해 동안 나는 위로가 되는 설교를 들었고 복음의 가르침을 받았지만 여전히 내 구원에 대한 확신이 없습니다. 주님께서 내게 확신을 주고자 하셨으면 분명히 이전에 이미 그 확신을 얻었을 것입니다. 하지만 나는 여전히 믿지 못하고 확신이 없습니다. 내 마음은 불신으로 단단히 굳었고, 이처럼 크게 절망하고 있습니다. 이런데도 내게 절망할 이유와 까닭이 없습니까?

여전히 없습니다. 천국에 대한 증거는 (우리의 은혜는 물론 위로에 대한 증거도) 하나님께서 간직하고 계시기 때문입니다. 그분께서는 이처럼 우리의 천국과 구원에 대한 증거를 가지고 계시다가, 비록 우리가 원하는 시간은 아니지만 주님께서 보시기에 우리에게 가장 합당한 시간에, 우리가 가장 필요로 하는 때에 그 증거를 내놓으십니다. 여러분이 이사야 46장을 보면, 주님께서 마음이 굳은 죄인들에게 얼마나 은혜로운 약속을 초청과 더불어 하시는지 알 수 있을 것입니다. 12-13절입니다. "마음이 완악하여 공의에서 멀리 떠난 너희여, 내게 들으라. 내가 나의 공의를 가깝게 할 것인즉 그것이 멀지 아니하나니 나의 구원이 지체하지 아니할 것이라." 여러분은 말합니다. 오, 나는 스스로 확신할 만한 의로움이 없습니다! 주님께서 말씀하십니다. 네 의로움은 말하지 말라! "내가 나의 공의를 가깝게 할 것인즉." 오, 하지만 나의 마음은 죽어 무디고 완악합니다! 그렇다면 마음이 완악한 너희여, 내게 들으라 하시며 하나님께서 말씀하십니다. 오, 하지만 나는 의로움에서 멀리 떠나 있습니다! 그렇다면 다음과 같은 주님의 말씀을 들으십시오. "마음이 완악하여 공의에서 멀리 떠난 너희여, 내게 들으라. 내가 나의 공의를 가깝게 할 것인즉 그것이 멀지 아니하나니 나의 구원이 지체하지 아니할 것이라."

하지만 여러분이 이 부분을 충분히 납득할 수 있도록 다음의 서너 가지 진술을 잘 생각해 보기 바랍니다.

1. 하나님의 사랑에 대한 온전한 확신에 이르는 것은 물론 가능한 일이지만, 확신이 없는 사람도 구원의 믿음을 가질 수 있습니다. 믿음과 확신은 다릅니다. 사도는 다음과 같이 말합니다. "참 마음과 온전한 믿음으로 하나님께 나아가자."히 10:22 확고한 믿음은 위로하지만 의지하는 믿음은 구원합니다. 하나님의 사랑을 전혀 의심하지 않는 확고함이나 확신을 갖는 것은 가능한 일입니다. 그러나 일반적으로 자신의 구원을 의심하지 않은 사람은 결코 자신의 구원을 확신할 수 없습니다. 구원으로 가는 첫 단계는 구원이 없음을 아는 것입니다. 우리는 지옥문을 거쳐서 천국으로 가야 합니다. 사탄에게 더러 시달림을 당하지 않은 사람은 사탄에게 사로잡히고 맙니다. 일반적으로 보면, 자신의 구원을 의심하지 않은 사람은 결코 자신의 구원에 대한 확신을 가질 수 없습니다. 자신의 구원에 대한 확신이 없는 사람도 참된 구원의 믿음을 가질 수 있습니다. 이것이 첫 번째 진술입니다.

2. 참된 구원의 믿음이 있음에도 여전히 확신이 없을 수 있듯이, 강한 믿음과 확신이 있음에도 여전히 그 영혼에는 많은 의

심과 두려움과 불신이 있을 수 있습니다. 모든 교회 가운데 유독 데살로니가 교회가 그 믿음과 은혜로 가장 크게 칭찬을 받았습니다. "그러므로 너희가 마게도냐와 아가야에 있는 모든 믿는 자의 본이 되었느니라."살전 1:7 하지만 데살로니가전서 3:10에서 사도는 그들의 믿음에 부족한 것이 있다고 말합니다. "주야로 심히 간구함은 너희 얼굴을 보고 너희 믿음이 부족한 것을 보충하게 하려 함이라." 그들은 믿음에 부족한 것이 있었음에도 모든 교회에 믿음의 본보기가 되었습니다.

3. 믿음과 확신이 강해도 그 영혼에 여전히 의심과 두려움이 남아 있을 수 있듯이, 강한 믿음과 확신이 있음에도 오랫동안 그것을 느끼지 못할 수 있습니다. 그러므로 아가의 신부는 어떤 곳에서는 "나는 내 사랑하는 자에게 속하였고 내 사랑하는 자는 내게 속하였으며"아 6:3 - 옮긴이라고 말하다가 또 어떤 곳에서는 이렇게 말하기도 합니다. "내가 내 사랑하는 자를 위하여 문을 열었으나 그는 벌써 물러갔네. 그가 말할 때에 내 혼이 나갔구나. 내가 그를 찾아도 못 만났고 불러도 응답이 없었노라."아 5:6 - 옮긴이

4. 강한 믿음이 있어도 오랫동안 그것을 못 느낄 수 있듯이, 경건하고 은혜로운 사람이라도 장시간 계속해서 의심할 수 있으며, 결국에는 그 의심을 떨쳐 내지 못하고 죽을 수도 있습니다. 경건한 사람과 악인은 정반대입니다. 여러분이 알 수 있듯이, 악인은 자신의 형편이 좋다고 생각하지만 사실 그의 형편은 대단히 안 좋을 수 있습니다. 그는 천국에 가기를 희망하고 확신하며 또 이러한 확신으로 죽지만, 실제로는 지옥에 갈 수 있습니

다. 요한계시록 3:16에서 여러분은 라오디게아 교회와 관련하여 이와 같은 내용을 읽을 수 있습니다. "네가 이같이 미지근하여 뜨겁지도 아니하고 차지도 아니하니 내 입에서 너를 토하여 버리리라." "네가 차든지 뜨겁든지 하기를 원하노라.……네가 말하기를 나는 부자라. 부요하여 부족한 것이 없다 하나 네 곤고한 것과 가련한 것과 가난한 것과 눈 먼 것과 벌거벗은 것을 알지 못하는도다."^{15, 17절} 그러므로 나는 말합니다. 악인은 자신의 형편이 좋다고 생각하지만 실상은 대단히 나쁠 수 있습니다. 그렇습니다. 악인이 이와 같은 확신으로 죽을 수 있음은 어리석은 처녀들의 비유뿐 아니라 우리의 일상적인 경험으로도 알 수 있습니다. 이와는 반대로, 자신의 형편이 나쁘다고 생각하여 오랫동안 두려워 떨다가 결국에는 이 두려움을 떨치지 못하고 죽기까지 하는 사람이 있지만, 사실 이 사람의 형편은 대단히 좋을 수 있습니다. 잘 생각해 봅시다. 나는 사실, 일반적으로 하나님께서는 자기 자녀가 죽기 전에 이러저러한 위로를 들고 오시는 것을 압니다. 그렇다고 자신의 구원을 의심하거나 의심한 채로 죽는 사람이 반드시 지옥에 간다고는 말할 수 없을 것입니다. 그렇습니다. 사람은 오랫동안 의심하고 두려워할 수 있으며, 끝내 의심을 떨치지 못하고 하나님의 사랑에 대한 최종적인 확신 없이 죽을 수도 있지만, 그런 그가 천국에 가서 영원히 구원받을 수 있습니다. 여러분이 오래 기다렸고 오래 확신이 없었지만, 하나님께서 유달리 여러분만을 그렇게 인도하신 것이 아닙니다. 여러분의 처지는 하나님의 귀한 종이며 자녀들의 형편과 크게 다르지 않습니다.

여러분이 지금은 비록 하나님의 사랑과 여러분의 구원에 대한 확신이 없어도, 성경적 논거에 의해 죽기 전에 그 확신을 얻으리라고 결론을 내릴 수 있다면, 절망할 아무런 이유가 없습니다. 이러저러한 특정 그리스도인이 특정한 경우에 자신의 영원한 형편에 대하여 큰 두려움과 의심을 해소하지 못한 채 죽기도 하지만, 일반적으로 우리는 죽기 전에 평안과 확신을 얻을 것을 알고 그렇게 결론 내릴 수 있는 성경적 논거가 있습니다. 예를 들어, 기꺼이 기다렸으되 자비를 얻지 못하고 가는 사람이라 해도 하나님께서 하고자 하시면 영원히 그 자비를 못 얻는 일은 없을 것입니다. "궁핍한 자가 항상 잊어버림을 당하지 아니함이여. 가난한 자들이 영원히 실망하지 아니하리로다."시 9:18 고통을 지속하는 방법이 그 고통을 만족하지 않는 것이라면, 고통을 제거하는 방법은 그 고통을 만족하는 것입니다. 기대하는 믿음이 있고, 의지하는 믿음이 있으며, 확신하는 믿음이 있습니다. 기대하는 믿음이 비상하여 의지하는 믿음이 되고, 의지하는 믿음이 비상하여 확신하는 믿음이 됩니다. 사실 의지하는 믿음은 그 자체만이 아니라 늘 그 아래 깊은 곳에 어떤 확신의 믿음을 품고 있으며, 이 확신의 믿음은 하나님께서 원하시면 언제든 수면 위로 떠오를 수 있습니다.

여러분이 광야와 사막에 있을 때 주님께서 여러분의 영혼을 위해 놀라운 일을 행하셨다면, 분명히 그분께서는 여러분을 안식의 땅으로 데려오실 것입니다. 그분께서는 다윗을 그렇게 대하셨고, 이스라엘을 그렇게 대하셨으며, 여러분을 그렇게 대하실 것입니다.

확신의 문제와 관련하여 여러분의 마음이 올바르다면, 하나님께서는 분명히 여러분에게 확신을 주실 것입니다. 여러분이 알고 있듯이, 시편 기자는 이와 같이 말합니다. "여호와께서 은혜와 영화를 주시며 정직하게 행하는 자에게 좋은 것을 아끼지 아니하실 것임이니이다."시 84:11 그러므로 확신의 문제와 관련하여 여러분의 마음이 그동안 올바르고 정직했다면, 지금은 비록 여러분에게 확신이 없어도 주님께서 여러분에게 확신을 주실 것입니다. 이제 여러분에게 묻습니다. 이 확신과 관련하여 마음이 바르고 정직한 것은 어느 경우를 두고 하는 말입니까? 자신의 위로와 평안을 위해서가 아니라 하나님을 더욱 찬양하고 섬기기 위해 하나님의 사랑과 자신의 구원에 대한 확신을 바라는 경우가 아니겠습니까? 이에 대해서는 시편 9편을 보고, 다윗이 하나님을 찬양하고 섬기고자 하는 이 목적에 얼마나 부합하게 말하는지 봅시다. "여호와여, 내게 은혜를 베푸소서. 나를 사망의 문에서 일으키시는 주여, 나를 미워하는 자에게서 받는 나의 고통을 보소서. 그리하시면 내가 주의 찬송을 다 전할 것이요, 딸 시온의 문에서 주의 구원을 기뻐하리이다."13-14 여기서 살펴볼 것은 세 가지입니다. 첫째, 그는 대단히 안 좋은 형편인 사망의 문에 있었습니다. "사망의 문에서"라고 말하는데, 이는 사망의 권세를 말합니다. "음부의 권세가 이기지 못하리라."마 16:18-옮긴이 즉, 사망의 세력들이 이기지 못합니다. 그러므로 여기서 사망의 문들은 죽음의 세력들(권세)입니다.

다윗은 사망의 권세 아래, 사망의 문에 있었고, 이러한 형편에서 그는 주님께 자비를 구하며 자신을 사망의 문에서 끌어내 달라고 기도합니다. 하지만 그는 왜 이렇게 기도합니까? 13-14절에 나오는 그의 의도에 주목합시다. "여호와여, 내게 은혜를 베푸소서.……나의 고통을 보소서." 왜 그렇게 해달라는 것입니까? "그리하시면 내가 주의 찬송을 다 전할 것이요, 딸 시온의 문에서 주의 구원을 기뻐하리이다." 오, 주님, 나를 사망의 문에서 끌어내시어, 나로 시온의 문에서 주님을 찬양하게 하소서. 나의 평안을 원함이 아니며 오직 주님을 찬양할 수 있도록 나를 구하소서. 그렇다면 다윗은 여기서 어떤 결론을 이끌어 냅니까? 14절 후반부의 내용을 봅시다. "주의 구원을 기뻐하리이다." 오, 주님, 이렇게 간청하는 나의 마음에 거짓됨이 없었으니, 이제 나는 주님께서 나의 기도를 들어주실 것임을 압니다. 내가 주님의 구원을 기뻐하겠습니다.

현재의 처지가 매우 슬프지만 그나마 가진 것으로 하나님을 찬양한다면, 그분께서는 더 많이 주시고 그의 형편과 처지 또한 더 낫게 해주실 것입니다. 하나님께서 내게 자비를 보이시면, 혹은 내게 복을 주시면, 그때 내가 하나님을 찬양하고 빚을 갚겠다고 말하는 사람이 있습니다. 하지만 내 처지가 비록 곤고하고 슬프더라도 하나님을 찬양하면, 하나님께서는 기꺼이 내게 빚진 자 되기를 마다하지 않으시고 그 빚을 반드시 갚아 주실 것입니다.

여러분이 지금은 비록 확신이 없을지라도, 그분은 내 얼굴의 건강이시기에(시 42:11, KJV, "나는 그가 나타나 도우심으로 말미암아", 개역개정—옮긴이) 머지않아 여러분은 구원의 확신을 얻을 것입니다. 시편 기자도 본문(시 42:11—옮긴이)에서 같은 논리로 말합니다. "너는 하나님을 기다려라. 또는 하나님께 소망을 두어라. 왜냐하면 나는 내 하나님을 여전히 찬송할 것이기 때문이다." 왜 그렇습니까? 그분은 내 얼굴의 건강이시기 때문입니다. 그렇다면 그분께서는 언제 우리 얼굴의 건강이라고 불리십니까? 그분의 웃음으로 우리의 얼굴이 즐거워 보일 때, 그리고 그분의 진노로 우리의 얼굴이 슬퍼 보일 때입니다. 나의 모든 친구들이 화내며 얼굴을 찡그려도, 하나님께서 웃으시므로 내 얼굴이 환하다면, 그리고 나의 모든 친구들이 웃어도, 하나님께서 진노하시며 찌푸리시므로 내 얼굴이 어둡다면, 바로 그때 하나님께서 내 얼굴의 건강이십니다. 사랑하는 여러분, 이제 여러분에게 간절히 묻습니다. 확신 없는 여러분이 이와 같지 않습니까? 여러분이야말로 확신을 간절히 원하지만, 하나님의 뜻이 그러하므로 머물러 기다리다가 확신을 얻지 못하고 가지 않습니까? 여러분이 곤고하고 어두운 처지에 있을 때, 주님께서 여러분의 영혼을 위하여 놀라운 일을 보여주시어 여러분이 자신에게 악을 행하는 일이 없도록 지켜 주지 않으셨습니까? 여러분은 이 확신의 문제와 관련하여 지금까지 정직한 마음으로 이와 같이 말하지 않았습니까? 오, 주님, 내게 주님의 사랑에 대한 확신을 주십시오. 그것은 나의 평안을 위해서가 아니라 주님을 더 잘 섬기기 위함입니다. 그리고 여러분은 슬픈 처지에서도 그나마 가진 것으로 하나님을 찬양하지 않았습니까? 주님께서는 또한 여러분 얼굴의 건강이 아니셨습니까? 그래서 그분께서 웃으실 때 여러분 얼굴이 환해지고 그분께서 찌푸리실 때 여러분 얼굴이 어두워지지 않았습니까? 분명히 여러분은 이렇게 대답하지 아니할 수 없을 것입니다. 지금까지 언급한 이 일들을 나는 부정할 수 없습니다. 내가 이러한 일들을 부정한다면 내 영혼에게 신실하지 못한 것입니다. 그렇습니다. 주님, 주님께서 아시고 내 영혼이 아는 대로, 주님께서는 내가 고통스러운 사막에, 곤고한 처지에 있을 때 나를 위해 놀라운 일들을 행하셨습니다. 오, 주님, 주님께서 아시는 대로, 나는 나 자신의 평안과 위로를 위해서가 아니라 주님을 더 많이 찬양하고 더 잘 섬기기 위해서 주님의 사랑에 대한 확신을 열망합니다. 오, 주님, 주님께서 아시는 대로, 나는 지금 내게 있는 것으로 주님을 조금이나마 찬양했습니다. 그렇습니다. 주님, 주님께서는 내 얼굴의 건강이십니다. 주님께서 내게 웃으시면 내 얼굴이 환해지고, 주님께서 내게 얼굴을 찌푸리시면 내 얼굴이 어두워집니다. 나는 진정으로 주님은 내 얼굴의 건강이시라고 말할 수 있습니다. 그렇다면 나는 여러분에게 주님의 말씀을 빌려 말하겠습니다. 안심하고 평안히 가십시오. 여러분이 지금은 비록 평안이 없고 구원에 대한 확신이 없지만, 머지않아 그 확신을 얻게 될 것입니다. 지금까지 이야기한 이 모든 것들이 진실입니다. 오, 주님의 백성된 여러분, 절망할 이유가 조금이라도 있습니까? 분명히 없습니다. 그러므로 여러분은 여기 다윗처럼 자신을 돌아보고 이와 같이 말해야 하지 않겠습니까? "내 영혼아, 네가 어찌하여 낙심하며 어찌하여 내 속에서 불안해하는가."

하지만 이 교리를 잘못 적용하여 다음과 같이 말하는 사람이 없도록 합시다. 확신이 없어도 우리가 절망할 필요가 없다면, 우리는 확신을 구하는 일을 게을리할 것입니다. 사랑하는 여러분, 여러분은 우리가 지금 어떤 시대에 처해 있는지 압니다. 지금은 전쟁의 시대, 전쟁의 소문이 흉흉한 피의 시대입니다. 지금은 죽음의 시대입니다. 때가 이러한데 지금 여러분 중 누구라도 하나님의 사랑에 대한 확신이 없어서야 되겠습니까? 여름날 여러분의 건초가 들판에 널려 있는데, 멀리서 소나기가 몰려오는 것을 보고 여러분은 말합니다. 건초가 비에 젖지 않도록 원뿔형으로 쌓아라, 쌓아 올려라! 여러분의 천국에 대한 증거들이 중구난방으로 널려 있을 때 부디 소나기가 오지 않기를 바랍니다. 어찌하여 주님의 이름으로 허겁지겁, 쌓아 올려라, 쌓아 올려라! 말하겠습니까! 거짓 확신을 가진 사람들이여―실상은 처지가 몹시 나쁜데도 자신의 처지가 좋다고 생각하고 결국 그 착각을 깨우치지 못하고 죽을 수도 있다는 말을 여러분이 앞에서 이미 들었습니다―여러분은 부디 여러분의 처지를 세심히 살피고 온당하게 판단하기 바랍니다. 지금은 거짓 확신으로 시간을 보낼 때가 아닙니다. 그러므로 참된 확신을 얻기 위해 노력합시다. 이미 확신을 얻은 사람들이여, 그 확신으로 더욱더 자라나 풍성함에 이르도록 노력합시다.

그래도 여러분은 말합니다. 지금 내게 확신이 없는 것을 생각해 보십시오. 앞에서 말씀드린 대로 사실 나는 확신이 없더라도 절망해서는 안 된다는 것을 인정합니다. 하지만 하나님의 사랑에 대한 확신이 없는 상태에서 그 모든 절망에 맞서 마음을 굳건히 하는 것은 어려운 일입니다. 지금 내게 확신이 없는 것을 생각해 보십시오. 어떻게 해야 이러한 처지에서도 절망에 맞서 마음을 굳건히 할 수 있습니까?

여기서 나는 지침으로 몇 가지를 제시하고 이 논의를 마치고자 합니다. 여러분은 하나님의 사랑과 자신의 구원에 대한 확신이 없습니까? 더욱더 바다로 나아가기를 힘쓰십시오. 말하자면, 하나님의 사랑의 넓은 바다, 그리스도의 공로와 속죄의 깊은 바다로 나아가기를 힘쓰십시오. 여러분이 바다에서 폭풍우나 불순한 일기를 만나면, 그 와중에도 배를 잘 조종할 수 있는 해역에 들기를 바라고 그렇게 해서 그 해역에 닿으면, 이제 큰 고비는 넘겼다고 생각합니다. 하지만 배에는 선객이 더러 있을 테고, 그들은 이렇게 말할 수도 있습니다. 제발 우리를 뭍으로 데려다 주시오. 우리는 이 폭풍우 속에서 항해할 수 없소. 오, 그러므로 우리를 섬 같은 곳에 내려 주시오. 하지만 노련한 뱃사람은 말합니다. 아닙니다. 계속해서 바다로 나아가야 합니다. 우리가 만일 뭍에 상륙하려 한다면 다 망합니다. 우리는 모두 죽은 목숨입니다. 지금 우리가 논의하는 이 문제도 그렇습니다. 여러분이 확신 없이 지내는 시기는 폭풍우 가운데서 항해하는 시기이며, 여러분의 영혼이 크게 압박을 받는 시기입니다. 여러분이 그리스도의 방식을 이해하지 못한다면 이렇게 말할 것입니다. 오, 지금 나를 내 의무, 내 의로움의 해안, 내 거룩함의 해안에 내려 주십시오. 하지만 여러분이 복음의 방식을 이해한다면 이렇게 외치며 말할 것입니다. 오, 주님, 내 영혼을 주님의 값없이 주시는 사랑의 바다로 향하게 하소서. 거기 가면 배를 잘 조종할 수 있는 해역이 있습니다. 그 해역에서는 고비를 넘기고 모든 것이 순조롭습니다. 이처럼 하나님의 값없는 사랑의 바다, 그리스도의 공로와 속죄의 바다에는 안전한 해역이 충분히 있습니다. 하지만 여러분이 자신의 의로움이라는 뭍에 배를 대면, 여러분의 영혼을 위험에 빠뜨리고 여러분의 마음은 더 깊은 절망과 의심과 두려움 속으로 침몰할 수밖에 없습니다. 이제 여러분의 해안에서 떠나 바다로, 하나님의 사랑과 그리스도의 공로가 넘치는 그 드넓은 바다로 나아가십시오.

여러분에게 확신이 없다면, 규례 밖에서 온 어떤 것, 규례를 행하는 시간에 주님께서 여러분에게 말씀하시는 위로와 반대되는 어떤 것, 다시 말해 규례 외의 것에 귀 기울이지 않도록 주의하십시오. 여러분이 규례를 행하러 나오면, 주님께서 거기 나온 여러분을 위로하시고, 여러분은 그렇게 위로를 들고 가며 만족하고 여러분의 영혼은 새 힘을 얻습니다. 하지만 그 후로 여러분은 다시 주저앉아 사탄과 더불어 또한 여러분의 영혼과 더불어 대화를 나눕니다. 결국 모든 것을 다시 잃고 다시 의심하며, 하나님의 포도주를 시큼한 식초로 변질시키고, 다시 불만족한 상태로 돌아갑니다. 어떤 아버지가 그 자녀에게 토지를 물려준다고 합시다. 아버지는 법의 한도 내에서 가장 완벽한 증서와 함께 이 토지를 아들에게 양도합니다. 그런데 아들이 이 양도증서를 부주의하게 아무 데나 두자, 교활한 변호사가 (이 아들에게 법무 비용을 받아 낼 목적으로) 와서 그 서류 뒷면에 가필을 합니다. "이러저러한 이유로 이 양도증서는 무효임." 아들은 당연히 이렇게 말합니다. 나의 아버지는 나를 위해 한 것이 없다. 나는 지금까지 속았다. 아버지는 내게 아무것도 물려주지 않았다. 이것이 자신의 아버지를 올바로 대하는 것입니까? 그리고 이런 입장을 취할 경우, 스스로 자신의 토지에 대해 확신을 가질 수 있겠습니까? 하나님의 백성들인 여러분이 지금 이와 같습니다. 주님께서는 여러분에게 막대한 유산을 물려주셨습니다. 주님께서 직접 서명날인 하시어 여러분에게 그 유산을 물려주셨고, 여러분은 여러분이 가진 증거가 명백하다고 생각합니다. 하지만 여러분은 그 증거를 아무렇게나 방치합니다. 그러자 사탄이 와서 그 뒷면에 휘갈겨 쓰고는 말합니다. 이것은 무효다. 여러분은 그 말을 믿고, 다시 의심에 빠지고, 다시 흔들립니다. 이것이 하나님을 올바로 대하는 것입니까? 명백히 아닙니다. 그렇다면, 여러분이 무슨 까닭으로 확신이 부족합니까? 확신을 얻는 방법, 확신이 없어도 절망하지 않는 방법은 이와 같습니다. 여러분은 지금까지 규례 안에서 위로를 받았습니다. 이 규례와 반대되는 규례 외의 것에는 결코 귀 기울이지 않도록 주의하십시오.

부디 여러분의 처지에 대해 불만족하지 않도록 주의하십시오. 불만은 절망을 낳습니다. 여러분은 하나님의 사랑에 대한 확신이 없습니까? 그렇다면 여러분의 영혼과 더불어 이와 같이 말하십시오. 내게 확신이 없더라도 나는 하나님을 기다리겠다. 주님께서는 원하시는 때에 내게 확신을 주실 것이다. 나는 다만 내 처지와 형편에 만족하고자 노력하리라. 하지만 여러분이 불만족하다면 반드시 절망하고 말 것입니다.

여러분에게 하나님의 사랑과 여러분 자신의 구원에 대한 확신이 없으면, 나는 결코 확신을 얻지 못하리라는 말을 하지 않도록 주의하십시오. 나는 결코 약속을 얻지 못하리라는 말을 하지 않도록 주의하십시오. 나는 결코 위로를 얻지 못하리라는 말을 하지 않도록 주의하십시오. 나를 하나님의 자녀라고 내 영과 더불어 증언하시는 성령의 증언을 결코 나는 얻지 못하리라는 말을 하지 않도록 주의하십시오. 다음과 같은 말들도 하지 마십시오. 나는 결코 도움을 받지 못할 것이다. 나는 지금 슬픈 처지에 있는데, 이 처지는 결코 나아지지 않을 것이다. 나는 지금 위로받지 못하는 처지에 있는데, 결코 나는 위로를 받지 못할 것이다. 나는 지금 확신이 없는데, 결코 나는 확신을 얻지 못할 것이다. 사랑하는 여러분, 여러분이 이러한 말들을 해서는 안 되는 이유가 있습니다. 하나님께서 하시는 일을 여러분이 어찌 안단 말입니까? 그분의 길은 깊은 데 있고, 그분의 발자취는 알려진 바 없습니다. 여러분은 환자의 경우가 어떠한지 압니다. 의사가 와서 살아날 희망이 있다고 말하면, 환자는 용기를 잃지 않습니다. 그런데 의사가 와서 이렇게 말합니다. 선생님은 현재 고열이 나고 위중하니 재산을 정리하고 영혼의 안위를 도모함이 좋겠습니다. 솔직히 말하면, 선생님은 결코 회복하지 못할 것입니다. 그러면 환자는 이미 마음이 꺾이고 맙니다. 여기에서도 그렇습니다. 확신이 없는 불쌍한 영혼을 예로 들어 봅시다. 그가 나는 확신을 얻을 희망이 있다고 말하면, 그 영혼은 절망하지 않습니다. 하지만 나는 지금 확신이 없고 앞으로도 결코 얻지 못할 것이라고 말하면, 그 영혼은 크게 절망합니다. **결코**(never)라는 이 말이 절망의 주범입니다. 오, 나는 결코 희망이 없을 것입니다. 나는 결코 확신을 얻지 못할 것입니다. 나는 결코 하나님의 성령의 증언을 얻지 못할 것입니다! 부디 유의하여, 나는 결코 확신을 얻지 못하리라는 말을 하지 않도록 하십시오. 그것은 시험입니다. 여기서는 **결코**라는 말을 주의하십시오.

여러분이 하나의 규칙으로 삼고 잘 기억해야 할 것이 있습니다. 여러분의 확신이 적을수록 여러분이 바치는 순종은 더욱 귀하며 하나님께서도 그 순종을 더욱 기쁘게 여기십니다. 환한 대낮이나 혹은 밤이라도 촛불을 켜면, 글을 쓰거나 일을 하는 것은 전혀 문제가 되지 않습니다. 하지만 어두운 데서 글을 쓰거나 일을 하기는 어렵습니다. 여기에서도 그렇습니다. 사람이 빛 가운데 있는 동안 기도하며 영적인 일을 하는 것은 비교적 문제가 안 됩니다. 하지만 불쌍한 영혼이 어둠 가운데서, 더구나 하나님의 사랑에 대한 확신도 없는 상태에서, 기도하고 하나님을 위해 일하며 순종하는 것은 대단한 일입니다. 여러분에게 확신이 많을수록 여러분의 순종이 더 온전해질 것을 나는 인정합니다. 하지만 여러분에게 확신이 적을수록 여러분의 순종은 그만큼 더 진실할 것입니다. 말하자면, 여러분의 확신이 온전할수록 여러분의 순종 또한 그만큼 더 온전하고 크겠지만, 여러분의 확신이 적을

수록 여러분의 순종은 그만큼 더 진실하고 순수합니다. 자녀들은 자신의 몫이나 유산을 위해 그 아버지를 섬길 것입니다. 하지만 자녀가 아버지의 사랑을 의심하면서 말하기를, 나는 아버지가 나의 상속권을 박탈할 것을 안다. 나는 아버지가 나에게 아무것도 물려주지 않을 것을 안다. 그래도 나는 아버지를 섬기겠다. 그분은 내 아버지이므로. 정녕 이와 같이 말한다면 모든 사람들이 이 자녀에게는 참으로 진실한 마음이 있다고 말하지 않겠습니까? 하나님과 여러분의 관계도 이와 같습니다. 그리스도인이 때를 가리지 않고 늘 순종하는 것은 좋은 일이며, 확신이 많을수록 순종할 의무 또한 커집니다. 하지만 여러분의 영혼은 하나님께서 여러분의 상속권을 거두어 가실까 두려워합니까? 그럼에도 여러분은 이렇게 말합니까? 그래도 나는 하나님을 섬기겠다. 그분께서는 나의 아버지이시므로. 하나님이 보이지 않아도 나는 그분을 섬기겠다. 하나님께 얻는 위로가 없어도 나는 그분께 순종하겠다. 그것이 내 의무이고 그분께서는 내 아버지이시므로. 주님께서는 여러분의 이 마음을 기쁘게 여기실 것이며, 여러분의 모자라는 부분은 여러분의 순종의 진실함으로 메꾸어질 것입니다. 그렇다면 여러분이 무슨 까닭으로 하나님의 사랑에 대한 확신이 부족합니까? 이것으로 위로를 삼고, 여러분의 영혼에게 말하십시오. 내가 비록 확신이 부족하나 은혜를 통하여 어느 정도 순종하기를 희망한다. 그리고 내게 확신이 적을수록 하나님께서는 나의 이 순종을 기쁘게 여기신다. 그러므로 어찌하여 내가 절망하고 낙심하겠는가? 이 규칙을 부디 생각하고 또 생각하십시오. 그것이 여러분의 순종에, 또한 확신이 없는 가운데서도 여러분의 마음을 굳건히 하는 데 도움이 될 것입니다.

이것으로 네 번째 사례 설명을 마치겠습니다.

chapter **08.**
시험받은 경우의 회복

V. 때때로 성도들의 절망은 그들의 시험에서 비롯된다.

그들이 주장하는 바는 이렇습니다. 나는 수많은 시험에 시달린 불쌍한 인간입니다. 나처럼 시험을 많이 받은 사람은 없습니다. 최근 2년, 3년, 4년, 5년, 6년, 그리고 더 거슬러 올라가는 세월을 나는 시험을 받으며 살았지만 어떤 구원이나 도움을 받지 못했습니다. 이러함에도 나는 절망하고 낙심할 이유가 없습니까?

없습니다. 여전히 이유가 없습니다. 아무리 작은 시험이라도 큰 고통이 될 수 있음을 나는 인정합니다. 왜냐하면 일단 고통으로 인해 하나님의 일에—선을 행하는 경우든 선한 것을 받는 경우든—합당하지 않게 될수록, 은혜로운 영혼에게는 그 고통이 더욱 커지기 때문입니다. 하나님께서는 백성들이 받는 시험을 주관하시어, 나중에 드러나듯 그 시험으로 인해 그들이 선한 것을 얻도록 하시지만, 시험은 본질적으로 선한 것을 싫어하게 하는 성질이 있습니다. 우리는 악의 시험을 받을수록 선을 행하기가 그만큼 더 어려워집니다. 은혜로운 마음을 가진 이에게는 사람과 더불어 다투고 싸우는 것이 고통입니다. 하지만 시험의 경우, 우리는 공중의 권세 잡은 자인 사탄과엡 2:2-옮긴이 악한 영들을 상대로 다투고 싸웁니다. 악한 자는 그 게걸스러운 성격으로 인해 '사자'라 하고, 그 잔인함으로 인해 '용'이라 하며, 그 교활함으로 인해 '옛 뱀'이라고도 합니다.계 12:9-옮긴이 어떤 시험이든 받기만 하면, 불쌍한 영혼은 사탄과 싸움터로 나가 결투를 벌입니다. 그리스도께서는 베드로에게 말씀하셨습니다. "사탄이……너희를……요구하였으나."눅 22:31-옮긴이 시험받은 자가 이 싸움에서 지면 여기서 사는 동안만 지는 것이 아니라 영원히 지게 됩니다. 그는 영원히 죽고 죽임을 당합니다. 오, 어떤 시험에서든 불쌍한 영혼이 맞닥뜨려야 할 위험이란 얼마나 큰 것입니까! 정숙하고 고결한 여인은 단 한 번만 욕을 받아도 그것을 평생의 고통으로 여깁니다. 더러운 자가 들에서 여인을 만나 범했을 경우, 여인 자신은 비록 허락하지 않았음에도 두 손을 움켜쥐고 말합니다. 나는 영원히 파멸했다. 그러므로 여기서 말하는 시험은 더러운 영의 시험이며, 비록 자신은 그 시험에 동의하지 않았어도 영혼은 그 시험으로 인해 욕을 받습니다. 은혜로운 영혼이 말합니다. 오, 나는 비록 동의하지 않았지만, 이와 같은 시험으로 인해 이처럼 더러워지고 욕을 받다니, 이 얼마나 비참한 일인가! 어떤 고통이 한 번 영혼과 육신을 사로잡을 경우 그 고통은 점점 커집니다. 한 가정에서 남편이 아플 때 아내가 건강하면, 혹은 아내가 몸져누웠는데 남편이 온전하면 다행한 일입니다. 그런데 남편과 아내가 한꺼번에 드러눕는다면, 그 가정은 정녕 슬픈 가정이 아닐 수 없습니다. 그러므로 영혼이 괴롭지만 육신이 건강하다면, 혹은 육신이 아프지만 영혼이 온전하다면 다소 위로가 됩니다. 그런데 영혼과 육신이 한꺼번에 드러눕는다면 그것은 정녕 슬픈 처지가 아닐 수 없습니다. 그리고 어떤 큰 시험이 한 번 닥치면, 거의 대체로 영혼과 육신이 한꺼번에 드러눕게 됩니다. 처음에는 그 시험이 영혼을 침범하지만, 그다음에는 점차 내려와 육신을 불태웁니다. 그러므로 바울은 말합니다. "내 육체에 가시 곧 사탄의 사자를 주셨으니."고후 12:7 - 옮긴이 성령의 위로가 처음에는 혼과 영에 부어지지만 그다음에는 점차 육신에까지 내려오듯이, 시험의 고통 또한 처음에는 속사람을 사로잡지만 그다음에는 점차 육신으로까지 확대됩니다. 여러분은 이 경우를 욥에게서 확인할 수 있습니다. 하나님께서는 욥을 사탄의 손에 넘겨주시되 오직 다음과 같은 제한을 하셨습니다. "다만 그의 생명은 해하지 말지니라."욥 2:6 권세를 쥐게 된 마귀는 욥에게 먼저 외적으로 고통을 가했고 그다음에는 내적으로 시험했습니다. 욥은 우선 외적인 고통과 대면해서는 대단히 뛰어난 태도를 보여주며 다음과 같이 주님을 찬양합니다. "주신 이도 여호와시요 거두신 이도 여호와시오니 여호와의 이름이 찬송을 받으실지니이다."욥 1:21 - 옮긴이 하지만 연이어 시험이 닥치자 이 선한 사람의 처지가 참으로 슬프게 되었습니다. 욥이라는 사람의 본 모습이 사라진 듯 그는 온전히 불타고 있었습니다. 외적인 고통을 마주했을 때는, 하나님을 저주하고 죽는 것이 낫겠다고 말한 아내를 꾸짖던 그가, 이제 시험을 받게 되자 스스로 죽기를 소망하며 태어난 날을 저주합니다. "이러므로 내 마음이 뼈를 깎는 고통을 겪느니 차라리 숨이 막히는 것과 죽는 것을 택하리이다."욥 7:15 그의 마음과 혼과 영은 몹시 불안해졌습니다. 그가 하는 말을 보십시오. "어찌하여 나를 당신의 과녁으로 삼으셔서."욥 7:20 하지만 그의 몸 역시 영혼과 함께 불타고 있었습니까? 그렇습니다. "혹시 내가 말하기를 내 잠자리가 나를 위로하고 내 침상이 내 수심을 풀리라 할 때에 주께서 꿈으로 나를 놀라게 하시고 환상으로 나를 두렵게 하시나이다."욥 7:13-14 우리가 지금 경험으로 알듯이, 시험을 받으면 불쌍한 많은 영혼들이 잠을 이루지 못합니다. 그러므로 여러분이 이 모든 것의 결론을 알려면, 욥기 7:20에서 욥이 하는 말을 읽어 보면 됩니다. "어찌하여······내게 무거운 짐이 되게 하셨나이까." 그래서 수많은 영혼들이 지금 이렇게 말합니다. 내가 더 살아서 뭐하겠습니까? 나는 내 가족에게 짐이 됩니다. 나는 내 친지들에게 짐이 됩니다. 나는 내 친구들에게 짐이 됩니다. 나는 나에게 짐이 됩니다. 시험받는 불쌍한 영혼의 그 짐을 직접 져 본 이 외에 누가 알겠습니까? 히브리서 11:37에서 시험은 가장 큰 고통들 가운데 하나로 분류됩니다. "돌로 치는 것과 톱으로 켜는 것과 시험과 칼로 죽임을 당하고." 히브리서 2:18에는 우리 구주에 관한 말씀이 나옵니다. "그가 시험을 받아." 그분께서는 시험을 받으셨지만 죄는 없습니다. 그러므로 시험을 받아 비록 죄는 짓지 않아도 시험 자체가 모두 고통스러운 측면이 있습니다. 요한계시록 12:12은 이렇게 말씀합니다. "그러나 땅과 바다는 화 있을진저. 이는 마귀가 자기의 때가 얼마 남지 않은 줄을 알므로 크게 분내어 너희에게 내려갔음이라." 시험에서보다 악마의 분노를 더 많이 볼 수 있는 경우가 있습니까? 오, 시험에 드는 것이 얼마나 슬프고 저주스러운 상황인지요! 그럼에도 나는 여러분에게 할 말이 있습니다. 모든 시험이 비록 고통스러운 측면이 있고 작은 시험조차 큰 고통일지라도, 하나님의 성도와 백성들은 어떤 시험을 받든 절망하거나 낙심할 이유가 없습니다.

그것은 어떻게 알 수 있습니까?

네 가지 증거를 들어 보겠습니다.

1. 사탄이 하나님의 백성을 절망하도록 시험한다면, 사탄에게 시험을 받더라도 절망할 이유가 없습니다. 다시 말해 성도들을 대상으로 한 모든 시험에서 사탄의 원대한 목표가 그들을 절망하게 하는 것이라면, 성도들은 공연히 사탄에게 시험을 받아 그를 즐겁게 하고 그의 목적을 이루는 것이므로 절망할 이유가 없습니다. 사탄은 계속 더 시험하기 위해 시험합니다. 그는 또 다른 죄를 범하도록 시험하기 위해서 한 가지 죄를 범하도록 시험합니다. 그는 복음을 거슬러 죄를 짓도록 시험하기 위해서 율법을 거슬러 죄를 짓도록 시험합니다. 그렇다면 믿지 못하고 절망하는 것보다 복음을 거스르는 죄가 더 큽니까? 사탄은 이러저러

한 사람이 자신의 왕국에서 떠난 것을 알고 이를 생각하고서 말합니다. 그가 구원받는 것은 어찌할 도리가 없다. 이제 그의 구원은 내 비록 방해할 수 없지만, 대신 그의 위로와 평안을 방해하여 그를 아주 힘들게 하겠다. 따라서 내가 의무를 행하는 그를 절망케 하는 것 외에 도리가 없다면 이제 곧 그를 절망하게 해서 그가 자신의 의무를 내팽개치게 하리라. 사탄의 원대한 계획은 절망케 하는 것입니다. 그러므로 선한 사람이 시험받을 때는 언제나 이와 같이 말해야 합니다. 사탄의 계획이 나를 절망시키는 것임을 알았으니, 이제 나의 계획은 그리스도의 은혜를 통하여 모든 절망에 맞서 나의 마음과 영을 굳건히 하는 일이 되리라.

2. 우리 아버지 하나님께서 시험받는 자녀들을 불쌍히 여기신다면 (그리고 자녀들이 사탄에게 시험을 많이 받을수록 그들을 향한 하나님의 연민이 많아진다면), 그들은 어떤 시험을 받든 절망할 이유가 없습니다. 여러분의 경우는 어떠합니까? 여러분에게 두 자녀가 있다고 합시다. 한 자녀는 여러분과 함께 집에 있고 또 한 자녀는 여러 가지 시험을 만나기 쉬운 스페인이나 이탈리아 같은 해외에 있습니다. 여러분의 연민은 밖에 나가 있어 많은 시험에 노출된 자녀에게 더 많이 향하지 않겠습니까? 여러분의 사랑은 집에 있는 자녀에게 그만큼 더 많이 표현될 수밖에 없겠지만, 연민의 사랑은 밖에 나가 있는 자녀에게 더 많이 표현될 것입니다. 폭풍이나 폭우나 우박이 몰려올 때에 그러하듯, 한 자녀는 여러분의 품 안이나 무릎 위에 있는데 또 한 자녀는 들판에 나가 있다면, 여러분의 사랑은 여러분의 무릎 위에 앉아 있는 자녀에

게 가겠지만, 연민의 사랑은 들판에 나가 있는 자녀에게 더 많이 가지 않겠습니까? 하나님께서도 그러하십니다. 그분에게는 두 부류의 자녀가 있습니다. 한 부류는 시험에 많이 약하고 또 한 부류는 덜 약합니다. 그분의 은혜와 사랑은 시험에 덜 약한 자들에게 많이 가겠지만, 연민의 사랑은 시험을 가장 많이 받는 자들에게 가장 많이 갑니다. 그러므로 여러분이 성경을 보면 알 수 있듯이, 하나님께서는 자기 자녀가 슬픈 시험에 들 처지에 있음을 보셨을 때는 시험 전이든 시험을 받는 중이든 시험 후든 즉시 그들에게 자신을 각별히 계시해 주십니다. 여러분은 사탄의 시험을 많이 받을수록 하나님의 연민 또한 그만큼 많이 받습니다. 여러분이 받는 시험의 크고 작음의 여부는 중요하지 않습니다. 작다면 받는 연민도 작고, 크다면 받는 연민도 큽니다. 그러므로 제아무리 큰 시험을 받더라도 여러분이 절망할 이유가 있습니까?

3. 하나님의 백성들이 받는 모든 시험이 그들에게 닥치기 전에 이미 극복되고 정복되었다면, 그들은 시험을 받아도 절망하거나 낙심할 이유가 없습니다. 진실로 그러합니다. 그리스도께서는 그분의 죽음은 물론 삶에서도 대표자였습니다. 그분께서는 처음부터 대표자로서, 우리의 두 번째 아담으로서 행하시고 일하시고 견디셨습니다. **그리스도는 자신을 위해 죽지 않았다** (Christus non moruit sibi). 그분께서는 자신을 위해 순종하지 않으셨습니다. 그분께서는 우리를 위해 죽으셨고 우리를 위해 순종하셨으며, 그분의 모든 후손들은 그분 안에, 그들의 대표자 안

에 있습니다. 그리스도께서는 어떠한 악을 견디시든 우리를 위해 견디셨으며, 우리는 그분 안에서, 우리의 두 번째 아담 안에서 그 악을 견뎠습니다. 마찬가지로, 그분께서 시험받으실 때는 모든 시험에서 대표자였습니다. 따라서 그분의 후손들 곧 하나님의 모든 성도와 백성들 또한 그분 안에서 시험을 받습니다. 그리고 그분의 승리 안에서 그들 또한 승리했습니다. 첫 번째 아담 역시 시험받을 때 대표자였으므로, 우리는 모두 그 아담 안에서 시험받았습니다. 그가 사탄에게 굴복했을 때 우리 모두 그 안에서 굴복했습니다. 그가 패배했을 때 우리 모두 그 안에서 패배했습니다. 그리고 그가 금지된 열매를 먹었을 때 그의 모든 후손들 또한 그 안에서 먹었습니다. 마찬가지로 그리스도께서 시험받으실 때 그분의 모든 후손들도 그분 안에서 시험받았습니다. 그리고 그분께서 이기셨을 때 그분의 모든 후손들도 그분 안에서 이겼습니다. 그러므로 여러분이 그리스도의 시험 이야기를 읽을 때는, 그리스도께서는 내게 본을 보이시기 위해 이와 같이 견디셨다는 정도의 말만 할 것이 아니라, 그분의 견디심 안에서 나도 견뎠고 그분의 승리 안에서 나도 승리했다는 말도 해야 합니다. 왜냐하면 내가 첫 번째 아담의 먹음 안에서 먹고 첫 번째 아담의 굴복 안에서 굴복했듯이, 또한 두 번째 아담의 거부와 견딤과 승리 안에서 거부하고 견디고 승리했기 때문입니다. 두 번째 아담의 후손들인 하나님의 모든 성도와 백성들이 이와 같습니다. 그리스도께서 그들을 위해 그들의 시험을 이기셨을 뿐 아니라, 그들 또한 그들의 두 번째 아담인 그리스도 안에서 사탄을 이기고 악한 영들을 물리쳤습니다. 그러므로 그들이 무슨 시험을 받든 절망할 이유가 있습니까?

4. 하나님께서 그 은혜의 손으로 성도들의 모든 시험을 주관하시어 그 시험들을 선으로 바꾸신다면, 그들이 시험으로 인해 낙심하거나 절망할 이유는 없습니다. 하나님께서는 백성들의 시험으로 그 시험을 파하실 의도가 아니시면 결코 그들이 시험받도록 허락하지 아니하실 것입니다. 악의 종국과 결말을 생각해 보십시오. **그것이 바로** 하나님께서 악의 발생을 허락하신 의도였습니다. 모든 성도들의 시험의 종국과 결말은 이것입니다. 곧 그 시험으로 인해 그들이 더 많은 깨달음을 얻습니다. **시험은 지식을 준다**(Tentatio dat intellectum). 시험받는 시간은 가르침을 받는 시간입니다.

시험으로 인해 그들은 더욱 겸손해집니다. 바울은 말합니다. "여러 계시를 받은 것이 지극히 크므로 너무 자만하지 않게 하시려고 내 육체에 가시 곧 사탄의 사자를 주셨으니 이는 나를 쳐서 너무 자만하지 않게 하려 하심이라."고후 12:7-옮긴이 그는 여기서 '자만'이라는 말을 두 번이나 합니다.

시험으로 인해 성도들은 더욱 하나님 안에서 살고 그분을 의지하게 됩니다. 우리 구주께서 말씀하십니다. "시험에 들지 않게 깨어 기도하라."마 26:41-옮긴이 깨어 있음은 우리의 부지런함을 뜻하고, 기도는 우리가 주님을 의지한다는 뜻입니다. 우리는 시험에 들지 않도록 깨어서 기도해야 합니다.

시험으로 인해 그리스도 안에 있는 하나님의 은혜와 권세와 능력이 성도들에게 더 많이 알려지고 드러납니다. "내 은혜가 네게 족하도다."고후 12:9-옮긴이 하나님께서 시험받고 있던 바울에게 하신 말씀입니다. 바울로서는 이전에 들어 본 적 없던 말씀이었습니다.

시험으로 인해 성도들의 은혜는 더욱 늘어납니다. 마치 (이집트에서—옮긴이) 이스라엘 백성들이 핍박받음으로써 그 수가 늘어난 것처럼 그렇게 늘어납니다. **시험받은 그리스도인 한 명은 천 명의 그리스도인과 같다**(Unus Christianus tentatus mille Christiani)고 루터는 말했습니다. 풀무에서 나오는 바람은 불과 반대되는 성질을 지녔지만 불기운을 키우고 화력을 증가시킵니다. 마찬가지로 시험의 바람 또한 은혜와는 반대되는 성질을 지녔지만 그것으로 인해 은혜의 불기운이 살아나 더욱 뜨겁게 타오릅니다. 사탄이 저주하면 하나님께서는 축복하십니다. 그리고 축복하실 때는 이처럼 말씀하십니다. "생육하고 번성하여."창 9:1

시험으로 인해 모든 성도들은 사탄에게 승리할 수 있도록 강해집니다. 승리는 그리스도인의 의무입니다. 세상에 대해서만 아니라 사탄에 대해서도 승리해야 합니다. 그러므로 사도는 말합니다. "평강의 하나님께서 속히 사탄을 너희 발아래에서 상하게 하시리라."롬 16:20-옮긴이 이는 승리의 말씀입니다. 바울은 다른 그리스도인들을 위하여 악한 영들에게 승리합니다. 이기지 않고서 어떻게 승리하겠습니까? 또, 싸우지 않고 어떻게 이기겠습니까? 하나님께서는 자기 백성들을 싸움터로 인도하십니다. 하지만 이 모든 싸움의 경우, 하나님께서 곁에 서시고, 그리스도께서 곁에 서시며, 사랑이 곁에 서 있습니다. 하나님께서는 시험받는 자기 자녀들에게 사랑의 계획 말고는 다른 아무런 계획도 가지고 계시지 않습니다.

그렇습니다. 이러한 이유로 우리의 구주께서는, 친히 시험을 겪는 중에 항상 함께한 제자들에게 나라를 맡기시겠다고 말씀하셨습니다.눅 22:28-29 그러므로 제자들이 그분의 시험에 함께한다고 낙심하고 절망하고 불평하겠습니까? 결코 그래야 할 이유가 없습니다. 그들은 어떠한 시험을 받든 절망할 이유가 없습니다.

하지만 여러분은 말합니다. 나는 오랫동안 시험받았고 오랫동안 시달렸음에도 거기서 놓이지 못했습니다.

얼마나 오래 되었습니까? 그리스도께서 받으신 만큼 오래 받았습니까? "모든 일에 우리와 똑같이 시험을 받으신 이로되 죄는 없으시니라."히 4:15 진실로 사탄은 그분에게서 아무것도 찾아낼 수 없었습니다. 시험의 불꽃을 점화할 부싯깃 하나 찾아낼 수 없었습니다. 하지만 그분께서는 우리와 마찬가지로 모든 면에서, 심지어는 우리만큼 많이, 우리만큼 오래, 시험받으셨습니다. 여러분이 누가복음 4:2을 보면 알 수 있듯이, 그분께서는 한 번에 40일간 시험받기도 하셨습니다. 그리고 사탄이 그분에게서 떠나갈 때의 상황은 성경이 전하는 바에 따르면 이렇습니다. "마귀가 모든 시험을 다 한 후에 얼마 동안 떠나니라."눅 4:13-옮긴이 다시 말해 사탄은 잠시 떠났을 뿐 그분을 일상적으로 시험했던 것입니다. 여러분이 오래 시달렸다고는 하나 사탄이 한동안 여러분을 떠나 있는 경우는 없었습니까? 휴식하고 회복할 시간, 숨 쉴 시간도 없었습니까? 욥은 침을 삼킬 동안도 놓임받지 못했다고 불평했습니다.^{욥 7:19-옮긴이} 그는 스스로 생각하듯이 숨 돌릴 틈도 없었습니다. 하지만 여러분의 경우, 오랫동안, 아주 오랫동안 시험받더라도, 잠시 쉴 여유는 있었습니다. 사탄이 한동안 여러분을 떠난 적도 있었습니다. 그리고 하나님께서 능하신 은혜의 손으로 여러분의 시험을 주관하시어 여러분의 그 시험을 선으로 바꾸시고, 또 그 시험으로 인해 여러분이 더 많은 깨달음을 얻고 더 많이 겸손해지고 여러분의 은혜가 더욱 많아졌습니다. 이것이 사실이라면, 여러분은 이 학교에 오래 있을수록 더 뛰어난 학생이 되고 더 많은 깨달음을 얻고 더 많이 겸손해지고 더욱 은혜로워질 것입니다. 그러므로 여러분의 시험이 길어도 절망할 이유가 있겠습니까?

하지만 여러분은 말합니다. 나는 내가 하나님의 자녀인지 아닌지의 여부, 곧 나의 자녀됨을 의심하는 시험을 여러 차례 겪었습니다.

그렇다면 우리의 구주이신 그리스도께서는 그런 시험을 받지 아니하셨습니까? 그리스도께서 40일간 받으신 모든 시험 가운데 특별히 언급된 것은 단 3건에 불과한데, 그중 두 시험이 바로 이와 같습니다. "네가 만일 하나님의 아들이어든."^{마 4:3-옮긴이} 여기서 사탄은 그리스도의 확신을 어둡게 하고 또 그분의 자녀됨 혹은 아들됨에 **만일**이라는 가정을 덧붙이고자 합니다. 여러분은 원수의 나라를 당당히 가로질러 천국으로 가되 여러분의 처지에 대해서는 일말의 동요도 없으리라고 생각합니까? 어떤 사람이 한 번도 가 본 적 없는 낯설고 넓은 나라를 여행한다고 합시다. 그곳에는 당연히 갈림길이 무수히 많은데, 그가 여행하는 내내 자신의 행로에 대해 당황하지 않고, 가는 길이 맞는지 틀린지 의심하지도 않는다면 기이한 일 아니겠습니까? 여러분이 하나님의 자녀로서 집에서 멀리 떠나 낯선 나라에서 싸우기도 하며 집으로 돌아가는 중인데, 도중에 수많은 갈림길을 만나도 자신의 상황에 대해 동요하지 않는 것, 또는 제대로 가고 있는지 의심하지 않는 것이 가능하다고 생각합니까? 그것은 정녕 불가사의한 일 아니겠습니까? 여러분에게 비유를 하나 말해 보겠습니다. 두 사람이 있습니다. 한 사람은 모양새가 그럴듯하고 고급 음식을 먹으며 대단히 흥청망청하고 돈이 많지만, 소유한 토지도 없고 직업도 없고 따로 물려받은 재산도 없고 경제적으로 후원해 주는 친구들도 없으며 돈을 버는 정직한 경로 또한 알려진 바가 없습니다. 하지만 그럼에도 돈은 대단히 많습니다. 또 한 사람은 열심히 일하고 검소하게 먹으며 차림새가 소박하고, 종종 불평하며 말하기를 이러다가 너무 없어서 망하지나 않을까 걱정된다고 하지만 그는 생업이 있고 땅도 조금 있으며 좋은 친구들이 있고 돈도 약간 있습니다. 여러분은 이 두 사람 가운데 누가 더 정직하게 돈을 번다고 생각합니까? 여러분 모두 다 후자라고 말하지 않겠습니까? 왜냐하면 이 사람은 비록 가진 것은 적지만, 열심히 일하고 합법적인 직업이 있으며 돈을 버는 경로가 명확하기 때문입니다. 하지만 전자의 경우는 대단히 고급스럽고 굉장해 보이지만, 돈을 버는 수단이 전혀 없습니다. 아무래도 그는 올바른 방식으로 돈을 버는 것 같지 않습니다. 영적인 일도 이와 같습니다. 세상에는 두 부류의 사람들이 있습니다. 한 부류는 자신의 구원을 대단히 확신하고 마음에 평안이 한가득 있지만, 개인적으로 기도하지 않고 말씀도 읽지 않고 묵상도 하지 않고 자신의 마음을 살피지도 않고 자신의 영혼을 위한 수고도 하지 않으며 오히려 악한 친구들과 자주 몰려다니고 더러 술 취하며 불경스러운 말을 하고 부정한 행동을 합니다. 하지만 그럼에도 그는 천국에 가리라는 확신이 굉장합니다. 또 한 부류는 기도하고 말씀을 듣고 읽고 묵상하며 삶과 행실에 엄격하지만 오히려 자신의 구원을 의심하고 두려워하며, 그나마 은혜를 통해 어느 정도 위로와 평안을 얻습니다. 여러분은 이 두 부류 중 어떤 사람이 더 나은 상황에 있으며 자신들의 평안과 위로를 더 정직하게 얻고 있다고 생각합니까? 분명히 여러분은 후자라고 말하지 않겠습니까? 왜냐하면 그들이 비록 두려워하기는 하지만 언제나 천국을 바라고 행하며 일하기 때문입니다. 또 한 부류는 구원을 자신하고 평안이 가득하지만, 그러한 위로와 평안은 올바른 방식을 통해 얻은 것이 아닙니다. 그들이 가진 천국의 증거는 도둑맞을 것이며 그들의 위로 또한 남김없이 도둑맞을 것입니다. 그러나 또 한 부류의 사람들은 비록 위로는 적으나 그것을 올바른 방식으로 얻습니다. 여러분도 이와 같을 것입니다. 하지만 다른 이들은 그들의 위로와 거짓 확신으로 허풍을 떨며 자랑하지만 지옥으로 가서 영원히 멸망합니다. 확실한 법칙이 하나 있습니다. 하나님께서 자비를 주겠다고 약속하시면 그것은 곧 우리의 불행을 전제합니다. 그분께서 건강을 약속하시면 우리의 질병이 전제되고, 은혜를 약속하시면 우리의 죄가 전제됩니다. 구약시대에는 하나님께서 외적인 복을 많이 약속하셨지만, 신약시대에 약속된 자비는 보혜사를 보내 주시는 것입니다. 이 보혜사는 우리의 영에게 우리가 하나님의 자녀임을 증언하는 성령이십니다. 우리 구주께서는 종종 말씀하셨습니다. "보혜사를 너희에게 보내주겠다." 이유가 무엇입니까? 복음의 시대에는 하나님의 백성들이 빈번히 의심하고 자신들의 영적인 처지에 대해 두려움이 많을 것을 보여주시기 위함이 아니겠습니까? 여러분은 자녀됨을 의심합니다. 이 의심이 악한 것이기는 하나, 여기서 언급하는 여러분의 상태는 이 복음의 시대에 하나님의 많은 백성들이 처할 수 있는 상태나 처지와 다를 것이 없습니다. 그러므로 이 문제와 관련하여 여러분이 절망할 이유가 있습니까?

하지만 여러분은 말합니다. 나는 나의 자녀됨을 의심하기만 한 것이 아닙니다. 나는 내가 하나님의 자녀인지 아닌지 의심하는 시험에만 빠진 것이 아닙니다. 나는 슬프고 무서운 시험에 들었습니다. 나는 이상하고도 끔찍한 일, 차마 입에 담기도 두려운 일을 저지르고 싶은 시험에 빠졌습니다. 나는 자살하고자 하는 유혹마저 느꼈습니다. 나는 여러 가지 불경스러운 생각과 함께 하나님이 존재하는가 의심하는 시험에도 들었습니다. 성경은 사실인가 하는 의심과 내가 꼭 성령을 거스르는 죄를 지은 것 같다고 믿고 싶은 시험에 빠졌습니다. 나는 빈번히 내 영혼과 육신이 두려워 떨 만한 이러저러한 유혹을 느꼈습니다. 그런데도 나는 절망하고 낙심할 정당한 이유와 까닭이 없습니까?

이것은 진실로 슬픈 일임을 나는 인정합니다. 나는 성경에서 경건한 사람이 저지른 많은 죄들을 읽어 알고 있지만, 어느 경건한 사람이 자살했다는 얘기는 도무지 읽어 본 적이 없습니다. 아우구스티누스가 잘 말했습니다. **자신의 현재 생명을 제거함으로써 미래의 생명을 거부한다**(Sibi auferendo presentem vitam, abnegant futuram). 윌리엄 퍼킨스(William Perkins, 1558-1602, 영국 성직자로 케임브리지 신학자―옮긴이)는 말합니다. 이전에 정직하고 훌륭하게 살았던 것으로 여겨지던 어떤 사람들이 이런 일을 행한 것에 대한 나의 판단은 다음과 같다. 즉, 감히 나는 그들이 저주받았다고 말할 수 없다. 그것은 그들의 이전 삶 때문이다. 또 감히 나는 그들이 구원받았다고 말할 수 없다. 그것은 그들의 죄악된 죽음 때문이다. 그러나 시험 자체만 놓고 볼 경우, 우리가 그 시험에 굴복하지만 않는다면, 이렇게 말할 수 있습니다. 즉, 경건한 사람이 수행하는 의무를 악인 또한 동일하게 수행하고도 여전히 악하게 남아 있을 수 있듯이, 악인이 굴복하는 시험에 경건한 사람 또한 빠질 수 있지만, 그 경건함은 여전히 유지될 수 있습니다. 그리스도께서는 성전 꼭대기에서 뛰어내려 보라는 사탄의 시험을 받지 않으셨습니까? 하지만 그분께서는 뛰어내리지 않으셨습니다. 주님으로부터 배운 나의 조언은 이것입니다. 여러분 가운데 누가 그러한 시험에 시달리거든, 그 시험을 즉시 드러내 알려야 합니다. 여러분의 영혼을 무겁게 내리누르는 제안, 생각만 해도 마음과 육신이 떨리는 그 끔찍하고 불경스러운 제안이 어떤 것인지에 관해 여러분은 성경의 모압 왕의 경우가 어떠하였는지 읽어서 알고 있습니다. 그는 이스라엘 군대를 돌파할 수도 없고 이스라엘의 승전 조치를 피할 수도 없게 되자 끔찍한 장면을 연출했습니다. 그는 자신의 사랑하는 아들이자 왕위 계승자를 성벽 위에서 죽여 제물로 바쳤고, 이 비인간적인 장면을 차마 눈으로 볼 수 없었던 이스라엘 군대는 승리를 거두고도 아무런 이득을 얻지 못한 채 돌아갔습니다.^{왕하 3:27 참조-옮긴이} 사탄의 방식이 이렇습니다. 그는 은혜로운 영혼을 싸움터 밖으로 도저히 몰아낼 수 없게 되면 끔찍하고도 비인간적인 제안을 해서, 그 영혼으로 하여금 놀라서 하나님의 선한 길에서 벗어나게 합니다. 사탄이 우리에게 이러한 것들을 제시하지 못하도록 막는 일은 우리의 힘으로 되지 않습니다. 여러분이 악하고 불경건하며 속된 무리에 들어갔는데, 그들이 불경스럽고 망령된 말을 한다면 여러분으로서는 그들이 말하는 것도, 그들의 말이 여러분의 귀에 들리는 것도 막을 수 없습니다. 여러분은 앉아서 탄식할 수는 있을 것입니다. 오, 이 얼마나 불경한 일인가! 오, 이 얼마나 망령된 일인가! 하지만 여러분이 아무리 애를 써도 그들은 여러분의 귀에 그 불경한 말들을 채워 넣을 것입니다. 사탄도 이와 같습니다. 그도 영인 고로 여러분의 영을 상대로 이 불경한 것들을 제시할 수 있고, 여러분은 그것을 막을 수 없습니다. 여러분은 크게 외치며 이렇게 말할 수는 있을 것입니다. 오, 이 얼마나 불경한 일인가! 오, 이것은 내 영혼에 얼마나 큰 짐이란 말인가! 하지만 사탄은 여러분이 원하든 원하지 않든 그러한 것들을 여러분에게 제시할 수 있습니다. 그는 그리스도에게도 그러한 것들을 제시하지 않았습니까? 그는 말했습니다. "그러므로 네가 만일 내게 절하면 다 네 것이 되리라."눅 4:7-옮긴이 그리스도, 곧 하늘과 땅의 하나님께서 사탄에게 절하는 것보다 더 큰 신성모독을 상상할 수 있습니까? 하지만 사탄은 이 문제에 관하여 우리 주님이신 구주를 시험했습니다. 우리 하나님께서 자녀들의 시험을 주관하시어 그 시험으로 인해 그들이 죄를 범하지 않게 된다면, 그들이 과연 이 끔찍한 시험 때문에 절망할 이유가 있습니까? 시험으로 인해 오히려 더 많은 죄를 짓지 않게 된 사람들이 많습니다. 히에로니무스(제롬—옮긴이), 루터, 마그데부르겐시스(일종의 교회사인 "Magdeburg Centuries"를 말한다. 독일 마그데부르크 지역의 루터교 학자들이 편집해 1559년부터 1574년까지 발행된 문서이다—옮긴이) 등이 언급한 어떤 순교자가 있습니다. 아무리 협박을 해도 이 순교자가 신앙을 버리지 않자, 대적자들은 아름답고 매혹적인 여인을 보내 그를 유혹했습니다. 순교자는 자신의 마음이 흔들리고 욕정이 발동하는 것을 깨닫고는, 스스로 혀를 깨물어 끊어서 그 잘린 혀를 여인의 얼굴에 뱉었습니다. 아우구스티누스가 말한 바와 같이, 이 순교자는 혀를 끊는 고통으로 육신의 욕망을 제어할 수 있으리라고 생각했고 차라리 그 고통이 욕정과 싸우는 고통보다 쉬우리라고 여겼습니다. 그래서 그는 자신을 지킬 수 있었습니다. 나는 그 순교자를 칭찬하려고 이것을 이야기하는 것이 아닙니다. 다만 하나님께서는 때때로 고통을 수단으로 자녀들의 욕망을 제어하신다는 점을 보여주고자 할 따름입니다. 여러분은 이와 같이 불경스러운 제안에서 엄청난 고통을 받지만, 이러한 고통 가운데 있지 않을 경우 여러분은 또 다른 악을 욕망하게 될 것입니다. 하나님께서는 여러분의 더럽고 탐욕스러운 마음을 보시고 여러분에게 이러한 고통이 오도록 허락하시며, 그로 인해 여러분은 욕망을 제어하게 됩니다. 이러한 시험으로 오히려 욕망을 막은 사람을 여러분은 전혀 알지 못합니까? 이러한 시험으로 오히려 하나님 앞에 돌아온 사람을 여러분은 정녕 알지 못합니까? 나는 그런 사람을 알고 있으며, 오랫동안 자신들의 처지에 대해서 무지한 채로 살아온 불쌍한 많은 영혼들도 생각합니다. 하나님께서는 기꺼이 이 끔찍한 시험을 하도록 사탄에게 허락하셨고, 이 시험으로 인해 그들은 놀라서 자신들의 처지를 돌아보고 예수 그리스도 앞으로 돌아왔습니다. 사람이 죄에서 찾는 재미와 만족이 많을수록 그가 저지르는 죄는 그만큼 더 악독해집니다. 시험으로 인해 육신의 두려움과 영혼의 괴로움이 클수록 저지르는 죄의 악함은 그만큼 덜합니다. 그러므로 여러분은 진실로 이와 같이 말할 수 없습니까? 주님, 이 시험으로 내 괴로움은 말할 수 없이 크고, 즐거움은 한없이 작습니다. 예, 내가 지금 이와 같습니다. 그렇다면 여러분은 안심하고 평안히 가십시오. 주님께서 이 시험으로 여러분을 다른 죄로부터 지켜 주십니다. 그러므로 여러분이 받는 이 시험이 무엇이든, 절망할 이유가 있습니까? 성령을 거스르는 죄에 관해 말씀드리겠습니다. 혹시라도 자신이 성령을 거슬렀을까 두려워하는 사람은 결코 성령을 거스르는 죄를 짓지 않습니다.

하지만 여러분은 다시 말합니다. 내가 받는 시험은 이러한 것들이 아닙니다. 내가 그러한 시험에서 벗어난 것에 대해서는 하나님을 찬양합니다. 하지만 내게는 크고 강한 다른 시험이 있는데, 이 시험에 저항할 힘은 없습니다. 나는 불쌍하고 연약한 인간이요, 약한 젊은이입니다. 나는 내가 너무 약해서 시험에 굴복할까 두렵습니다. 그러므로 나는 이와 같이 절망해 있습니다. 이러한 내게 절망할 정당한 이유가 없습니까?

없습니다. 왜냐하면 우리는 약한 데서 강해지고, 우리가 약할 때 주님 안에서 강하다고 사도가 말했기 때문입니다.고후 12:10-옮긴이 우리는 세월과 관련해서는 약할 수 있으나 은혜와 관련해서는 강할 수 있습니다. 그래서 우리의 시험을 극복할 수 있을 것입니다. 요한1서 2:12에서 사도 요한은 말합니다. "자녀들아, 내가 너희에게 쓰는 것은." 사도는 그들 모두를 자녀라고 부르고 있는데, 이는 그가 그리스도 안에서 그들의 아버지이기 때문입니다. "아비들아, 내가 너희에게 쓰는 것은 너희가 태초부터 계신 이를 알았음이요. 청년들아, 내가 너희에게 쓰는 것은 너희가 악한 자를 이기었음이라. 아이들아, 내가 너희에게 쓴 것은 너희가 아버지를 알았음이요."13-14절 이 부분은 대단히 중요한 문제이므로 14절에서 반복됩니다. "아비들아, 내가 너희에게 쓴 것은 너희가 태초부터 계신 이를 알았음이요. 청년들아, 내가 너희에게 쓴 것은 너희가 강하고……흉악한 자를 이기었음이라." 세상에는 세 부류의 사람이 있습니다. 늙고 나이 든 사람들이 있고, 어린 사람들이 있으며, 중간 정도 나이의 젊은 사람들이 있습니다.

나이 든 사람들은 자신들은 더 배울 필요가 없다고 생각합니다. 그들은 목회자가 의견을 구할 정도의 지식이 있습니다. 그래서 사도는 이와 같은 이들을 지칭하여 "아비들아"라고 말합니다. 어린 사람들은 자신은 무엇을 배우기에는 아직 어리며 앞으로 배울 시간은 충분하다고 생각합니다. 그래서 사도는 이들을 지칭하여 "아이들아"라고 말합니다. 젊은 사람들은 자신은 각자 맡은 일과 생업에 전념해야 한다고 생각합니다. 그래서 사도는 이와 같은 이들을 지칭하여 "청년들아"라고 말합니다. 사도는 여기서 이 세 부류 사람들의 조건에 모두 부합하는 말을 하고 있다는 점에 유의합시다. 늙은 사람들은 오래된 것들을 사랑하는 까닭에 사도는 이와 같이 말합니다. "아비들아, 내가 너희에게 쓴 것은 너희가 태초부터 계신 이를 알았음이요." 아이들은 언제나 입 밖에 내는 말이 아버지와 어머니의 이름인 고로 사도는 이와 같이 말합니다. "아이들아, 내가 너희에게 쓴 것은 너희가 아버지를 알았음이요." 젊은이들은 강하고 싸우기에 합당하니 사도는 이와 같이 말합니다. "청년들아, 내가 너희에게 쓴 것은……너희가 흉악한 자를 이기었음이라." 여기서 그 흉악한 자는 유혹자 사탄이 아니면 누구겠습니까? 그리고 청년들이 사탄을 이긴 사람들로 특별히 언급됩니다. 모든 사람들 가운데 유독 청년들이 이깁니다. 이 청년의 시기란 이기는 때입니다. 한번 말해 보십시오. 다윗이 골리앗을 죽인 것은 늙었을 때였습니까? 아닙니다. 서른 안쪽이었습니다. 요셉이 여주인의 유혹을 거부하고 극복한 것이 늙었을 때였습니까? 사드락, 메삭, 아벳느고,

이 세 사람이 왕의 시험을 거부하고 극복했던 것, 그래서 굴복하느니 맹렬한 풀무불 속으로 들어가고자 했던 것이 다들 늙었을 때였습니까? 아닙니다. 그들은 그저 세 소년들이라고 불렸을 뿐입니다. 또 하나님께서는 이렇게 말씀하지 않으셨습니까? "젖 먹는 아이가 독사의 구멍에서 장난하며."[사 11:8] 이 독사의 구멍이 시험이 아니라면 무엇이겠습니까? 하나님께서 이스라엘에게 아말렉 사람들을 상대로 거두게 하신 그 승리의 이야기를 생각해 봅시다. 여러분이 알겠지만, 이스라엘로서 그 승리는 유래 없이 영광스러운 승리, 말할 수 없이 큰 승리였으므로 제단을 쌓고 그곳을 "여호와 닛시", 주님은 나의 깃발이라고 명명하였습니다.[출 17:15-옮긴이] 하지만 여러분이 신명기를 보면, 이스라엘인들이 르비딤에서 대단히 피곤하고 지쳤을 때 아말렉 사람들이 공격했고, 그토록 지치고 피곤한 시간에 이스라엘이 이처럼 영광스러운 승리를 거두었음을 알 것입니다.[신 25:18-옮긴이] 그러므로 비록 지치고 피곤하더라도, 지금은 비록 르비딤 계곡에 있더라도, 여러분은 결국 이기고 놀랍도록 영광스러운 승리를 거두어 제단을 쌓고, 그곳의 이름을 "여호와 닛시", 주님은 나의 깃발이라고 부를 수 있을 것입니다.

여러분은 말합니다. 오, 하지만 나는 이미 시험에 굴복하고 패배했습니다.

그렇다면 여러분은 **작은 전투에서**(in praelio) 지는 것과 **큰 전쟁에서**(in bello) 지는 것이 다름을 모릅니까? 작은 전투에서 지더라도 큰 전쟁에서는 이길 수 있습니다. 나는 여러분에게, 손에서 무기를 놓지 않는 한 여러분은 결코 진 것이 아니라고 말하겠습니다. 사람이 적 앞에 굴복하고 손에 든 무기를 버린다면 그때는 정녕 패한 것입니다. 따라서 여러분이 적 앞에 굴복하고 낙심해서 모든 것을 버리고, "나는 이제 더 이상 기도하지 않겠다. 이제는 말씀도 안 듣고 안 읽겠다. 모두 소용없는 일이다"라고 말한다면, 여러분은 진정으로 패한 것입니다. 하지만 그때가 되기까지는, 비록 작은 싸움에서는 졌을지라도 큰 싸움에서는 여전히 이길 수 있습니다. 그럼에도 여러분은 굴복하고 넘어져 절망하겠습니까? 아니면 경건한 사람이 절망할 무슨 이유가 있습니까? 없습니다! 굴복할 때까지는 결코 진 것이 아니라는 말이 사실입니다. 경건한 모든 이는 은혜를 통해 다음과 같이 말해야 합니다. 나는 결코 나의 무기를 버리지 않을 테다. "내 영혼아, 네가 어찌하여 낙심하며 어찌하여 내 속에서 불안해하는가. 너는 하나님을 기다려라."

하지만 여러분은 다시 말합니다. 지금까지 언급된 모든 것은 내 경우나 처지와는 맞지 않습니다. 아무래도 내가 받은 시험은 하나님의 백성들에게 일반적으로 닥치는 시험이 아닌 것 같습니다. 내 죄와 흠은 하나님의 백성들에게 일반적으로 있는 흠이 아닙니다. 그러므로 내가 받는 시험은 하나님의 백성들이 일반적으로 만나는 시험이 아닙니다. 내가 천국을 바라보기 시작한 이래로 이렇게 특이한 시험은 처음인지라 두렵기만 합니다. 그러므로 분명히 나 자신은 모든 것이 잘못 돼 있습니다. 이러함에도 나는 절망하고 낙심할 이유가 없습니까?

없습니다. 한번 물어보겠습니다. 하나님의 백성들이 받는 시험은 무엇이며, 그 시험은 그들을 어떤 식으로 공격합니까?

1. 경건한 사람이 어떤 죄의 시험을 받고 그 시험에 빠지면, 그다음에는 불신의 시험을 받아 모든 것이 헛되고, 자신이 이전에 했던 모든 일조차 소용없다고 생각하게 됩니다. 그는 죄에 죄를 더하고 절망에 빠지고 싶은 유혹을 받습니다. 악인이 악한 일의 시험을 받고 그 시험에 빠지면, 그다음에는 자신의 죄에 대해 주제넘은 판단과 변명을 하고, 이와 같이 생각하고 말하고 싶어 합니다. 이것은 실수일 뿐이다. 혹은 젊은이의 미숙함일 뿐이다. 하나님께서는 자비로우신 분 아닌가 등등. 이런 식으로 그는 주제넘은 판단을 합니다. 이것이 일반적으로 사탄이 경건한 사람과 불경건한 사람을 각각 대하는 방식입니다.

2. 경건한 사람이 악한 일의 시험을 받고 그 시험에 빠지면, 마귀는 그를 유혹해 그것은 시험이 아니었다고 생각하게 하고, 모든 것을 자신의 탓으로 돌리게 합니다. 그래서 그는 이렇게 말합니다. 내가 어리석을 일을 했으니 밖에 나가 슬피 울리라. 마귀는 이 일과 관계가 없다. 이 일은 오로지 나로 인해 생긴 것이다. 악인이 악한 일의 시험을 받고 그 시험에 빠지면, 그다음에는 다시 유혹을 받아 그것은 시험에 불과하다고 생각하고 이렇게 말합니다. 나는 다른 자들로 인해 이 시험에 들었습니다. 이 시험은 내 탓이 아닙니다. 사탄이 나를 시험했습니다. 혹은 그와 같은 자가 나를 시험했습니다. 당신께서 내게 주신 여자, 나와 함께 있던 친구가 나를 유혹했습니다. 이처럼 그는 그 시험을 남

탓으로 돌립니다. 이것이 일반적으로 사탄이 경건한 사람과 불경건한 사람을 각각 대하는 방식입니다.

3. 경건한 사람이 악한 일의 시험을 받으면, 그 악으로 인한 괴로움보다 죄를 보고 놀랍니다. 악인이 악한 일의 시험을 받으면, 그 악과 악의 죄됨보다 그 악으로 인한 괴로움과 형벌을 보고 놀랍니다. 우리는 이것을 마태복음 26장에서 명확히 볼 수 있습니다. 우리 구주께서 21절에서 제자들에게, 그들 중 하나가 주님을 배반하리라고 말씀하십니다. 이에 제자들이 모두 놀라서 저마다 말합니다. "주여, 나는 아니지요." 이들은 선한 제자들이었습니다. 그리고 유다는 아직 동요하지 않습니다. 하지만 25절을 보면 이렇게 되어 있습니다. "그때(KJV—옮긴이) 예수를 파는 유다가 대답하여 이르되 랍비여, 나는 아니지요." 여기서 "그때"란 언제를 말합니까? 24절을 보면, 우리 구주께서 유다가 범할 죄의 고통과 형벌에 대해 말씀하시는 장면이 나옵니다. "인자는 자기에 대하여 기록된 대로 가거니와 인자를 파는 그 사람에게는 화가 있으리로다. 그 사람은 차라리 태어나지 아니하였더라면 제게 좋을 뻔하였느니라." 바로 **그때** "유다가 나는 아니지요"라고 말했습니다. 그때 그는 놀랐습니다. 그리스도께서 죄를 거론하시기만 했음에도 참되고 은혜로운 제자들은 놀랐으나, 유다는 한마디도 하지 않았습니다. 하지만 그리스도께서 유다가 저지를 죄의 형벌과 고통을 말씀하시자 비로소 유다는 놀랐고, 제자들은 한마디도 하지 않았습니다. 그러므로 명백히 말할 수 있습니다. 은혜로운 영혼은 시험의 고통보다는 시험의 악함에 놀

라고, 악인은 시험의 악함보다는 시험의 고통과 괴로움에 더 놀랍니다. 경건한 사람과 불경건한 사람이 시험에 들어 보여주는 행동 방식이 이와 같습니다.

그러므로 슬픈 시험에 들어 자신이 받는 시험은 다른 이들의 그것과 같지 않다고 생각하는 불쌍하고 의심하는 영혼들이여, 여러분의 경우야말로 지금까지 설명한 바와 일치한다고 생각하지 않습니까? 여러분은 진실을 말할 수 없습니까? 주님, 내 영혼이 그와 같이 생각했습니다. 과연 그러합니다. 죄를 지은 후 나는 또 다시 시험을 받아 나의 자녀됨을 의심하고 절망에 빠지려 했습니다. 죄의 시험을 받고 그 시험에 빠졌을 때, 나는 모든 것을 내 탓으로 돌리며 이렇게 말했습니다. 그것은 시험 때문이 아니라 내가 잘못했기 때문이다. 그렇습니다. 주님, 주님께서는 그동안 내 영혼이 시험의 고통보다는 시험의 악함에 더 놀랐음을 아십니다. 내가 받는 시험의 고통과 괴로움에 대해서 모든 것을 주님께 맡기오니, 주님께서 원하실 때 거두어 가소서. 하지만 그 시험의 악함으로부터는 내 영혼이 벗어나기를 원하나이다. 여러분이 진정 이와 같이 말한다면, 안심하고 평안히 가십시오. 여러분의 형편은 하나님의 귀한 자녀들의 형편과 전혀 다르지 않습니다. 여러분의 흠은 하나님의 백성들에게 생길 수 있는 흠과 다르지 않습니다.

그리고 여러분은 다음과 같은 말도 했습니다. 나는 천국을 바라보기 시작한 이래로 이러한 시험은 도무지 처음인지라, 나 자신은 모든 것이 잘못된 것이 아닐까 두렵습니다.

여러분은 베드로가 예수 그리스도에게 오기 전에 그분을 부인했다고 생각합니까? 다윗이 인구조사를 한 것이 은총을 받기 전, 곧 자연 상태에 있을 때였습니까? 여러분이 읽어 본 바와 같이, 이스라엘의 자녀들은 이집트에 있을 때 물과 빵이 모자랐습니까, 아니면 하나님께서 그들에게 강하게 현현하신 이후 거기서 그들이 그 많은 시험을 만났습니까? 그리스도께서 시험을 받으신 것은 세례를 받으시고 하늘에서 "이는 내 사랑하는 아들이요, 내 기뻐하는 자라"는 소리를 들으신 후 아니었습니까?^{마 3:17-옮긴이} 그분께서는 하나님의 사랑하는 아들이라고 하늘의 선언을 받기 전에 그러한 시험을 만났습니까?

하나님께서 경건한 사람이 시험받는 중에 행한 한 가지 행위로 그를 판단하지 않고 또한 그 행위 하나로 그가 처할 영원한 상태를 결정하지도 않는다면, 이 문제와 관련하여 그가 절망할 이유가 있겠습니까? 성경을 보면 여러분이 알 수 있듯이, 하나님께서는 비록 백성들이 시험에 들어 저지른 잘못과 변심을 책망하기는 하지만, 결코 그것으로 인해 경건한 사람을 판단하시거나 그가 처할 영원한 상태를 결정하지는 않습니다. 여러분은 우유를 판단할 경우, 끓고 있을 때 판단하지 않고 식었을 때 판단합니다. 하나님께서는 자녀들을 판단하실 경우, 그들이 어떤 시험에 들어 끓고 있을 때의 모습으로 판단하지 않고 식어서 온전히 평정을 되찾았을 때의 모습으로 판단하십니다. 그분께서는 욥과 예레미야와 모세, 또한 모든 자녀들을 이와 같이 대하셨습니다. 하나님께서는 사실 악한 자들은 이와 같이 대하지 않습니다. 그분께서는 더러 한 가지 행위만으로 그들을 판단하고, 그들의 상태는 그것으로 결정되며, 어떤 때는 그것으로 그들의 영원한 상태마저 결정되기도 합니다. 우리가 읽어서 아는 바와 같이, 아나니아와 삽비라는 성령께 단 한 번 거짓말을 했습니다. 그 일에는 사탄이 개입했습니다. 사도는 이렇게 말합니다. "아나니아야, 어찌하여 사탄이 네 마음에 가득하여 네가 성령을 속이고."^{행 5:3-옮긴이} 그런데 이 한 번의 거짓말로 그들의 상태가 결정되었습니다. 사울이 아각과 살찐 가축들을 살려 둔 것은 단 한 번의 행위였지만, 그의 처지는 그것으로 결정되었습니다. 아담과 하와가 금지된 열매를 먹고, 또한 사탄이 그것을 먹도록 그들을 시험한 것은 단 한 번의 행위였지만 그들의 상태는 그것으로 결정되었고, 그것으로 모든 인류 또한 잃은 바 되었습니다. 왜 그렇습니까? 그들은 모두 행위 언약 아래 있었기 때문입니다. 그러므로 사람들이 행위 언약 아래 있을 때는, 비록 사탄의 시험을 받았어도 단 하나의 행위로 잘못을 범하면, 하나님께서는 그것으로 그들을 판단하실 수 있습니다. 지금도 악한 자들은 모두 행위 언약 아래 있습니다. 그러므로 그들이 비록 한 가지 행위에서만 잘못을 범하고 사탄으로 인해 그 시험에 빠져도, 하나님께서는 그것으로 그들이 영원히 처할 상태를 결정하시고 또한 마땅히 결정하실 수 있습니다. 하지만 하나님의 성도와 백성들은 행위 언약 아래 있지 아니하고 은혜 언약 아래 있습니다. 그들 모두가 그러합니다. 그러므로 하나님께서는 그들을 은혜로 대하실 뿐, 한 가지 시험에 들어 행한 한 가지 행위로 판단하지는 않습니다. 주님께서는 이렇게 말씀하십니다. 아니다. 지금은 그들이 시험을 받고 있는 시간일 뿐이다. 그래서 나는 그들이 시험을 받고 있는 지금의 모습으로 판단하지 아니하고, 다 식어서 평정을 되찾고 시험에서 벗어났을 때의 모습으로 판단하리라. 오, 이 얼마나 은혜로운 특권인지요! 그리스도 안에 들어가서 경건하게 되어 이 은혜 언약 아래 있기를 마다할 자 누구란 말입니까! 그러므로 경건한 여러분, 이 모든 것을 보건대 여러분이 시험에 들어도 절망할 합당한 이유와 까닭이 있습니까? 결코 없습니다. 여러분의 시험이 무엇이든 여러분은 절망할 아무런 이유가 없습니다.

하지만 여러분은 묻습니다. 그다음엔 어떻게 됩니까? 어떻게 해야 나는 이러한 종류의 모든 절망에 맞서 내 마음을 굳건히 할 수 있으며, 또 어떻게 해야 나는 나의 시험으로 낙심하거나 절망하지 않을 수 있습니까? 사실 나는 경건한 사람이 이 문제와 관련하여 절망할 이유가 없음을 인정합니다. 하지만 시험에 들어 있는 동안 온갖 절망에 맞서 마음을 굳건히 하기란 어려운 일입니다. 이 경우 나는 어떻게 해야 나의 시험이 무엇이든 절망하지 않을 수 있습니까?

나는 여러분의 자연적인 기질에 대해서는 말할 것이 없습니다. 시험이 자연적인 원인에 의해 발생했다면, 그 약으로 자연적인 수단이 사용되어야 하며, 사람들도 그것을 받아들이는 것이 현명할 것입니다. 하지만 영적인 지침을 어느 정도 말씀드리겠습니다.

시험에 들어 절망하지 않으려거든, 시험받을 때 도움이 되는 한 가지 수단에 너무 많은 것을 기대하지 않도록 주의하십시오. 과도한 기대가 절망을 낳습니다. 실망이 절망을 낳습니다. 절망의 원인은 여러분의 슬픈 처지가 아니라 실망입니다. 어떤 사람이 빚을 져서 붙들려 가게 되어도, 자신에게는 보석금을 내고 빼내 줄 친구들이 있다거나 팔아서 빚을 갚을 재산이나 살림살이가 있다는 생각을 하는 한 그는 절망하지 않습니다. 하지만 그토록 기대했던 친구들 모두 그의 기대를 저버리고 믿었던 재산도 모조리 압류당해, 그쪽에서는 어떤 도움도 얻을 수 없고 달리 기대할 만한 여타의 수단도 없다면, 그의 절망은 이루 말할 수 없을 것입니다. 어떤 사람이 물에 빠져 죽게 되어도, 붙들고 버틸 만한 것이 있는 한 그는 절망하지 않습니다. 하지만 그가 강둑의 풀 무더기를 붙들었는데 그것이 끊어져 다시 물 한가운데로 쓸려 들어간다면, 너무 놀라 정신을 잃지 않는 한 그는 처음 빠졌을 때보다 더 절망하게 됩니다. 시험의 문제도 마찬가지입니다. 다시 말해 우리는 물에 빠져 익사의 두려움으로, 빠진다, 빠진다, 소리치고 있는 것입니다. 그다음에 우리는 풀 무더기 같은 이러저러한 수단들을 움켜쥐게 되는데, 그것이 끊어지거나 기대에 어긋나면 크게 절망합니다. 그러므로 여러분이 시험을 받아 낙심하지 않으려면, 풀 무더기 하나, 이러저러한 사람의 조언, 이러저러한 특별한 수단 같은 것을 과도하게 움켜쥐지 않도록 주의하십시오. 그보다는 이렇게 말해야 합니다. 나는 지금 진실로 깊은 곳에 빠져 죽을까 두려운데, 구원의 수단은 보이지 않는다. 하지만 하나님의 길은 깊은 곳에 있고, 그분께서는 무한하신 분이시다. 그분에게는 내가 알지 못하는 길과 수단이 있다. 그러므로 내 비록 그러한 수단들을 사용하기는 하겠지만 과도하게 의지하지는 않을 것이다. 그리고 비록 모든 풀 무더기가 끊어지더라도 나는 하나님을 기다릴 것이다.

여러분이 시험을 받아 절망하지 않으려면, 여러분의 시험은 시험이 아니라는 말을 하지 않도록 주의하십시오. 사탄은 먼저 악한 것으로 시험하고, 그다음에는 하나님의 백성들로 하여금 그들의 시험은 시험이 아니라는 생각을 하도록 시험합니다. 우리가 시험을 받아 이것은 곧 지나갈 시험에 불과하다고 생각하면 마음에 어느 정도 희망이 생깁니다. 하지만 사탄의 설득에 넘어가 그 시험은 시험이 아니고 그보다 더 나쁜 일이라고 여기게 되면 벌써 마음이 가라앉고 용기가 꺾입니다. 그러므로 여러분의 시험은 시험이 아니라는 말을 하지 않도록 주의하십시오.

시험받는 불쌍한 영혼을 구원해야 할 큰 직분이 예수 그리스도에게 있음을 생각합시다. 그리스도께서 시험받는 자들을 돕겠다고 얼마나 강하게 보증하셨는지 여러분이 기억한다면, 결코 여러분은 시험받는 중에 절망해서는 안 됩니다. 그분께서는 여러 가지로 보증하십니다. 그분께서는 친히 받으신 그 시험으로 보증하시는데, 이는 그분께서 몸으로 겪어 아시고 시험받는 이들을 구원하고자 친히 시험받으셨기 때문입니다. 그분께서는 약속으로 보증하셨습니다. 그분께서는 꺼져 가는 심지를 끄지 아니하겠다고 말씀하셨습니다. 그렇습니다. 불씨가 거의 죽어 연기뿐인 심지조차 끄지 아니하시겠다고 말씀하셨습니다. 그분께서는 여러분에 대한 그분의 권리와 여러분 위에 새겨진 그분의 이름으로 보증하십니다. 그분께서는 그분의 은혜로우신 성품으로 보증하십니다. 그분께서는 세상에 계실 때 사탄에게 시달리던 사람들을 고쳐 주셨습니다. 여러분도 사탄에게 시험받고 시달립니까? 그리스도께서는 하늘에서도 세상에 계실 때처럼 은혜로우십니다. 그분께서는 맡으신 직분으로 보증하십니다. 과연 사도는 이렇게 말합니다. "우리에게 있는 대제사장은 우리의 연약함을 동정하지 못하실 이가 아니요. 모든 일에 우리와 똑같이 시험을 받으신 이로되."^{히 4:15-옮긴이} 이는 시험받는 자들을 구원하시고자 함이었습니다. 그분께서는 우리의 위대한 대제사장이십니다. 실수로 사람을 죽인 자가 그 죽음에 복수하려는 자에게 쫓길 경우, 그 살인자는 도피성으로 달아나면 무사할 수 있었습니다. 그 살인자는 당대의 대제사장이 죽을 때까지 그곳에 머물러 있어야 했는데, 그런 식으로 당대의 대제사장이 죽으면 비로소 자유의 몸이 되었습니다. 주 예수 그리스도께서는 우리의 대제사장이십니다. 그분의 죽음으로 우리가 자유를 얻었고 그분의 살아 계심으로 우리 모두가 안전하게 보호받았습니다. 피의 보복자에게 쫓기며 시험받는 불쌍한 영혼들을 구원하는 것이 그분의 직분입니다. 선한 사람이 자신의 직분에 충실하다면, 다른 모든 이들의 모범이 되시는 그리스도는 더할 나위 없이 충실하실 것입니다. 그렇습니다. 우리 아버지께서는 시험받는 불쌍한 영혼들을 구원하기 위해 직분을 세우셨고, 그리스도께서 이 직분을 맡으셨습니다. 그러므로 여러분이 시험을 받아 잘못을 범할까 두려울 때는 언제나 그리스도를 기억하며 말하십시오. 오, 그리스도께서 지금 직분을 맡고 계신다. 그분께서는 시험받는 불쌍한 영혼들, 나와 같은 사람들을 구원하시기로 하셨다. 그분께서는 친히 받으신 시험으로 보증하신다. 그분께서는 약속으로 보증하신다. 그분께서는 나에 대한 그분의 권리와 내게 새겨진 그분의 이름으로 보증하신다. 그분께서는 그분 자신의 성품으로 보증하신다. 그분께서는 그분의 직분으로 보증하신다. 그러므로 내가 비록 악한 일의 시험을 받고 있지만, 이제 어찌하겠느냐, 사탄아, 나는 곧 구원받을 것이다. 나는 시험에 들었지만 구원받을 것이다. 그것은 주 예수 그리스도께서 나의 구원을 보증하셨기 때문입니다. 여러분은 그리스도의 보증만 생각하십시오. 그리하면 여러분의 시험이 무엇이든 결코 절망하는 일이 없을 것입니다.

여러분이 시험에 들었을 때 그저 철학적 이성 혹은 도덕적 이성 정도의 것으로 위로를 삼으려 해서는 안 됩니다. 이는 시험이라는 이 질병이 그런 정도의 처방보다 더욱 강하기 때문입니다. 이성으로 대응한 시험은 재발하지만, 그리스도의 피에 적신 시험은 더 이상 재발하지 않거나 그 위세와 결과가 현격히 감소합니다. 여러분은 입으로 불어 꺼려는 초가 어떠한지 압니다. 그것은 다시 쉽게 불이 붙습니다. 하지만 물속에 넣어 끈 초는 점화가 어렵습니다. 마찬가지로, 어떤 결심과 도덕적 이성으로 불어 끈 시험은 쉽게 되살아나지만, 그리스도의 피로 끈 시험은 그렇지 않습니다. 그리스도는 보편 선(universal good)입니다. 이성은 부분적이고 개별적인 선을 제시할 뿐입니다. 하지만 보편 선에는 여러분의 모든 질병에 대응하는 것이 있습니다. 반면, 도덕적 이성에 대해서는 유혹자가 이렇게 말할 수 있습니다. 우리는 그리스도를 안다. 우리는 그 약속도 안다. 하지만 이성, 너는 누구인가? 사도는 고린도후서 1:4에서 "모든 환난 중에 있는 자들을 능히 위로하게 하시는 이"는 하나님이라고 합니다. 우리는 지금 어둠 가운데 있습니까? 오직 그리스도만 촛불에 불을 붙일 수 있습니다.

여러분보다 약하지만 먼저 시험의 길을 밟아 본 사람들에게 조언 구하기를 마다하지 마십시오. 그리스도께서는 어느 천사보다 강하셨지만, 고통의 시간을 지나실 때에는 천사가 와서 그분을 위로했습니다. 고통의 시간에는 강한 손이 약한 손의 위로를 받고 힘을 얻을 수 있습니다. 시험받는 시간은 고통의 시간입니다. 여러분은 시험받고 있으며 어둠 속에 있습니까? 이 어두운 시험의 문을 먼저 통과한 빛의 자녀들에게 문의하십시오. 여러분이 강한 손을 통해서는 결코 얻을 수 없는 그 위로를 하나님께서 약한 손을 통해 여러분에게 말씀해 주실지 어찌 알겠습니까.

하지만 여러분이 특별히 붙들고 이야기해야 할 상대는 약속입니다. 약속이 하는 말을 들으십시오. 주님께서는 이 약속을 통해 말씀하십니다. "사람이 감당할 시험 밖에는 너희가 당한 것이 없나니."^{고전 10:13} 여러분은 말합니다. 오! 내가 겪은 것과 같은 시험은 누구도 겪지 못했을 것입니다. 하지만 사도는 말합니다. 아니요, 그렇게 말하지 마시오. "사람이 감당할 시험밖에는" 여러분이 당한 것이 없소. 여러분은 자신의 시험이 유별난 것이라고 생각하지만, 사실 그 생각이야말로 첫 번째 시험 뒤에 숨은 두 번째 시험입니다. 내가 받는 시험만 특별하다고 하는 생각이 오히려 시험인 것입니다. 그럼에도 여러분은 말합니다. 오! 나의 처지는 특별합니다. 나의 고통은 특별합니다. 나의 시험은 특별합니다! 하지만 사도는 말합니다. "사람이 감당할 시험밖에는 너희가 당한 것이 없나니." 여러분은 결코 여러분의 시험을 견딜 수 없으리라 생각합니다. 여러분은 말합니다. 오! 나는 불쌍하고 약한 인간인데, 나의 시험은 강하고 큽니다. 그래서 나는 이 시험을 결코 감당할 수 없을 것입니다. 하지만 사도는 말합니다. "오직 하나님은 미쁘사 너희가 감당하지 못할 시험 당함을 허락하지 아니하시고,"고전 10:13-옮긴이 또 여러분은 결코 이 시험에서 벗어날 수 없으리라고 생각합니다. 여러분은 말합니다. 오, 나는 이처럼 오래 시험을 받고 있음에도 구원은 오지 않았고, 올 가능성도 보이지 않습니다. 그러므로 내가 여기서 구원받지 못할 것은 확실합니다. 하지만 사도는 말합니다. "오직 하나님은 미쁘사……시험 당할 즈음에 또한 **피할 길을 내사**."고전 10:13-옮긴이 하나님께서는 출구를 내시고, 문이나 창문을 열어 이 연기가 빠지도록 하실 것입니다. 아마도 여러분은 이 문을 못 볼 수도 있습니다. 이 문은 안 보일 수도 있습니다. 대홍수 시대의 방주의 문도 그랬습니다. 하지만 방주가 지어지자 문도 지어졌습니다. 그러므로 사탄이 이 시험이라는 배를 세우면 하나님께서 그 시험이라는 배 옆에 문을 내십니다. 여러분은 곧 그 문을 보게 될 것입니다. 하지만 그것이 진정 확실하냐고 여러분은 말할 것입니다. 그렇습니다. 하나님께서 신실하시고 미쁘신 것만큼 확실합니다. 그분께서는 이 약속의 진실성을 보증하시고자 그분의 미쁘심을 담보로 제시하셨습니다. 사도는 말합니다. "오직 하나님은 미쁘사……시험 당할 즈음에 또한 피할 길을 내사." 오, 사람들이 약속이 하는 모든 말에 주의를 더 기울이면 좋겠습니다! 사람들은 종종 시험에 쫓겨 허둥대느라 약속이 하는 말을 듣지 못합니다. 하지만 이 모든 것이 사실입니까? 오, 그렇다면 약속의 말을 경청하십시오. 그 약속이 하는 말에 귀 기울이십시오.

또한 여러분의 시험 뒤에 숨어 있는 위로를 생각합시다. 여러분의 뛰어난 성취 뒤에 더러 시험이 숨어 있듯이, 여러분의 시험 뒤에는 위로가 숨어 있습니다. 또 이따금씩 하나님의 사랑이 크게 표현된 뒤에 큰 시험이 이어지듯이(마태복음 3-4장을 읽으시오) 큰 시험 뒤에는 깊은 위로가 이어집니다. 천사들이 와서 그리스도에게 시중을 든 것은 그분께서 시험을 잘 이겼을 때 아니었습니까? 여러분 또한 그러할 것입니다. 이는 그리스도께서 친히 시험을 받으시고 그 모범과 결과로 시험받는 여러분을 구원하고자 하셨기 때문입니다. 여러분은 욥의 인내, 그리고 주님께서 그에게 주신 결과를 들어 알고 있습니다. 욥은 시험이 끝난 후 이전보다 두 배나 많은 복을 받았습니다. 여러분이 이 폭풍우를 잘 견디면, 틀림없이 천사들이 와서 여러분의 시중을 들 것이며 여러분의 위로는 이전보다 두 배나 많아질 것입니다. 그러므로 형제 여러분, 하나님이 주시는 무기로 완전히 무장하십시오.

그래야만 여러분이 악한 날에 이 대적자를 대항할 수 있으며 모든 일을 끝낸 뒤에 설 수 있을 것입니다.

 이것으로 다섯 번째 사례 설명을 마치겠습니다.

chapter **09.**

버림받은 경우의 회복

Ⅵ. 때때로 성도들의 절망은 그들의 버림받음, 영적인 버림받음에서 비롯된다.

여기서 논하는 시편 42편이 바로 다윗이 버림받은 경우에 해당합니다. 그는 10절에서 이렇게 말합니다. "내 대적이 나를 비방하여 늘 내게 말하기를 네 하나님이 어디 있느냐 하도다." 9절도 보십시오. "내 반석이신 하나님께 말하기를 어찌하여 나를 잊으셨나이까." 이것이 하나님의 자녀들에게서 볼 수 있는 일반적인 경우입니다. 한 사람이 말합니다. 오, 주님께서는 나를 잊으셨습니다. 내게서 얼굴을 돌리시고 내 영혼을 버리셨습니다. 그러므로 내가 이와 같이 절망해 있습니다. 나는 외적인 자비와 축복을 못 받거나 잃는 것에 대해서는 불평하지 않습니다. 그렇습니다. 온 세상이 나를 버려도 하나님과 그리스도께서 나와 함께 계신다면 고통스럽지 아니할 것입니다. 주님의 촛불이 나를 비추던 때, 주님의 얼굴에서 나오는 빛에 의지하여 행하던 때가 있었습니다. 하지만 이제 주님께서는 내게 얼굴을 숨기시고 내 영혼을 버리셨습니다. 이러함에도 나는 낙심하고 불안해할 합당한 이유와 까닭이 없습니까?

없습니다! 나 자신도 인정합니다만 그 자체로 반드시 인정되어야 하는 사실이 있습니다. 즉, 하나님과 그리스도의 얼굴과 임재를 잃는 것, 그리스도로부터 방치되고 버림받는 것이 은혜로운 영혼에게는 무엇보다 슬픈 일입니다. 그렇습니다. 은혜로운 영혼에게 이처럼 심한 고통과 괴로움을 나는 알지 못합니다. 왜 그러한지 다른 고통을 예로 들어 봅시다. 다른 고통은 아무리 커도 부분적인 고통에 불과하고 어떤 부분적인 선의 상실에 불과합니다. 다시 말해 어떤 촛불 하나를 불어 끈 정도, 어떤 별 하나가 숨은 정도에 불과합니다. 하지만 그리스도께서 그 얼굴을 숨기시고 하나님께서 물러나 계시거나 숨으시면, 해가 어두워지는 것이므로 그것은 은혜로운 영혼에 닥친 우주적인 어둠입니다. 그것은 다른 모든 고통을 가중시킵니다. 그리스도의 임재가 다른 모든 위로를 더 크고 깊게 하듯이 그분의 부재 혹은 저버리심은 다른 모든 고통을 더 크고 깊게 하며 그 고통의 완화와 치유를 차단하기 때문입니다. 하나님의 얼굴이 불쌍한 영혼을 비추는 한 그는 그리스도에게 달려갈 수 있고 또 자신의 고통을 줄이고 치유하고자 노력할 수 있습니다. 친구들도 나를 버리고 친척들도 나를 버리지만 그리스도는 나를 버리지 아니하셨습니다. 하지만 하나님과 그리스도께서 버리시면 이 험난한 시대에 우리가 어디서 위로를 얻으며 새 힘을 얻겠습니까? 다른 죄에서 벗어나려는 우리의 시도를 차단하는 죄가 특히 중하고 크듯이, 다른 고통에서 벗어나려는 우리의 시도를 차단하는 고통 또한 특히 중하고 큽니다. 버림받는 고통이 바로 그러합니다. 은혜로운 영혼에게 그 고통은 차라리 심판이라고 해야 할 것입니다. 다윗이 말합니다. "여호와여, 주의 분노로 나를 책망하지 마시오며 주의 진노로 나를 징계하지 마옵소서."시6:1 하나님께서 다윗의 영혼을 외면하고 버리실 때는 마치 분노하고 진노하며 책망하시는 듯합니다. 다시 말해 한 그리스도인이 하나님과 싸우고 있습니다. 그는 더러 사람들과 싸우고 능히 이기지만, 그것은 그리스도께서 그와 함께, 그 안에서 싸우시기 때문입니다. 그는 사탄 및 악한 영들과 싸우고 승리하지만, 그것은 그리스도께서 그와 함께하시기 때문입니다. 이 버림받음의 상황에서 영혼이 말합니다. 하지만 여기서는 하나님께서 나의 대적입니다. 나는 하나님의 분노를 붙들고 싸워야만 합니다. 나는 어떻게 해야 합니까? 여기서 내가 달아나는 것이 가능합니까? 다시 말해 특히 이 고통이 우리의 모든 위로를 덮어 가리고 우리의 영적인 모든 기쁨을 끝내는 것 같습니다. 겨울에 새들이 지저귑니까? 지저귀는 새들도 더러 있겠지만 대부분은 그렇지 않습니다. 여러분이 겨울에 들로 나가면 새소리가 들리지 않습니다. 한 사람이 여러분에게 말합니다. 어찌하여 사방이 이토록 고요합니까? 두세 달 전 우리가 이 들판을 걸을 때만 해도 온 숲에 새들의 아름다운 노랫소리가 가득했지만, 지금은 모든 새들이 침묵하고 있습니다. 이 무슨 까닭입니까? 이에 대해 여러분은 쉽게 대답할 수 있을 것입니다. 예, 그때는 여름이었습니다. 그때는 태양이 새들을 비추었고, 새들이 노래했습니다. 하지만 지금은 그 따뜻하고 생명력 넘치는 햇빛이 사라졌으므로 더 이상 새들의 노래도 없습니다. 사랑하는 여러분, 하나님의 얼굴에서 나오는 빛이 우리의 봄이요, 그 빛을 받지 못하고 버림받는 것은 우리의 겨울입니다. 이 겨울에 노래할 수 있는 성도가 있습니까? 나는 그것이 가능하다는 것, 더러 그렇게 하는 사람이 있음을 인정합니다. 하박국이 바로 이 믿음의 노래를 부를 줄 아는 사람이었습니다. 하지만 하나님께서 외면하실 때 노래하고 기뻐할 줄 아는 사람은 거의 없습니다. 그 영혼이 말합니다. 그렇습니다. 두세 달 전에는 주께서 내게 빛을 비추어 주셨습니다. 그래서 그때 나는 진실로 노래 부를 수 있었습니다. 하지만 지금은 하나님과 그리스도께서 가 버리셨으니 나의 모든 노래도 사라졌으며 나의 기쁨도 사라졌습니다. 나는 하나님과 그리스도를 두 번 다시 못 볼 것 같아, 혹은 그리스도 안에서 누리는 기쁨이 다시없을 것 같아 두렵습니다. 막달라 마리아에 관한 이야기입니다. 마리아는 그리스도의 무덤에 가 보고 울었습니다. 천사들이 와서 "여자여, 어찌하여 우느냐"고 물었지만 마리아는 계속 울고만 있었습니다. 천사들의 임재로는 마리아가 위로받을 수 없었습니다. 왜 그렇습니까? 마리아는 말했습니다. "사람들이 내 주님을 옮겨다가 어디 두었는지 내가 알지 못함이니이다."요 20:13-옮긴이 왕관을 빼앗기고 잃어버려 평민과 다름없이 된다면 왕으로서는 슬픈 일 아니겠습니까? 그리스도의 임재가 바로 그리스도인의 왕관입니다. 그러므로 우리가 예레미야애가 5장에서 읽는 바와 같이, 하나님께서 교회를 버리시자 교회는 16절에서 탄식했습니다. "우리의 머리에서는 면류관이 떨어졌사오니." 왜 그렇습니까? "주께서 어찌하여 우리를 영원히 잊으시오며 우리를 이같이 오래 버리시나이까."[20절] "주께서 우리를 아주 버리셨사오며 우리에게 진노하심이 참으로 크시니이다."[22절] 한 그리스도인에게서 그리스도의 임재가 사라지면 그는 평범한 속인의 하나가 되고 맙니다. 그의 머리에서 이처럼 왕관이 떨어지면 그로서는 고통스럽지 않겠습니까? 나는 아홉 자녀를 낳은 어느 신앙심 많은 여인의 이야기를 압니다. 여인은 하나님의 임재를 잃는 고통을 견디느니 아홉 번의 산고를 한꺼번에 견디는 편이 낫겠다고 고백했습니다. 그러므로 하나님께 버림받는 고통이 이토록 큼에도 누군가 그것을 느끼지 못한다면, 나로서 그것은 그가 정녕 버림받았기 때문이 아닌가 하는 우려를 떨치기 어렵습니다. 하지만 이 잔이 제아무리 고통스러워도, 하나님의 자녀들은 이 잔 마시기를 두려워할 이유가 없습니다. 그들은 여전히 약해지거나 절망하거나 낙심할 합당한 이유와 까닭이 없습니다.

그것은 어떻게 알 수 있습니까?

1. 여러분이 이 진리를 명확히 이해하기 위해서 알아야 할 것이 있습니다. 다시 말해 하나님, 즉 그리스도께서는 그분의 능력이나 은혜나 힘과 관련하여, 또는 그분의 사랑이라는 위로의 감

정과 관련하여, 또는 연합과 관련하여, 또는 그분의 모습과 관련하여 우리를 버리신다고 합니다. (1) 그분께서는 연합과 관련해서 결코 백성들을 버리지 아니하십니다. (2) 그분께서는 그분의 능력과 은혜와 힘과 관련해서 결코 백성들을 전적으로 버리지 아니하십니다. (3) 그분께서는 모습이나 위로의 감정과 관련해서 비록 한동안은 백성들을 버리시겠지만 다시 돌아오십니다. 이 모든 것이 사실입니다. 그들이 크게 절망할 이유가 있습니까? 첫째 항목과 관련하여 여러분은 요한복음 13:1의 말씀을 알고 있습니다. "예수께서……세상에 있는 자기 사람들을 사랑하시되 끝까지 사랑하시니라." 둘째 항목과 관련하여 여러분은 그분께서 히브리서 13:5에서 하신 말씀을 알고 있습니다. "내가 결코 너희를 버리지 아니하고 너희를 떠나지 아니하리라." 그리고 베드로전서 1:5입니다. "구원을 얻기 위하여 믿음으로 말미암아 하나님의 능력으로 보호하심을 받았느니라." 셋째 항목과 관련하여 주님께서는 이사야 54장에서 더 큰 축복을 들고 다시 돌아오겠다고 약속하지 않으셨습니까? 7-8절입니다. "내가 잠시 너를 버렸으나 큰 긍휼로 너를 모을 것이요 내가 넘치는 진노로 내 얼굴을 네게서 잠시 가렸으나 영원한 자비로 너를 긍휼히 여기리라. 네 구속자 여호와께서 말씀하셨느니라." 여러분이 아는 대로, 친구들은 잠시 동안의 이별을 크게 슬퍼하지 않습니다. 에베소 교회에 대한 이야기입니다. 바울이 그들과 작별할 때 그들은 울었습니다. 그것은 바울이 그들에게 "다시 그 얼굴을 보지 못하리라"고 말했기 때문입니다.^{행 20:38} 성도들은 그리스도와 관련해서는 이렇게 말하면 안 됩니다. 지금은 비록 그분의 얼굴을 볼 수 없어도, 우리가 다시는 그분의 얼굴을 볼 수 없으리라는 말은 할 수 없습니다. 왜냐하면 그분께서는 다시 돌아오실 것이기 때문입니다. 진실로 더 많은 복을 가지고 돌아오실 것이기에 그렇습니다. 그분께서는 잠시 버리시겠지만, 큰 긍휼, 영원한 사랑으로 그들에게 자비를 베풀어 주실 것입니다. 그러므로 여러분이 잠시 버림받아도 절망할 합당한 이유와 까닭이 있습니까?

2. 그리스도께서 백성들을 잠시 버리심이 그들을 영원히 버리지 않기 위함이라면, 그리고 그분의 버리심에는 그들을 향한 사랑의 계획, 오로지 사랑의 계획밖에 없다면, 그들은 절망할 합당한 이유가 없습니다. 이제 나는 여러분에게 묻습니다. 하나님께서 한동안 혹은 잠시 그분의 백성을 버리시는 이유는 무엇입니까? 그분께 사랑 외에 다른 계획이 있습니까? 그분께서 그들에게서 물러나심은 그들을 그분에게로 이끌고자 함이 아닙니까? 그분께서 잠시 얼굴을 가리심은 그들을 영원히 외면하지 않기 위함이 아닙니까? 그분께서 그들을 한동안 버리심은 그들로 하여금 세상에 대하여 죽고 더 이상 버림이 없는 천국을 그리워하게 하려 함이 아닙니까? 그분께서 그들을 잠시 버리심은 그들로 하여금 감성의 방식을 버리고 이생의 합당한 방식, 곧 믿음으로 사는 법을 가르치려 함이 아닙니까? 그분께서 그들을 한동안 버리심은 이 버림받음의 겨울에 그들의 죄라는 잡초와 해충이 죽어 없어지도록 하고자 함이 아닙니까? 그분께서 그들을 잠시 버

리심은 주님을 향한 그들의 사랑을 몸소 보이고자 함이 아닙니까? 그분께서 임재해 계실 때에는 우리를 향하신 그분의 사랑을 우리가 느낍니다. 하지만 그분께서 부재하실 때에는 그분을 향한 우리의 사랑을 그분께서 보시고 우리 또한 느낍니다. 그분께서 한동안 백성들을 버리심은 그들의 바로 그 기쁨과 위로가 더욱 뜨거워지고 드높아지며 넓어지도록 하기 위함이 아닙니까? 죽음의 손에서 되찾은 위로, 잃었다가 회복한 위로를 크게 기뻐하는 것은 우리의 본성입니다. 동방박사들은 잃어버린 별을 다시 보고 말할 수 없이 기뻐했습니다. 그들이 그전에는 그 별을 기뻐하지 않았습니까? 분명히 기뻐했습니다. 하지만 잃어버린 별을 되찾았을 때는 더욱 기뻤고 넘치도록 기뻤습니다. 이것이 우리의 본성입니다. 그래서 우리는 잃었던 자비를 되찾고서 말할 수 없이 기뻐합니다. 이와 같이 주님이신 그리스도께서는 우리의 본성을 아시기에, 그분의 임재와 얼굴, 그분의 사랑의 표명에 대한 우리의 기쁨과 찬양과 감사를 크게 하시고자 그 임재와 얼굴과 사랑을 때때로 거두어들이십니다. 그러므로 그분의 모든 철회에는 우리의 영혼을 향한 사랑의 계획이 있습니다. 따라서 우리가 비록 버림받기는 했지만 크게 절망할 이유가 있습니까?

3. 비록 하나님께서 스스로 원해서서 얼굴을 가리시고 백성들을 외면하시며, 그 결과 그들이 대단히 어두운 형편에 처하지만, 그 어둠이 아무리 짙어도 일할 수 있는 빛은 충분이 있습니다. 사실 사람이 일을 못할 정도로 짧고 어둡고 흐린 날이 일 년 중 얼마나 되겠습니까? 해는 가끔씩 일식 상태에 들어가기도 하고,

구름에 가리기도 하며, 보통 때와 달리 강렬한 빛을 잃기도 합니다. 하지만 일단 해가 떠서 날이 밝으면, 의지해서 일할 수 있는 빛은 언제나 충분합니다. 성도들에게도 언제나 그와 같은 해가 뜹니다. 그 의로운 해의 광선이 밝게 빛나지는 않아도 때는 언제나 낮입니다. 성도들은 어둠의 자녀가 아닙니다. 그들에게 어두운 날이 있을 수 있지만, 아무리 어두워도 큰 일을 할 수 있는 빛은 충분할 것입니다. 그리고 그들은 이 큰 일을 하기 위해 세상에 왔습니다. 곧, 하나님을 믿고 의지하는 일입니다. 이 일을 우리는 빛이 없는 가장 어두운 시간에 할 수 있습니다. 그래서 예언자는 말합니다. "흑암 중에 행하여 빛이 없는 자라도 여호와의 이름을 의뢰하며 자기 하나님께 의지할지어다."사 50:10 그러므로 여러분이 크게 기운 차릴 수 있는 정도의 빛은 아니어도 여러분의 아버지의 일을 하기에 충분한 빛이 있다면―그리고 이생의 그 큰 일이 하나님을 신뢰하고 믿는 것이라면―여러분이 굳이 절망할 이유가 있습니까? 모든 성도들이 이와 같습니다. 그들이 비록 어둠 가운데 있고 햇빛이 그들을 비추지 않아도, 때는 언제나 낮이니 아무리 어두워도 아버지의 일을 할 수 있는 빛은 충분합니다. 그러므로 성도들이 비록 크게 버림받아 어둠 속에 있어도 낙심하거나 절망할 이유가 없음은 분명합니다.

하지만 여러분은 말합니다. 예수 그리스도께서는 그분의 모습과 관련해서만 나를 버리시고 내게서 물러나신 것이 아닙니다. 나는 그분께서 연합과 관련해서도 나를 버리신 것이 아닌가 두렵습니다. 위로의 감정만 아니라 힘과 능력과 관련해서도 나를 버리신 것이 아닌가 두렵습니다. 그러므로 나는 두렵고 절망되는데, 이런 내게 절망할 이유가 없습니까?

없습니다! 왜냐하면 어둠 가운데 있는 사람은 자신이 받은 은혜 혹은 자기 안에 있는 그리스도의 힘을 제대로 판단할 수 없기 때문입니다. 여러분은 지금 버림받았습니다. 그래서 어둠 가운데 있습니다. 그러므로 여러분의 은혜나 여러분 안에 있는 그리스도의 힘을 판단할 수 없습니다. 하지만 여러분이 이러한 처지에서도 여러분의 영혼을 정직하게 대하고 판단할 수 있다면, 여러분의 삶과 행실에는 여러분이 애타게 찾는 그 임재를 누리던 때와 마찬가지로 그리스도의 힘과 은혜가 있는 것 아니겠습니까? 물론 여러분이 의무를 행할 때 마음이 한없이 넓어지던 그 경험에는 못 미치겠지만 말입니다. 진실로 나는 인정합니다. 은혜로운 사람이 버림받았을 경우, 그는 하나님의 얼굴이 그에게 비칠 때 경험하던 것과 같은 넓은 마음을 경험할 수 없습니다. 하지만 그 넓은 마음을 예외로 한다면, 여러분의 행실에서 예전에는 있었지만 지금은 없는 것이 무엇입니까? 그리고 지금 여러분에게 예전의 그 넓은 마음이 없다는 것이 그리스도께서 모습뿐 아니라 연합과 힘과 은혜와 관련해서도 여러분을 버렸다고 말할 수 있는 충분한 근거가 됩니까? 아가 5:5에서 우리가 읽은 바와 같이, 그리스도께서 신부를 두고 가버리셨을 때 문빗장에는 몰약의 즙이 떨어졌습니다. 신부는 일어나서 그분을 따라가고, 그분에 대해 물으며 이렇게 말합니다. "내 마음으로 사랑하는 자를 너희가 보았느냐."^{아 3:3-옮긴이} 성 안을 순찰하는 자들이 신부를 쳐서 상하게 하였지만, 그리스도의 소식을 들을 수만 있다면 그들의 매질을 기꺼이 견디고자 합니다. 신부는 사랑하는 임의 아름다움과 빼어남에 경탄합니다. "내 사랑하는 자는 희고도 붉어 많은 사람 가운데에 뛰어나구나."^{아 5:10-옮긴이} 여러분도 이와 같이 버림받았는데, 여러분 마음의 문빗장에는 몰약의 즙이 있지 않습니까? 여러분은 여전히 그리스도에게, 그분의 뛰어나심에 경탄하지 않습니까? 여러분은 여러분이 사랑하는 분에 대해 묻지 않습니까? 이 사람 저 사람에게 다니며 말하지 않습니까? "내 마음으로 사랑하는 자를 너희가 보았느냐." 여러분은 그리스도를 다시 만날 수만 있다면 성 안을 순찰하는 자들이 쳐서 상하게 하는 것도 감수할 생각입니까? 그럼에도 여러분은, 그분께서 모습뿐 아니라 연합과 능력과 힘과 은혜와 관련해서도 여러분을 버리고 가셨다고 말하겠습니까? 명백히 여러분은 그렇게 말 할 이유가 없습니다.

하지만 여러분은 다시 말합니다. 나는 이렇게 버림받아 하나님의 사랑이 주는 위로의 감정, 그분의 사랑의 표현, 예전에 내가 경험했고 지금도 다시 경험하고 싶은 그 사랑의 감정과 표현들을 모두 잃었을 뿐 아니라, 오히려 그분의 노여움의 증거, 그분의 진노의 표현마저 봅니다. 그저 그분의 사랑이 가버린 것이면 견딜 수 있겠지만, 문제는 그리스도께서 진노하고 계신 것, 하나님께서 진노하고 계신 것입니다. 그분께서 나의 대적자이신 것 같습니다. 그런데도 내가 크게 절망할 이유가 없습니까?

없습니다! 이것이 여러분보다 앞선 세대의 모든 성도들의 형편이라면, 여러분이 이와 관련한 여러분의 형편을 두려워할 이유가 있습니까? 이사야 57:17-18을 보면, 하나님께서 말씀하십니다. "내가 노하여 그를 쳤으며 또 내 얼굴을 가리고 노하였으나." 그분께서는 진노에 더하여 얼굴마저 가리셨습니다. 그렇습니다. 그분께서는 노하셨을 뿐 아니라 그들을 치기까지 하셨지만, 다음과 같은 약속이 있습니다. "그와 그를 슬퍼하는 자들에게 위로를 다시 얻게 하리라." 욥은 하나님께서 자신에게 분노하시고 자신의 원수가 되셨다고 생각하고 또 그렇게 말하지 않았습니까? 욥의 친구들은 하나님은 자신들을 사랑하시고 자신들의 친구였지만, 욥에게는 원수였다고 생각하지 않았습니까? 하지만 욥기 42장을 보면, 하나님께서는 욥의 친구들보다 욥을 더 흡족하게 여기셨습니다. 이는 욥이 친구들을 용서해 달라고 기꺼이 기도를 드리고자 했기 때문이었습니다. 그리스도께서 가장 깊은 우정을 나누고자 하실 때에는 오히려 원수의 모습으로 오시며, 가장 깊이 사귀고자 하실 때에는 오히려 낯선 이의 모습으로 오십니다. 이것이 그분의 일반적인 방식임을 여러분은 모릅니까? 출애굽기 4장을 보면, 하나님께서 모세에게 크게 노하셨다고 합니다. 하지만 그때에도 하나님께서는 모세가 이전에 받은 적 없는 자비의 약속을 하셨습니다.14-16절 여러분은 다윗의 선택이 무엇이었는지 압니다. "여호와께서는 긍휼이 심히 크시니 내가 그의 손에 빠지고 사람의 손에 빠지지 아니하기를 원하나이다."대상 21:13-옮긴이 어떤 때는 우리 아버지 하나님의 손에 직접 벌을 받는 것이 자비입니다. 하나님께서 우리를 사람의 손에 넘기실 수 있지만 친히 손으로 직접 거두셔서 책망하신다면, 거기에는 사랑이 있습니다. 어떤 왕이 신하들에게 이렇게 말한다고 합시다. "여러분들 앞에 보이는 것이 나의 왕국이오. 공정하게 행하고 의를 행하시오. 하지만 이러저러한 가문이 어떤 잘못을 범했을 경우에는 내 손으로 직접 벌을 내릴 터이니, 여러분은 절대 그들의 일에 간섭하지 마시오. 내가 직접 하겠소." 이는 결국 사랑을 증명하는 말이 아니겠습니까? 버림받는 시기를 지난 성도들이 이와 같습니다. 그때는 하나님께서 친히 손으로 그 영혼을 거두십니다. 그분의 분노를 집행하는 모든 피조물과 관리들은 절대 개입할 수 없습니다. 다른 고통의 경우라면 하나님께서 우리를 자기 관리들에게 넘기시겠지만, 버림받는 경우는 그분께서 직접 손으로 책망하십니다. 비록 우리를 치시겠지만 그 안쪽에는 사랑이 있습니다. 그러므로 그리스도께서 어떤 고통 가운데 있는 여러분을 많이 동정해 주실수록 여러분이 절망할 이유는 그만큼 더 적어집니다. 그리스도께서는 우리의 모든 고통에 연민하시는 우리의 대제사장이시지만, 우리가 어떤 특정한 고통에서 그분을 닮을수록 그분께서는 그만큼 더 많은 연민을 보여 주시고 또한 동정하십니다. 예수 그리스도께서도 친히 버림받음을 겪으셨습니다. 그저 버림받기만 한 것이 아니라 우리를 위해 그분의 아버지이신 하나님의 진노와 노여움마저 겪으셨습니다. 그러므로 그분께서는, 버림받았을 뿐 아니라 하나님의 진노와 노여움마저 겪고 있는 영혼을 보시면 이와 같이 말씀하십니다. 오! 내가 겪었던 것을 겪는 영혼이 여기 있구나. 그분께서는 이와 같이 그 사람을 깊이 연민하시고 동정하십니다. 그러므로 여러분이 이와 관련하여 절망할 이유가 있습니까?

하지만 여러분은 말합니다. 하지만 이것은 내 경우가 아닙니다. 나는 버림받았으며 하나님의 진노를 겪고 있을 뿐 아니라, 죄를 지어서 내 영혼이 버림받는 고통을 받고 있습니다. 그러므로 내가 이와 같이 절망하고 있는데, 내게 절망할 이유가 없습니까?

없습니다! 왜냐하면 하나님께서 언제나 죄로 인해 백성들을 버리지 않기 때문입니다. 버리신 경우도 있고 그렇지 않은 경우도 있는데, 이는 아가 3장과 5장을 비교해 보면 알 수 있습니다. 하나님께서 지금 여러분을 떠나 계시지만 그것이 꼭 여러분의 죄 때문만은 아닐 것입니다. 따라서 죄 때문에 버림받았다는 여러분의 판단이 **추측**일 뿐이라면, 절망할 이유가 없습니다. 그 반대의 경우로, 여러분이 죄 때문에 버림받았다면, 청컨대 이사야 57장을 다시 펴서, 이와 같은 처지에 있는 불쌍한 영혼에게 주님께서 어떤 약속을 해주셨는지 보십시오. "그의 탐심의 죄악으로 말미암아 내가 노하여 그를 쳤으며 또 내 얼굴을 가리고 노하였으나 그가 아직도 패역하여 자기 마음의 길로 걸어가도다."17절 주님께서 얼굴을 가리셨으며 여러분을 치셨다고 여러분은 말합니까? 지금 이 말씀도 그렇습니다. 오, 하지만 나는 죄를 지어서 이 버림받음을 초래했다고 여러분은 말합니까? 이 말씀도 그렇습니다. "그의 탐심의 죄악으로 말미암아 내가 노하여 그를 쳤으며." 오, 하지만 나는 이 버림받음 이전과 이후 모두 죄를 지었습니다. 버림받음 이전에 나는 죄를 지었는데, 그 죄가 바로 버림받음의 원인이었습니다. 또 나는 버림받은 이후로도 줄곧 죄를 지었는데, 심술궂고 뒤틀린 나의 행실로 인해 지금까지 계속 버림받고 있습니다. 이것이 여러분이 하는 말입니까? 이 말씀도 그렇습니다. "그의 탐심의 죄악으로 말미암아 내가 노하여 그를 쳤으며 또 내 얼굴을 가리고 노하였으나." 여기에 버림받음 이전의 죄가 있습니다. "그가 아직도 패역하여 자기 마음의 길로 걸어가도다." 여기에 버림받음 이후의 죄가 있습니다. 이와 같이 이전과 이후의 죄가 다 있습니다. 그렇다면 이와 같은 처지에 있는 영혼에게 희망이나 위로나 자비가 있습니까? 있다고 주님께서 말씀하십니다. "그와 그를 슬퍼하는 자들에게 위로를 다시 얻게 하리라."[18절-옮긴이] 오, 하지만 내 영혼이 원하는 것은 위로가 아닙니다. 나는 더럽고 부정하며 악한 마음을 가졌기 때문입니다. 오, 내 마음이 고침을 받았으면 좋겠습니다. 이러한 처지에 치유의 자비에 대한 희망이 있습니까? 있다고 주님께서 말씀하십니다. "사람의 소행이 어떠한지 내가 보아서 다 알고 있다. 그러나 나는 그들을 고쳐주겠다." 오, 하지만 고침을 받아도 나는 다시 죄를 짓고, 다시 하나님을 떠나 방황할 것입니다. 그렇지 않다고 주님께서 말씀하십니다. "내가 그의 길을 보았은즉 그를 고쳐 줄 것이라. 그를 인도하며."[18절-옮긴이] 하지만 내게는 이 모든 일의 수단이나 가능성이 보이지 않습니다. 이 모든 일이 가능합니까? 당연히 가능합니다. 주님께서 19절에서 이렇게 말씀하시기 때문입니다. "입술의 열매를 창조하는 자 여호와가 말하노라.

먼 데 있는 자에게든지 가까운 데 있는 자에게든지 평강이 있을지어다. 평강이 있을지어다. 내가 그를 고치리라." 오, 이 얼마나 큰 위로인지요! 얼마나 큰 힘이 되는 약속인지요! 여러분은 이 말씀을 읽고 생각하고서도 주저앉아 있습니까?

하지만 여러분은 한 번 더 말합니다. 하지만 이것은 내 처지의 일부분에 불과합니다. 나는 지금까지 계속해서 죄를 지었기 때문입니다. 그리스도께서도 지금까지 나를 버리셨습니다. 나는 계속 죄를 지었고, 그분께서도 계속 나를 치셨습니다. 그분께서는 계속 나를 치시고 계속 진노하십니다. 나는 오랫동안 버림받았고 오랫동안 어둠 속에 있었습니다. 지금은 빛에서 너무 멀리 떨어져 이제 내 주위는 점점 더 어두워질 뿐입니다. 내 처지는 날마다 더 슬퍼집니다. 날마다 나는 더 버림받고, 그럴수록 내 처지는 더 나빠집니다. 그런데도 나는 낙심하고 절망할 이유가 없습니까?

없습니다! 왜 그런지 봅시다. 이스라엘이 최악의 형편에 처했던 때가 언제였습니까? 그들은 이집트 땅에 있는 동안 내내 힘들게 지냈습니다. 어둠의 시간을 보냈습니다. 하지만 그 땅에서 해방되기 직전이야말로 그들에게는 최악의 시간이 아니었습니까? 그때 이집트의 감독관들이 그들에게 매질하지 않았습니까? 다윗에게 최악의 시기는 언제였습니까? 광야에 있을 때 늘 고생스러웠지만, 자신의 아내들을 잃고 부하들에게 돌팔매질까지 당할 뻔 했을 때, 곧 시글락에 있던 때가 특히 최악의 시기 아니었습니까? 시편 10:1에서 다윗은 말합니다. "여호와여, 어찌하여 멀리 서시며 어찌하여 환난 때에 숨으시나이까." 숨어 있는 것이 멀리 있는 것보다 더 심하고 안 좋습니다. 지고 있는 해는 멀리 있는 것처럼 보입니다. 하지만 해가 숨어 있으면, 그때는 완전히 진 것이고 더 멀리 있는 것입니다. 그러므로 다윗은 말합니다. "여호와여, 어찌하여 멀리 서시며 어찌하여 환난 때에 숨으시나이까." 그의 버림받음은 점점 심해졌습니다. 시편 13편을 보면, 그는 같은 취지로 말합니다. "여호와여. 어느 때까지니이까. 나를 영원히 잊으시나이까. 주의 얼굴을 나에게서 어느 때까지 숨기시겠나이까."[1절-옮긴이] 숨어 있는 것은 멀리 있는 것보다 안 좋고, 또한 잊는 것보다 안 좋습니다. 왜냐하면, 무스쿨루스(Andreas Musculus, 1514-1581, 독일 루터교 신학자이자 종교개혁자—옮긴이)가 잘 말했듯이, 잊는 것은 **사랑의 잊음**(remisso amoris)일 뿐이기 때문입니다. 다른 이를 사랑하는 사람은 그 사람을 잊을 수 있지만, 그만큼 많이 사랑할 수도 있습니다. 하지만 얼굴을 가리는 것은 **분노의 증거**(Irae testimonium)입니다. 다윗은 이렇게 말한 것 같습니다. "주님, 주님은 제게서 친히 사랑을 거두시다 못해 이제는 분노의 증거마저 보여주십니다. 주님의 노여움이 크십니다." 시편 22:1-2도 그러합니다. "내 하나님이여, 내 하나님이여, 어찌 나를 버리셨나이까.……내가 낮에도 부르짖고 밤에도 잠잠하지 아니하오나 응답하지 아니하시나이다." 아우구스티누스는 말합니다. "하나님께서 고통받는 그리스도를 버리는 이 일이 어떻게 가능한가(이 말씀은 그리스도께서 하신 말씀인데, 그때 하나님께서는 세상을 하나님 자신과 화해시키려는 그리스도 안에 계시지 않았는가)? 이것은 충분히 가능한 일이다. 왜냐하면 그리스도께서는 대표자였기 때문이다. 그분께서는 우리 자리에 서서 우리 역할을 맡아 이렇게 말씀하셨다. '내 하나님이여, 어찌 나를 버리셨나이까.'" 주님께서 나를 버리기만 하신 것이 아니므로, 나의 버림받음 또한 점차 심해지고 있습니다. 주님께서는 온종일 불러도 대답하지 않으시니 말입니다. 이것은 욥기 30장에서도 많이 볼 수 있습니다. "내가 주께 부르짖으나 주께서 대답하지 아니하시오며 내가 섰사오나 주께서 나를 돌아보지 아니하시나이다. 주께서 돌이켜 내게 잔혹하게 하시고 힘 있는 손으로 나를 대적하시나이다."20-21절 "내 마음이 들끓어 고요함이 없구나. 환난 날이 내게 임하였구나. 나는 햇볕에 쬐지 않고도 검어진 피부를 가지고 걸으며……나는 이리의 형제요 타조의 벗이로구나."27-29절 "내가 복을 바랐더니 화가 왔고 광명을 기다렸더니 흑암이 왔구나."26절 이처럼 여러분이 보듯이, 하나님의 백성들의 처지는 그들 자신이 판단하기에 점점 더 나빠지고 어두워질 수 있습니다. 하지만 이 문제와 관련하여 여러분이 절망할 이유는 없습니다.

여러분은 말합니다. 나는 너무 오랫동안 버림받아서 이제 결코 다른 방법이 없는 것 아닌가 두렵습니다. 지금 하나님께서도 떠나고 안 계시고, 그리스도께서도 떠나고 안 계시고, 위로도 가버리고 내내 없었습니다. 나는 지금 그리스도께서 다시 돌아오시는 일이 결코 없을까 두렵습니다. 이것으로 인해 내 영혼마저 가라앉았습니다. 조금만 버림받아도 몹시 고통스럽다는 것을 나는 인정합니다. 하지만 그리스도께서 다시 돌아오실 것이라는 생각이 내게 조금이라도 들기만 하면, 세상에서 가장 어두운 암흑에 갇혀 있어도 나는 견딜 수 있습니다. 그러나 지금 이곳에서 이생의 버림받음 외에 최후의 버림받음 또한 언급되어 있음을 나는 성경을 통해 압니다. 하나님의 성도와 백성들은 아마도 한동안은 버림받겠지만 영원히 버림받는 일은 결코 없을 것입니다. 다윗은 버림받았지만 영원히 버림받지는 않았습니다. 사울은 버림받았고, 결국 영원히 버림받았습니다. 나는 내가 지금 여기서만 버림받는 것이 아니라 영원히 버림받고 거부당하지 않을까, 하나님께서 이미 나를 완전히 버리신 것이 아닐까 두렵습니다. 그러므로 내가 이처럼 절망해 있는데, 이러한 내게 절망할 이유와 까닭이 없습니까?

아니, 여전히 없습니다. 왜냐하면 우선, 고통 가운데 있는 성도들의 경우, 하나님께서 떠나셨으며 다시는 돌아오지 않으리라고 생각하는 것이 일반적이기 때문입니다. 하나님의 백성들이 겪는 고통에는 여러 종류가 있지만, 영적으로 버림받는 경우에서 보듯 자신의 처지를 말하면서 **결코**(never)라는 말을 이렇게 쉽게 쓰는 고통은 없습니다. 선하고 은혜로운 사람이 병들었다 합시다. 그 즉시 나는 이제 결코 회복하지 못할 것이라고 말하거나 그렇게 결론을 내리는 일은 없습니다. 대적자들에게 핍박을 받는다고 합시다. 그 즉시 자신은 결코 구원받지 못할 것이라고 결론 내리는 일은 없습니다. 하지만 하나님께서 얼굴을 숨기고 외면하시기만 하면, 그 즉시 이 **결코**가 튀어나옵니다. 나는 **결코** 구원받지 못할 것이다. 나는 **결코** 다시 위로를 되찾을 수 없을 것이다. 시편 13편이 그렇습니다. "여호와여, 어느 때까지니이까. 나를 영원히 잊으시나이까. 주의 얼굴을 나에게서 어느 때까지 숨기시겠나이까."1절-옮긴이 시편 77:7-8이 그렇습니다. "주께서 영원히 버리실까, 다시는 은혜를 베풀지 아니하실까. 그의 인자하심은 영원히 끝났는가, 그의 약속하심도 영구히 폐하였는가." 이 불신의 결론이 자라는 터전이 바로 이와 같습니다. 이러한 처지에 있으면 그들은 **결코**라는 극단의 부정으로 나아갑니다. 오, 이제 나의 처지가 다시는 바뀌지 않으리라. 그리스도께서 떠나셨고, 자비가 떠났으며, 이제 나는 다시 하나님의 얼굴을 뵈옵지 못하리라. 버림받음의 고통 가운데 있는 성도들에게는 이러한 태도가 아주 일반적입니다.

그러므로 이제 여러분이 보게 되겠지만, 하나님께서 이러한 처지에 있는 자녀들에게 약속을 주실 때는 이런 반대와 이의를 철저히 차단하고 우리의 **결코**를 온전히 제거할 수 있는 약속을 주십니다. 시편 9:18입니다. "궁핍한 자가 항상 잊어버림을 당하지 아니함이여. 가난한 자들이 영원히 실망하지 아니하리로다." 시편 103:8-9도 그렇습니다. "여호와는 긍휼이 많으시고 은혜로우시며 노하기를 더디 하시고 인자하심이 풍부하시도다. 자주 경책하지 아니하시며 노를 영원히 품지 아니하시리로다." 이사야 57:16도 그렇습니다. "내가 영원히 다투지 아니하며 내가 끊임없이 노하지 아니할 것은." 하나님께서는 이러한 처지에 있는 백성들의 경우, 자신들의 처지를 **결코**라는 말로 쉽게 표현한다는 것을 아시고, 약속을 주실 때는 자비를 약속하셔서, 우리의 약함을 헤아리십니다. 또한 그 약속에 **영원히**(ever)라는 표현을 써서 **결코**(never)라는 표현이 말하는 우리의 불신을 제거하십니다.

하나님께서 혹은 그리스도께서 떠나시면 아주 떠나시는 것이 아니요, 반드시 돌아오신다는 말씀이 여러분을 위해 성경에 기록되어 있습니다. 그러므로 진실로 나는 이처럼 절망할 이유가 없다고 여러분은 말해야 하지 않겠습니까?

이 점을 명확히 밝히기 위해 여러분에게 몇 가지 질문을 드리겠습니다.

1. 주님께서 보내신 악한 영에 즉시 사로잡힌 사람처럼 비천하게 영원히 버림받은 경우를 여러분은 하나님의 말씀 어느 한 곳에서라도 혹시 읽어 본 적이 있습니까? 사울은 영원히 버림받았습니다. 성경은 주님께서 보내신 악한 영이 그를 사로잡았다고 합니다.삼상 18:10-옮긴이 이 악한 영이란 시기하는 영이 아니고 무엇이겠습니까? 복음서에서 시기하는 사람은 악한 사람이라고 합니다. 하나님께서 사울을 버리자마자 이 악한 영이 그를 사로잡았습니다. 이것은 악하고 악의적이며 핍박하는 영이 사울에게 들어와 다윗과 성도들을 대적한 것을 보면 알 수 있습니다. 그러므로 하나님께서 어떤 사람을 영원히 버리면 핍박하는 영이 그에게 들어갑니다. 하나님께서 자녀들을 버리시면 그 악한 영인 사탄이 그들에게 옵니다. 하나님께서 떠나시면 사탄이 오기에 그렇습니다. 하지만 시험하는 사탄과 핍박하는 사탄은 많이 다

릅니다. 성도들이 버림받을 때, 시험하는 사탄은 와도 핍박하는 사탄은 오지 않습니다. 여러분은 주님께서 보내신 악하고 핍박하는 영에 사로잡힌 사람들처럼 비참하게 영원히 버림받은 이야기를 혹시 알고 있거나 읽어 본 적이 있습니까?

2. 하나님과 그분의 길을 버리고 싶어 하지 않는 사람들을 하나님께서 영원히 버리신 이야기를 여러분은 말씀 어느 한 곳에서라도 읽어 본 적이 있습니까? 하나님께서는 우리가 그분을 버리지 않는 한 우리를 버리지 않습니다. "왕이 여호와의 말씀을 버렸으므로 여호와께서도 왕을 버려 왕이 되지 못하게 하셨나이다."삼상 15:23 선한 사람은 하나님의 사랑은 못 느껴도 자신의 죄는 느낄 것입니다. 아마도 그는 자신의 완전함을 느끼지 못할 것입니다. 그것이 하나님의 사랑입니다. 그래서 그는 자신의 불완전함을 느낄 것입니다. 나는 말합니다. 여러분은 하나님과 하나님의 선한 길을 버리고 싶어 하지 않는 어느 누가 영원히 버림받은 이야기를 말씀 어느 한 곳에서라도 읽어 본 적이 있습니까?

3. 하나님으로부터 버림받았음을 예민하게 깨닫고 버림받은 사실 자체만으로도 슬퍼할 줄 아는 어느 누구를 하나님께서 버리신 이야기를 여러분은 말씀 어느 한 곳에서라도 읽어 본 적이 있습니까? 진실로 우리가 사울에 관해 읽은 바와 같이, 그는 버림받았을 때 소리치며 말했습니다. "나는 심히 다급하니이다. 블레셋 사람들은 나를 향하여 군대를 일으켰고 하나님은 나를 떠나서."삼상 28:15-옮긴이 사울이 괴로워한 진짜 이유는 외적인 고통의

엄습이었습니다. 블레셋 사람이 자신을 공격하고 있었습니다. 하지만 성도들은 버림받았을 때 버림받은 사실 자체만으로 괴로워하며, 버림받은 그 시간을 대단히 길고 지루하게 여깁니다. 다윗은 말합니다. "여호와여, 어느 때까지니이까 나를 영원히 잊으시나이까. 주의 얼굴을 나에게서 어느 때까지 숨기시겠나이까."시 13:1-옮긴이 하지만 나는 말합니다. 버림받은 이 고통을 버림받은 사실 자체만으로도 느끼는 어느 누가 하나님으로부터 버림받은 경우가 있습니까?

4. 죄를 짓는 순간 양심이 예민하게 작동하여 슬피 울며 앉아서 하나님을 찾는 어느 누가 영원히 버림받은 이야기를 여러분은 하나님의 말씀 어느 한 곳에서라도 읽어 본 적이 있습니까? 우리는 로마서에서 읽었습니다. 하나님께서는 이방인들이 죄를 짓도록 버려두시자, 그들은 온갖 더러움에 빠져 부끄러운 줄을 몰랐습니다.롬 1:27-옮긴이 반면에 하나님의 성도와 백성들은 버림받는 시기에 마음이 예민해져서 그들이 지은 죄를 자각하고 슬피 울며 하나님을 찾습니다. 이와 같은 마음을 가진 사람이 버림받은 경우가 있습니까?

5. 그리스도께서 어떤 사람—그리스도로부터 그 마음과 영혼에 그분의 선하심과 영적인 삶에 필요한 살림살이를 선물로 받은 사람—을 영원히 버리신 이야기를 여러분은 읽어 본 적이 있습니까? 사람이 잠시 집을 떠나는 경우가 있고 아주 떠나는 경우가 있습니다. 이 둘은 큰 차이가 있습니다. 자기 집을 떠나서 더 이상 돌아오지 않을 때는 모든 살림살이를 가지고 떠납니

다. 그렇게 떠나는 것을 보면 여러분은 "이 사람은 다시 돌아오지 않겠구나" 하고 말합니다. 하지만 아무리 먼 여행을 간다고 말해도 다시 돌아올 것으로 예상되는 경우가 있습니다. 그 차이가 무엇입니까? 후자는 그의 살림살이와 아내와 자녀들이 여전히 그 집에 남아 있기 때문입니다. 그러므로 그리스도께서 어떤 사람을 버리고 영원히 떠나실 경우에는 그분께서 주신 모든 살림살이, 다시 말해 영적인 선물, 은혜, 신념 등을 모두 가지고 떠나십니다. 하지만 그리스도께서 오랫동안 부재하시더라도 그분의 살림살이가 그 사람의 마음에 남아 있다면, 다시 말해 그분에 대한 열망과 그분에 대한 기쁨과 그분에 대한 경이와 그분의 부재에 대한 슬픔이 여전히 남아 있다면, 여러분은 이렇게 말할 수 있습니다. 그분께서는 반드시 돌아오시리라. 왜 그렇습니까? 그분의 살림살이가 여전히 남아 있기 때문입니다. 그리스도께서 어떤 사람의 마음에 그분의 영적인 살림살이를 남겨 두시고도 그 사람을 버리신 때가 있습니까?

6. 그리스도의 임재를 세상에서 가장 큰 선으로 여기며 그리워하고 그분의 부재를 세상에서 가장 큰 고통으로 여기는 사람, 기꺼이 예수 그리스도의 발에 입을 맞추고자 하며 가장 낮고 천한 자리에서도 그분을 섬김으로 오직 그분만을 기뻐하는 사람이 그리스도로부터 영원히 버림받은 경우를 여러분은 혹시 알고 있습니까? 우리가 아는 바와 같이, 성도들이 무엇보다 열망하는 것은 예수 그리스도께서 입맞춤해 주시는 것입니다. 그러므로 아가의 시작이 그러합니다. "내게 입 맞추기를 원하니."[1:2]

그리스도의 입맞춤이 바로 이 세상에서 성도들의 가장 크고 주요한 열망이기 때문입니다. 은혜로운 영혼은 말합니다. 하지만 그리스도께서 내게 입맞춤해 주시지 않아도 나는 기꺼이 마리아처럼 그분의 발에 입맞춤하리라. 그분께서 내게 영원히 입맞춤해 주실 날이 오고 있으니, 지금은 내가 여기서 그분의 발에 입을 맞추고 있으나 장차 천국에서 그리스도의 입맞춤을 받을 희망이 내게 있도다. 이제 나는 말합니다. 이토록 그리스도만 그리워하는 사람을 그분께서 영원히 버리신 경우가 혹시 있습니까? 버림받은 사람이 그리스도의 임재를 최고의 것으로 여기며 그리워하고 그분의 부재를 세상에서 가장 큰 악으로 여기며 슬퍼할 수 있습니까? 이제 나는, 그리스도께서 떠나셨으며 두 번 다시 돌아오시지 않으리라는 두려움에 사로잡힌 여러분이 누구든 상관없이, 여러분의 영혼과 가슴에 호소합니다. 하나님께서 얼굴을 가리시고 여러분을 외면하신 것 같고, 그분께서 여러분을 잊으신 것 같고, 여러분에게 분노하시는 것 같다고 해봅시다. 이 암흑 가운데 있더라도 여러분이 과연 주님께서 보내신 악한 영, 시기하고 악의적인 영에게 사로잡힌 것입니까? 여러분이 보기에, 여러분 자신에게 하나님과 그분의 선한 길을 버리고 싶은 마음이 있습니까? 여러분의 마음은 오히려 그 반대, 즉 여러분이 비록 하나님의 사랑을 잘 느끼지는 못하지만, 마음은 그 반대 아닙니까? 여러분은 여러분의 죄를 잘 느끼지 않습니까? 여러분의 완전함은 잘 못 느껴도 여러분의 불완전함은 어느 정도 느끼지 않습니까? 여러분은 이 버림받음을 세상에서 가장 큰 고통으로 여기지 않습니까? 여러분은 하나님과 그분의 임재를 그리워하며 울 수 있지 않습니까? 그리스도께서 여러분이 길을 가는 내내 이러저러한 사랑의 표시를 보이시며 여러분의 영혼을 찾아가서 만나겠다고 하지 않습니까? 그리고 여러분은 기꺼이 예수 그리스도의 발에 입을 맞추려 하지 않습니까?

여러분은 분명히 이렇게 말할 것입니다. 오, 그렇습니다. 나는 그리스도께서 떠나셨으며 두 번 다시 돌아오지 않으리라는 두려움이 있지만, 주님을 찬양합니다. 내가 알기로, 내 영혼에는 하나님의 성도와 백성들을 대적하는 악하고 시기하며 핍박하는 영이 없습니다. 내게는 그리스도와 그분의 선한 길을 버리고자 하는 마음 또한 없습니다. 오히려 나는 그리스도의 부재를 그 자체로 슬퍼하며 그것을 세상에서 가장 큰 고통으로 여길 수 있습니다. 나는 기꺼이 그리스도의 발에 입을 맞추고자 하며 주님께서 다만 내 영혼에 다시 돌아오시도록 가장 낮고 천한 자리에 있고자 합니다. 진실로 나는 말합니다. 길을 가는 동안 내내 이와 같은 처지에 있는 나를 찾아오시겠다는 여러 가지 표시와 약속들을 나는 틈틈이 받았습니다.

그렇다면 안심하십시오. 지금은 그리스도께서 부재하시나 다시 돌아오실 것입니다. 그분께서는 큰 자비와 영원한 사랑으로 여러분의 영혼을 다시 그분에게 불러 모으실 것입니다. 그러므로 나는 말합니다. 모든 성도들이 다 이와 같을 것입니다. 여러분의 버림받음이 어떠하든 진실로 여러분에게는 절망할 이유가 없습니다. 오히려 여러분은 이렇게 말해야 하지 않겠습니까?

"내 영혼아, 네가 어찌하여 낙심하며 어찌하여 내 속에서 불안해하는가."

하지만 여러분은 다시 말합니다. 이 모든 일로 나는 이제 절망할 이유가 없음을 압니다. 하지만 하나님께서 얼굴을 숨기시고 나를 버리시는 그 시간에는 용기가 꺾여 가라앉는 내 마음을 지탱하기가 어렵습니다. 그러므로 이처럼 어둠 속에 있는 시간, 그리스도께서 얼굴을 숨기거나 나를 버리시는 바로 그 시간에 나는 어떻게 해야 이 절망에 맞서 마음을 굳건히 할 수 있습니까?

현재의 어떤 섭리의 결과로 하나님의 영원한 사랑을 판단하지 않도록 주의하십시오. 사람에 대한 영원한 진노가 있고 일시적인 진노가 있습니다. 영원한 진노 혹은 미움은 영원한 사랑과 양립할 수 없습니다. 하지만 영원한 사랑과 일시적인 진노는 양립할 수 있습니다. 아버지는 자녀에게 잠시 진노해도 아버지의 사랑으로 자녀를 사랑할 수 있습니다. 하나님께서도 이와 같으셔서 잠시 진노하지만 아버지의 사랑으로 사랑할 수 있습니다. 하지만 사람이 현재 섭리의 결과에 근거해 영원한 사랑을 판단하면 크게 절망합니다. 그리고 여러분은 이제 이 버림받음과 관련한 여러분의 모든 절망이 여기에서 비롯됨을 알게 될 것입니다. 특별한 사랑의 섭리, 경험, 말씀, 표현, 결과에 의지해 행하는 사람들이 있습니다. 그들은 그러한 것들이 있을 때 많은 힘을 얻습니다. 하지만 그러한 것들이 없을 때는 크게 절망해서 이렇게 말합니다. 아, 그리스도께서 나를 사랑하지 않으신다. 하나님께서 떠나셨고 다시는 돌아오시지 않으리라. 왜 그렇습니까? 그들이 현재의 어떤 섭리의 결과로 하나님의 영원한 사랑을 판단했기 때문입니다. 그런데 하나님께서 보여주시는 현재 섭리의 결과가 그분의 영원한 목적에 어긋난 듯 보이지만, 그들이 굳이 절망해서, 그분께서 영원히 가버리셨다고 말할 이유가 있습니까? 사정이 그와 같으므로 그분께서는 얼굴을 숨기고 물러가시고 특별한 위로와 표현을 거부하시면서도 나를 영원히 사랑하실 수 있습니다. 오, 사람들이 현재 어떤 섭리의 결과로 하나님의 영원한 사랑을 판단하지 않았으면 좋겠습니다. 그리하면 그들은 결코 크게 실망할 일이 없을 것입니다.

이와 같은 처지에서 여러분이 절망하지 않으려면, 부디 유의하여 절망적이고 비관적이며 불신에 가득 찬 말을 입 밖으로 내던지지 않도록 하십시오. 왜냐하면 여러분이 버림받은 시간에 사탄이 여러분을 붙들고 바쁘게 일할수록 여러분이 견뎌야 하는 그 시간은 더욱 지루하고 힘들며, 그런 만큼 절망 또한 커지기 때문입니다. 한번 보십시오, 그것은 어떤 개의 경우와 같습니다. 여러분이 뼈다귀나 빵이나 고기를 던져 주는 한 그 개는 여전히 그 자리에 머물며 먹을 것을 기다립니다. 하지만 여러분에게서 나올 것이 더 이상 없다고 판단하면 즉시 제 갈 길을 갑니다. 사탄의 경우도 이와 같습니다. 사람이 버림받은 상태에 있을 때는 사탄이 와서 이런 말을 합니다. 지금이야말로 어둠의 첫 번째 자녀인 내가 일할 때이다. 이 영혼은 지금 어둠 가운데 있으니 구슬리기 좋은 때 아닌가. 이처럼 사탄은 여러분 곁에 서 있는데, 여러분에게서 절망적이고 비관적인 말이 나오면 더 오래 머물러 있게 됩니다. 그렇지만 여러분에게서 아무것도 나오지 않으면 사탄은 그만큼 더 일찍 떠납니다. 여러분은 지금 버림받은 상태에 있으며, 사탄에게 먹을 것을 던져 주고 있습니까? 한 번 돌아보고, 여러분이 내던진 것들을 다시 주워 모으십시오. 여러분이 흘린 이 빵부스러기들을 다시 주워 모으고, 그렇게 내던진 일들을 슬퍼하며, 그러한 시간이 오지 않도록 주의하십시오. 왜냐하면 이렇게 흘린 것들이 많을수록 사탄은 오래 머물고 여러분의 절망은 더 커지기 때문입니다.

여러분은 반드시 양쪽의 말을 공평하게 들어야 합니다. 버림받고 있는 시기에는 양쪽에서 여러분의 영혼을 붙들고 호소합니다. 한쪽에서는 그리스도 편에서 제발 여러분의 마음에 있는 그리스도에 대한 사랑을 잘 간직하고 굳건히 하라고 호소하며 이렇게 말합니다. 진실로 그분께서는 떠나셨으며, 그 얼굴을 숨기셨다. 하지만 그분께서는 돌아오셔서 네게 다시 빛을 비추어 주실 것이다. 그런가 하면 또 한쪽에서는 그리스도를 대적하고 사탄을 옹호하며 이렇게 말합니다. 그분께서는 이제 완전히 떠나가셨고, 더 이상 돌아오시지 않을 것이다. 너는 그분의 얼굴을 다시는 못 볼 것이다. 이 경우, 여러분은 반드시 공평하게 들어야 하며, 어느 한쪽으로만 귀를 열고 어느 한쪽으로는 귀를 닫는 일이 없도록 해야 합니다. 양쪽의 말을 다 듣지 못하는 사람은 올바로 판단할 수 없습니다. 여러분이 시험에 들어 어둠 가운데 있을 때는 올바로 판단할 시간이 없습니다. 그럼에도, 불쌍한 영혼들이 이러한 처지에서 얼마나 빈번히 자신들을 판단하며,

심지어는 자신들을 심판 아래 있는 것으로 여기는지 모릅니다. 왜 그렇습니까? 한쪽 말을 더 많이 듣기 때문입니다. 사탄이 와서 그들에게 하나님의 진노에 대해 이야기하면 그들은 분명히 그 이야기를 자세히 들을 것입니다. 하지만 그리스도께서 오셔서 그들에게 하나님이 죄인들을 사랑하시는 이야기를 하면 그들은 듣지 않습니다. 또는 듣더라도, 어떤 사람이 어떤 책을 논박하기 위해 그 책을 읽는 내내 시비를 걸듯이, 그들 또한 복음의 말씀을 듣는 동안 줄곧 반론을 제기하며 속으로 이렇게 말합니다. 오, 하지만 이것은 내 경우에 해당하지 않습니다. 이것은 좋은 약속이지만 나를 위한 약속은 아닙니다. 이것은 나의 처지가 아닙니다. 이처럼 수도 없이 "오, 하지만!"을 남발합니다. 하지만 이것이 과연 옳습니까? 사람은 이처럼 한쪽 말만 들으면 반드시 판단을 그르치게 되어 있고, 결과적으로 크게 실망할 수밖에 없습니다. 그러므로 주님으로부터 받은 나의 권고(나는 이 권고를 여러분이 주님의 이름으로 받을 것을 부탁합니다)는 이것입니다. 절대로 율법의 이야기를 무턱대고 받을 것이 아니라, 복음의 이야기에도 여러분이 동일하게 귀를 열어야 합니다. 절대로 사탄의 이야기를 무턱대고 받을 것이 아니라, 그리스도께서 하시는 말씀에도 여러분이 동일하게 귀를 열어야 합니다. 이 권유를 못 받을 이유가 무엇이겠습니까? 내가 여러분에게 그리스도를 위해 어떤 큰 일을 하라고 간청하면 여러분이 설마 거절하겠습니까? 하물며 지금 내가 여러분에게 부탁하는 것은 그저 사탄의 말에 귀 기울이는 만큼 그리스도의 말씀에도 귀를 좀 공평하게 기울여 달라는 것인데, 여러분이 이 정도의 부탁에도 응하지 않는단 말입니까? 오, 내 생각으로는 은혜로운 모든 영혼이 이와 같이 말해야 할 것 같습니다. 아, 은혜를 통하여 나는 그리스도의 말씀에 더 귀를 기울이겠습니다. 진실로 나는 인정합니다. 이제까지 나는 사탄이 하는 말을 들었으나, 위로가 찾아온 순간 귀를 돌려 사탄의 말을 듣지 않게 되었습니다. 혹은 들었더라도 듣는 내내 나는 논박하고 이의를 제기했습니다. 이제 주님께서 나의 이 악행을 용서해 주십니다. 은혜를 통하여 나의 귀는 그리스도에게 더 열리고 사탄 쪽으로는 점점 닫힐 것입니다. 이와 같이 하면 여러분이 어떻게 버림을 받든 결코 크게 절망하는 일이 없을 것입니다.

더욱더 믿음으로 사는 일에 힘쓰십시오. 루터는 말했습니다. "하나님께서 내 원수 같아 보이고 또한 내게 칼을 빼 들고 서 계시는 듯 보일 때, 오히려 그때 나는 그분의 품으로 뛰어든다." 그렇다면 이와 같이 버림받은 상황에서도 마찬가지로 나는 죽었다 하고 하나님의 품으로 뛰어들며, 구원을 받든지 못 받든지, 저주를 받든지 안 받든지, 위선이든 아니든, 목숨을 걸고 하나님께 뛰어들어 의지하리라고 말하는 것보다 더 나은 방도가 달리 있겠습니까? 여러분이 슬프도록 그리워하고 없어서 절망한 것이 바로 그리스도의 사랑과 은혜였습니다. 여러분이 이 사랑을 얻는 방법으로 무엇보다 쉽고 간단한 것이 바로 어둠 가운데 있을 때 죽든지 살든지 그리스도의 품으로 한번 뛰어드는 것입니다. 이러한 시도로써 여러분은 여러분을 향하신 그리스도의 마음을 얻게 됩니다. 그리스도께서 말씀하십니다. 아! 내가 저들의 원수 같아 보이는 이때에 오히려 이 불쌍한 영혼이 내 품으로 뛰어들었도다! 그렇다면 이제 내가 이 영혼의 친구임을 보이리라. 이것이야말로 여러분이 이생에서 해야 할 합당한 일입니다. 하나님의 모습을 보는 것은 천국에서 있는 일입니다. 하나님께서 더러 모습을 보여주시기도 하지만, 믿음으로 사는 일은 하나님의 모습을 보는 일에 의지하지 않고도 살 수 있는 더 강한 은혜의 힘의 증거입니다. 여러분 밑에서 두 사람이 일한다고 합시다. 한 사람은 품삯을 즉시, 다시 말해 일을 다 마치지도 않고 받아야겠다고 합니다. 그리고 또 한 사람은 자신이 맡은 일을 모두 끝마치기 전까지는 품삯을 받지 않겠다고 합니다. 그래서 여러분이 먼저 품삯을 주겠다고 제안하면 이 사람은 이와 같이 말합니다. 아닙니다. 나는 모든 일이 끝날 때까지 기다렸다가 한꺼번에 받겠습니다. 이 둘 가운데 누가 더 능력 있는 사람이고 누가 더 서투른 사람입니까? 진실로 자신의 품삯을 기다리지 못하는 사람이 더 서투르고, 기다릴 줄 아는 사람이 더 능력이 있다고 여러분은 말하지 않겠습니까? 여기서도 그렇습니다. 하나님에게는 두 종류의 종이 있습니다. 한 종은 사랑의 모습과 표현에 의해서만 움직이고 믿음으로는 전혀 살아갈 능력이 없습니다. 그래서 그 종은 날마다 하나하나 사랑을 눈으로 보고 확인해야 하며 그러한 사랑의 증거와 표현들이 없으면 불평합니다. 다른 한 종은 이렇게 말합니다. 오, 이러한 것들을 눈으로 보고 확인하는 것은 천국에서 있는 일이니, 하나님께서 말씀하시면 나는 나의 모든 일이 끝날 때까지 기꺼이 기다릴 것이다. 이 둘 가운데 누가 더 약하고 누가 더 강합니까? 진실로 기다릴 줄 아는 사람이 더 강하고, 기다리지 못하는 사람 혹은 믿음으로 살지 못하는 사람이 더 서투르고 약하다고 여러분은 말하지 않겠습니까? 오! 그러므로 더욱더 믿음으로 살아가는 일에 힘쓰십시오. 그리고 여러분이 버림받은 상태에 있을 때는 이와 같이 말하십시오. 구원을 받든지 못 받든지, 위선이든 아니든, 나는 기다릴 것이다. 하나님께서 원하시는 때에 오실 수 있도록 나는 그분을 기다릴 것이다. 여러분이 그리스도의 발아래 엎드리면 그분께서 여러분을 그분의 품안으로 받아 주실 것입니다.

그렇다면 이제 나는 무엇을 더 말해야 합니까? 버림받음이라는 이 문제와 관련한 여러분의 모든 두려움에 대한 해결책은 지금까지 여러분이 경험한 것으로 충분하지 않습니까? 여러분이 예전에 버림받은 상태에 있을 때도 여러분은 그리스도는 떠나가셨다고, 이제 더 이상 돌아오시지 않는다고 말하지 않았습니까? 그럼에도 그리스도는 다시 돌아오시지 않았습니까? 진실로 여러분은 버림받고 있을 때 다음과 같이 말하지 않았습니까? 혹이라도 그리스도께서 다시 돌아오시면 이제부터는 이와 같이 불신이 가득한 결론은 두 번 다시 내리지 않으리라. 여러분이 이렇게 결심한 이후 그리스도께서 다시 돌아오시지 않았습니까? 그렇다면 사탄이 여러분에게 와서 그리스도의 사랑을 의심하고 무시하라고 부추기는 이때에 여러분은 어찌하여 예전의 결심대로 단호히 대처하지 않습니까? 왜 여러분은 사탄에게 이와 같이 말하지 않습니까? 사탄아, 너의 이 말은 전에도 들었다. 너는 이전에도 내게 그리스도는 떠나갔으며 다시 돌아오지 않으리라고 말한 바 있다. 하지만 나는 그것이 거짓임을 알았다. 그분께서는 돌아오셨다. 그러므로 나는 은혜를 통하여 그리스도에 대한 이 거짓 보고를 결코 믿지 않을 것이다. 그리스도는 신실하시며, 나는 언제나 그분께서 그러하심을 알고 있었다. 그분께서는 자기 사람들을 사랑하시되 끝까지 사랑하신다.요 13:1-옮긴이 그리고 사탄아, 나는 그분께서 나를 사랑하심을 아는데, 이는 내가 그분을 사랑함으로써 아는 것이다. 나의 사랑은 그분의 사랑의 반영일 뿐이다. 그분께서 나를 먼저 사랑하지 않았다면 나는 그분을 사랑할 수 없었다. 은혜를 통하여 나는 그분을 사랑한다. 나는 그분께서 나를 사랑하심을 아는데, 이는 그분께서 나를 변화시키셨고 내가 가는 길 내내 사랑의 증거들, 이러저러한 약속들을 하셔서 내 마음을 격려해 주셨기 때문이다. 그렇다. 사탄아, 나는 그리스도께서 나를 사랑하심을 안다. 왜냐하면 그분께서 나를 미워한다고 네가 나에게 말했기 때문이다. 그분께서는 나를 한 번 사랑하셨으면 끝까지 사랑하실 것이다. 그러므로 지금은 비록 그분께서 얼굴을 숨기고 나를 외면하시지만, 나는 그분의 얼굴을 다시 뵈올 것이다. 이와 같이 여러분의 경험을 모두 모아서 이 경험에 의거하여 사탄에게 혹은 여러분의 불신이 가득한 마음에 항의하십시오. 그리하면 여러분은 이처럼 버림받은 시간에도 능히 살 수 있을 것이며, 어떻게 버림받든 절망하는 일은 결코 없을 것입니다.

이것으로 여섯 번째 사례 설명을 마치겠습니다.

chapter **10.**

고통받은 경우의 회복

Ⅶ. 때때로 성도들의 절망은 그들의 외적 고통 및 외적 관계에서 비롯된다.

여기(시편 42편—옮긴이) 다윗의 경우도 그러합니다. 그는 이렇게 말합니다. "내 눈물이 주야로 내 음식이 되었도다."3절 그 결과 "내 영혼이 내 속에서 낙심이 되므로."6절 "주의 모든 파도와 물결이 나를 휩쓸었나이다."7절, "내 뼈를 찌르는 칼 같이 내 대적이 나를 비방하여."10절 "내 영혼아, 네가 어찌하여 낙심하며 어찌하여 내 속에서 불안해하는가."11절 그는 그다음 편에서도 비슷한 취지로 말합니다. "내가 어찌하여 원수의 억압으로 말미암아 슬프게 다니나이까."43:2 "내 영혼아, 네가 어찌하여 낙심하며."5절 이처럼 그의 내적 절망은 그의 외적 고통에 크게 기인합니다. 하나님의 백성들에게는 이것이 일반적입니다. 그분의 백성들은 누구나 이런 식으로 말합니다. 내가 지금까지 겪었고 지금도 겪고 있는 이 고통은 어떤 영혼도 겪지 못했을 것이다. 진실로 나는 민족적 재난이 중대한 문제임을 인정합니다. 하지만 내게는 그런 민족적 불행 외에 개인적 고통도 많습니다. 그러므로 내가 지금 이와 같이 절망합니다. 이러함에도 내가 절망할 이유가 없습니까?

없습니다! 내가 생각하기로, 하나님의 자녀들이 고통을 많이 받는 것은 전혀 새삼스러운 일이 아닙니다. "이는 큰 환난에서 나오는 자들인데."계 7:14 하나님의 백성들은 이러한 고통을 받으면 그 고통을 대단히 예민하게 느낍니다. 어떤 점에서는 악인들보다 더 예민하게 느낍니다. 왜냐하면 사람이 고통을 받는 중에 하나님의 진노를 염려하고 두려워할수록 그만큼 더 고통의 무게에 예민할 수밖에 없기 때문입니다. 그러므로 하나님의 성도와 백성들은 고통의 와중에 악인들보다 더 하나님의 진노를 두려워하고, 어떤 면에서는 자신의 고통을 악인들보다 더 예민하게 느낍니다.

그렇습니다. 그들은 자신의 고통에 예민한 만큼, 그 고통으로 인해 크게 절망하기도 쉽습니다. 그러므로 시편 기자는 143편에서 이렇게 말했습니다. "그러므로 내 심령이 속에서 상하며 내 마음이 내 속에서 참담하니이다."4절-옮긴이 왜 그렇습니까? 3절을 읽어 보면 이유를 알 수 있습니다. "원수가 내 영혼을 핍박하며." 여호수아 또한 수하의 군사들이 아이 사람들에게 패하자 이처럼 크게 절망하지 않았습니까? 그가 땅에 엎드려 하는 말을 들어 보십시오. 그것은 사실 옛날 이스라엘 백성들의 원망이나 불평과 크게 다르지 않습니다. 이는 이스라엘 백성과 여호수아가 각각 한 말을 보면 알 수 있습니다. 이스라엘 백성은 이렇게 말했습니다. "차라리 우리가 이집트 땅에 있었더라면 좋았을 텐데." 여호수아는 다음과 같이 말했습니다. "우리가 요단 저쪽을 만족하게 여겨 거주하였더면 좋을 뻔하였나이다."수 7:7 그런데 이와 같은 말을 한 여호수아는 하나님의 종으로서 대단히 은혜롭고 거룩하며 복된 사람이었습니다. 이처럼 하나님의 백성들은 그들의 외적 고통과 고난으로 크게 절망하는 경향이 있습니다. 하지만 이제 나는 여러분에게 말합니다. 사람의 고통이 아무리 커도 그가 그리스도 안에 있고 하나님과 더불어 평안을 누렸다면, 그의 고통이 무엇이건 낙심하거나 절망할 이유가 없습니다. 우리 구주께서 이렇게 말씀하십니다. "세상에서는 너희가 환난을 당하나 담대하라. 내가 세상을 이기었노라."요 16:33 고통 중에 절망하면 할수록 그 고통을 견디는 능력은 그만큼 더 약해집니다. 사람 손의 피부가 온전하면 독한 식초에 그 손을 넣어도 큰 통증이 없지만, 피부가 쓸려 벗겨졌으면 통증이 커서 도저히 견딜 수 없을 것입니다. 사람의 뼈가 제자리에 잘 붙어 있으면 무거운 짐을 지고도 서 있을 수 있지만, 어깨뼈가 빠져 있으면 어떻게 짐을 질 수 있겠습니까? 사실 우리의 모든 절망이 영혼의 뼈를 탈구시켜 큰 고통을 주는 것이 아니면 달리 무엇이겠습니까? 절망은 우리가 겪고 있는 고통을 더 오래 붙잡아 둡니다. 참을성 없는 환자에게는 의사도 가혹해질 수밖에 없습니다. 자녀가 회초리를 못 참고 울면 더 많이 맞을 뿐입니다. 따라서 여러분이 고통을 겪는 중에 절망할 까닭이 무엇입니까?

하지만 여러분이 잘 생각해 보면 알게 되는 진실이 있습니다. 1. 성도들의 고통과 고난의 본질. 2. 고통의 기원. 3. 고통에 수반되는 것들. 4. 고통 이후에 오는 것들과 그 결과.

첫째, 고통 그 자체에 관하여. 1. 고통은 그리스도께서 여러분을 위해 사신 것들의 일부입니다. 바울의 재산목록을 봅시다. "만물이 다 너희 것임이라. 바울이나 아볼로나 게바나 세계나 생명이나 사망이나 지금 것이나 장래 것이나 다 너희의 것이요." 고전 3:21 공포와 고통의 왕이라는 죽음마저 여기서는 그리스도께서 사셔서 여러분에게 남겨 주신 소유물의 하나로 간주됩니다. 죽음이 여러분의 것이면 모든 고통 또한 여러분의 것입니다. 그러므로 누가 자신의 소유물을 두려워합니까? 2. 고통은 하나님의 선물입니다. 빌립보서 1:29에서 사도는 말합니다. "그리스도를 위하여 너희에게 은혜를 주신 것은 다만 그를 믿을 뿐 아니라 또한 그를 위하여 고난도 받게 하심이라." 지금은 천국에 있으나, 땅에 있을 때 큰 고통을 겪은 어느 선한 사람의 말입니다. "오, 주님, 이 고통은 주님의 진주이오니, 나 주님을 위하여 이 진주를 몸에 걸치겠습니다." 3. 고통은 고통스러워 보일 뿐입니다. 고통은 고통스러운 것이지만 고통스러워 보이기도 합니다. 그러므로 사도는 말합니다. "무릇 징계가 당시에는 즐거워 보이지 않고 슬퍼 보이나." 히 12:11 그렇지만 전체적으로 생각해 보면 그것은 정말로 고통스럽다기보다는 고통스러워 보인다고 해야 합니다. 그래서 사도는 고린도후서 6:9-10에서 이렇게 말합니다. "무명한 자 같으나 유명한 자요 죽은 자 같으나 보라, 우리가 살아 있고 징계를 받는 자 같으나 죽임을 당하지 아니하고 근심하는 자 같으나 항상 기뻐하고 가난한 자 같으나(sicut, 라틴어 역 불가타—옮긴이) 많은 사람을 부요하게 하고 아무 것도 없는 자 같으나(tamquam, 라틴어 역 불가타—옮긴이) 모든 것을 가진 자로다." 이 구절에 관해 아우구스티누스가 언급했듯이 사도는, 자신의 고통에 관해 **이른바**(tamquam, 원서에는 tanquam으로 되어 있다—옮긴이), **소위**(sicut)라는 말로 표현합니다. 자신의 고통은 고통**처럼** 보일 뿐, 실제로는 고통이 아니라고 사도는 말하는 것 같습니다. 사람이 구토를 유발하는 어떤 약을 먹었을 경우, 그것은 치료를 위한 구토이므로 진짜 구토라고 할 수 없습니다. 그것은 질병**처럼** 보일 뿐, 실제로는 질병이 아닙니다. 이와 같이 성도들의 모든 고통은 아버지께서 몸소 처방해 주신 그들의 약입니다. 그 약으로 구토를 하더라도 아무리 봐도 구토처럼 보일 뿐입니다. 잘 모르는 사람이 곡식 타작하는 것을 보고는 이렇게 말합니다. 왜 저 사람들은 곡식을 두드려서 곡식을 망칩니까? 하지만 타작을 아는 사람은 이렇게 말합니다. 곡식을 두드린다고 상하지는 않습니다. 수레바퀴가 그 위로 지나가면 곡식이 부서지겠지만 도리깨질로는 부서지지 않습니다. 이와 같이 경건한 사람이 겪는 고통이나 고난은 하나님의 도리깨질 아닌 것이 없습니다. 여러분이 이사야 28장을 보면 알겠지만, 하나님께서는 하나의 비유로 그분의 수레바퀴가 약한 자들 위로는 지나가지 않으리라는 약속을 하십니다. "소회향은 도리깨로 떨지 아니하며 대회향에는 수레바퀴를 굴리지 아니하고 소회향은 작대기로 떨고 대회향은 막대기로 떨며."27절 하나님께서는 언제나 우리가 견뎌 낼 힘에 맞게 그분의 막대기를 조절하십니다. 하지만 (누가 말합니다) 나의 고통이 비록 내가 견딜 수 있는 힘보다 크지 않더라도 너무 오랫동안 내게 머물러 있으면, 나는 결코 그 고통을 견딜 수 없을 것입니다. 주님께서 말씀하십니다. 아니다! "그것에 수레바퀴를 굴리고 그것을 말굽으로 밟게 할지라도 부수지는 아니하나니."28절 그렇다면 우리에게 이것이 무엇입니까? 이것은 비유입니다. 26절을 보면 알 수 있습니다. "이는 그(쟁기질하는 자)의 하나님이 그에게 적당한 방법을 보이사 가르치셨음이며." 쟁기질하는 농부가 이처럼 적당한 방법을 알고 있다면, 우리 주님께서는 더욱 잘 알고 계시지 않겠습니까? 과연 29절은 이렇습니다. "이도 만군의 여호와께로부터 난 것이라. 그의 경영은 기묘하며 지혜는 광대하니라." 앞서 언급한 그 순교자는 말했습니다. "나는 하나님의 곡식이니, 도리깨질을 당하고 바람에 까불려서 맷돌에 갈리고 화덕에 들어가야 비로소 그분께서 잡수실 빵이 되리라." 이 타작으로 우리의 은혜를 둘러싼 겉껍질이 떨어져 나가면, 우리가 이처럼 고통스럽게 두드려 맞아도 절망할 이유가 있습니까? 사실, 고통과 환난의 날은 경건한 사람의 심판 날, 그가 맞는 유일한 심판 날입니다. 그래서 마지막 심판 날에 정죄를 받는 심판은 두 번 다시 받지 아니할 것입니다. 사도는 말합니다. "우리가 판단을 받는 것은 주께 징계를 받는 것이니 이는 우리로 세상과 함께 정죄함을 받지 않게 하려 하심이라."고전 11:32 경건한 사람에게 고통의 날이 올 경우, 그는 이렇게 말할 수 있습니다. 지금이 내가 심판받는 날이니, 이제 앞으로 나는 두 번 다시 심판받지 않으리라. 그렇다면 그의 고통이 무엇이든 절망할 이유가 있습니까?

둘째, 성도들의 고통이 어디에서 오는지 잘 생각하면 다음과 같은 진실을 알게 될 것입니다. 하나님의 백성들이 받는 모든 고통이 신적인 사랑에서, 즉 그들을 향한 그리스도 안에 있는 하나님의 사랑에서 기원한다면, 그들은 결국 고통이 커도 절망할 이유가 없습니다. 그들에게 모든 회초리는 로즈메리 줄기를 꺾어 만든 회초리요, 그들의 아버지의 사랑의 열매입니다. 여러분이 히브리서 12장을 보면, 이 진실에 대한 입증과 결론을 모두 확인할 수 있을 것입니다. 6절에서 이 진실은 다음과 같이 입증됩니다. "주께서 그 사랑하시는 자를 징계하시고 그가 받아들이시는 아들마다 채찍질하심이라 하였으니." 사도는 이 말씀을 비유로 설명합니다. 한 사람에게 아들이 둘 있는데, 하나는 서자요, 또 하나는 적자라고 합시다. 그는 적자는 가르치고 징계하지만 서자는 내버려 둘 것입니다. 그러므로 사도는 8절에서 말합니다. "징계는 다 받는 것이거늘 너희에게 없으면 사생자요, 친아들이 아니니라." 그다음은 무엇입니까? "그러므로 피곤한 손과 연약한 무릎을 일으켜 세우고."12절 사도는 이렇게 말하는 것 같습니다. 성도들의 모든 고난과 고통과 징계가 사랑에서 오는 것이라면, 그들의 손이나 머리를 지친 듯이 늘어뜨릴 이유가 없다고 말입니다. 그렇습니다. 성도들의 모든 고통은 진실로 사랑에서 오는 것입니다. 그러므로 그들은 절망할 이유가 없습니다.

셋째, 성도들의 고통에 동반되는 것들을 잘 생각하면 역시 다음과 같은 진실을 알게 될 것입니다. 하나님께서 주시는 모든 고통에는 보살펴 주시는 은혜가 많고 빛이 많으며 하나님의 임재가 많으며 그리스도와 나누는 친교와 사귐이 많습니다. 먼저, 보살펴 주시는 은혜가 많습니다. "해를 두려워하지 않을 것은 주께서 나와 함께하심이라. 주의 지팡이와 막대기가 나를 안위하시나이다."시 23:4-옮긴이 하나님께서 막대기를 들어 자녀들의 등을 치실 때는 언제나 든든히 지탱하며 매를 견딜 수 있도록 자녀들의 손에 지팡이를 먼저 쥐어 주십니다. 지팡이도 막대기만큼이나 큽니다. 여러분의 고통이 큰가 작은가는 중요하지 않습니다. 크든 작든 관계없이 여러분은 능히 지탱할 수 있도록 보살핌을 받을 것입니다. 이렇게 지탱해 주시고 보살펴 주시는 자비는 여러분이 그토록 고통스럽게 바라던 어떤 자비보다 나을 때가 있습니다. 하지만 주님께서는 고통에 눌린 백성들을 지탱해 주시기만 하지 않고 그와 아울러 많은 빛도 함께 주십니다. 십자가의 학교는 빛의 학교입니다. 고통은 우리의 학교입니다. 하나님께서는 거기서 자녀들에게 기초를 가르치십니다. 다시 말해 자신들의 죄와 은혜를 주의 깊게 보는 법을 가르치십니다. 나무와 덤불에 잎이 무성할 때는 둥지를 볼 수 없습니다. 하지만 겨울이 되어 나뭇잎들이 다 떨어지면 둥지들은 쉽게 보입니다. 마찬가지로 사람이 번성하여 무수한 잎을 거느리고 있는 동안에는 그들의 마음과 삶에 어떤 죄와 정욕의 둥지가 들어앉아 있는지 볼 수 없습니다. 하지만 고통의 날을 맞아 그 무성하던 잎들이 떨어지면 비로소 그들은 그 둥지들을 보고 이렇게 말합니다. 내 영혼과 삶에 저러한 죄와 정욕의 둥지가 있는 줄을 나는 정녕 몰랐도다. "그의 눈을 의인에게서 떼지 아니하시고 그를 왕들과 함께 왕좌에 앉히사 영원토록 존귀하게 하시며 혹시 그들이 족쇄에 매이거나 환난의 줄에 얽혔으면 그들의 소행과 악행과 자신들의 교만한 행위를 알게 하시고."욥 36:7-9 그렇습니다. 고통은 그들의 죄를 드러내기도 하지만 또 한편으로는 하나님의 고약이어서 그들의 죄를 치유하기도 합니다. "고난당하기 전에는 내가 그릇 행하였더니"라고 다윗은 시편 119:67에서 말합니다. "그들의 귀를 열어 교훈을 듣게 하시며 명하여 죄악에서 돌이키게 하시나니."욥 36:10 그렇습니다. 성도들의 이러한 고통과 고난은 그들의 죄를 드러내고 치유할 뿐 아니라 그들로 하여금 은혜를 실천하게도 합니다. 하나님께서 말씀하십니다. "그들이 고난받을 때에 나를 간절히 구하리라."호 5:15 그렇습니다. 그들은 아마도 예전에는 결코 눈여겨보지 않았던 자신들의 은혜를 끌어내고 드러냅니다. 나는 어떤 어리석은 젊은이들에 대한 이야기를 읽어 본 적이 있습니다. 그들은 물가에 앉아 물속에 다리를 서로 엇갈려 포개서 집어넣고는 어느 것이 제 다리인지 구분하지 못했다고 합니다. 그래서 곁에 섰던 한 사람이 지팡이로 그들의 무릎을 각각 때리자 비로소 어느 것이 제 다리인지 알게 되어 일어설 수 있었다고 합니다. 하나님의 백성들이 흔히 이와 같습니다. 위선자들의 일반 은혜와 하나님의 자녀들의 은혜는 비슷한 점이 있어서 성도들은 어느 것이 자신의 은혜인지 알지 못합니다. 한 사람이 말합니다. 오, 나의 이 은혜는 위선자들의 은혜와 다를 것이 없구나. 하지만 그때 하나님께서 어떤 고통으로 그들을 치시면, 비로소 그들은 자신의 은혜가 어떤 것인지 느끼고 보고 알게 됩니다. 고통에는 합당한 이유가 있습니다. 하나님께서 오시면 그들은 이전에 알지 못했던 자신들의 모든 것이 드러나기 때문입니다. 하나님께서 백성들에게 임재하실 때는 무엇보다 그들이 극심한 고통 가운데 있을 때 아니겠습니까? 고통의 뒤편에는 언제나 하나님께서 계십니다. 그 뒤편에서 스데반에게 하늘이 열렸습니다. 고통은 하나님을 뵙는 방의 문에 채워진 녹슨 자물쇠일 때가 많습니다. 그리스도께서 그 세 자녀들과 함께 계셨던 곳도 바로 그 극렬히 타는 풀무불 속이 아니었습니까? 단 3:25.-옮긴이 여러분에게는 이에 대한 영원한 약속이 있습니다. 주님께서 이사야 43:2에서 말씀하십니다. "네가 물 가운데로 지날 때에 내가 너와 함께 할 것이라.……네가 불 가운데로 지날 때에 타지도 아니할 것이요 불꽃이 너를 사르지도 못하리니." 사도는 베드로전서 4:14에서 말합니다. "너희가 그리스도의 이름으로 치욕을 당하면 복 있는 자로다. 영광의 영 곧 하나님의 영이 너희 위에 계심이라." 그들이 가장 많이 고통받을 때 가장 많이 하나님을 뵙듯, 고통과 고난의 시간에 그들은 예수 그리스도의 고난에서 그분과 가장 깊게 사귀며 교제합니다. 그러므로 사도는 베드로전서 4:13에서 말합니다. "오히려 너희가 그리스도의 고난에 참여하는(κοινωνέω—옮긴이) 것으로 즐거워하라." 이 구절의 **참여**라는 단어는 요한이 쓴 것과 같은 말입니다. "우리의 사귐은(κοινωνία—옮긴이) 아버지와 그의 아들 예수 그리스도와 더불어 누림이라."요일 1:3 또한 성찬과 관련하여 사용된 단어이기도 합니다. "우리가 축복하는 바 축복의 잔은 그리스도의 피에 참여함(κοινωνία, 코이노니아)이 아니며 우리가 떼는 떡은 그리스도의 몸에 참여함이 아니냐."고전 10:16-옮긴이 여러분은 모두 성찬에서 그리스도와 사귐을 갖는 것을 인정할 것입니다. 여기에서 사용된 이 단어는 여러분이 특히 그리스도를 위해 고난을 받을 때 그분의 고난에서도 그분과 함께 사귐을 갖는 것을 보여줍니다. 여러분의 고난이 크면 클수록 그리스도의 고난에서 여러분이 그분과 함께하는 사귐과 교제 또한 그만큼 깊을 것입니다. 이 모든 것—보살피고 지탱해 주시는 은혜, 많은 빛, 그의 죄가 드러나고 치유됨, 그의 은혜가 실행되고 나타남, 하나님의 임재를 경험하는 것—이 사실이라면, 또한 그가 자신의 고통 가운데서 자신의 고통으로 그리스도의 고통에 참여하는 자가 된다면, 비록 많은 고통을 겪을지라도 절망할 이유가 무엇입니까? 진실로 한 그리스도인이 하나님의 보호해 주시고 지탱해 주시는 은혜를 가장 많이 체험하고, 그의 죄가 가장 많이 드러나고 치유되고, 그의 은혜가 가장 많이 실행되고 나타나고, 하나님께서 그와 가장 많이 함께하실 때는 바로 그가 고통 중에 있을 때입니다. 그가 그리스도의 고난에 가장 깊이 참여하는 자가 되는 것은 자신의 고통 가운데서 자신의 고통으로 참여할 때입니다. 그러므로 그의 고통이 무엇이든 그는 절망할 이유가 없습니다.

넷째, 여러분의 고통의 열매, 유익, 목적, 결과, 그리고 고통이 낳는 것을 잘 생각하면 다음과 같은 진실을 알게 될 것입니다. 고통은 "의의 열매"빌 1:11-옮긴이를 맺게 하고 사탄을 이깁니다. 불쌍한 욥은 지금 이렇게 말할 것입니다. 사탄아, 너는 내가 아무런 대가도 없이 하나님을 섬겼다고 말했지만, 지금 정반대의 결과가 나타났다. 그렇습니다. "우리가 잠시 받는 환난의 경한 것이 지극히 크고 영원한 영광의 중한 것을 우리에게 이루게 함이니(κατεργάζομαι—옮긴이)."고후 4:17-옮긴이 "두렵고 떨림으로 너희 구원을 이루라(κατεργάζομαι—옮긴이)"는 당부의 말이 나오는 빌립보서 2:12을 보면, 바로 위 구절에서 고통과 관련하여 사용한 단어와 같은 단어가 사용되었음을 알 것입니다. 즉, 고통은 비교할 수 없을 정도로 영원하고 큰 영광을 "이룹니다." 그러므로 나의 모든 고통이 내게 의의 열매를 맺게 하고, 사탄을 이기게 하며, 비교할 수 없을 정도로 지극히 크고 영원한 영광을 이룬다면, 내가 비록 많은 고통을 겪어도 절망할 이유가 있습니까? 하나님의 성도와 백성들이 다 이와 같습니다. 지금 당장은 그들의 고통이 극심한 듯 보이겠지만, 바로 그 고통이 의의 열매를 맺게 합니다. 바로 그 고통으로 사탄에게 이깁니다. 바로 그 고통이 비교할 수 없을 정도로 지극히 크고 영원한 영광을 이룹니다. 그러므로 경건하고 은혜로운 사람은 진실로 그의 고통이 무엇이든 절망할 이유가 없습니다.

하지만 여러분은 말합니다. 나의 고통은 평범한 고통이 아니며, 나의 고난은 평범한 고난이 아닙니다. 왜냐하면 나는 모든 위로를 잃었고, 이전에 있던 나의 모든 복과 외적 관계를 빼앗겼기 때문입니다. 나는 오랫동안 고통받았습니다. 많은 고통이 산더미 같은 파도처럼 내게 닥쳤습니다. 차이가 있다면, 파도는 한 번 왔다 다시 가지만 나의 고통은 한 번 와서 그대로 머무른다는 것입니다. 나의 고통은 오기만 하고 가지는 않습니다. 나의 모든 고통이 한꺼번에 내게 머물러서, 나는 내 고통의 끝을 볼 수가 없습니다. 물결이 높아집니다. 오, 하나님, 물이 범람하여 내 영혼을 덮습니다. 이 고통의 물결은 너무도 깊어서 바닥을 알 수 없고 그 끝을 볼 수 없습니다. 이러함에도 나는 크게 절망할 합당한 이유와 까닭이 없습니까?

없습니다! 왜 그런가 봅시다. 여러분이 여러분의 외적 관계라는 안락에 취했다면(혹은 취하게 된다면) 어찌하겠습니까! 노아는 자신의 포도주에 취했습니다. 세상에는 취한 이들, 다시 말해 자신의 외적 관계라는 안락에 취한 이들이 얼마나 많습니까! 여러분의 아버지이신 하나님께서 여러분이 자신의 안락과 위로에 취했거나 취할 것을 아시고, 한동안 그러한 것들을 여러분에게서 거두어 가셔도, 여러분이 억울할 일이 있습니까? 어느 현명한 아버지가 그 집 아들이 미천한 하녀를 마음에 두고 있음을 알고, 그 하녀를 아들에게서 떼어 놓거나 아들을 하녀가 안 보이는 곳으로 보냈어도, 아들을 부당하게 대우했다고 할 수 있습니까? 아들은 아마 당장의 괴로움으로 이렇게 말할 것입니다. 아버지께서 나를 가혹하게 대하시는구나. 하지만 후일 생각을 정리한 후에도 그는 같은 말을 할까요? 아닙니다. 그는 이렇게 말할 것입니다. 그때 나는 아버지 집의 하녀를 마음에 두고 있었는데, 아버지께서 그 하녀를 내게서 떼어 놓지 않았다면 나는 지금 모든 것을 잃고 망했으리라. 모든 피조물은 하나님의 자녀들의 하인입니다. 여러분의 아버지께서는 여러분이 여러분보다 많이 미천한 그 하인들에게 빠져 있음을 아실 것입니다. 또는 이렇게 한번 생각해 봅시다. 어떤 자녀가 다소 오랫동안 여행을 해야 한다면 그의 아버지는 자녀의 손에 지팡이를 쥐어 줄 것입니다. 이제 자녀가 밖으로 나가 들판을 걷는데, 어떤 원수가 그 자녀와 마주쳐 지팡이를 빼앗고, 그것으로 그 자녀를 때립니다. 하지만 그때 한 친구가 나타나 둘 모두에게서, 즉 그 자녀와 원수에게서 지팡이를 빼앗습니다. 원수의 손에 들어간 이 지팡이를 빼앗은 친구는 그 자녀를 부당하게 대한 것입니까? 그 자녀는 이렇게 말할 것입니다. 친구여, 부탁이니 그 지팡이를 돌려주시오. 그것은 내 것이오. 그러면 친구는 이렇게 말합니다. 맞소, 이 지팡이는 당신의 것이오. 하지만 당신은 당신의 원수에 맞서 이 지팡이를 능숙하게 사용할 만한 힘이 없소. 원수가 당신에게서 이 지팡이를 다시 빼앗아 당신을 때릴 것이오. 그러므로 내가 당신과 당신의 원수 둘 모두가 이 지팡이를 손에 쥐지 못하도록 지킬 것이오. 이 친구는 그 자녀를 부당하게 대한 것입니까? 우리의 논의도 마찬가지입니다. 주님께서는 자녀들의 손에 의식주와 같은 육신의 안락을 쥐어 주십니다. 하나님께서는 이 안락이 지팡이 노릇을 하도록 의도하셨으나 (왜냐하면 양식은 생명의 지팡이이므로) 사탄이 와서 이 지팡이를 자녀에게서 빼앗아 오히려 자녀를 때립니다. 그때 예수 그리스도께서 오셔서 자녀와 사탄 둘 모두의 손에서 그 지팡이를 거두어들이십니다. 하나님의 자녀가 말합니다. 오, 주님, 제발 내게 이 육신의 안락을 주십시오. 이것은 내 지팡이입니다. 그리스도께서 말씀하십니다. 그렇다. 자녀야, 이는 네 지팡이가 맞다. 하지만 너는 사탄에 맞서 이 지팡이를 휘두를 만한 힘이 없다. 사탄이 이 지팡이로 너를 때릴 것이다. 그러므로 내가 이 지팡이를 네 손에서 떼어 놓겠지만, 머지않아 너는 이 지팡이를 다시 손에 쥐게 될 것이다. 우리의 주님이며 가장 좋은 친구이신 그리스도께서 지팡이를 자녀에게서 떼어 놓으셨다고 그 자녀를 부당하게 대하신 것입니까?

여러분은 말합니다. 오, 하지만 나의 고통은 평범하고 흔한 고통이 아니라 새롭고도 이상한 고통입니다.

여러분은 그렇게 생각하지만, 사도는 이렇게 말합니다. "사랑하는 자들아, 너희를 연단하려고 오는 불 시험을 이상한 일 당하는 것 같이 이상히 여기지 말고." 벧전 4:12 하나님께서 여러분을 어떤 뒷길을 통해서 천국으로 데려가실 수도 있습니다. 그런데 뒷문으로 여러분을 들이시면 어떻습니까? 그분께서는 우리가 알지 못한 길로 우리를 인도하신다고 약속하지 않으셨습니까?

여러분은 말합니다. 오, 하지만 나는 한 가지 자비만 없는 것이 아니라 이런 자비 저런 자비 다 없습니다. 고통은 극심해지는데, 끝이 안 보이고 바닥도 알 수 없습니다.

그렇다면 그리스도의 예표인 다윗은 그렇지 않았습니까? 시편 40:1-2입니다. "내가 여호와를 기다리고 기다렸더니 귀를 기울이사 나의 부르짖음을 들으셨도다. 나를 기가 막힐 웅덩이와 수렁에서(혹은 어떤 사람의 해석처럼, 바다 모를 구덩이에서) 끌어올리시고 내 발을 반석 위에 두사 내 걸음을 견고하게 하셨도다." 여기서 주목해야 할 것은 세 가지입니다. 1. 다윗은 처음에는 바닥도 모르고 끝도 안 보이는 고통 중에 있었다. 2. 처음에는 비록 바닥을 알 수 없었으나 마침내는 알게 되었을 뿐 아니라 하나님께서 딛게 해주신 반석마저 알게 되었고, 그것으로 그분께서 그의 발걸음을 안전하게 해주셨다. 3. 이 반석을 알기까지 그는 기도하며 끈기 있게 기다렸고 절망하지 않았다. 여러분의 고통이 진흙탕처럼 탁하고 질척해서 순식간에 갇혀 빠져나올 수 없을 정도가 되어도, 바닥도 모르고 끝이 안 보여도 어떻습니까? 하지만 이 경우, 다윗처럼 기도하고 울며 끈질기게 주님을 기다리면, 여러분은 머지않아 반석을 딛고 설 것이며 여러분의 걸음 또한 안전하게 될 것입니다. 사실 여러분은 여러분의 고통이 수렁처럼 깊고 길며 극심하다지만, 한번 말해 보십시오. 그 고통이 얼마나 오래되었습니까? 뭐라고요! 여러분의 떨기나무가 다 타버렸다고요? 여러분은 여러분의 고통으로 인해 천국을 더욱더 사모하게 되지 않았습니까? 기술자 밑에서 배우는 도제살이가 힘들고 지루할 때 젊은이는 자유의 날을 그리워합니다. 그는 말합니다. 오, 지금 내 아버지 집에 있었으면! 오, 내가 자유롭게 되는 날이 왔으면! 여기서도 그러합니다. 길고 힘겨운 고통으로 우리는 하늘나라를 더욱더 그리워하게 됩니다. 여러분은 하늘나라를 더욱 그리워하게 하는 그것을 너무 길다고 여깁니까? 그리고 여러분의 외적 관계가 주는 안락, 다시 말해 하나님께서 그러한 외적 관계라는 안락을 거두어 가실 경우, 반드시 영적인 관계가 주는 향기로움으로 그것을 보상해 주지 않으셨습니까?

여러분은 말합니다. 하지만 내 경우는 이것이 전부가 아닙니다. 나는 이러저러한 안락과 위로가 없고, 내적 외적 관계가 주는 위로와 사랑이 없다 못해, 이제는 그들의 분노와 원망마저 느끼게 되었습니다. 절친했던 친구와 이웃들이 내 원수가 되었습니다. 그들은 나를 비난하고 저주합니다. 그들은 내가 하늘나라를 바라보기 시작한 이후로 나를 이와 같이 대하고 있습니다. 그들이 나를 몹시도 사랑하던 때가 있었습니다. 하지만 지금 그들은 나를 미워하고 핍박하며, 내게 온갖 악행을 저지릅니다. 이것이 아무 일도 아닙니까? 이 정도면 내가 절망할 합당한 이유와 까닭이 되지 않습니까?

아닙니다! 왜 그런가 봅시다. 우리의 가장 악한 원수들이 때로는 우리의 가장 좋은 친구들이 되기도 합니다. 그렇다면, 비록 우리가 많은 반대와 시련을 당해도 절망할 이유가 있습니까? 사실 다음과 같은 경우가 많습니다. 우리의 가장 좋은 친구들이 우리에게 아첨함으로써 우리의 가장 악한 원수들이 되듯, 우리의 가장 악한 원수들이 우리를 깨어 있게 함으로써 오히려 우리의 가장 좋은 친구가 되기도 합니다. "원수가 많으면 스승도 많다"는 말이 있습니다. 우리의 주님이며 구주이신 예수 그리스도께서 말씀하지 않으셨습니까? "사람의 원수가 자기 집안 식구리라."

마 10:36-옮긴이 하지만 그분께서는 다음과 같은 말씀도 하십니다. "나로 말미암아 너희를 욕하고 박해하고 거짓으로 너희를 거슬러 모든 악한 말을 할 때에는 너희에게 복이 있나니."마 5:11-옮긴이 한번 내게 말해 보십시오. 핍박을 당하는 것이 나쁩니까? 핍박을 하는 것이 더 나쁩니까? 여러분의 친구들이 여러분을 핍박하고 여러분에게 온갖 악한 말을 하며 온갖 악행을 저지릅니다. 여러분이 그리스도를 바라보기 시작한 그때부터 줄곧 그렇게 합니다. 그리스도 때문에 그들은 여러분을 핍박하고 여러분은 그들에게 핍박받습니다. 하지만 여러분이 핍박하는 자가 되고 그들이 핍박당하는 자가 될 수도 있었습니다. 어느 쪽이 더 나쁩니까? 진실로 여러분은 이와 같이 말하지 않겠습니까? 오, 하나님의 길 때문에 반대를 당하는 편이 반대하는 편보다, 핍박을 당하는 편이 핍박하는 편보다 말할 수 없이 낫습니다. 나는 박해자가 되느니 차라리 박해를 당하고 싶습니다. 하나님께서는 여러분을 박해자가 되게 하시고, 여러분을 박해하는 그 친구들을 박해받는 자가 되게 하실 수도 있었습니다. 하지만 하나님께서는 그분의 섭리와 은혜로 여러분을 박해받는 자가 되게 하시고, 여러분의 친구들을 박해자가 되게 하셨습니다. 여러분이 무슨 불평을 하거나 절망할 이유가 있습니까? 세상이 그리스도를 따르는 사람들을 미워하는 것을 여러분은 모릅니까? 항아리가 비어서 그 안에 꿀이 없으면 벌이나 독한 말벌들이 항아리 주위로 모여들 일이 없습니다. 하지만 그 안에 꿀이 한번 있으면 벌들이 떼로 몰려듭니다. 여러분 안에 선한 것이 없어서 빈 마음으로 걸어가면 누구에게 반대를 받을 일도 없습니다. 하지만 지금 여러분 주위로 이 독한 벌과 말벌들이 몰려드는 것은 여러분 안에 꿀과 전에는 없던 선한 향기, 그리스도의 향기가 있다는 증거가 아니고 무엇이겠습니까? 그러므로 여러분이 반대와 박해를 받아도 절망하기보다는 여러분에게 있는 이 선한 것으로 하나님을 찬양해야 하지 않겠습니까?

여러분은 말할 것입니다. 이것은 내 경우에 해당하지 않습니다. 왜냐하면 나는 나의 친구들로부터 어떤 반대나 박해를 받지 않음으로 하나님을 찬양하기 때문입니다. 그리고 사실 반대나 박해를 받을 일도 없습니다. 나의 고통은 외부가 아니라 내 안에서 어떤 선한 것을 반대하는 데 있기 때문입니다. 나의 고통으로 인해 나는 선한 것을 싫어하고, 악한 것과 시험과 많은 죄를 향해 눈을 돌리게 됩니다. 고통 때문에 나는 의무와 규례를 등한히 하고, 선을 행하고 선한 것을 받을 수 있는 기회를 멀리하게 됩니다. 이와 같은 고통으로 나는 절망합니다. 내게 절망할 이유와 까닭이 없습니까?

없습니다! 왜냐하면 여러분은 여기서 어떤 착각을 했을 수 있기 때문입니다. 사실은 그렇지 않은데 하나님의 일을 할 수 없도록 방해를 받고 있다고 여러분은 생각합니다. 우리가 읽어서 알지만, 바울은 길거리에서 부랑자처럼 매를 맞았으며 옥에 여러 번 갇히기도 하였습니다. 그 정도의 시련과 투옥이면 사역을 감당할 수 없으리라고 누구나 생각하지 않겠습니까? 하지만 그는 자신의 고난에 대해 다음과 같이 말합니다. "형제들아, 내가 당

한 일이 도리어 복음 전파에 진전이 된 줄을 너희가 알기를 원하노라."빌 1:12-옮긴이

하나님께서는 한 사람을 고통으로 인도하시면 그에 합당한 또 다른 일로 그를 부르십니다. 사람이 온전하고 건강하면 집을 나와 말씀을 들으러 가야 합니다. 하지만 아파서 눕게 되면, 그의 일은 말씀을 듣는 것이 아니라, 하나님의 손 아래에서 인내하며 잠잠히 있는 것이 그의 일입니다. 그러면 그는 그의 고통이 이끄는 다른 일로 부르심을 받은 것입니다. 여러분은 아마 고통으로 인해 하나님께서 애초에 부르셨던 이전 일은 할 수 없을지 모르지만, 이제 그 고통이 이끄는 또 다른 일은 방해받지 않고 할 수 있을 것입니다. 나의 고통으로 인해 내가 이전 일을 할 수 없으면 어떻습니까? 내가 그 일을 못해도 하나님께서 나를 책망하지 않으신다면, 그 일을 못해다고 내가 절망할 이유가 있습니까? 이것은 확실합니다. 하나님께서 나를 어떤 새로운 일로 부르실 때는 이전 일을 등한히 한 것으로 나를 책망하시는 일이 결코 없습니다. 여러분은 하인들에게 새 일을 맡기면 이전 일을 중단했다고 그들을 나무라지 않습니다. 그러므로 하나님께서 여러분을 새로운 고통으로 인도하실 때는 그에 합당한 새로운 일로 여러분을 부르십니다.

시험과 죄에 관해 말씀드리겠습니다. 사람이 고통받아서 새로운 죄를 짓게 되는 것은 절대 아닙니다. 이것은 확실한 사실입니다. 고통은 오히려 자신의 이전 죄를 예민하게 인식하게 합니다. 여러분이 앞에서 이미 들었듯이, 성도들의 고통은 그들의 죄

를 드러내어 밝히고 또 한편으로는 치유해서, 이전에는 알지 못했던 자신의 죄를 예민하게 느끼고 인식하게 합니다. 여러분이 시편 125:3을 보면 알겠지만, 다음과 같은 취지의 약속이 있습니다. "악인의 규가 의인들의 땅에서는 그 권세를 누리지 못하리니 이는 의인들로 하여금 죄악에 손을 대지 아니하게 함이로다." 하인에게 막대기로 옷을 쳐서 먼지를 털어 내도록 시키는 주인의 경우, 옷을 치기는 치되 무한정 치게 하지는 않습니다. 그렇게 하면 옷이 상하기 때문입니다. 여러분의 고통은 하나님의 막대기입니다. 하나님께서는 그 막대기로 여러분의 옷을 치십니다. 이유가 무엇입니까? 그 막대기로 여러분의 먼지를 털어 내려 하심입니다. 하지만 하나님께서는 이 막대기가 무한정 여러분을 쳐서 상하게 하는 일은 허락하지 않으십니다. 위에서 언급한 말씀과 같습니다. "이는 의인들로 하여금 죄악에 손을 대지 아니하게 함이로다."

그러므로 여러분의 이 두려움이 여러분에게 은혜가 있다는 좋은 증거입니다. 그렇다면 이 문제와 관련하여 여러분이 절망할 이유가 무엇입니까? 여러분의 마음이 진실하고 올바르다는 증거로 이보다 더 좋은 것이 있습니까? 즉, 여러분이 고통으로 인해 시험받고 죄를 지을까 하여, 그 고통으로 인해 선한 것이 방해받을까 하여, 여러분이 여러분의 고통을 괴로워한다는 이 사실 말입니다. 여러분은 이렇게 말하지 않습니까? 주님, 주님께서 아시오니, 내가 이 고통으로 괴로워함은 고통의 무게 때문이 아니요, 고통으로 내가 선을 행하고 선한 것을 받는 일에 방해받고 또 그러한 시험을 받을까 염려되기 때문입니다. 고통 자체도 몹시 크지만, 주님, 주님께서 아시오니, 이 고통으로 내가 악한 것을 향해 눈을 돌리지 않을 것입니다. 나는 이 고통을 받아들이며 그 아래에서 잠잠히 있겠습니다. 바로 여기에 진실함이 있고 바로 여기에 올바름이 있습니다. 그래도 절망합니까? 아니, 오히려 크게 기운을 내야 할 이유와 까닭이 아닙니까?

여러분은 다시 말합니다. 이것은 내가 두려워하는 것 혹은 나의 절망의 원인이 아닙니다. 나는 지금 큰 고통을 겪고 있는데, 아무래도 내 죄로 인해 이 고통이 온 것이 아닌가 두렵습니다. 내 죄가 내 고통의 원인이 아니라면 걱정이 없겠지만, 오, 나의 고통은 크고 오래되어서 내 죄가 내 고통의 원인이라는 생각을 떨칠 수 없습니다. 게다가 더 큰 문제는 그 죄가 무엇인지 나 자신이 알 수 없다는 것입니다. 하나님께서 그 죄를 내게 밝혀 주시면 나는 한결 마음이 놓이겠습니다. 하지만 내 죄가 내 고통의 원인인데, 나는 이 고통 속으로 나를 몰고 온 그 특정한 죄가 무엇인지 모르고 있습니다. 이러함에도 내게 절망할 합당한 이유와 까닭이 없습니까?

없습니다! 왜 그런가 봅시다. 요나도 자신의 죄로 고통 가운데 처하게 되었지만, 그가 고래의 뱃속에 있던 그때보다 하나님께서 그에게 더 온전히 나타나신 때가 있습니까? 또 다윗은 자신의 죄로 인해 고통에 처하지 않았습니까? 그는 우리아의 문제로 죄를 지었고, 주님께서는 다음과 같이 말씀하셨습니다. "칼이 네 집에서 영원토록 떠나지 아니하리라." 삼하 12:10-옮긴이 압살롬의 칼부림이 바로 이 경고에서 나온 고통, 다윗 자신의 죄로 인해 야기된 고통이 아니면 무엇입니까? 그럼에도 다윗의 마음이 이때보다 진실했던 때가 있습니까? 그는 말했습니다. "내가 여호와 앞에서 은혜를 입으면 도로 나를 인도하사 내게 그 궤와 그 계신 데를 보이시리라. 그러나 그가 이와 같이 말씀하시기를 내가 너를 기뻐하지 아니한다 하시면 종이 여기 있사오니 선히 여기시는 대로 내게 행하시옵소서 하리라."삼하 15:25-26-옮긴이 다윗이 이처럼 고통 가운데 있던 때보다 더 하나님께서 그에게 온전히 나타나신 때가 있습니까? 왜냐하면 다윗이 "여호와여 원하옵건대 아히도벨의 모략을 어리석게 하옵소서" 하고 기도하자,삼하 15:31-옮긴이 하나님께서 즉시 그의 기도를 들어주셨기 때문입니다. 그리고 여러분이 신명기 4장을 보면 알겠지만, 여기에는 이 문제와 관련하여 여러분에게 위로가 되는 항구적인 약속이 있습니다. "무슨 형상의 우상이든지 조각하여 네 하나님 여호와 앞에 악을 행함으로 그의 노를 일으키면 내가 오늘 천지를 불러 증거를 삼노니 너희가 요단을 건너가서 얻는 땅에서 속히 망할 것이라. 너희가 거기서 너희의 날이 길지 못하고 전멸될 것이니라. 여호와께서 너희를 여러 민족 중에 흩으실 것이요 여호와께서 너희를 쫓아 보내실 그 여러 민족 중에 너희의 남은 수가 많지 못할 것이며 너희는 거기서 사람의 손으로 만든 바 보지도 못하며 듣지도 못하며 먹지도 못하며 냄새도 맡지 못하는 목석의 신들을 섬기리라. 그러나 네가 거기서 네 하나님 여호와를 찾게 되리니 만일 마음을 다하고 뜻을 다하여 그를 찾으면 만나리라."25-29절 다른 나라로 쫓겨

나는 것은 큰 고통입니다. 이 고통은 그들의 큰 죄로 인해 왔습니다. 하지만 약속이 있었습니다. 바로 그곳, 이 고통의 골짜기와 심연에서 그들이 주님을 찾으면 주님께서 그들에게 자비를 보여주시겠다는 것입니다. 이 모든 것은 율법 시대의 일이었습니다! 그런데 복음 시대인 지금 하나님께서는 율법 시대만큼 은혜롭지 아니하십니까? 또 여러분이 그 특정한 죄를 알지 못한들 어떻습니까? 사실 그 특정한 죄를 찾는 것은 좋은 일이지만, 어떤 때는 그 죄가 드러나지 않는 것이 불쌍한 영혼에게 더 좋을 수 있습니다. 왜냐하면 어떤 특정한 죄로 인해 고통 가운데 처해서 결국 그 죄를 알고서 즉시 그 죄를 회개할 뿐 그 이상의 진전이 없기 때문입니다. 하지만 그 죄를 알지 못해 찾고 또 찾으면, 그 과정에서 나의 또 다른 많은 죄를 회개하게 됩니다. 그러므로 나는 말합니다. 때때로 그 특정한 죄가 드러나지 않는 것이 더 좋을 수 있습니다. 그러므로 경건하고 은혜로운 영혼이 이 문제와 관련하여 왜 절망합니까? 진실로 그래야 할 이유가 없습니다.

여러분은 말합니다. 하지만 개인적인 고통의 문제와 관련하여 여전히 해결되지 않는 것이 또 하나 있습니다. 나는 나의 고통이 하나님의 사랑에서 온 것이 아니라는 두려움이 있습니다. 이 고통이 하나님의 사랑에서 비롯된 것이라는 확신이 들면 나는 걱정이 없겠습니다. 하지만 내 눈에는 오히려 나의 고통에 새겨진 하나님의 노여움과 분노의 명백한 특징들이 보입니다. 그러므로 나는 이와 같이 절망합니다. 내게 절망할 이유가 없습니까?

없습니다! 고통이 하나님의 미움보다 사랑을 증명한다면, 여러분이 절망할 이유가 없습니다. 지금은 비록 고통이 하나님의 사랑을 증명하지 않겠지만, 고통은 미움보다는 사랑의 증거라고 나는 말합니다. 한 사람이 어떤 아이의 아버지가 아니어도 훈계할 수 있습니다. 하지만 두 아이가 잘못을 저질렀을 경우, 한 아이는 데려가 훈계하되 또 한 아이는 그대로 보낸다면, 그것은 그가 훈계한 아이의 아버지일 가능성을 훨씬 더 많이 보여줍니다. 그러므로 책망이 언제나 하나님께서 우리의 아버지라는 증거는 아니지만, 그것은 아버지의 사랑일 가능성을 훨씬 더 많이 보여줍니다.

또 모든 성도들이 친구처럼 의지할 수 없는 어떤 것이 하나님에게 있습니까? 어떤 사람이 나의 친구라면 그 사람의 지갑, 그 사람의 땅, 그 사람의 지팡이만 나의 친구가 아니라 그 사람의 칼 역시 나의 친구입니다. 그러므로 하나님께서 나의 친구이시면 그분의 사랑과 그분의 자비만 나의 친구가 아니라 그분의 칼도 나의 친구요, 그분의 분노도 나의 친구입니다. 이와 같이 하나님께서는 모든 성도들의 친구이십니다. 그분의 분노와 공의 또한 그들의 친구입니다.

그렇다면 우리의 고통에 새겨진 하나님 사랑의 명백한 특징은 무엇입니까?

고통이 우리에게 복이면 그 고통은 사랑으로부터 옵니다. 우리가 고통 중에 하나님을 찬양할 수 있으면 그 고통은 우리의 복입니다. 욥의 고통도 그의 복이었습니다. 왜 그렇습니까? 고통 중에 하나님을 찬양했기 때문입니다. "주신 이도 여호와시요, 거

두신 이도 여호와시오니 여호와의 이름이 찬송을 받으실지니이다."욥 1:21-옮긴이

어떤 고통으로 인해 우리가 하나님을 사랑하게 된다면 그 고통은 우리를 향하신 하나님의 사랑으로부터 온 것입니다. 왜냐하면 우리의 사랑은 하나님의 사랑의 반영일 뿐이고 바로 거기서 사랑이 흘러나오기 때문입니다. 그래서 이 고통에도 불구하고 나는 하나님을 사랑한다고 말할 수 있다면, 다음과 같은 말 역시 나는 할 수 있습니다. 내가 지금 이렇게 고통받고 있음에도 하나님께서는 나를 사랑하십니다.

어떤 고통이 우리에게 하나님의 마음이 무엇인지 가르쳐 준다면 그 고통은 사랑으로부터 온 것입니다. "주께서 그 사랑하시는 자를 징계하시고."히 12:6-옮긴이 또한 "여호와여, 주로부터 징벌을 받으며 주의 법으로 교훈하심을 받는 자가 복이 있나니." 시 94:12-옮긴이 그러므로 고통이 가르침을 주는 고통이면 그 고통은 사랑으로부터 온 것입니다.

어떤 고통이 적절한 정도로, 적절한 시간에 가해져서 우리가 그로 인해 성장할 수 있다면 그 고통은 사랑으로부터 온 것입니다. 사람이 어떤 나무를 완전히 베어서 없애거나 땔감으로 사용할 작정이면 나무의 성장을 생각할 필요 없이 아무 때라도 도끼질을 할 수 있습니다. 하지만 그가 일정한 때에 맞추어 그 나무를 자르고 손질한다면 이는 그 나무의 성장을 생각한다는 뜻입니다. 그러므로 하나님께서 우리가 성장할 수 있는 적절한 시기에 고통으로 우리를 자르고 베어 손질하신다면, 이는 그분의 사

랑을 증명합니다.

하나님께서 고통 가운데 특별히 임하신다면, 다시 말해 다른 어느 때보다 우리가 고통받을 때 더욱 함께하신다면, 이는 그 고통이 사랑으로부터 온 것임을 증명합니다. 지금 이렇게 이의를 제기하고 있는 여러분이 누구든, 고통이 사랑에서 온 것 같지 않아 두렵다는 여러분이 누구든 다음과 같이 말할 수 없습니까? 이제는 진실로 압니다. 비록 많은 고통을 받고 있으나 은혜를 통하여 고통 중에도 나는 하나님을 찬양하며 이와 같이 말하게 되었습니다. "주신 이도 여호와시요, 거두신 이도 여호와시오니." 나는 나의 이 고통에도 불구하고 주님을 사랑하며, 주님께서는 나의 이 고통으로 내게 많은 것을 가르치셨습니다. 나는 여러 편의 설교를 듣는 것보다 더한 유익을 이렇게 아프게 됨으로써 얻었습니다. 진실로 주님께서는 합당한 때에 나를 잘라 손질해 주셨습니다. 그러한 때에 그러한 고통을 만나지 아니하였더라면 어떠한 악이 내게 닥쳤을지 모릅니다. 또 반드시 말할 것이 있습니다. 나는 어느 때보다도 고통 중에 하나님의 임재를 더욱 많이 경험하였습니다. 여러분이 정녕 이와 같이 말한다면, 안심하고 평안히 가십시오. 여러분의 고통이 비록 크고 중해도 그것은 사랑으로부터 온 것입니다. 하나님의 성도와 백성들이 모두 이와 같습니다. 이러할진대 그들의 고통이 무엇이든 절망할 이유가 무엇입니까?

여러분은 말합니다. 하지만 어떤 그리스도인이 비록 그의 개인적인 고통과 관련해서는 절망할 이유가 없어도, 사회 전체의 불행과 고통이 와도 여전히 절망할 이유가 없습니까? 지금 우리의 경우가 이와 같습니다. 우리는 이 불쌍한 나라의 형편이 어떠한지 압니다. 고통과 재난이 사방에서 들이닥치고 있습니다. 이러하므로 나는 절망합니다. 과연 나는 지금 낙심할 이유, 동요하고 불안해할 이유가 없습니까?

진실로 이것은 슬픈 일입니다. 진정으로 우리가 이 불쌍한 유혈의 나라(원주: 찰스 1세 치세 중의 내전이 끝난 직후로, 사회 전반이 불안정했던 1648년의 상황—옮긴이)를 위해 밤낮으로 울며 기도할 수 있으면 좋겠습니다! 여기 영국에서 혹이라도 하나님의 백성들이 그분의 심판의 손 아래에서 고통과 고난을 받으며 회개하고 모두 함께 기도에 집중해야 할 이유가 있다면, 명백히 그것은 지금의 이 일 때문입니다. 하지만 성경은 말합니다. "너희는 의인에게 복이 있으리라 말하라. 그들은 그들의 행위의 열매를 먹을 것임이요."사 3:10 하나님께서 자기 자녀들에게 피할 곳을 마련해 주지도 않았는데 한 나라에 어떤 재앙이 폭풍처럼 몰아닥친 경우가 있었습니까? 그분께서는 대홍수 시대에 노아를 위해 방주를, 또한 소돔의 불의 시대에 롯을 위해 산을 준비하지 않으셨습니까? 초대교회의 성도들은 죽음으로써 그리스도의 진리를 증언할 때 이와 같이 말했습니다. "이제 우리는 진정으로 그리스도인이 되기 시작했다. 이제 우리는 그리스도를 닮기 시작했다. 죽음에는 세 가지가 있다. 죄 안에서 죽는 영적인 죽음과 죄 때문에 죽는 영원한 죽음 그리고 죄로 인해 오는 일시적인 죽음이 있다. 하나님께서 내게 앞의 두 죽음—곧 영적인 죽음과 영원한 죽음—을 면하게 하시고, 일시적인 죽음만을 주셨는데, 내가 불평할 까닭이 무엇이겠는가?" 성도들은 다 이와 같습니다. 그들은 일시적으로는 죽지만, 영적인 죽음과 영원한 죽음에서는 해방되었습니다. 경건한 사람이라면 다음과 같이 말하지 못할 이유가 무엇입니까? 나는 은총 없는 자연 상태에서는 오래 살 수 없다. 얼마 남지 않은 이 짧은 시간에 진리를 증언하리라! 그리스도께서 우리를 위해 죽으셨다. 의로운 분이 불의한 자를 위해 죽으셨다. 불의한 자인 내가 이제 의로운 분을 위해 죽어야 하리라! 최악이라고 해도 죽음이고, 최악의 죽음이라고 해도 오히려 유익하리라. 이제 내 몸이 죽을 때 내가 경건하다면 이와 같이 말하지 못할 것이 무엇인가? 불쌍한 항아리가 깨졌으니 나는 이제 더 이상 우물에 갈 일이 없구나. 불쌍한 포로였던 내 영혼이 해방되었으니, 내 아버지께로 돌아가리라. 여러분이 요한계시록 7장을 보면, 온 세상이 고난을 겪는 시기에 하나님께서 모든 백성들에게 주시는 영광스러운 결말을 확인할 수 있습니다. "이 일 후에 내가 보니 각 나라와 족속과 백성과 방언에서 아무도 능히 셀 수 없는 큰 무리가 나와 흰 옷을 입고 손에 종려 가지를 들고 보좌 앞과 어린양 앞에 서서."9절 흰 옷은 권위의 옷이요, 종려 가지는 승리의 상징입니다. 그는 그들이 흰 옷을 입고 종려나무 가지를 손에 들고 있는 모습을 보았다고 말합니다. 세상은 하나님의 종들을 불쌍하고 초라한 자들로 보지만, 그리스도께서는 그들을 왕과 군주의 옷을 입은 자들로, 흰 옷을 입은 존엄한 자들로 본다고 말씀하십니다. 또 세상은 그들을 패배한 자들로 보지만, 그리스도께서는 여기서, 그들이 승리하리라고 말씀하십니다. 이는 그들이 손에 종려나무를 들었기 때문입니다. 그렇다면 이들은 누구입니까? 성경은 14절에서 이렇게 말합니다. "이는 큰 환난에서 나오는 자들인데 어린양의 피에 그 옷을 씻어 희게 하였느니라." 그렇다면 그들은 왜 흰 옷을 입고 있으며 그들의 옷은 왜 빨아서 희게 되었습니까? 그들의 환난으로 그들의 옷이 더러운 때를 벗고 희게 되었기 때문입니다. 고통은 하나님의 비누입니다. 경건한 사람이 고통으로 들어가기 전에는 그의 은혜가 죄와 섞여 있습니다. 그의 믿음이 불신 및 의심과 섞여 더러워져 있습니다. 그의 겸손이 교만과, 그의 열정이 미지근함과 섞여 있습니다. 하지만 지금, 그의 환난으로 그의 옷은 빨아서 희게 되었습니다. 그는 이제 더욱 존엄하게 될 것이며 그 흰 옷을 입게 될 것입니다.

하지만 여러분은 말합니다. 주님께서 이처럼 나를 씻기시기 위해 환난을 이용하셔도, 나는 이 세상의 재앙으로 하나님의 규례와 성전과 예배로부터 쫓겨날까 두렵습니다. 그는 15절에서 아니라고 말합니다. "그들이 하나님의 보좌 앞에 있고 또 그의 성전에서 밤낮 하나님을 섬기매." 하지만 우리에게 규례가 있어도 그리스도께서 거기에 함께 계시지 아니하면 무슨 소용이 있겠습니까? 그러므로 그는 덧붙입니다. "보좌에 앉으신 이가 그들 위에 장막을 치시리니." 하지만 예수 그리스도께서 우리와 함께 거하셔도 우리는 부족한 것이 많아서 크게 고통받을 것입니다. 맞습니다만 16-17절은 이렇게 말합니다. "그들이 다시는 주리지도 아니하며 목마르지도 아니하고 해나 아무 뜨거운 기운에 상하지도 아니하리니 이는 보좌 가운데에 계신 어린양이 그들의 목자가 되사 생명수 샘으로 인도하시고." 오, 하지만 우리는 그사이에 끔찍한 궁핍에 처해서 슬프고 눈물 나는 처지가 될 것입니다. 맞습니다. 하지만 우리의 눈에서 모든 눈물이 씻겨 나가는 때가 올 것입니다. 그러므로 그는 17절에서 이와 같이 덧붙입니다. "하나님께서 그들의 눈에서 모든 눈물을 씻어 주실 것임이라." 지금 여기서 눈물을 흘리지 않는다면 이후에 어떻게 그들의 눈물이 말끔히 씻겨 나가겠습니까? 그러므로 여러분이 지금은 비록 두려울지라도 많은 눈물을 흘리면, 이후로 그 눈물은 단 한 방울도 남지 아니하고 말끔히 씻겨 나갈 것입니다. 오, 이 얼마나 은혜로운 일인지요! 그리스도께서는 고통의 시간을 겪고 있는 백성들을 이와 같이 대해 주실 것입니다. 그래서 온 세상에 들이닥친 고통과 관련하여 여러분의 처지가 극도로 슬프고 무서워서 우리 모두가 울며 통곡할 지경이 되어도, 여러분이 그리스도 안에 있고 하나님과 화목한 상태라면 낙심할 이유가 없습니다. 경건한 모든 사람이 이와 같습니다. 그러므로 경건하고 은혜로운 사람은 진실로 그의 고통이 무엇이든 절망할 이유가 없습니다.

하지만 여러분은 또 다시 말합니다. 우리의 고통이 무엇이든, 공적이든 사적이든, 개인적이든 국가적이든, 절망하지 않으려면 우리는 어떻게 해야 합니까? 선한 사람은 진실로 고통 가운데서도 절망할 이유가 없지만, 큰 고통에 처해서 모든 절망에 맞서기란 어려운 일입니다. 이 경우 우리는 어떻게 해야 합니까?

여러분은 그리스도 안에 있는 하나님의 사랑에 대한 확신이 있든지 없든지 할 것입니다. 없다면, 이 고통은 여러분에게 확신을 가져다주는 사자가 될 것입니다. 있다면, 그 확신 위에서 행하십시오. 그리스도에 대한 여러분의 권리와 분깃에 대해, 그리고 그리스도를 통하여 하나님과 화목을 이루는 일에 대해 많이 생각하십시오. 할 수 있는 한 자주 여러분 자신을 다음과 같은 선언명제(選言命題, 형식 논리학의 복합적 명제의 하나로, 'p 또는 q'라는 형식으로 표현된다—옮긴이) 위에 올려놓고 판단하십시오. 즉, 하나님 한분만으로 만족할 것인가 아닌가 하는 선택입니다. 하나님 한분만으로 족할 수 없다면, 먹지도 않고 마시지도 않으며 옷도 없고 오직 하나님만 계시는 천국에서 성도들과 천사들은 어떻게 살 수 있습니까? 또 하나님 한분만으로 만족한다면, 왜 나는 내 처지에 만족하지 못하며 그 처지가 무엇이든 거기에서 위로를 받지 못합니까? 그리스도께서 나를 사랑하시는데 사람들이 나를 미워하면 어떻습니까? 오, 그리스도에 대한 여러분의 권리와 분깃을 보려고 더욱더 노력하고, 늘 그것을 여러분의 시야에서 놓치지 않도록 합시다!

고통 가운데서 절망하지 않으려면, 그리스도의 고통 안에서 그분과의 사귐을 깊이 생각합시다. 이렇게 말하십시오. 지금 나는 나의 이 고통으로 그리스도의 모든 고통 안에서 그분과 사귐을 가지고 있다. 그러므로 그리스도께서 돌아가시고 다시 살아나셨듯이, 비록 나의 이름이 죽고 나의 재산이 죽고 나의 몸이 죽고 나의 모든 위로가 죽더라도, 이 모든 것들은 다시 살아나리라. 사도가 논하고 입증하듯이, 로마의 신자들은 더 이상 그들의 죄 안에서 죽지 않았습니다. 그것은 죽음에서 살아나신 그리스도께서 더 이상 죽지 않았기 때문입니다. 그러므로 여러분은 비록 죄에 빠지기는 하겠지만 더 이상 죽지 않습니다. 이는 여러분이 그리스도와 함께 살아났기 때문이라고 사도는 말합니다.롬 6:9-11 그러므로 나는 말합니다. 비록 여러분의 고통이 크고 여러분의 모든 위로를 삼킬 듯하지만, 여러분의 위로는 결코 여러분의 고통 속에 묻히지 아니할 것입니다. 왜냐하면, 여러분이 경건하다면 여러분은 그리스도와 함께 다시 살아났고 그분과 사귐을 갖고 있으므로 더 이상 죽을 수 없기 때문입니다. 따라서 고통이 올 때, 여러분은 그리스도의 고통에 참여한 자가 되었음을 기뻐하고, 이와 같이 말하십시오. "오, 나의 원수야, 나로 인해 기뻐하지 말라. 나는 비록 넘어지더라도 다시 일어서리라." 왜냐하면 나의 고통으로 나는 그리스도의 고통 안에서 그분과 사귐을 갖고, 또한 그분의 부활 안에서 위로와 영광을 누리기 때문입니다.

고통 가운데서 절망하지 않으려면, 세상에서 나그네가 되기에 더욱 힘쓰고 또한 고통 가운데서 하나님의 길과 친해지기에 더욱 힘씁시다. 개는 그 집에 함께 사는 사람은 물지 않습니다. 하지만 낯선 사람이 오면 순식간에 달려들어 물어뜯습니다. 이는 그 사람이 그 개와 친하지 않기 때문입니다. 그렇다면 사람들의 고통이 순식간에 달려들어 그들을 마음대로 물어뜯는 이유는, 그들이 고통과 친하지 않은 낯선 자이고 따라서 고통 가운데서 하나님의 길이 무엇인지 모르기 때문 아니겠습니까? 그러므로 더욱더 힘써서 세상을 넘어선 믿음으로 살고, 세상에 대하여 나그네가 되어, 고통의 길과 더욱 친해지도록 합시다.

그리스도께서 친히 감당하시고 또한 여러분에게 감당하도록 남겨 주신 것을 생각합시다. 감당해야 할 것은 두 가지입니다. 죄와 고통입니다. 그리스도께서는 여러분의 모든 죄를 감당하셨습니다. 그런데도 여러분은 그분의 고통을 감당하지 않으려 합니까? 그분께서는 지팡이의 무거운 쪽을 감당하사 들어 주셨습니다. 그래서 여러분이 감당할 죄는 하나도 없습니다. 그렇다면 우리는 고통을 감당해야 하지 않겠습니까?

또한 여러분의 고통으로 인해 여러분과 다른 사람들이 얻거나 얻을 수 있는 넘치는 유익을 수시로 깊이 생각합시다. 우리의 고통으로 하나님께서는 더러운 피를 내보내십니다. 지금은 하늘에 있는 어떤 사람이 고통에 처하여 불평하는 다른 이에게 말했습니다. "안심하시오. 당신이 죽는 날에 그리스도께서 당신을 해롭게 하지는 않을 것이오." 하나님께서는 자녀들의 유익을 위한 것이 아니면 결코 그들에게 매를 들지 아니하시며, 매를 드심은 다만 그들과 주변의 다른 이들을 가르치기 위함입니다. 어떤 사람이 자신이 회심한 이야기를 했습니다. "나는 어떤 사람이 처형당하는 모습을 보고 회심했습니다. 여기에는 이유가 있습니다. 사람의 법 하나를 어겨도 저렇게 죽는 형벌을 받는데, 하나님의 모든 법을 어긴 나는 도대체 어떤 형벌을 받을까 하는 생각이 들었기 때문입니다." 고통은 더러 옆에서 그 고통을 지켜본 사람들을 많이 가르치기도 하지만, 여러분에게는 특히 더 큰 가르침을 줍니다. 고통으로 여러분은 하나님의 충만하심과 피조물의 공허함과 죄의 악함을 보고 읽습니다. 고통은 과거의 죄를 상기시키고 미래의 죄를 방지합니다. 고통은 기도를 되살리고 감사를 넓힙니다. 아마도 여러분은 어떤 고통을 수단으로 회심에 이르기도 했을 것입니다. 고통으로 인해 그토록 많은 유익이 온다면, 여러분이 고통 중에 있다고 절망하겠습니까? 부디 고통의 유익을 생각하고 또 생각합시다.

고통이 올 때는 언제나 고통의 악함만을 보려 해서는 안 됩니다. 다시 말해 고통에서 여러분에게 해가 되는 면을 바라보는 만큼이나 여러분에게 득이 되는 면 또한 바라보아야 합니다. 여러분이 자비를 잃는다면 애초에 그 자비와 함께 왔던 부담이나 짐 또한 사라집니다. 여러분에게 불행이 닥친다면 그 불행과 함께 자비도 옵니다. 사람들은 자비를 잃으면, 그들이 잃어버린 자비의 좋은 면만 생각하고 그 자비와 함께 사라진 짐이나 부담은 생각하지 않습니다. 어떤 불쌍한 여인이 말했습니다. 오, 나는 그토록 사랑스럽고 은혜로우며 도움이 되는 남편을 잃었습니다. 하지만 여인은 남편이 죽음으로 함께 사라진 자신의 짐에 대해서는 한 마디도 하지 않았습니다. 큰 절망이 생기는 이유가 바로 여기에 있습니다. 고통이 오면 사람들은 그 고통의 해로움만 생각하고 그 고통과 함께 오는 자비는 생각하지 않으므로 크게 절망합니다. 사랑하는 아버지가 다소 높은 방에서 아들에게 금 자루를 던져 준다고 합시다. 그 자루가 아들의 머리에 맞아서 피가 좀

나기도 합니다. 아들은 머리에 아픔을 느끼고 있는 동안은 참지 못하고 괴로워합니다. 그 가죽 자루만 쳐다보고 있는 동안은 감사하는 마음이 없습니다. 하지만 그가 자루 안을 들여다보고 아버지가 자신에게 준 굉장한 금화를 확인하게 되면, 머리에 아직 고통이 느껴짐에도 자신의 아버지에 대해 좋은 말을 합니다. 고통은 하나님께서 백성들에게 주시는 금 자루입니다. 겉은 비록 가죽 자루처럼 보여도 그 안에는 금화가 들어 있습니다. 그분의 백성들이 가죽 자루만 계속 쳐다보고 있거나 고통의 아픔만 생각하면 주님께 감사드릴 수 없고 주님을 찬양할 수 없으며, 다만 크게 절망할 뿐입니다. 하지만 그들이 자루 안을 들여다보고 그 안에 든 금화를 보면 큰 위로를 얻습니다. 절망하는 일은 없을 것입니다. 나는 주님께 배운 것으로 여러분에게 말합니다. 안에 금이 있습니다. 이 자루, 이 고통의 자루 안을 들여다보십시오. 주님께서 이 고통으로 여러분에게 주신 모든 금화를 헤아려 보십시오. 그리하면 여러분은 위로를 얻을 것입니다. 여러분이 자비를 잃게 되거든 그 자비와 함께 짐 역시 사라졌음을 생각하십시오. 여러분에게 불행이 닥치면 그 불행과 함께 자비 또한 왔음을 생각하십시오. 부디 양면을 다 볼 수 있도록, 여러분에게 해가 되는 것을 보는 만큼 여러분에게 득이 되는 것 또한 함께 볼 수 있도록 노력하고 또 노력합시다. 그리하면 여러분의 고통이 제아무리 커도 결코 크게 절망하는 일은 없을 것입니다.

  이것으로 일곱 번째 사례 설명을 마치겠습니다.

chapter **11.**

쓰임받지 못한 경우의 회복

Ⅷ. 때때로 성도들의 절망은 그들의 직무와 일과 봉사에서 비롯된다.

그들은 하나님을 위한 일에 자신이 원하는 대로 부름받지 못했거나, 일을 할 수 있는 능력이나 기술이 부족하거나, 자신의 일을 성공적으로 수행하지 못하고 있을 것입니다. 한 사람이 말합니다. 오, 나는 불쌍하고 쓸모없으며 무익한 사람입니다. 하나님께서는 나를 위해 많은 일을 해주셨지만 나는 하나님을 위해 아무것도 하지 못하고 있습니다. 다른 사람들은 하나님을 위해 사용되고 쓰임받는데, 나는 하나님께서 기뻐하지 않는 쓸모없는 그릇으로 내팽개침을 당했습니다. 그러므로 내가 이렇게 절망합니다. 내게 절망할 정당한 이유와 까닭이 없습니까?

없습니다! 왜 그런가 봅시다. 가족을 위하고 섬기는 일은 아무것도 아닙니까? 일가친척을 위한 일은 아무것도 아닙니까? 루터는 말했습니다. "세 가지 땀이 있다. 국가를 위한 땀, 교회를 위한 땀, 가정을 위한 땀." 사람은 가족을 위한 일에 땀을 흘릴 수 있으며, 가족을 위한 일을 위임받는 것은 진정으로 중요한 일을 위임받는 것입니다. 여러분이 바로 이 중요한 일을 위임받았습니다.

한 사람이 그리스도인 직분의 일을 위임받는 것은 아무것도 아닙니까? 그리스도의 한 몸은 여러 지체로 나뉘어 있고, 그 몸의 각 지체는 그에 합당한 일을 가지고 있습니다. 눈은 귀가 하는 듣는 일을 할 수 없고, 귀 또한 눈이 하는 보는 일을 할 수 없습니다. 하지만 모든 지체는 몸에서 각자 맡은 직분에 따라 일을 합니다. 사도는 말합니다. "이와 같이 우리 많은 사람이 그리스도 안에서 한 몸이 되어 서로 지체가 되었느니라."롬 12:5–옮긴이 모든 지체는 같은 직분을 가지고 있지 않습니다. 이처럼 여러분이 그리스도의 몸에서 각자 맡은 직분이 다르듯, 여러분이 위임받은 일 또한 다릅니다.

그리고 한 사람이 다른 이들을 위로하고 안심시키고 격려하는 일에 쓰임받는 것은 아무것도 아닙니까! 이는 대단히 중요한 일입니다. 천사들에게나 합당한 이 일에 그들이 쓰임받습니다. 주님께서 이스라엘 자녀들에게 회개를 촉구하실 때에는 그들에게 예언자를 보내셨습니다.삿 6:7-10 하지만 기드온을 위로하고 힘을 주고 용기를 주실 때에는, 그 일에 예언자를 쓰지 아니하시고 천사를 보내 기드온에게 말씀하셨습니다. "큰 용사여, 여호와께서 너와 함께 계시도다."^삿 6:12 여러분이 신약성경을 보면 알겠지만, 그리스도께서 다볼산에서 변모하실 때 천사들이 그분 곁에서 시중을 들었다는 이야기는 없습니다. 하지만 그분께서 겟세마네 동산에서 땀을 흘리고 계실 때는 한 천사가 와서 그분을 위로하고 시중을 들었습니다. 왜 그렇습니까? 고통의 시간에 있는 이들을 위로하고 안심시키고 격려하는 것이 바로 천사의 일이기 때문입니다. 여러분이 지금 이 일을 맡고 있지 않습니까? 여러분이 가서 보살필 영혼들, 그 불쌍하고 기운 없고 시험받고 버림받은 영혼들이 얼마나 많습니까! 그런데 이것이 전혀 일이 아니란 말입니까?

하지만 여러분은 말합니다. 공적인 일, 특별하게 쓰임을 받는 일이 있는데, 하나님께서는 이 일을 다른 사람에게 맡기셨습니다. 그런데 나는 이러한 일을 전혀 맡지 못하고 있습니다. 나는 불쌍하고 쓸모없고 능력 없어서 하나님께서 전혀 사용하지 않는 사람입니다. 그래서 나는 이렇게 절망합니다. 세상에서 하나님을 위해 쓰임받고 사용되는 것은 큰 자비 아닙니까?

그렇습니다. 하나님의 어떤 일이나 그분을 섬기는 일에 쓰임받는 것은 큰 자비요 복임을 나는 인정합니다. 모세의 훈장이 있었습니다. 그것은 그가 곧 하나님의 종이었다는 것입니다. "내 종 모세가 죽었으니."^수 1:2 그리고 다윗은 자신이 이스라엘의 왕이라는 것보다 주님의 종이라는 호칭을 더 기뻐했습니다. 시편 18편 도입부, "여호와의 종 다윗의 시." 그는 "이스라엘의 왕 다윗의 노래"라고 말하지 않았습니다. 바울, 베드로, 야고보, 유다

역시 이와 같은 방식으로 자신들의 서신에 제목을 달았습니다. 그리스도의 종 바울, 그리스도의 종 베드로, 그리스도의 종 야고보, 그리스도의 종 유다, 또 그리스도 자신도 하나님의 종이라는 이 호칭을 기뻐하셨고, 하나님은 이러한 이유로 그리스도를 기뻐하셨습니다. "내가 붙드는 나의 종, 내 마음에 기뻐하는 자 곧 내가 택한 사람을 보라."사 42:1-옮긴이 "내가 내 종 싹을 나게 하리라."슥 3:8-옮긴이 그러므로 하나님의 종이 되어 그분을 위해 사용되고 쓰임받는 것은 큰 특권입니다.

사람이 하나님께 쓰임받을수록 하나님을 명예롭게 하고, 하나님을 명예롭게 할수록 자기 자신을 명예롭게 합니다. **명예는 명예롭게 하는 데 있다**(Honor est in honorante). 먼저 도열하여 왕과 제후들을 기다리는 사람들은 그렇게 자신의 군주를 명예롭게 함으로써 자신을 명예롭게 합니다. 그러므로 사람은 하나님을 명예롭게 함으로써 자신을 명예롭게 합니다. 하나님께서도 이처럼 명예를 받으심으로써 사람에게 명예를 덧입혀 주십니다. 사실 명예라는 것이 **어떤 이의 탁월함에 대한 증언**(Testimonium de alicujus excellentia) 외에 달리 무엇이겠습니까? 내가 어떤 사람의 탁월함을 증언하면 그만큼 나는 그 사람을 명예롭게 하는 것입니다. 그러므로 하나님께서 어떤 사람에게 그분의 일을 맡기심은 곧 그분의 어떤 탁월함을 증언하게 하시는 것 입니다. 바울은 말했습니다. "나를 충성되이 여겨 내게 직분을 맡기심이니."딤전 1:12-옮긴이 그렇습니다. 이 세상에서 가장 큰 일은 위대하신 하나님을 기다리는 일입니다. 그러므로 우리 구주께서 세례 요한을 가리켜 이렇게 말씀하셨습니다. "여자가 낳은 자 중에 세례 요한보다 큰 이가 일어남이 없도다."^마 11:11 창세기 1장을 보면, 두 큰 광명체 가운데 하나로 달이 언급됩니다. "하나님이 두 큰 광명체를 만드사 큰 광명체로 낮을 주관하게 하시고 작은 광명체로 밤을 주관하게 하시며."^16절 달은 여기서 해보다 못한 존재로 언급됨에도 여전히 두 큰 광명체 가운데 하나로 명명됩니다. 왜 그렇습니까? 달보다 큰 다른 별들은 없습니까? 있습니다. 하지만 달은 이 세상에 가장 크게 영향을 미치고 가장 유용하기 때문에 다른 별들보다 크다고 하는 것입니다. 그러므로 하나님께서 보시기에 우리는 일을 열심히 할수록 그만큼 더 큰 사람이 되고 하나님의 눈에 더욱 영광스러운 사람이 됩니다.

그렇게 일함으로써 우리는 또한 시험의 힘으로부터 스스로를 지킵니다. 게으름은 시험을 낳습니다. 우리가 빈둥거리면 마귀가 일을 시작합니다. 우리가 하나님의 일을 등한히 할수록 사탄은 우리를 대상으로 그만큼 더 열심히 일합니다. 사람들이 아무 일도 안 하고 있는 것은 곧 악을 행하고 있는 것과 같습니다. 그렇습니다. 게으름은 살아 있는 사람을 매장합니다.

크고 선한 일은 이미 약속된 자비입니다. 크신 하나님께서 약속하신 것이 작은 자비일 수는 없습니다. 약속된 자비는 말할 수 없이 향기로운 자비입니다. 주님께서 이사야 58:10-12에서 약속하십니다. "주린 자에게 네 심정이 동하며 괴로워하는 자의 심정을 만족하게 하면……여호와가 너를 항상 인도하여……네게서 날 자들이 오래 황폐된 곳들을 다시 세울 것이며 너는 역대의 파괴된 기초를 쌓으리니 너를 일컬어 무너진 데를 보수하는 자라 할 것이며 길을 수축하여 거할 곳이 되게 하는 자라 하리라." 이처럼 들어 쓰고 위임하시겠다는 약속이 있습니다.

사람이 하나님에게 쓸모 있고 유용할수록 하나님께서는 그만큼 더 쉽고 관대하게 그의 결함을 용서해 주실 것입니다. 쓰임받고 있는 그 일에서의 결함뿐 아니라 삶의 다른 부분에서의 결함 또한 용서해 주실 것입니다. 사실 정탐꾼들을 제집 지붕 꼭대기에 숨겨 두고서 그들이 이미 갔다고 거짓으로 고한 라합의 행위는 얼마나 큰 결함입니까! 하지만 주님께서는 라합의 이 결함을 용인하셨습니다. 왜 그렇습니까? 일단 라합은 믿었고, 그 시대의 하나님의 원대한 계획에 쓸모 있고 유용했기 때문입니다. 여러분이 민수기 12장을 보면 알겠지만, 아론과 미리암이 똑같이 모세를 시기하고 비방하는 죄와 악을 저질렀으나 주님께서는 미리암만 악성 피부병에 걸리게 하시고 아론은 용서해 주셨습니다. 하지만 왜 아론은 미리암과 달리 악성 피부병에 걸리지 않았느냐고 아불렌시스(Abulensis, 이 책 215쪽)는 말합니다. 아론이 범죄에 가담한 정도가 미리암만큼 심하지 않았기 때문입니까? 아닙니다. 그것은 1절을 보면 알 수 있습니다. "미리암과 아론이 모세를 비방하니라." 미리암이 아론에게 속은 것 같지는 않습니다. 그렇다면 아론은 자기의 죄를 고백했고 미리암은 고백하지 않았기 때문입니까? 아닙니다. 미리암은 신실한 여인이었으므로 역시 아론처럼 자기의 죄를 고백했습니다. 그렇다면 하나님께서 아론에 대한 벌을 그 이후로 미루셨기 때문입니까? 아닙니다. 그것은 성경에 나오지 않습니다. 아론은 대제사장이었습니다. 그가 악성 피부병에 걸렸다면 그가 하는 일이 치욕스럽게 되었을 것이고, 주님의 일도 한동안 중단될 수밖에 없었을 것입니다. 모세를 비방한 일과 관련해서는 그가 비록 결함을 보였지만, 그 외에는 대단히 유용하고 쓰임받는 사람이었으므로 하나님께서는 다른 사람들보다는 그와 같은 사람을 더 관대히 용서해 주셨습니다.

사람이 하나님을 위해 어떤 특별한 일이나 섬김에 쓰임받으면, 주님께서 그의 결함을 용서해 주시는 것은 물론이요, 더구나 그가 자신의 일에 충실할 경우에는 그를 축복하시고 사랑과 은혜의 화신으로 그에게 다가가십니다. 주님께서는 사랑의 화신으로 갈렙과 여호수아에게 다가가셨습니다. 성경에 따르면 모든 남자들 중에 갈렙이 주님을 전적으로 따랐다고 합니다. 그러므로 하나님께서는 갈렙에게 한없는 사랑을 보여주셨습니다. "그러나 내 종 갈렙은 그 마음이 그들과 달라서 나를 온전히 따랐은즉 그가 갔던 땅으로 내가 그를 인도하여 들이리니 그의 자손이 그 땅을 차지하리라."민 14:24 하지만 하나님께서는 왜 갈렙을 이와 같이 인정하고 높이셨습니까? 하나님께서 그를 불러 맡기신 바로 그 일에 충실했기 때문입니다.

그렇습니다. 쓰임받는 사람은 죽어서도 살아서 말을 하는 사람입니다. 하나님을 위해서 말입니다. 어떤 사람들은 마귀를 위해 대단히 활발하게 일합니다. 그들은 살아 있는 동안 불경하고 더러운 책들을 쓰고 출판하다가, 죽어서도 말을 하지만 여전히 사탄을 위해서 말합니다. 반대로 어떤 사람들은 하나님을 위해 대단히 활발하게 일합니다. 그들은 살아 있는 동안 믿음의 책과 거룩한 책들을 쓰고 출판하다가, 죽어서도 말을 합니다. 아벨은 "그가 죽었으나 그 믿음으로써 지금도 말하느니라"고 합니다.히 11:4 하지만 그는 지금 어떻게 말을 합니까? 사도가 우리에게 이르는 대로, 아벨은 "믿음으로" 말하고 있습니다. 그렇다면 아벨은 어떤 믿음의 행위를 했습니까? 그는 그 시대의 일이요, 섬김이었던 제사에서 자신의 동생보다 나은 제물을 드렸습니다. 그러므로 쓰임받는 사람은 죽어서도 말을 합니다. 진실로 하나님의 일과 섬김에 쓰임받는 것은 큰 특권이며 자비입니다. 하지만 하나님께서 나를 쓰시지 않아도 내가 절망하거나 불평할 이유가 무엇이겠습니까? 하나님은 자유로운 분 아닙니까? 그분께서 마음에 드는 사람을 쓰실 수 있는 것 아닙니까? 불쌍한 질그릇 조각이 그분께, 왜 주님께서는 나를 버려두십니까 하겠습니까? 하나님께서 두 손을 서로 엇갈리게 내밀어 오른손은 다른 사람의 머리 위에 얹으시고 왼손은 내 머리에 얹으면 어떻습니까? 요셉이 야곱의 교차한 두 손을 바꾸려 했듯이,창 48:17-옮긴이 나 또한 하나님의 섭리의 두 손을 내 뜻대로 돌려놓고자 합니까? 하나님의 일은 하나님의 것 아닙니까? 그분의 일을 그분께서 마음에 드는 사람에게 주실 수 없습니까? 이것을 내가 불평한다면 교만 아닙니까? 교만한 사람들은 제 일은 하찮게 여기고 남의 일은 시기합니다. 하나님을 위해 쓰임받는 것은 진실로 자비입니다. 하지만 하나님께서 내가 원하는 대로 그분의 일을 내게 맡기지 않아도 내가 왜 절망합니까? 하나님께서 내게 일을 안 맡기셔도 나는 여전히 그분의 종입니다. 그 이유는 다음과 같습니다.

1. 하나님의 일은 두 가지입니다. 어떤 경우 그 일은 사람을 불러 맡기시는 어떤 특별한 일로 이해됩니다. 그리고 또 어떤 경우는 하나님의 계명에 대한 일반적인 순종으로 이해됩니다. 첫 번째 용례는 민수기 4장과 구약에서 빈번히 사용되며, 회막 일(봉사)이라고 불립니다. 또한 이런 용례는 신약에도 있습니다. "내가 섬기는 일을 성도들이 받을 만하게 하고."롬 15:31 두 번째 용례는 다음과 같습니다. "이는 너희가 드릴 영적 예배니라."롬 12:1 "내가 네 사업과 사랑과 믿음과 섬김과 인내를 아노니."계 2:19 바로 이 두 번째 용례의 일 혹은 섬김이 구원의 섬김이며, 우리는 바로 이 일 혹은 이 섬김을 행함으로써 특별히 하나님의 종으로 불립니다. 이러한 점에서 우리는 첫 번째 용례의 일 혹은 섬김에 쓰임받지 못하더라도, 두 번째 용례의 일을 함으로써 여전히 하나님께 쓰임받을 수 있습니다.

2. 특별한 일만 해도 그 종류와 내용이 다양합니다. 하나님께서는 어떤 때는 한 사람을 불러 이런 일을 맡겼다가 또 어떤 때는 다른 일을 맡기십니다. 사람을 불러서 쓰시는 방식도 여러 가지입니다. 그분께서는 율법을 주실 때는 모세를 어떤 방식으로 불러 쓰셨고, 율법을 회복하실 때는 에스라를 또 어떤 방식으로 불러 쓰셨습니다. 두 사람 다 쓰임받았지만, 쓰임받는 방식은 매우 달랐습니다. 사무엘상 30장에서 읽은 바와 같이, 다윗이 빼앗긴 아내들과 약탈당한 물건을 되찾으려 아말렉과 싸울 때, 전투

에 참가하지 않고 남아서 물건을 지킨 사람들이 있었습니다. 다윗은 24절에서 이렇게 말합니다. "전장에 내려갔던 자의 분깃이나 소유물 곁에 머물렀던 자의 분깃이 동일할지니 같이 분배할 것이니라." 지금 여러분도 그렇게 그리스도의 소유물 곁에 남아서 지키는 사람, 좀 낮고 하찮아 보이는 일에 쓰임받고 있는 사람일 수 있습니다. 하지만 그리스도께서 여러분을 마음에 두고 계시니, 여러분이 비록 집에 남아 있더라도, 더 영광스러운 일에 쓰임받는 사람들과 똑같은 몫을 나누어 받게 될 것입니다.

3. 그렇습니다. 하나님께서 지금은 비록 나를 버려두시나 이후에는 나를 쓰실 것입니다. 하나님께서는 요셉을 쓰셨지만 처음에는 버려두셨습니다. 모세를 쓰셨지만 역시 처음에는 내버려 두셨습니다. 또 다윗 역시 쓰셨지만, 처음에는 가만히 두지 않았습니까? 바울의 동역자 바나바가 바사바^{행 1:23—옮긴이}와 동일인이라면—어떤 이들은 진정으로 그렇게 믿고 있는데, 시리아어 역은 이 견해에 명백히 반대한다. 왜냐하면 사도행전 1:23과 4:36을 비교해 보면, 이 두 사람의 이름은 각각 요세(행 4:36, KJV, "요셉", 개역개정—옮긴이)와 요셉^{행 1:23—옮긴이}이며, 이 요세는 처음부터 바나바로 불리지 않았고, 오히려 요셉을 바나바라고 사도들이 불렀기 때문이다—다시 말해, 이 모든 것에도 불구하고 바나바가 바사바와 같은 사람이라면, 하나님께서 어떤 사람을 더 이상 쓰지 않으려고 그 사람을 버려둔 것이 아니라는 점은 분명한 것 같습니다. 이는 사도행전이 말하는 바와 같이, 바나바가 행한 그 엄청난 일을 보면 알 수 있습니다. 하지만 이렇게 많은 일을

한 그도 처음에는 쓰임받지 못했습니다. 맛디아와 그를 놓고 선택하는 제비뽑기에서 맛디아가 뽑혔기 때문입니다.행 1:26-옮긴이 하지만 바나바는 그 후 교회에 의해 파송되었고,행 11:22 또 하나님에 의해 파송되었으며,행 13:2 그 결과 하나님을 위해 많은 일을 하게 되었습니다. 그러므로 하나님께서 지금은 비록 나를 버려두실지라도 후일에는 나를 쓰실 것입니다.

4. 그리고 사람이 하나님을 위해 어떤 특별한 일에 쓰임받아도 모든 일이 끝난 후에는 지옥에 갈 수도 있습니다. 이와 반대로 쓰임받지 않아도 후에는 천국에 갈 수도 있습니다. 그러므로 우리가 어떤 특별한 일에 쓰임받지 못해도 절망할 이유가 있습니까? 마태복음 7장에 나오는 사람들을 여러분은 어떻게 생각합니까? 그들은 마지막 날에 이렇게 말합니다. "주여, 주여, 우리가 주의 이름으로 선지자 노릇 하며 주의 이름으로 귀신을 쫓아내며 주의 이름으로 많은 권능을 행하지 아니하였나이까."22절-옮긴이 그들은 대단히 크고 많고 놀라운 일들을 행했고, 더구나 그 모든 일을 그리스도의 이름으로 행했습니다. 하지만 주님께서는 그들에게 말씀하십니다. "내가 너희를 도무지 알지 못하니……내게서 떠나가라."23절-옮긴이 그렇습니다. 우리의 구주이신 그리스도께서는 유다와 관련하여 이렇게 말씀하지 않으셨습니까? "내가 너희 열둘을 택하지 아니하였느냐. 그러나 너희 중의 한 사람은 마귀니라."요 6:70-옮긴이 사도가 마귀라니요! 사도가 하는 일보다 더 큰 일이나 섬김이 있습니까? 하지만 사람은 섬김이나 일에서는 사도이지만 삶에서는 마귀일 수 있습니다. 반면, 어떤 특별한 일에 쓰

임받거나 부름받은 적이 결코 없지만 지금 천국에 있고 앞으로도 영원히 거기에 있을 선하고 은혜로운 사람들이 얼마나 많습니까? 여러분이 비록 다른 사람들처럼 쓰임받지 못해도 진실로 여러분은 이 문제와 관련하여 절망할 합당한 이유나 까닭이 없습니다.

5. 또 다른 이들의 일을 기뻐하는 것이 선한 사람의 의무라면, 자신이 쓰임받지 못하고 다른 이들이 쓰임받아서 여러분이 절망할 이유가 있겠습니까? 선한 사람은 자신의 죄로 인해 우는 것은 물론 다른 이들의 죄로 인해서도 웁니다. 이는 그가 죄로 인해 형벌을 받을까 두려워 우는 것이 아니라, 죄가 죄이므로 울고 죄가 하나님께 욕된 것이므로 웁니다. 마찬가지로 그는 자신의 일은 물론 다른 이들의 일도 기뻐합니다. 이는 그가 일 자체에서 기쁨을 누리고 또한 그 일이 하나님께 영광이 되기 때문입니다. 여러분은 하나님의 수레가 여러분의 성문을 통과해 가기를 바랄 것입니다. 왜 그렇습니까? 그것으로 여러분이 통행세를 좀 거둘 수 있기 때문 아닙니까? 바울은 말합니다. "무슨 방도로 하든지 전파되는 것은 그리스도니 이로써 나는 기뻐하고 또한 기뻐하리라."빌 1:18 결국 그리스도의 일이 이루어집니다. 그 일이 누구의 손을 통해 이루어지든 여러분이 기뻐하지 않을 까닭이 있습니까? 그러므로 기뻐하는 것이 여러분의 의무라면, 진실로 여러분은 이 문제와 관련하여 절망할 하등의 성경적 근거와 이유가 없습니다.

하지만 여러분은 말합니다. 나는 할 일이 없거나 쓰임받지 못해서 절망하지는 않습니다. 내 작업대 위에는 처리하기 힘들 만큼 많은 일들이 쌓여 있습니다. 나는 할 일이 아주 많지만 그 일을 할 수 있는 기술이 없습니다. 오, 나는 능력이 부족하고, 역량이 부족하고, 재능이 부족합니다. 그래서 저는 이렇게 절망해 있는데, 내게 절망할 이유와 까닭이 없습니까?

없습니다! 왜냐하면 하나님의 큰 일들이 언제나 큰 재능과 큰 능력으로 이루어지는 것은 아니기 때문입니다. 기드온은 그의 시대에 하나님을 위해 큰 일을 했지만, 사사기 6:15에서 이렇게 말합니다. "내가 무엇으로 이스라엘을 구원하리이까 보소서 나의 집은 므낫세 중에 극히 약하고 나는 내 아버지 집에서 가장 작은 자니이다." 그의 말은 다음과 같습니다. 이 큰 일이 이루어진다면, 반드시 강하고 유력한 가문이나 사람에 의해서 이루어져야 합니다. 하지만 나는 내 아버지 집에서도 가장 어린 사람이고, 내 아버지 집은 므낫세 지파 가운데서도 가장 약합니다. 하지만 주님께서 그에게 말씀하셨습니다. "내가 반드시 너와 함께하리니 네가 미디안 사람 치기를 한 사람을 치듯 하리라."^{삿 6:16-옮긴이} 내가 성경에서 읽은 대로, 하나님께는 오히려 사람들이 너무 많고 수단이 너무 강해 일을 못하실 지경이었습니다. 하지만 사람들이 너무 적고 약해서 일을 못하셨다는 얘기는 성경에서 도무지 읽어 본 적이 없습니다. 하나님께서 말씀하셨습니다. "작은 일의 날이라고 멸시하는 자가 누구냐."^{슥 4:10} 그분께서 우리에게 작은 일의 날이라고 비웃지 말라 하셨다면, 그분은 우리의 일이 작다고 비웃으시는 일은 당연히 없을 것입니다. 사도들의 약함이 온 세상의 강함을 이기지 않았습니까? 하나님께서 때때로 우리의 연약한 기초 위에 얼마나 무거운 집들을 지어 올리시는지 모르는 사람이 있습니까? 그분께서는 우리가 송곳으로 뚫는 큰 구멍을 바늘로 뚫으시는 분입니다.

하나님의 일을 위한 우리의 뛰어난 능력은 하나님의 성령의 숨으로부터 나옵니다. 물은 그 자체로 보면 약하지만, 그 위로 바람이 몰아치면 얼마나 강한지 모릅니다! 그러므로 우리들 자신은 물처럼 약해도 하나님의 성령의 바람이 불어오면, 우리는 강해집니다. 스가랴는 말합니다. "이는 힘으로 되지 아니하며 능력으로 되지 아니하고 오직 나의 영으로 되느니라."슥 4:6-옮긴이 바빌로니아에서 유대인들이 돌아온 후 행한 성전 재건의 위대한 역사를 여러분이 보면 알겠지만, 그들이 외부 권력의 힘, 고레스의 명령 등과 같은 것에 의해 일을 진행하는 동안은 크게 방해를 받았고, 원수들이 주님의 일을 중단시켰습니다. 하지만 주님께서 학개, 스가랴, 스룹바벨 등과 같은 사람들의 마음을 크게 감화하여 건축을 시작하게 하자 비로소 그들의 일은 순조롭게 되어 성공했습니다. 왜 그렇게 되었습니까? 사람의 명령이나 자신들의 능력으로 진행하지 않고, 주님의 성령의 힘으로 진행했기 때문입니다.

주님의 일은 힘으로도 되지 않고 능력으로도 되지 않으며 오직 성령으로 됩니다. 하지만 성령의 바람과 역사가 늘 똑같지는 않습니다. 그리스도께서 제자들을 보내 말씀을 전하고 귀신을 쫓아내게 하셨을 때, 제자들은 주님의 성령으로 말씀을 전하고 귀신을 쫓아냈습니다. 하지만 그때 그들은 성령을 그 이후에 받은 것만큼 강하게 받지는 못했습니다. 다시 말해 그 이후에 그분께서는 그들에게 숨을 내쉬며 말씀하셨습니다. "성령을 받으라."^{요 20:22─옮긴이} 또 주님께서는 제자들을 떠나가실 때 그들에게 숨을 내쉬셨지만 역시 제자들은 이때도 성령을 이후에 받은 것만큼 강하게 받지는 못했습니다. 왜냐하면 그들은 여전히 약속으로 주시겠다 한 성령을 기다리고 있었기 때문입니다.^{행 1:4} 이처럼 하나님께서는 그분의 일을 그분의 힘과 그분의 성령으로 행하십니다. 하지만 그 일에 대한 조력이 언제나 한결같지는 않습니다. 그 조력은 때에 따라 많기도 하고 적기도 합니다. 진리와 능력에 부합하는 경우조차 그러합니다.

성령께서 언제나 한결같지는 않아도 하나님께서 여러분을 어떤 일이나 섬김으로 부르시면, 여러분은 반드시 여러분에게 필요한 만큼의 조력과 도움을 받을 것입니다. 여러분은 다만 다음 사실을 알아야 합니다. **그때에 주시리니**(Dabitur in hora, 마 10:19, 라틴어 역 불가타─옮긴이). 그 도움은 우리 곁에 활기 없이 주저앉아 있지 않을 것입니다. 여러분이 이용하고자 하면 그 도움과 조력은 여러분에게, 적든 많든, 그러나 충분히 옵니다. 모세는 일에 착수하기 전에는, 능력이 없고 말도 더듬고 구변이 없다고 불평했습니다. 하지만 그가 일에 열의를 보이며 달려들자, 우리가 읽는 바와 같이, 그러한 불평은 온데간데없이 사라졌습니다. 하나님의 부르심은 우리의 벽(이 책 421쪽─옮긴이)과 능력입니다. 하나님께서 기드온에게 말씀하셨습니다. "이 너의 힘으로."^{삿 6:14} 이

힘이란 무엇을 말합니까? 이는 우리가 사사기 6:14을 다 읽으면 알 수 있습니다. 그 힘이란 그분의 부르심의 힘입니다. 주님께서 바로 이어서 이렇게 말씀하시기 때문입니다. "내가 너를 보낸 것이 아니냐."삿 6:14 우리의 힘은 우리의 능력에 있지 아니하고 주님의 부르심에 있습니다. 작고 따뜻한 도움이 활기 없이 주저앉은 능력보다 훨씬 낫습니다.

하지만 여러분은 말합니다. 내게 능력이 없는 것을 보면 주님께서 나를 이 일에 부르시지 않았는데 내가 주제넘게 나선 것이 아닌가 두렵습니다.

아닙니다. 주님께서는 어떤 사람을 먼저 부르시기도 하는데, 그럴 때면 늘 그 후에 능력을 갖추어 주십니다. 그러므로 여러분이 성급하게 그런 결론을 내릴 이유가 없습니다. 여러분은 사울의 경우가 어떠했는지 압니다. 하나님께서는 그를 먼저 부르신 후에 그에게 남과 다른 마음을 주셨습니다. 그가 이런 통치자의 마음을 갖게 된 것은 부름받기 전이 아니라 후였습니다. 사도들 또한 먼저 직분에 부름받았고, 그 후에 그리스도께서는 그들에게 능력을 주셨습니다. "그가 또한 우리를 새 언약의 일꾼 되기에 만족하게 하셨으니 율법 조문으로 하지 아니하고 오직 영으로 함이니."고후 3:6 그들은 언제 이 일꾼의 자격, 혹은 그 일을 감당할 능력을 얻게 되었습니까? 부름받기 전이었습니까? 아닙니다. 부름받은 이후입니다. 하나님의 부르심은 사람의 부름과 같지 않습니다. 사람의 부름은 언제나 부름받는 사람의 능력을 전제로 합니다. 그러나 하나님의 부르심은 때때로 그러한 능력을 이후에 가져옵니다.

그리고 하나님께서 기회의 문을 지키라고 세워 두신 문지기들이 있는데, 그 문지기들이 여러분에게 감당할 능력이 있다고 판단하면, 여러분은 그들의 판단에 의지해도 됩니다. 바울은 말했습니다. "내게 광대하고 유효한 문이 열렸으나."^{고전 16:9} 하나님에게 문이 있는데, 사람을 불러 일을 맡기실 때는 이 문을 여십니다. 이 문은 하나님께서 임명하신 어떤 문지기들이 지킵니다. 그 문지기들이 여러분에게 일을 할 능력이 있다고 판단하면 여러분은 그들의 판단을 믿고 인정할 수 있습니다. 왜냐하면 나는 나 자신의 은혜는 판단할 수 있지만 다른 사람은 판단하지 못하며, 다른 이들은 나의 재능과 능력을 판단할 수 있지만 나 자신은 판단하지 못하기 때문입니다. 어떤 사람들은 자신의 재능도 판단하고 다른 이들의 은혜도 판단하는데, 이는 잘못입니다. 하지만 일과 외적인 섬김과 관련하여 다른 이들이 나의 능력은 판단할 수 있지만 나 자신은 판단할 수 없습니다. 내가 나의 내적인 은혜는 판단할 수 있지만 다른 사람은 판단할 수 없는 것과 같습니다. 사역을 접으려는 슬픈 생각을 많이 했던 스팔라티누스(Spalatinus, 본명은 게오르크 부르크하르트[Georg Burkhardt, 1484-1545]이며 독일 종교개혁기의 신학자, 개혁자이다—옮긴이)에게 루터는 다음과 같이 조언했습니다. "이것은 마귀의 시험입니다. 당신이 왜 이런 시험으로 고통받는지 지금은 모릅니다. 당신을 지켜보는 우리가 더 잘 압니다. 우리는 주님 안에, 주님 앞에 있습니다. 그러므로 당신은 당신 자신보다 우리를 더 믿어야 합니다. 그렇습니다. 우리 곁에 계신 주님께서 친히 당신의 일—그분께서 당신을 부르신 그 일—을 계속 하라고 당신에게 권면합니다." 나도 여러분에게 이와 같이 말합니다. 여러분은 능력이 부족하여 여러분의 소명을 의심합니다. 하지만 판단을 의뢰받은 그 문지기들이 여러분에게 능력이 있다고 판단합니까? 그렇다면 이 경우 여러분은 여러분 자신의 판단보다 저들의 판단을 믿어야 합니다. 하나님의 문지기들은 여러분이 하나님의 일을 감당할 수 있다고 판단하여 여러분에게 기회의 문을 열어 주었습니다. 그러므로 여러분이 이 문제와 관련하여 절망할 이유는 없습니다. 이것만 기억하십시오. 여러분의 다리가 약하면 주님의 값없는 은혜의 손을 그만큼 더 단단히 붙잡으십시오.

여러분은 말합니다. 오, 하지만 내가 나의 길에서 이렇게 많은 어려움을 만나는 것을 보면, 주님께서 나를 이 일에 부르지 않았는데 내가 주제넘게 나선 것이 아닌가 두렵습니다.

여러분의 길에서 난관을 만납니까? 돌에 가로막히지 않은 덕이나 덕행이 있습니까? **돌 없는 덕은 없다**(Nulla virtus sine lapide). 어떤 돌에든 막히지 않는 덕은 없습니다. 그리스도께서 친히 돌에 막힘을 당했듯이, 그리스도의 모든 일, 그리스도의 모든 진리, 그리스도의 모든 길 또한 돌에 막힘을 당했습니다. 하지만 그 돌 밑에는 진주가 놓여 있습니다. 돌이 무거울수록 귀한 진주가 있습니다. 견과나 조개는 껍데기가 단단할수록 그 안의 알맹이와 살이 답니다. 그리고 때가 되면 그리스도께서 그분의 천사를 보내시어 여러분의 일과 그분의 일을 가로막은 돌을 굴려 치우실 것입니다. 여러분은 아마 그 돌이 이미 치워졌다는 사실조차 모를 것입니다. 여인들이 어찌할 바를 모르고 서서, "누가 우리를 위하여 무덤 문에서 돌을 굴려 주리요" 했을 때,^{막 16:3-옮긴이} 그들이 알기도 전에 이미 천사가 와서 그 돌을 굴려 주었습니다. 베드로는 쇠문 앞으로 가자 그 문들이 열렸습니다.^{행 12:10-옮긴이} 그 문들은 그전부터 열려 있었던 것이 아니라 베드로가 앞으로 다가섰을 때 열렸습니다. 그러므로 여러분이 하나님께서 인도하시는 길과 일로 계속 나아가면, 지금은 닫혀 있는 쇠문들이 여러분 앞에서 열릴 것입니다. 다시 말해 주님의 인도를 따라 여러분의 일과 믿음의 길로 계속 나아간다면 문은 열릴 것입니다.

어떤 일로 부르시는 하나님의 명백한 부르심에 언제나 큰 어려움이 뒤따랐다면, 난관이나 어려움이 있어도 여러분의 소명을 의심할 이유가 없습니다. 한번 말해 보십시오. 이스라엘의 자녀들을 이집트에서 데리고 나오려고 간 모세는 과연 그 일에 분명한 부르심을 받지 않았습니까? 하지만 그 일에 이르기까지 그는 얼마나 많은 어려움을 만났습니까? 또 바빌로니아에서 나온 유대인들은 거기서 나올 때, 일을 진행할 때, 성전을 지을 때 등등 많은 어려움을 만나지 않았습니까? 하지만 그들은 그 일에 대한 명백한 부르심을 받지 않았습니까? 의심의 여지없이 받았습니다. 그러므로 여러분이 여러분의 일과 섬김에 명백한 부르심을 받았다면, 여러분은 여러분이 나아가는 길에서 많은 어려움 또한 만날 수 있습니다. 따라서 이 문제와 관련하여 절망할 아무런 이유가 없습니다.

하지만 여러분은 말합니다. 나는 부르심 여부와 관련하여 고민하거나 괴롭거나 절망한 것이 아닙니다. 이는 하나님께서 그분의 일과 섬김으로 나를 부르셨다고 내가 확신하기 때문입니다. 하지만 나는 지극히 쓸모가 없습니다. 나는 부름받은 그 일을 하지 못합니다. 나는 가족들과 함께 사는 집 안에서 마른나무처럼 무익합니다. 오, 내가 이토록 무익하므로 지금 이와 같이 절망합니다.

그것은 진실로 문제가 아닐 수 없습니다. 왜냐하면 선하고 은혜로운 사람은 모두 유익한 사람이기 때문입니다. 그는 자신의 환경과 처지에서 어쨌든 유익한 사람입니다. 오네시모는 회심하기 전에는 무익한 사람이었습니다. 하지만 회심한 후 이제는 유익한 사람이 되었다고 사도는 말합니다.^{몬 11-옮긴이} 성경에서 선한 사람은 가장 유익한 것들에 비유됩니다. 악인은 열매를 내지 않는 푸른 월계수(시 37:35, KJV, "그 본래의 땅에 서 있는 나무", 개역개정—옮긴이)에 비유되지만, 경건한 사람은 아주 유익한 감람나무에 비유됩니다. 악인은 염소에 비유되며, 선한 사람은 양에 비유됩니다.^{마 25:32-옮긴이} 양에게 있는 것 중 쓸모없는 것이 무엇입니까? 고기도 쓸모 있고, 털도 쓸모 있고, 가죽도 쓸모 있고, 그 배설물조차 쓸모 있습니다. 바울이 바로 그러한 양이었습니다. 바울에게 있는 것 중 쓸모없고 무익한 것은 없었습니다. 예컨대, 그의 유대적, 태생적 특권이 있습니다. 그는 그리스도의 의와 지식을 앞당기는 데 그 특권들을 사용했습니다. 그는 말합니다. "내가 그를 위하여 모든 것을 잃어버리고 배설물로 여김은."

빌3:8 그리스도에게 회심하는 데 있어서도 그는 유익했습니다. 그는 자신의 회심 역시 사용했습니다. 다른 이들에게 빈번히 그 이야기를 함으로써 그들을 회심시키고 세워 주었습니다. 또한 그는 재주와 재능, 학식 면에서도 유익했습니다. 그래서 어떤 때는 자신의 히브리어를 사용했고, 어떤 때는 이방 시인들에 대한 지식을 사용했으며(사도행전 17:28의 아라토스[Aratos], 고린도전서 15:33의 메난드로스[Menandros], 디도서 1:12의 에피메니데스[Epimenides]), 또 어떤 때는 로마의 관습에 대한 지식을 사용했습니다. 그는 우정이나 교제, 친분 관계에서도 유익했습니다. 그는 오네시모를 두고 빌레몬과의 친분을 사용했습니다. 그는 그의 고통이라는 면에서도 유익했습니다. 그는 자신의 고통을 사용해서 사람들을 설득하여 그들의 의무를 행하게 했습니다. "그러므로 주 안에서 갇힌 내가 너희를 권하노니 너희가 부르심을 받은 일에 합당하게 행하여."엡4:1-옮긴이 그는 자신이 받은 시험이라는 면에서도 유익했습니다. 그는 그 시험을 사용했고, 고린도 교인들에게 자신이 사탄에게 어떻게 시달림을 받았는지 이야기했습니다. 그는 자신의 죄라는 면에서도 유익했습니다. 그는 하나님의 은혜를 증진시키는 데 자신의 죄들을 사용했습니다. 그는 말합니다. "내가 전에는 비방자요 박해자요 폭행자였으나 도리어 긍휼을 입은 것은."딤전 1:13-옮긴이 여러분이 보듯, 바울에게는 이처럼 쓸모없는 것이 없었습니다. 그는 온전히 유익하고 쓸모 있는 사람이었습니다. 그러므로 여러분도 이와 같은 양 가운데 하나가 되면, 여러분의 환경과 처지에서 어쨌든 유익하고 쓸모 있는 사람이 될 것입니다. 한 순교자의 말을 나는 기억합니다. 그리스도를 위하여 불에 타 죽게 되었을 때 그는 말했습니다. "오, 내가 그리스도의 과수원에서 이토록 오래 자라서, 많이는 아니지만 얼마라도 열매를 내었고, 이제는 늙고 말라서 더 이상 열매를 맺을 수 없어, 곧 베어져 벽난로 속으로 들어가 다른 이들이 따뜻하도록 불로 지펴지게 되었습니다. 이 얼마나 큰 자비요 축복인지요!" 여러분은 솔로몬의 말을 압니다. "네 손이 일을 얻는 대로 힘을 다하여 할지어다."전 9:10 그리고 예레미야의 말도 압니다. "여호와의 일을 게을리 하는 자는 저주를 받을 것이요"(렘 48:10, 개역개정, "주의 일을 거짓으로 하는 자는 저주를 받을 것이요", KJV—옮긴이). 여러분은 무익하고 쓸모없습니까? 그렇다면 여러분은 겸손히 회개해야 할 이유가 있습니다. 하지만 이 경우에도 여러분은 낙심하거나 절망할 필요는 없습니다. 여러분이 무익한 것은 능력이 없거나 일에 대한 의지와 마음이 없기 때문입니다. 여러분이 능력이 없다는 말을 한다면, 그 문제에 대해서는 이미 내가 앞에서 말한 바 있습니다. 여러분이 일에 대한 의지와 마음이 없다는 말을 한다면, 그 문제에 대해서는 이렇게 묻겠습니다. 왜 여러분은 의지와 마음이 없음에도 그렇게 불평을 합니까? 자신의 무익함을 불평하는 사람은 주님을 섬길 마음이 없는 사람이 아닙니다. 여러분은 불평하며 말합니다. 오, 나는 지극히 무익합니다. 이것을 보면 여러분은 기꺼이 섬기고자 하는 마음이 있습니다. 그리고 여러분이 진실로 사무엘처럼 "말씀하옵소서. 주의 종이 듣겠나이다"삼상 3:10-옮긴이 하고 말할 수 있다면, 여러분은 주님을 기꺼이 섬기려는 사람입니다. 지금 여러분은 진실로 이와 같이 말할 수 없습니까? 예, 주님의 은혜를 통하여 나는 말할 수 있습니다. 말씀하십시오. 주님의 종이 듣겠나이다. 그렇다면 진실로 여러분은 마음이 없는 것이 아닙니다. 여러분의 이 무익함은 의지 없고 마음 없는 데서 비롯되지 않았습니다. 그러므로 여러분은 이 문제와 관련하여 절망할 합당한 이유가 없습니다.

하지만 여러분은 더 말합니다. 지금까지 말한 것은 내게 정확히 일치하는 문제가 아닙니다. 비록 능력은 부족하지만 나는 이 시대에 주님을 기꺼이 섬기려는 마음으로 노력했습니다. 나는 노력하고 일하고 수고했지만 소용없었습니다. 나는 노력했지만 노력의 성과가 없습니다. 나는 일했지만 일의 성과가 없습니다. 나는 섬겼지만 섬김의 성과가 없습니다. 그러므로 내가 이렇게 절망합니다. 나는 절망할 이유와 까닭이 없습니까?

없습니다! 왜냐하면 여러분이 성공이나 성과라는 문제를 오해했을 수 있기 때문입니다. 여러분은 뛰어난 성과를 거두고도 그 사실 자체를 모를 수 있습니다. 씨앗이 흙 속에 묻혀 있을 때가 있습니다. 우리 구주께서 말씀하십니다. "한 알의 밀이 땅에 떨어져 죽지 아니하면 한 알 그대로 있고."요 12:24-옮긴이 그렇게 씨앗이 묻혀서 죽는 시기에 농부가 씨 뿌린 성과가 없다고 불평합니까? 마귀가 세상을 이용해 밖에서 여러분을 대적하고, 또한 시험으로 안에서 여러분을 공격한다면, 그것은 여러분이 모를 뿐 이미 좋은 성과가 있다는 증거입니다. 지금 세상이 여러분을 대적하지 않습니까? 또 마귀가 여러분을 시험으로 공격하고, 성과가 없다고 여러분을 절망하게 하지 않습니까? 여러분은 말합니다. 예, 마귀가 그렇게 합니다! 그렇다면 지금 여러분의 눈에는 안 보이지만 어떤 좋은 성과가 있는 것입니다. 루터는 스팔라티누스에게 말했습니다. "당신이 이러한 시험으로 고통받는 것은 당신이 하는 일이 하나님께서 받지 않는 일도 아니고, 교회에 무익한 것도 아니라는 확실한 표징입니다. 만약 그 일이 하나님께서 기뻐하시는 일이 아니었더라면, 당신은 그 표징을 갈망했을 것입니다. 물론 사람들은 보내심을 받기도 전에 뛰쳐나가겠지만 말입니다. 반면에 그 일이 진정으로 하나님으로부터 보내심을 받은 일이고, 그분을 기쁘시게 하는 것이라는 사실을 사탄이 알았을 때, 사탄은 이와 비슷한 시험으로 사람들이 그 일에 지치도록 합니다." 하나님의 귀한 자녀들이 밤낮으로 수고하였으나 아무것도 못 잡는 경우가 종종 있습니다. 여러분이 어떤 성과를 내지 못해도 새삼스러운 일은 아닙니다. 여러분은 노아의 경우가 어떠했는지 읽어서 알고 있습니다. 그는 옛 세계를 향해 120년 동안 말씀을 전하고 가르쳤으나, 방주 안에 든 그의 가족 여덟 사람 외에는 단 한 사람도 구원받지 못했습니다. 예레미야 또한 그의 시대에 심히 수고하지 않았습니까? 그런데 그가 무엇을 잡았습니까? 그가 하는 말을 들어 봅시다. "풀무불을 맹렬히 불면 그 불에 납이 살라져서 단련하는 자의 일이 헛되게 되느니라. 이와 같이 악한 자가 제거되지 아니하나니 사람들이 그들을 내버린 은이라 부르게 될 것은 여호와께서 그들을 버렸음이라."

렘 6:29-30 그리스도께서도 이사야 49:4에서 친히 말씀하지 않으셨습니까? "그러나 나는 말하기를 내가 헛되이 수고하였으며 무익하게 공연히 내 힘을 다하였다 하였도다." 그런데 여러분은 여기서 노아, 예레미야, 그리스도보다도 더 나은 성과를 낼 생각입니까? 나는 우리 일에서 성과를 내지 못한다는 것이 큰 시험이며, 어쩌면 가장 큰 시험 가운데 하나일 수 있음을 인정합니다. 하지만 하나님께서 내게 있는 힘을 다하게 하셨음도 성과가 없다면, 어찌하여 내가 절망합니까! 좋은 의사는 환자가 죽더라도 치료비를 잃지 않습니다. 여러분 또한 성과가 없더라도 상급을 잃지 않을 것입니다.

하지만 여러분은 다시 말합니다. 내가 걱정하는 것은 이것이 아닙니다. 나는 나 자신이 많은 일을 위임받았고, 하나님께서도 나를 그 일들로 부르셨음을 인정합니다. 나는 기꺼이 그 일들을 하고자 했으며, 어느 정도 좋은 성과도 냈습니다. 하지만 성경을 살펴보니, 느부갓네살처럼 심판을 목적으로 쓰임받는 사람들이 있었습니다. 그리고 느헤미야처럼 자비를 목적으로 쓰임받는 사람들도 있었습니다. 그리고 또 어떤 사람들은 고레스나 유다처럼 다른 이들이 받을 자비를 위해서는 쓰임받되 정작 자신을 향한 사랑과 자비의 마음으로는 쓰임받지 못했습니다. 반면에 어떤 이들은 바울과 베드로처럼 자신과 다른 이들 모두에게 자비를 베푸시는 마음에서 쓰임받았습니다. 그런데 나는 내가 심판을 목적으로 쓰임받은 것이 아닌가, 혹은 나 자신이 아니라 다른 이들이 받을 사랑과 자비를 위해 쓰임받은 것이 아닌가 두렵습니다. 그러므로 내가 이렇게 절망하고 낙심합니다. 내게 그럴 만한 합당한 이유와 까닭이 없습니까?

없습니다! 왜냐하면 하나님께서 다른 이들은 물론 여러분 자신 또한 사랑하사 자비를 베푸는 마음으로 그분의 일에서 여러분을 쓰고 신뢰하셨다면, 이 문제와 관련하여 여러분이 절망할 이유가 없기 때문입니다. 그렇다면 하나님께서 다른 이들의 유익을 위함은 물론 그 사람 자신에게도 사랑과 자비를 주실 목적으로 사람을 쓰시는 때는 언제입니까? 대답하겠습니다. 위임받은 일로 인해 그 사람의 마음에서 하나님을 향한 사랑이 솟구칠 때입니다. 사랑으로 끝나는 것은 사랑에서 온 것입니다. 하나님을 향한 여러분의 사랑으로 끝난 것은 여러분을 향하신 하나님의 사랑에서 왔습니다. 외적인 축복도 그렇습니다. 그 복이 하나님을 향한 여러분의 사랑으로 끝난다면, 결국 그 복은 여러분을 향하신 하나님의 사랑에서 온 것입니다. 고통의 문제도 그렇습니다. 고통으로 인해 내가 하나님을 더 사랑하게 되었다면 그 고통은 나를 향하신 하나님의 사랑에서 온 것입니다. 일과 섬김의 문제도 그렇습니다. 그 일들로 인해 여러분이 하나님을 사랑하고, 그 일들이 하나님을 향한 여러분의 사랑으로 끝난다면, 그 일은 여러분을 향하신 하나님의 사랑에서 온 것입니다.

하나님께서 그분의 일에서 어떤 사람을 쓰시되, 그 사람을 사랑하고 자비를 베풀어 주시는 마음에서 쓰신다면, 그분께서는 그 일에 대한 그분의 계획을 그에게 어느 정도 알려 주십니다. 하나님께서 내게 그분의 일에 대한 계획을 알려 주신다면,

그분께서는 나를 향하신 사랑으로 나를 쓰시는 것입니다. 그분께서는 앗시리아 왕을 그분의 손에 든 몽둥이로 사용하셔서 이스라엘 백성을 치셨습니다. 하지만 그는 하나님의 계획을 알지 못했고, 다만 자신의 계획에 따라 이스라엘을 쳤을 뿐입니다. 그래서 예언자 이사야는 이사야 10:6-7에서 주님을 대신하여 말했습니다. "내가 그를 보내어 경건하지 아니한 나라를 치게 하며……나를 노하게 한 백성을 쳐서 탈취하며 노략하게 하며……짓밟게 하려 하거니와 그의 뜻은 이같지 아니하며 그의 마음의 생각도 이같지 아니하고 다만 그의 마음은 허다한 나라를 파괴하며 멸절하려 하는도다." 주님께서는 고넬료가 회심한 그 일에서 베드로를 쓰시어 이방인들에게 가는 문을 여셨습니다. 하지만 베드로 자신은 처음에는 하나님의 계획을 몰랐지만 얼마 뒤에는 온전히 알게 되었습니다. 이는 베드로와 그 외 여러 사람이 하는 말을 보면 알 수 있습니다. "그러면 하나님께서 이방인에게도 생명 얻는 회개를 주셨도다 하니라."[행 11:18]

사람이 그의 영혼을 향하신 특별한 사랑으로 쓰임을 받으면, 그는 쓰임받는 그 일을 고귀하게 여기고 그 일을 행하는 자신의 행위는 하찮게 여깁니다. 그래서 세례 요한은 말했습니다. "나는 물로 너희에게 세례를 베풀거니와 나보다 능력이 많으신 이가 오시나니 나는 그의 신발끈을 풀기도 감당하지 못하겠노라. 그는 성령과 불로 너희에게 세례를 베푸실 것이요."[눅 3:16-옮긴이] 고라, 다단, 아비람이 맡은 일은 훌륭하고 영예로운 일이었습니다. 하지만 그들은 자신이 하는 일은 하찮게 생각하고 그 일을 행하는 자신들의 행위는 귀하게 생각했습니다. 이것은 그들이 모세와 아론에게 한 말을 보면 알 수 있습니다. "너희가 분수에 지나도다. 회중이 다 각각 거룩하고."^{민 16:3} 그들은 이렇게 말하는 것 같습니다. 우리도 당신들만큼 훌륭하다. 왜 그렇습니까? 그들은 그들 자신의 영혼을 향한 자비로우심으로 쓰임받은 것이 아니라, 다른 이들의 유익을 위해 쓰임받았기 때문입니다.

사랑과 자비로 쓰임받고 사용되는 사람은 하나님의 이름을 대단히 조심하며, 하나님의 이름이 자신에 의해 훼손되거나 더럽혀지지 않도록 행동하고 일합니다. 에스라가 그와 같았습니다. 원수들이 유대 지역으로 가는 길을 막고 있었지만, 에스라는 왕에게 호위병을 요청하지 않았습니다. 이는 그가 하는 말을 보면 알 수 있습니다. "우리 하나님의 손은 자기를 찾는 모든 자에게 선을 베푸시고 자기를 배반하는 모든 자에게는 권능과 진노를 내리신다 하였으므로 길에서 적군을 막고 우리를 도울 보병과 마병을 왕에게 구하기를 부끄러워하였음이라."^{스 8:22} 에스라는 선한 사람이었고, 하나님께서는 다른 이들은 물론 에스라 자신 또한 사랑하는 마음에서 그를 불러 이 일을 맡기셨습니다. 그러므로 에스라는 이와 같이 하나님을 위해 행하고, 맡기신 일에서 자신 및 일행의 안전보다는 하나님의 이름에 누가 되지 않도록 더 마음을 썼습니다.

어떤 사람이 그의 영혼을 향하신 사랑과 자비로우심으로 어떤 일에 쓰임을 받으면, 자신의 재능을 발휘하는 동안 그의 은혜가 자라게 됩니다. 사람이 다른 이들의 유익을 위해서만 재능을 사용하면 능력이 자라고 교만 역시 커집니다. 하지만 선한 사람은 자신의 재능을 발휘하면서 경험이 자라고, 그로 인해 믿음 또한 자랍니다. 그는 난관을 만나고 그로부터 구원을 만나며, 그로 인해 믿음이 자랍니다. 하나님께서 그 과정에서 그에게 그분 자신을 계시해 주시니, 그는 계속해서 믿음과 사랑과 거룩 안에서 자랍니다. 하나님께서 그를 보내실 때는, 여호수아에게 하셨던 것처럼(여호수아 1장) 약속을 주십니다. 그는 언제나 이 약속을 바라봅니다. 그는 이 약속의 힘으로 나아가고, 그가 맡은 일에서 그의 재능을 사용하는 동안 은혜가 자랍니다. 하지만, 다른 사람들은 그렇지 않습니다.

그렇게 은혜가 자라는 사람은 하나님의 일을 하면서 물질적인 큰 거래를 하거나 자신의 주머니를 채우려고 하지 않습니다. 하나님께서 모세를 큰 일에 쓰셨는데, 우리가 읽어서 알지만 모세가 그 일을 하면서 엄청난 토지를 제 것으로 삼았다는 이야기가 있습니까? 우리가 여호수아의 이야기를 읽은 바와 같이, 그는 이스라엘의 자녀들을 가나안으로 데리고 들어와서 제비뽑기로 그들에게 땅을 분배하고, 그렇게 다른 이들의 몫을 모두 챙겨준 후, 마지막으로 자기 몫을 변변치 않게 챙겼을 뿐이었습니다. 느헤미야는 그가 맡은 일을 하면서 무엇을 얻었습니까? 그는 이전 총독과 같지 않았습니다. 왜 그렇습니까? 그는 주님을 두려워했기 때문입니다. 그러므로 하나님께서 사랑하사 자비를 베푸시는 마음에서 한 사람을 어떤 일에 쓰신다면, 그렇게 쓰임받은 사람은 그 일을 자신의 사리사욕을 위한 수단으로 이용하지 않습니다. 그래서 그는 내 주님의 일이 이루어지는 것으로 족하다고 말합니다. 그리고 하나님께서 어떤 사람들을 사랑하사 자비를 베푸시는 마음으로 그들을 쓰실 경우, 그들의 품삯을 그 자리에서 모두 지불하지 않습니다. 즉시 지불하는 것은 그분의 방식이 아닙니다. 하지만 그분께서 어떤 상인의 입장에서 외지인과 소규모의 상거래를 하신다면 그 자리에서 대금을 모두 지불하십니다. 그러나 친구와 큰 거래를 하는 경우에는, 즉시 대금을 지불하지 않고 천천히 하십니다. 하나님께서 느부갓네살 같은 외지인과 거래를 하실 때는 그의 품삯을 즉시 지불하실 것입니다. 하지만 자비의 마음으로 부르시어 일을 맡긴 친구와 거래하실 때는 전액 지불을 후일로 미루십니다.

참된 그리스도인은 자신을 크게 떠벌리지 않고 하나님의 일을 합니다. 그리스도처럼 "그는 외치지 아니하며 목소리를 높이지 아니하며 그 소리를 거리에 들리게 하지 아니"합니다.사 42:2-옮긴이 또 에스겔 1장에 나오는 천사들처럼 날개 아래 손을 넣습니다. 그는 네 손을 가지고 일하지만 그 손들은 보이지 않습니다. 이는 그 손들이 날개 아래 감추어져 있기 때문입니다.23절-옮긴이 그리스도는 다음과 같이 말씀합니다. "이같이 너희 빛이 사람 앞에 비치게 하여 그들로 (너희를 보는 것이 아니라) 너희 착한 행실을 보고 하늘에 계신 너희 아버지께 영광을 돌리게 하라."마 5:16-옮긴이 여러분이 아니라 여러분의 아버지께 영광이 되게 하라는 것입니다. 또 이 경우는 어부의 경우와 같습니다. 어부는 미끼는 드러내지만 자신은 감춥니다. 그는 진리의 말씀은 앞으로 내밀지만 자신은 내밀지 않습니다. 천사들이 네 손을 가지고 일하지만 그 네 손은 모두 날개 아래 감추어져 있습니다. 하지만 예후는 이렇게 말합니다. "이르되 나와 함께 가서 여호와를 위한 나의 열심을 보라." 왕하 10:16-옮긴이 이것이 바로 참된 그리스도인과 다른 점입니다.

하나님께서 어떤 사람을 사랑하고 자비를 베푸시는 마음에서 그 사람을 쓰고 사용하신다면, 그는 기꺼이 쓰임받기를 원하며, 설령 한쪽으로 버려져 더 이상 쓰임받지 못해도 만족합니다. 다른 사람은 그렇지 않습니다. 그는 한 가지 일에 쓰임받으면 자신이 반드시 또 다른 일에 쓰임받아야 한다고 생각합니다. 그는 자신의 일이 다 끝났을 경우, 하나님께서 이제 자신을 옆으로 제쳐두시고 다른 사람을 사용하시는 것을 참을 수 없어 합니다. 사울이 이와 같았습니다. 그는 하나님께서 다윗을 사용하시는 것에 만족하지 않았습니다. 하나님께서 엘리에게 이제 너와 네 집을 버리겠다고 하시자 엘리는 "이는 여호와이시니 선하신 대로 하실 것이니라"고 대답했습니다.삼상 3:18-옮긴이 왜냐하면 그는 선한 사람이었고, 하나님께서 그를 사랑하사 자비를 베푸시는 마음으로 사용한 사람이었기 때문입니다. 그러므로 하나님께서 그와의 일을 모두 마쳤어도 그는 거기에 만족했습니다.

자신을 향한 사랑과 자비의 마음에서 사용되고 쓰임받는 사람은, 자신의 일은 적당히 해도 주님의 일은 충실히 할 것입니다. 갈렙은 자신의 일은 적당히 했지만 하나님의 일은 충실히 했습니다. 그가 자신 및 다른 이들을 향한 자비의 마음에서 쓰임받았기 때문입니다. 하지만 예후는 주님의 일은 적당히 하고 자신의 일은 충실히 했습니다. 그가 비록 일부 사람을 향한 자비의 마음에서, 그리고 다른 이들을 심판하시는 수단으로 쓰임받았지만, 자신을 향한 사랑의 마음에서는 쓰임받지 못했습니다.

하나님께서 심판을 목적으로 어떤 사람을 쓰실 경우, 그 사람은 일반적으로 하나님의 것을 세우고 짓기보다는 사람의 것을 무너뜨리고 멸하는 데 더 많은 재능을 발휘합니다. 그러나 하나님께서 어떤 사람의 영혼을 사랑하사 자비를 베푸시는 마음으로 그 사람을 쓰실 경우, 그 사람은 하나님에게 속한 것을 세우는 데 재능과 열의를 보입니다. 전자에 대한 증인으로는 예후가 있고, 후자에 대한 증인으로는 느헤미야가 있습니다. 그렇다면 여러분은 어떠합니까? 여러분은 사람의 것을 무너뜨리는 재능은 있지만, 하나님의 것을 세우는 데는 재능도 열의도 없습니까? 여러분은 하나님의 일에 사용되고 쓰임받았음에도 여러분의 일은 충실히 하고 하나님의 일은 적당히 했습니까? 여러분은 한쪽으로 버려지고, 하나님께서 다른 사람을 사용하셔서 만족하지 않습니까? 여러분은 일을 하면서 떠벌립니까? 여러분의 손은 여러분의 날개 아래 감추어져 있지 않습니까? 여러분은 주님의 일과 섬김으로 물질적인 이득을 크게 도모하며 여러분의 목적을 달성하는 수단으로 사용했습니까? 여러분은 맡은 일로 인해 경험과 믿음과 거룩함이 자라지 않고, 오히려 교만이 자랐습니까? 여러분은 맡은 일에서 하나님의 이름에 특별히 마음이 쓰이지 않습니까? 또 하나님의 계획을 모르고 있습니까? 또 여러분의 마음에서 주님을 향한 사랑이 더욱 솟구치지 않습니까? 그렇다면 진실로 하나님께서 여러분의 영혼을 사랑하사 자비를 베푸시는 마음으로 여러분을 쓰신 것이 아닙니다. 그러나 이와는 반대로 여러분의 일과 섬김으로 여러분의 마음에 하나님을 향한 사랑이 솟구치고, 여러분이 그 일에 두신 하나님의 계획을 어느 정도 알게 되고, 여러분이 하나님의 이름에 각별히 마음을 쓰고 그분의 이름을 더럽히느니 차라리 여러분 자신의 안전을 포기하고, 여러분의 재능을 사용함으로써 여러분의 은혜가 자라고, 주님의 일을 거래하지 않고, 여러분의 손을 여러분의 날개 아래 감추고, 하나님의 일을 적당히 하지 않고, 여러분을 한쪽으로 버리고 다른 사람을 쓰시겠다는 하나님의 결정을 어쨌든 지금 여러분이 만족한다면, 그렇다면 진실로 주님께서 여러분의 영혼을 사랑하사 자비를 베푸시는 마음으로 여러분을 쓰고 사용하시는 것입니다. 그러므로 여러분이 왜 이 문제와 관련하여 절망합니까? 명백히 여러분은 절망할 합당한 이유와 까닭이 없습니다.

하지만 여러분은 말합니다. 주님께서 그분의 일에 나를 쓰시지 않는다면, 혹은 쓰시더라도 온갖 어려움과 반대가 내게 밀어닥치면, 혹은 내 일에서 내가 바라는 대로 어떤 성공을 거두지 못하면, 어떻게 해야 나는 마음을 굳건히 하여 이 모든 절망에 맞설 수 있습니까?

하나님께서 여러분을 어떤 일 혹은 특별한 일에 부르시지 않으면, 다음과 같이 하십시오.

이제 여러분의 영혼을 보살피고 여러분의 처지에 마음 쏟을 시간이 더 많아졌음을 생각하십시오. 어떤 사람들은 맡은 일이 너무 많아서 기도하고, 말씀 읽고, 묵상하고, 자신의 마음을 들여다보고, 자신의 처지를 헤아릴 시간이 없습니다. 그렇습니다. 사역에 몸담아 일하는 사람조차 대외적인 일에 너무 시달려서 개인 영성에 게으를 수 있습니다. 하지만 지금 여러분에게 대외적이고 공적인 일이 없다면, 여러분은 자신의 영혼에 쓸 시간이 더 많아져, 주님과 은밀히 대화할 시간이 더 많아지며, 여러분의 형편을 살필 시간이 더 많아졌습니다.

비록 여러분이 어떤 일에 부름받지 못해도 여전히 그 일을 하고 싶다면, 여러분은 자신이 결코 행하지 않은 그 일과 섬김에 대해서 보상을 받을 것입니다. 어떤 사람은 범죄 현장에서 직접 저지르지 않은 죄에 대해서까지 처벌받습니다. 이는 그들이 그 죄를 기꺼이 저지르려 했고 여전히 저지르고 싶은 마음을 가지고 있었기 때문입니다. 이와 마찬가지로 어떤 사람은 그들이 결코 행하지 않은 일과 섬김에 대해서까지 보상을 받습니다. 이는 그들이 하나님을 위한 그 일을 기꺼이 행하려고 했기 때문입니다. 내가 결코 행하지 않은 일에 대해서까지 보상받는 것은 큰 자비 아닙니까? 섬김에 부르심을 받지 못했으나 그 일을 하고 싶어 하는 모든 사람들의 특권이 이와 같습니다.

여러분이 하나님의 일과 섬김에 쓰임받았는데 여러 가지 난관이 닥친다면, 어려움이 클수록 그 일을 행하는 여러분의 순종이 그만큼 더 귀하다는 점을 생각하십시오. 여러분이 의무를 행하려고 애쓰고 온갖 어려움에도 결국 그 의무를 행한다면, 모든 일이 끝났을 때 여러분이 받을 위로와 상급도 그만큼 커집니다. 그리고 어떤 섬김이나 일이나 의무가 난관의 압박을 많이 받을수록 여러분이 하나님에게 기대할 수 있는 도움도 그만큼 많아집니다. 그분의 조력과 도움은 거의 우리가 만나는 어려움에 비례하여 옵니다. 우리의 어려움이 작으면 그분의 조력도 작습니다. 우리의 어려움이 크면 그분의 조력도 큽니다. 내게 오는 도움이 내 어려움에 비례한다면, 지금 내가 무슨 어려움을 겪든 무엇이 문제이겠습니까? 이것이 하나님께서 자녀들을 대하시는 방식입니다. 그분께서는 그분의 도움을 우리의 난관의 정도에 맞추십니다. 그러므로 여러분의 어려움이 크되 보통 이상으로 크다면, 보통 이상의 큰 도움을 기대할 수 있습니다. 오, 이 얼마나 큰 위로인지요!

여러분이 일하고 섬기고 수고했음에도, 아무것도 얻지 못하고 성공을 거두지 못하고 여러분이 바라는 만큼 흡족하지 못하다면, 다음을 생각하십시오. 즉, 여러분의 성공이나 성과가 적을수록 여러분은 그만큼 더 질투받는 것에서 자유롭게 됩니다. 일하지 않는 사람이 일하는 사람을 질투하지 않기란 어렵습니다. 또 성공하지 못한 사람이 크게 성공한 사람을 질투하지 않기도 어렵습니다. 세상 모든 사람들 가운데 성공한 사람이 가장 많은 질투를 받습니다. 이교도들은 자신에게 있는 이 질투의 개념을 그들의 신들에게 적용했습니다. 그래서 사모스 섬의 왕이라기보다는 폭군이라 할 폴리크라테스(Polykrates, B.C.537-B.C.523, 사모스섬의 참주—옮긴이)가 하는 일마다 대성공을 거두자, 그의 친구요 동맹이었던 이집트의 왕 아마시스(Amasis, B.C.570-B.C.526 재위―옮긴이)가 그에게 이렇게 서신을 보냈습니다. "당신이 날로 번창하고 있다는 소식은 나로서 적잖은 기쁨이오만, 솔직히 말해 당신의 그 크고 넘치는 성공이 나는 기쁘지 않소. 나는 신들의 성격이 어떠한지, 그들이 질투심이 얼마나 강한지 아주 잘 알고 있소. 나 자신과 나의 모든 친구들에 대한 나의 소원은 이것이니, 곧 더러는 번성하고 더러는 실패하여 아무런 변화 없이 번성하기보다는 이러한 흥망의 부침으로 내 인생을 보내는 것이오. 왜냐하면 나는 어느 누가 이렇게 오랫동안 번성하고도 마지막에 가서 완전한 멸망에 이르지 않았다는 이야기를 도무지 들어 본 적 없기 때문이오." 아마시스는 자신의 이 질투심을 자신의 신들에게 전가했는데, 그것은 그의 신들이 악마들이었기 때문입니다. (시기하는 자) 악마가 질투를 유발했기 때문이 아니라면, 성공한 일체의 사람들이 세상에서 가장 많은 질투를 받는 까닭이 달리 무엇이겠습니까? 그렇습니다. 언제나 성공은 질투를 부릅니다. 여러분은 일을 하고도 성공을 거두지 못했습니까? 그렇다면 여러분은 그만큼 더 질투에서 자유롭습니다.

또한 이로써 여러분은 자신의 일에 의지하려는 큰 시험에서 벗어납니다. 우리가 아주 손쉽게 우리의 의무, 고통, 기쁨에 의지하듯, 우리는 또한 아주 쉽게 우리의 수고와 일에도 의지합니다. 하나님께서는 우리가 우리의 의무에 의지하지 않도록 때때로 우리의 의무 혹은 의무에 대한 열의를 중단합니다. 하나님께서는 우리가 우리의 영적인 기쁨에 의지하지 않도록 때때로 그 기쁨 역시 중단합니다. 여기서도 그렇습니다. 우리가 우리의 일에 의지하는 것을 막기 위함이 아니면, 하나님께서 우리의 일에 사형선고를 내리거나 일의 성공을 중단하는 이유가 달리 무엇입니까? 우리가 노고를 쏟아부은 일이 좀 더 성공적이었더라면, 우리는 아마 그 일에 의지했겠지만, 성공하지 못했으므로 오히려 그 일에서 멀어지게 됩니다. 이것이 바로 위로가 없어서 오히려 위로가 되는 경우입니다.

하지만 이 경우, 예수 그리스도 그분을 위로하고 지원했던 그것이 우리를 위로하고 지원하지 못할 이유가 있습니까? 이사야 49:1에서 여러분은 그분의 일로 부르시는 그분의 부르심을 읽습니다. "여호와께서 태에서부터 나를 부르셨고 내 어머니의 복중에서부터 내 이름을 기억하셨으며." 이는 일로 부르시는 그분의 명백한 부르심입니다. 2절에서 여러분은 그분의 신적인 조력을 봅니다. "내 입을 날카로운 칼 같이 만드시고 나를 그의 손 그늘에 숨기시며 나를 갈고 닦은 화살로 만드사 그의 화살통에 감추시고." 그리고 4절에서 여러분은 노골적으로 표현된 그분의 성공의 결여를 봅니다. "그러나 나는 말하기를 내가 헛되이 수고하였으며." 이것이 다입니까? 아닙니다. 4절 후반절에서 말합니다. "무익하게 공연히 내 힘을 다하였다 하였도다." 헛되이 수고하기만 하였습니까? 아닙니다. "무익하게"라는 말도 그는 덧붙입니다. 그리고 6절에서 아버지 하나님께서는 이 모든 절망을 위로하십니다. "네가 나의 종이 되어 야곱의 지파들을 일으키며 이스라엘 중에 보전된 자를 돌아오게 할 것은 매우 쉬운 일이

라. 내가 또 너를 이방의 빛으로 삼아 나의 구원을 베풀어서 땅 끝까지 이르게 하리라." 네가 유대인들의 일에서는 성공을 거두지 못했으나, 앞으로 더 큰 일에서 더 큰 성공을 거두리라. 그렇다면 이 경우에서 보듯, 유대인들의 일에서 성공을 거두지 못한 그리스도는 어디에서 위로를 구하십니까? 4절에서 우리는 그 위로를 봅니다. "참으로 나에 대한 판단이 여호와께 있고 나의 보응이 나의 하나님께 있느니라." 사람들이 어떤 판단을 내리든 그것은 중요하지 않습니다. 나에 대한 판단이 여호와께 있고 나의 보응이 나의 하나님께 있기 때문입니다. 나는 하나님께서 불러 맡기신 일을 했고, 나는 이 일에서 하나님 앞에 나 자신을 입증했습니다. 그러므로 내가 비록 헛되이 무익하며 내 힘을 허비한 것 같아도, 나는 내가 받을 보응에서 위로를 얻습니다. 나에 대한 판단이 여호와께 있고 나의 보응이 나의 하나님께 있기 때문입니다. 나의 노고는 헛되지 않습니다. 나의 보응은 나의 하나님께 있습니다. 그러므로 성공을 거두지 못한 경우, 여러분 또한 이와 같이 스스로를 위로할 수 있습니다. 진실로 나는 다른 이들에 대해서는 나의 힘을 허비했으나 나 자신에 대해서는 허비하지 않았습니다. 다른 이들에 대해서는 나의 수고가 헛되었으나, 나의 하나님에 대해서는 헛되지 않았습니다. 나의 보응이 하나님께 있기 때문입니다. 또 내가 비록 사람들에 대해서 나의 힘을 허비했으나, 나의 보응은 나의 하나님께 있습니다. 이 모든 일에서 나는 나 자신을 하나님 앞에서 입증했습니다. 그러므로 나는 어떻게 성공하고 어떻게 실패하든 절망하지 않을 것입니다. 나

의 판단이 주님께 있고 나의 보응이 나의 하나님께 있기 때문입니다.

이것으로 여덟 번째 사례 설명을 마치겠습니다. 이를 통해 선한 사람은 자신의 일과 섬김이 어떻게 되든 그것과 관련하여 절망할 이유나 까닭이 없다는 사실이 밝혀졌습니다.

chapter **12.**

형편 그 자체에서 비롯된 절망의 경우에서 회복

IX. 때때로 하나님의 백성들의 절망은 그들의 형편, 형편 그 자체에서 비롯된다.

한 사람이 말합니다. 오, 나의 형편은 영혼과 육신 양편에서 극도로 슬픕니다. 나와 같은 형편은 없습니다. 나의 고통과 나의 형편이 함께 얽히고 꼬였습니다. 나의 고통과 불행과 재난이 나의 형편에 들어앉아 살고 있습니다. 이 고통과 불행은 나의 형편을 기반으로 자랄 뿐 아니라 나의 형편 그 자체 안에 들어와 있기도 합니다. 그러므로 내가 이처럼 크게 절망해 있는데, 내게 절망할 이유와 까닭이 없습니까?

없습니다! 나는 경건한 사람들의 외적인 형편이 대단히 나쁠 수 있음을 인정하고 또 인정해야만 합니다. **악한 자가 좋은 데 처하고, 선한 자가 나쁜 데 처한다**(Cum bene sit malis, et male bonis). 한 이교도는 다음과 같이 말합니다. "악한 자들이 흥하고 선한 자들이 망하는 것을 보면, 나는 신이 없다고 믿고 싶은 강한 유혹을 받습니다." 하지만 우리가 아는 신학은 이보다 뛰어납니다. 사람의 형편은 대단히 나쁠 수 있습니다. 그럼에도 그 사람 자체는 대단히 좋은 사람일 수 있고, 하나님께서도 그 사람을 선하게 대해 주실 수 있습니다.

그렇습니다. 경건한 사람의 세상적인 형편이 악한 자의 형편보다 나쁠 수 있습니다. 그렇지만 사실 부자와 나사로의 비유에 이와 특별히 다른 의미가 있습니까? 야곱은 제 아버지 집에서 쫓겨나 한밤을 들에서 보내고 다녔지만, 악하고 불경한 에서는 제집의 따뜻한 침상에 몸을 눕혔습니다. 야곱이 라반의 집에서 힘들게 일한 것처럼 에서가 일했다는 이야기는 성경 어디에서도 읽을 수 없고, 에서의 불행이라고 해봐야 야곱의 불행에는 비교할 수도 없습니다. 그럼에도 주님께서는 말씀하십니다. "그러나 내가 야곱을 사랑하였고 에서는 미워하였으며."말 1:2-3 그러므로 선하고 경건한 사람의 세상적인 형편이 악인들의 형편보다 나쁠 수 있습니다.

또 경건한 사람의 외적인 형편이 회심 이후에, 다시 말해 회심하기 전보다 더 나쁠 수 있습니다. 은혜는 때때로 죄의 옷을 기꺼이 입고자 합니다. 그리고 은혜로운 사람은 때때로 회심 이전에 지은 그 죄의 형벌을 기꺼이 몸에 걸치고자 합니다. 바울은 어떻습니까? 회심 이전에 바울이 차꼬에 구속되거나, 길거리에서 부랑자처럼 매질을 당하거나, 옥에 갇히거나, 동포들에게 돌팔매질을 당하는 그런 이야기가 있습니까? 하지만 그는 회심한 이후로는 종종 그런 일을 당했습니다. 사도행전의 9장 첫 부분을 보면, 그가 살기등등해서 성도들을 위협하고, 하나님의 백성들을 죽이러 나가는 장면이 나옵니다. 하지만 바울이 회심하자마자 유대인들이 그를 죽이려고 찾아다녔습니다. 그러므로 나는 말합니다. 은혜로운 사람의 외적인 형편은 적어도 한동안은, 회심하여 하나님께 나아오기 전보다 더 나쁠 수 있습니다.

그렇다면 이제 경건한 사람의 형편 그 자체를 생각해 봅시다. 경건한 사람은 사실 형편이 제아무리 슬퍼도, 본질적으로 생각해 보면, 그 형편 때문에 절망하거나 낙심할 이유가 없습니다. 실례를 들어 보겠습니다.

1. 그의 형편이 지혜와 사랑이 무궁하신 아버지께서 손수 고기를 썰어 주시듯이 주신 것이라면, 그는 불평하거나 불안해할 이유가 없습니다. 시편 16편에서 다윗이 그리스도에 대해 하는 말을 봅시다. "내게 줄로 재어 준 구역은 아름다운 곳에 있음이여. 나의 기업이 실로 아름답도다."6절 왜 그렇습니까? "여호와는 나의 산업과 나의 잔의 소득이시니 나의 분깃을 지키시나이다." 5절 여기서 중요한 것은 세 가지입니다. 첫째, 이 말씀은 명백히 우리 주님이요 구주이신 그리스도에 관한 말씀이며 그분의 큰 고난에 관한 말씀입니다. 이는 다음의 10절로도 알 수 있습니다. "이는 주께서 내 영혼을 스올에 버리지 아니하시며 주의 거룩한 자를 멸망시키지 않으실 것임이니이다." 사도는 사도행전 2:29-31에서 말합니다. "형제들아, 내가 조상 다윗에 대하여 담

대히 말할 수 있노니 다윗이 죽어 장사되어 그 묘가 오늘까지 우리 중에 있도다. 그는 선지자라. 하나님이 이미 맹세하사 그 자손 중에서 한 사람을 그 위에 앉게 하리라 하심을 알고 미리 본 고로 그리스도의 부활을 말하되 그가 음부에 버림이 되지 않고 그의 육신이 썩음을 당하지 아니하시리라." 같은 장 27절에도 여기 시편 16편에 있는 말씀과 동일한 말씀이 나옵니다. "이는 내 영혼을 음부에 버리지 아니하시며 주의 거룩한 자로 썩음을 당하지 않게 하실 것임이로다." 그러므로 시편의 말씀은 명백히 그리스도와 그분의 큰 고난에 관한 말씀입니다. 둘째, 그분의 고난이 크고 많았지만, 그분께서는 말씀하십니다. "내게 줄로 재어 준 구역은 아름다운 곳에 있음이여. 나의 기업이 실로 아름답도다." 하지만 왜 그렇습니까? 셋째, 그 이유는 5절에 있습니다. "여호와는 나의 산업과 나의 잔의 소득이시니 나의 분깃을 지키시나이다." 그분께서 말씀하십니다. 나의 아버지 되시는 주님께서 내게 맞도록 줄을 그으셨다. 그분께서는 나의 형편을 측량하셨다. 주님은 나의 몫이요, 내가 받을 유산의 몫이다. 그러므로 이제 경건한 모든 사람은 이렇게 말할 수 있습니다. 줄로 재어서 나에게 주신 그 땅은 기름진 곳입니다. 참으로 나는 빛나는 유산을 물려받았습니다. 왜 그렇습니까? 주님께서 내가 받을 유산의 몫이기 때문입니다. 그러므로 진실로 그는 형편이 어떠하든 절망할 이유가 없습니다.

2. 사람이 형편 그 자체에 의지해 살지 않고 그러한 형편으로 부르신 그 부르심에 의지해 산다면, 그는 자신의 형편 그 자체와

관련하여 절망할 이유가 없습니다. 우리의 주님이며 구주이신 그리스도께서 "사람이 떡으로만 살 것이 아니요 하나님의 입으로부터 나오는 모든 말씀으로 살 것이라"고 말씀하셨듯이,^마 4:4-옮긴이 나는 여러분에게 사람이 그의 형편으로만 살 것이 아니라, 그 형편으로 부르신 하나님의 부르심으로 살라고 말하겠습니다. 하나님께서 사람을 어떤 형편으로 부르셨으면, 그 안에서 살아가도록 반드시 지켜 주실 것입니다. 그러므로 시편 16편에서 다음의 두 말씀이 함께 나옵니다. "여호와는……나의 분깃을 지키시나이다." 그리고 "내게 줄로 재어 준 구역은 아름다운 곳에 있음이여." 홍해를 건너던 이스라엘의 자녀들도 이와 같았습니다. "이스라엘 자손이 바다 가운데를 육지로 걸어가고 물은 그들의 좌우에 벽이 되니"(출 14:22, 이 책 391쪽—옮긴이). 여러분은 성경에서 이 곳 말고는 어디서도 물의 벽이라는 것에 대해서는 결코 읽어 본 적이 없을 것입니다. 그때는 물이 그들에게 벽과 같았습니다. 이상한 벽, 물로 된 벽이었습니다. 하지만 성경 말씀은, 물이 그들 좌우에 "벽이 되니"라고 말합니다. 사랑하는 여러분, 하나님의 부르심이 우리의 벽입니다. 이 부르심의 벽이 여러 가지 어려움과 절망 가운데서 우리의 마음을 든든히 지탱해 줍니다. 은혜로운 영혼은 말합니다. 오, 나는 나의 이 형편에서 얼마나 많은 반대를 만났던가. 하지만 주님께서 나를 이 형편으로 부르셨으니, 나는 잠잠하고 만족할 뿐이다. 고백합니다. 나는 나의 이 형편에서 지금과 같이 많은 고통을 만날 줄 몰랐다. 하지만 주님께서 나를 이와 같은 형편으로 부르셨으니, 그것이 나의 위로이다. 모든 성도들이 이와 같습니다. 그들은 그들의 형편과 환경으로 부르시는 하나님의 그 부르심의 인도를 받았고, 그들은 그들의 [부름받은] 특허권 증명서를 보여줄 수 있습니다. 그들은 이렇게 말할 수 있습니다. 여기 나의 소명이 있소. 사람이 형편 그 자체에 의지해 살지 않고 그 형편으로 부르신 하나님의 그 부르심에 의지해 산다면, 그리고 하나님께서 그분의 백성들을 어떠한 형편에 있든 결국 그 형편으로 부르신다면, 그들은 그들의 형편으로 인해 절망할 이유가 없습니다.

3. 경건한 사람이 어떤 형편에 처하되 어느 정도라도 자비가 함께 있으며, 예수 그리스도께서 그 자비에 대한 비용마저 대신 치르셨다면, 그는 자신의 형편이 어떠하든 절망할 이유가 없습니다. 여러분은 예레미야가 한 말을 압니다. "살아 있는 사람은……어찌 원망하랴."애 3:39 여러분이 어떤 큰 잔치에 초대받아 갔다고 합시다. 그중 어떤 음식은 여러분의 마음에 흡족하게 조리되지 않았습니다. 여러분이 그 잘못을 지적하고 불평할 수 있습니까? 없습니다. 왜 그렇습니까? 그 잔칫집에서 여러분에게 음식 값을 달라고 한 것이 아니기 때문입니다. 잔치를 베푼 주인은 잘못을 지적할 수 있지만, 여러분은 손님이고 돈을 내지 않으니 불평할 이유가 없습니다. 사랑하는 여러분, 주 예수 그리스도께서 바로 그 잔치를 베푸신 주인이시며, 그분은 여러분이 얻는 모든 위로의 주인이십니다. 그리고 그분께서 여러분이 지불해야 할 모든 비용을 치르셨습니다. 여러분이 지불해야 할 비용은 전혀 없습니다. 여러분이 갚아야 할 비용으로 여러분의 기도와 눈

물과 순종을 가지고 와도 받아들여지지 않을 것입니다. 그리스도께서 말씀하십니다. 아니다. 내가 전부 갚았다. 이 빈 돈주머니를 보아라. 나의 이 빈 핏줄을 보아라. 오, 나의 친구 여러분, 여러분은 얼마든지 오되, 갚아야 할 것은 없습니다. 단 한 푼도 갚을 것이 없습니다. 그러므로 경건한 사람이 어떤 형편에 처하되 어느 정도라도 자비가 함께 있으며, 예수 그리스도께서 그 자비에 대한 비용마저 대신 치르셨다면, 진실로 하나님의 백성들은 그들의 형편으로 인해 절망할 아무런 이유가 없습니다.

어떤 사람들은 말할 것입니다. 하지만 나는 불쌍하고 낮고 천하고 상스럽고 경멸할 만한 형편에 있습니다. 그래서 이와 같이 절망합니다. 형편이 좋은 사람들은 당연히 고개를 들고 걱정 없이 다닐 것입니다. 부자들과 좋은 형편에 있는 사람들은 공적으로나 사적으로나 하나님을 섬길 기회가 많을 테지만, 가난한 사람들은 그런 기회가 없습니다. 부자들은 시간이 많아서 한 주 동안에도 여러 차례 경건 모임에 나가고 또 개인적으로 하나님과 대화도 많이 하지만, 가난한 사람은 먹고사느라고 어쩔 수 없이 일해야 하며, 그렇게라도 생계를 이어갈 수 있다는 것에 고마워하고 있습니다. 가난한 형편이 얼마나 비참한지는 이 형편에 있는 사람만이 압니다. 바로 내가 지금 이런 형편에 있으므로 이와 같이 절망합니다. 내게 절망할 이유와 까닭이 없습니까?

없습니다! 왜 그런가 봅시다. 지금 이와 같이 말하거나 생각하는 여러분이 누구든 상관없이, 여러분은 유복함에 따르는 짐이 무엇인지 모릅니까? 여러분은 더러 어떤 산기슭에 있는 마을을 보며 말합니다. 저기에 참 좋은 동네가 있네! 주변으로 시원한 풀밭도 있고, 아름다운 숲도 있고, 저 마을로 들어가는 길도 참 깨끗하구나! 여러분은 멀리서 바라보며 이렇게 말합니다. 하지만 여러분이 더 가까이 가서, 마을로 이어진 길을 직접 걸어 보면 그 길이 몹시 지저분하고 안 좋은 것을 봅니다. 여러분은 이렇게 말합니다. 멀리서 봤을 때는 이 마을 주변의 길들이 이렇게 더러운 줄 몰랐다. 멀리 떨어져 있을 때는 깨끗하고 아름다운 초원밖에 안 보였는데, 이렇게 지저분하고 더러운 길이 있다니. 그렇습니다. 여러분이 멀리서 유복함이라는 것을 볼 때는, 더러운 길이 없고, 그곳으로 드나드는 지저분한 길이 없다고 생각합니다. 하지만 그곳으로 가까이 가서 보면, 더러운 길이 많이 보입니다. 여러분은 이렇게 말합니다. 오, 이렇게 더러운 진창길이 있다니! 사실 사람의 형편이 유복할수록 (내가 말하는 것은 외적인 유복함입니다) 선을 행하고 좋은 것을 받을 기회도 그만큼 많다고 할 수 있습니다. 하지만 여러분이 민수기 4장을 보면 알 수 있듯이, 일을 할 기회가 있을 때는 언제나 짐이 함께 있었습니다. 그러므로 레위인들의 일은 빈번히, 그 장의 여러 절에 걸쳐, 짐이라고 불립니다. 마지막 한 절만 인용하겠습니다. "그들이 할 일과 짐을 메는 일을 따라 모세에게 계수되었으되 여호와께서 모세에게 명령하신 대로 그들이 계수되었더라."[49절-옮긴이] 여기서 일과 짐은 함께합니다. 일과 짐 혹은 짐과 일입니다. 그러므로 이제 불쌍한 영혼이여, 여러분이 짐에서 벗어난 것이 오히려 여러분의 짐입니까? 우리 주님이며 구주이신 그리스도께서 말씀하셨습니다. 여러분 또한 경험해서 잘 아는 말씀이지 않습니까? "가난한 자에게 복음이 전파된다."[마 11:5-옮긴이] 살아 있는 잔가지가 죽은 둥치보다 낫지 않습니까? 불쌍한 암탉은 살아 있는 동안은 거름 더미 위에 올라가 이리저리 파헤치며 먹을 것을 찾지만, 죽어서는 제 주인의 식탁 위로 올라갑니다. 이와는 반대로, 매는 살아 있는 동안은 사람의 주먹과 팔뚝에 앉아서 대우받으며 옮겨 다니고, 좋은 고기와 양식도 받아먹고, 제집도 따로 가지고 있습니다. 하지만 이렇게 호강하던 매가 죽으면 거름 더미 위로 던져집니다. 여기서도 그렇습니다. 가난하되 경건한 사람이 여기서 살아가는 동안은, 아마도 거름 더미 위에서 이리저리 파헤치며 근근이 생계를 이어갈 것입니다. 하지만 죽으면 그는 그의 주님 앞으로 불려 갑니다. 반면에 부유하되 불경한 사람은 비록 살아서는 양식을 많이 쌓아 두었으나, 죽으면 거름 더미 위에 던져질 뿐 더 이상 주님 앞으로 나오지 못합니다. 오, 비록 비천한 형편에 있지만 경건한 여러분, 여러분은 그렇다면 여러분의 형편을 악한 자들의 형편과 바꾸려 합니까? 여러분의 형편이 낮고 천할수록 여러분의 순종은 높고 귀합니다. 여러분의 형편에서 하는 그 일은 천사들이나 할 수 있는 순종입니다. 이치로 따지면 천사들은 사람보다 높은 존재이지만, 하나님의 명령으로 사람을 보살피는 영들이기 때문입니다. 그들은 자신보다 훨씬 열등한 존재인 사람을 돌보고 보살핍니다. 그래서 사람을 돌보는 그들의 일이 천하고 낮을수록 하나님께 바치는 그들의 순종은 그만큼 높고 귀합니다. 마찬가지로, 여러분의 형편에서 하는 그 일이 낮고 천할수록, 여러분의 형편과 그 형편에서 하는 여러분의 순종은 그만큼 더 높고 천사들의 순종에 가깝습니다. 루터는 말했습니다. "믿음으로 보면, 양말 한 켤레를 짜는 가난한 여인이 세계를 정복한 알렉산더 대왕보다 더 위대한 일을 한 것이다." 지금은 천국에 있는 어느 선한 분이 이 땅에 있을 때 한 말입니다. "부자일수록 빚이 많다." 사람이 그리스도 안에 있지 않으면, 그의 현재의 모든 부가 장래의 빚이 되기 때문입니다. 그는 이렇게 소망할 것입니다. 오, 그때 부자가 아니었더라면, 오, 그때 단 한 푼도 없었더라면! 한번 말해 보십시오. 성경에서 누가 약속을 가장 많이 받았습니까? 가난한 자입니까, 부자입니까? 핍박받는 자입니까, 핍박하는 자입니까? 낮은 자입니까, 높은 자입니까? 가장 괴로움이 많은 자가 가장 많은 약속을 받습니다. 낮고 미천한 형편은 그러한 약속들에 대한 뛰어난 주석입니다. 해가 있을 때는 별이 안 보이지만, 밤이 되면 별이 나타납니다. 그래서 우리는 유복함이 우리에게 있는 동안은 저 약속들을 볼 수 없습니다. 하지만 밤이 오고, 역경이 오고, 어둡고 낮은 형편이 되면, 비로소 우리는 이전에 보지 못했던 저 약속들을 봅니다. 어떤 아버지에게 두 자녀가 있다고 합시다. 아버지는 한 자녀에게 대단히 좋은 옷을 주며 말합니다. 애야, 이 옷을 받아 입어라. 하지만 네 몫은 이것이 전부이니, 네게는 더 이상 주지 않겠다. 그리고 또 한 자녀에게는 아주 천한 옷을 주면서 말합니다. 애야, 아쉬워 마라. 이 옷이 네 몫은 아니다. 네 형의 옷은 네 형의 몫이지만, 네 옷은 네 몫이 아니다. 네게는 나의 좋은 유산을 몫으로 줄 것이다. 여러분 생각에 이 나중의 자녀가 제 형처럼 좋은 옷을 못 받아서 아쉬워하겠습니까? 절망하겠습니까? 악인을 한번 생각해 봅시다. 그가 비록 더 좋은 옷을 가졌지만, 그것이 그가 받을 몫의 전부입니다. 그의 몫은 이생에 있습니다. 하나님께서 말씀하십니다. 네가 받을 모든 것이 거기에 있다. 네 몫이 거기에 있다. 하지만 이제, 경건한 사람의 경우, 그가 비록 천한 옷을 받았지만 그것이 그의 몫은 아닙니다. 오, 경건한 여러분, 여러분은 그러면 다른 사람이 받은 것처럼 훌륭하고 아름다운 옷을 받지 못해서 절망하겠습니까? 바로 주님께서 여러분의 몫임을 생각합시다!

하지만 여러분은 말합니다. 오, 나는 가난하고 낮고 미천한 형편에 있지 않음으로 하나님을 찬양합니다. 나의 형편은 여유가 있습니다. 하지만 나의 형편은 안정된 상태가 아니어서, 어떤 때는 이런 형편에 있다가 또 어떤 때는 저런 형편에 있기도 합니다. 나의 상태가 안정될 수만 있다면, 전보다 조금 덜 갖더라도 나는 만족할 것입니다. 하지만 나의 형편은 결코 안정된 상태가 아닙니다. 그래서 나는 이와 같이 절망하고 불안합니다. 내게 그럴 만한 이유가 없습니까?

없습니다! 한번 묻겠습니다. 여러분은 여기 이 세상에서 안정된 상태를 얻으려 합니까? 사람이 아무리 상태가 좋아도 헛될 뿐입니다. 헛된 것에 안정된 상태가 있겠습니까? 시편 기자는 말합니다. "진실로 가장 좋은 상태에 있는 모든 사람도 다 헛될 뿐이니이다"(시 39:5, KJV, "사람은 그가 든든히 서 있는 때에도 진실로 모두가 허사뿐이니이다", 개역개정—옮긴이). 여러분의 성경에는 이렇게 되어 있지만, 히브리어 원문에는 "서 있는 모든 사람", "자신의 가장 안정된 상태에 있는 모든 사람"으로 되어 있습니다. 따라서 이 구절의 의미는 다음과 같습니다. "진실로 자신의 가장 안정된 상태에 있는 모든 사람도 다 헛될 뿐이다."

하지만 여러분의 형편이 다른 사람의 형편보다 더 불안정함을 인정해도, 하나님께서 여러분의 그 형편에 대해 사랑 외에는 아무런 계획을 가지고 계시지 않다면 진실로 여러분은 이 문제로 걱정할 이유가 없습니다. 이제 여러분에게 묻습니다. 주님께서는 왜 이 세상에서 주님의 백성들의 형편을 그토록 불안정하게 두십니까? 그것은 그들이 주님에게 정착하도록 하기 위함입니다. 은혜로운 영혼이 말합니다. 오, 내가 보니 여기는 영원한 거처가 없구나. 그러므로 나는 장차 오실 분, 나의 기초가 되실 분을 찾는다. 내가 세상에 안주했더라면, 결코 하나님에게 정착하는 일은 없었으리라. 그러나 나는 세상에 안주하지 않았으므로 하나님에게 정착하는 법을 배운다. 그러므로 하나님께서는 그분의 백성들을 이 그릇에서 저 그릇으로, 이 형편에서 저 형편으로 옮겨 담으셔서 그들의 더러운 냄새가 남지 않도록 하십니다.렘 48:11 사랑하는 여러분, 이 세상에는 자녀들에게 주시는 하나님의 사랑을 쥐거나 담을 수 있는 형편은 없습니다. 어떤 형편이나 환경이든 하나님의 사랑을 담기에는 너무 작은 그릇입니다. 그러므로 하나님께서는 그분의 백성을 여러 형편으로 인도하셔서 그분의 사랑을 내보낼 수 있는 더 넓은 통로를 얻고자 하십니다. 여러분이 한 형편에만 있으면, 그 형편 안에 있는 여러분 자신과 여러분의 행동을 보거나 관찰할 수 없습니다. 그러므로 하나님께서는 여러분을 새로운 형편으로 인도하셔서 여러분으로 하여금 이전 형편에서 여러분이 어떠하였는지 보게 하십니다. 예를 들어 봅시다. 어떤 사람이 건강할 때는, 그 건강했던 때의 자기 행동을 잘 보지 못합니다. 그래서 하나님께서는 그를 아픈 환경으로 인도하십니다. 그는 아픈 형편이 되어서야 비로소 건강했을 때 자신의 행동이 어떠했는지 보게 됩니다. 그는 말합니다. 건강했던 그때 나는 얼마나 방종했던가, 얼마나 세상적이었던가, 얼마나 헛되었던가! 그러나 사람이 아플 때도 그 형편에서 자기 행동을 잘 보지 못합니다. 그래서 하나님께서는 그를 다시 건강한 환경으로 인도하십니다. 거기서 그는 자신이 아팠을 때 했던 행동을 보게 됩니다. 그는 말합니다. 아팠던 그때 나는 얼마나 고집스러웠던가, 얼마나 조급했던가! 다시 말해 사람은 현재의 형편에서는 자기 영혼이 하는 현재의 행동을 제대로 볼 수 없습니다. 그래서 하나님께서는 그를 새로운 형편으로 인도하십니다. 그러면 비로소 그는 이전 형편에서 자기 행동이 어떠했는지를 보게 됩니다. 철학이 우리에게 말하듯이, 감각이 지각할 수 있는 대상이 그 감각 기관 가까이에 놓이면 감각 작용은 일어나지 않을 것입니다. 여러분이 책을 여러분의 눈에 가까이 대면 그 책의 글자를 전혀 읽을 수 없습니다. 하지만 그 책을 적당한 거리까지 떼면 전부 읽을 수 있습니다. 여기서도 그렇습니다. 사람이 어떤 형편에 있고 그 형편이 그와 가까이 있으면, 그는 자신의 행동을 제대로 볼 수 없지만 거리를 두면 볼 수 있습니다. 주님께서는 그를 그의 이전 형편에서 어느 정도 떨어진 거리까지 옮기십니다. 그러면 그는 이전 형편에서의 자신의 모습과 행동을 보게 됩니다. 찬송을 일단 시작하기만 하면 부르는 것은 쉽습니다. 그것은 아이라도 합니다. 하지만 시작하려면 기술이 좀 필요합니다. 수월하게 음의 높낮이를 바꾸려면 노래 부르는 기술이 좀 필요합니다. 그러나 시작만 하면 그때부터는 누구나 계속 부를 수 있습니다. 비천하고 연약한 말은 같은 길을 가는 한 계속 갈 수 있습니다. 하지만 그 길을 벗어나 다른 길로 들어서면 비틀거립니다. 말이 깊이 파인 수레바퀴 자국을 수월하게 넘어가려면 힘이 좀 필요합니다. 한 길에서 다른 길로 들어서려면 힘이 좀 필요합니다. 그러므로 비천하고 연약한 사람 누구나 같은 길과 같은 형편에 있는 한, 계속 갈 수 있습니다. 한 형편에서만 계속 가는 것은 많은 힘이 필요하지 않습니다. 하지만 여러 형편으로 옮겨 다니면서도 하나님을 향한 한결같은 마음을 유지한다면 힘이 있다는 증거입니다. 이렇게 하려면 기술이 필요합니다. 그러므로 주님께서 여러분을 한 형편에서 다른 형편으로 인도하셔서 여러분의 기술과 힘을 좀 이끌어 내신다면, 그분께서 여러분에 대하여 사랑의 계획 외에는 다른 아무런 계획도 가지고 계시지 않다면 어떻습니까? 그래도 절망하겠습니까? 모든 성도들이 이와 같습니다. 그러므로 진실로 그들은 이 문제와 관련하여 절망할 이유가 없습니다.

여러분은 말합니다. 오, 하지만 나는 나의 외적인 형편보다는 내 영혼의 형편을 걱정하고 있습니다. 주님께서는 내 영혼의 형편이 몹시 슬픔을 아십니다. 나는 설교를 들으러 가기도 하고 안 나가기도 합니다. 어떤 때는 아주 열심을 내어 참석하고 또 어떤 때는 무슨 난관에 부딪쳐 집 밖으로 나갈 생각도 하지 않습니다. 나는 정기적으로 참여하는 경건 모임이 없습니다. 그리고 참여하더라도, 거기서 유익을 얻는 것이 없습니다. 나는 말씀을 들어도 기억하지 못합니다. 나의 마음은 단단하고, 죽었으며, 무딥니다. 나는 얻는 것이 없습니다. 그래서 나는 이와 같이 절망합니다. 내게 절망할 이유와 까닭이 없습니까?

없습니다. 여전히 없습니다! 여러분이 경건 모임에 나가지 못하는 경우가 있지만, 이 일에 하나님의 손이 함께하시면 그분께서 여러분의 불참을 오히려 여러분만을 위한 경건의 시간으로 만드실 수 있습니다. 하나님의 자녀들이 가나안 땅에 들어와서 일반적인 양식을 먹게 되었을 때는 만나의 공급이 끊어졌습니다. 하지만 광야에서처럼 일상의 양식을 구할 수 없을 때는 그들에게 만나가 공급되었습니다. 현실에서는 만들 수 없는 기적의 빵, 하나님께서 직접 내려 주시는 천사들의 양식을 그때 그들이 먹었습니다. 하나님의 손에서 직접 내려오는 자비야말로 가장 달고 감격스러운 자비입니다. 하나님께서는 언제나 그분의 백성들에게 선의 기회, 즉 선을 행하는 일이든 선한 것을 받는 일이든 기회를 주십니다. 선한 것을 받는 기회가 적다면 선한 일을 하는 기회가 대체로 그만큼 많아질 것입니다. 선한 것을 받을 기회가 없어서 여러분의 손이 비어 있으면 어떻습니까? 그 대신 선을 행할 기회가 여러분의 손에 가득하면 절망할 이유가 없지 않겠습니까? 하나님께서는 경건 모임이 없는 경우에 어떻게 그 모임에서 받는 위로를 주실지 아십니다. 고래 뱃속에 있을 때 요나는 기도했고, 그 기도 가운데서 그의 영혼은 비록 성전에 없었지만 성전을 바라보았으며, 주님께서는 그의 기도를 들으셨습니다. 그러므로 사랑하는 여러분, 주님께서 여러분이 모임에 나가지 못할 때도 여러분의 행실과 사랑의 수고와 그 모임을 향한 여러분의 그리움과 신음과 울음을 여러분이 그 모임에 온전히 참석할 때와 다름없이 기억하신다면, 이 문제와 관련하여 여러분이 절망할 이유는 없습니다. 여러분이 시편 132편을 보면 알겠지만, 다윗이 주님께 자기를 기억해 주시기를 간구하는 장면이 나옵니다. "주여, 다윗과 그의 모든 고난을 기억하소서"(1절, KJV, "여호와여 다윗을 위하여 그의 모든 겸손을 기억하소서", 개역개정—옮긴이). 그는 큰 고통 가운데서 자신을 기억해 주시기를 주님에게 바라고 있었습니다. 하지만 무슨 생각으로 그는 주님에게 자신을 기억해 달라고 했습니까? 2-5절이 설명합니다. "그가 여호와께 맹세하며 야곱의 전능자에게 서원하기를 내가 내 장막 집에 들어가지 아니하며 내 침상에 오르지 아니하고 내 눈으로 잠들게 하지 아니하며 내 눈꺼풀로 졸게 하지 아니하기를 여호와의 처소 곧 야곱의 전능자의 성막을 발견하기까지 하리라 하였나이다." 그는 경건 모임의 규례를 원했고, 그의 영혼은 그 규례가 그리워 편할 날이 없었습니다. 그리고 바로 그 이유로 그는 하나님께 자신을 기억해 주시기를 바라고 있었습니다. 그러므로 나는 여러분에게 말합니다. 여러분에게 규례가 없을 때 하나님께서 여러분의 행실과 사랑의 수고와 규례를 향한 여러분의 그리움과 신음과 울음을 각별히 기억해 주실 것입니다. 여러분은 말합니다. 오, 하지만 주님께서 합당한 때가 되면 우리를 기억해 주시겠으나, 그때까지 우리는 어떻게 해야 한단 말입니까? 6절의 다음 내용에 주목합시다. "우리가 그것이 에브라다에 있다 함을 들었더니 나무 밭에서 찾았도다." '그것'이 무엇입니까? "우리가 그것이 에브라다에 있다 함을 들었더니." 즉, 우리가 야곱의 전능하신 분의 법궤와 장막에 대하여 들었다는 것입니다. "우리가 그것이 에브라다에 있다 함을 들었더니." 즉, 그는 이렇게 말하는 것 같습니다. 흔히 전하고 생각하기로, 주님께서 그분의 법궤와 그분의 처소와 장막을 기름진 곳 에브라다, 곧 베들레헴에 두시리라 했다. 하지만 지금 우리가 그것을 나무 밭에서 찾았다. 우리는 주님께서 그분의 처소와 법궤를 나무로 둘러싸인 예루살렘에 두실 것으로 알았지만, 숲의 밭에서 우리는 그것을 찾았다. 사랑하는 여러분, 우리의 눈은 온통 에브라다, 베들레헴, 기름진 곳에 가 있습니다. 하지만 주님께서 선의로 질서를 정하셔서 그분의 백성들을 나무 밭, 들, 숲으로 데리고 가시니, 거기 한가운데서 그들이 그분의 법궤와 그분의 임재와 그분의 처소를 찾을 수 있습니다. 하나님의 부르심으로 규례에서 물러나 그것을 찾은 경건한 사람이 어찌 이와 같이 말하지 않겠습니까? "우리가 그것이 에브라다에 있다 함을 들었더니 나무 밭에서 찾았도다." 그러므로 여러분이 에브라다에서 하나님의 임재와 하나님의 법궤와 그분의 처소를 찾지 못해도, 그 나무 밭, 그 불모의 숲에서 그분을 찾을 수 있다면, 불평할 이유가 있겠습니까? 아닙니다. 명백히 없습니다.

여러분은 말합니다. 오, 나는 지금 기름지고 비옥한 곳에 있습니다. 나는 에브라다에 있습니다. 나는 불모의 땅에 있지 않고, 비옥하며 고귀한 규례의 영향 아래 있습니다. 하지만 나는 기억하지 못합니다. 나는 말씀을 들어도 기억하지 못합니다.

여러분의 기억력 부족과 관련하여 말씀드리겠습니다. 기억력에는 머리의 기억력(이 책 196쪽—옮긴이)이 있고 마음의 기억력이 있다는 것을 여러분은 반드시 알아야 합니다. 어떤 사람들은 머리의 기억력이 좋아서, 자신이 들은 것을 하나도 빼놓지 않고 막힘없이 설명할 수 있습니다. 하지만 그들은 들은 것을 활용할 때 그것들을 떠오르게 하는 마음의 기억력은 부족합니다. 또 어떤 이들은 마음의 기억력이 좋아서, 들은 것을 활용할 때 그것들을 잘 떠올리지만 머리의 기억력은 부족합니다. 그러므로 여러분이 단어나 방법을 잊어도, 그것들을 활용할 때 기억을 되살릴 수 있다면, 불평할 이유가 있습니까? 들은 말들이 여러분에게서 빠져나가도, 여러분의 마음은 그 말들을 들음으로써 맑고 깨끗해질 수 있습니다. 그릇에 물을 자주 붓지만 즉시 빠져나갑니다. 하지만 그로 인해 그릇은 맑고 깨끗하게 됩니다. 그러므로 여러분이 듣고 또 들어도 기억하지 못하고, 들은 것들이 여러분의 뜻대로 남아 있지 않아도, 여러분의 영혼은 그로 인해 맑고 깨끗하게 유지될 수 있습니다.

여러분의 마음이 죽어 있다(deadness)는 것에 관해 말씀드리겠습니다. 자신이 죽어 있다는 것을 느끼는 것 자체가 삶(life, 생명)이 있다는 표시입니다. 다시 말해 죽음(death)이 있고 죽어 있음(deadness)이 있습니다. 삶(life)이 있고 살아 있음(liveliness)이 있습니다. 사람은 살아 있지만(alive), 살아 있는 것 같지(lively) 않을 수 있습니다. 아픈 사람이 그렇습니다. 마찬가지로 사람이 어떻게 보면 죽어 있는 것(deadness) 같지만, 죽음(death)까지는 이르지 않은 죽어 있는 것 같음(dead)이 있을 수 있습니다. 살아 있음(liveliness)의 반대인 죽어 있음(deadness)이 있고, 삶(life)의 반대인 죽음(death)이 있습니다. 여러분은 지금, 오, 내 마음은 죽었습니다(dead), 내 마음은 죽었습니다 하며 불평합니다. 여러분의 이 말은 살아 있음(liveliness)의 반대인 죽어 있음(deadness)이라는 뜻입니다. 그렇지 않다면 여러분은 자신의 죽어 있음(deadness)을 느낄 수 없을 것입니다(만약 죽음[death]의 상태라면 이 죽어 있음[deadness]을 느낄 수 없을 것이기 때문이다—옮긴이). 여러분이 자신의 죽어 있음을 느낀다는 것은 살아 있음의 반대인 죽어 있음을 말하는 것이지, 삶 자체의 반대인 죽음을 뜻하는 것은 아닙니다. 여러분이 죽음(death)의 반대 의미로 살아 있다(alive)면, 살아 있음의 반대인 죽어 있음이 여러분에게 있은들, 절망하거나 낙심할 이유가 있겠습니까? 사업을 하는 사람은 자신의 사업이 죽었다(dead)고 불평하고, 여러분은 여러분의 마음이 죽었다고 불평합니다. 이것은 여러분이 하는 사업이 마음에 있으며, 여러분이 하는 사업은 여러분의 마음의 문제임을 입증합니다.

여러분이 은혜의 수단과 규례의 영향 아래에서도 무익하고 열매 맺지 못한 것과 관련하여 말씀드리겠습니다. 여러분이 알다시피 열매가 없다는 것과 열매가 적다는 것은 다릅니다. 좋은 땅은 열매를 맺는데, 더러는 삼십 배, 더러는 육십 배, 더러는 백 배의 결실을 맺습니다.막 4:20-옮긴이 삼십 배는 육십 배보다 적지만 열매를 내지 못한 것이 아닙니다. 육십 배는 백 배보다 적지만 열매를 내지 못한 것이 아닙니다. 어떤 선한 사람이 다른 사람보다 혹은 이전의 자신보다 결실을 적게 낼 수 있지만, 그것도 결실인 것은 맞습니다. 아마도 여러분이 지금 이와 같을 수 있습니다. 하지만 여러분이 은혜의 수단 아래에서 이득인 열매를 전혀 맺지 못한다고 생각해 봅시다. 그럼에도 좋은 나무가 결실이 없는 것과 열매 맺지 못하는 무화과나무에 결실이 없는 것과는 큰 차이가 있습니다. 선한 사람은 비록 열매를 맺지 못해도, 자신의 그 열매 없음을 아주 잘 알고 있습니다. 그는 말합니다. 오, 세상에서 내 마음보다 열매 없고, 역겹고, 비참하고, 무익한 마음은 없도다. 열매 맺지 못한 사람은 이와 같지 않습니다. 또 선한 사람은 비록 열매를 맺지 못해도 땅을 버리게 하지는 않습니다. 열매 맺지 못한 무화과나무는 땅만 버리게 합니다.눅 13 다시 말해 다른 나무에게서 땅의 양분을 빼앗아 성장을 방해합니다. 그 나무는 자신이 성장하고 살아가는 그 땅의 훼방꾼입니다. 선한 사람은 이와 같지 않습니다. 그는 비록 자신이 보기에는 무익하지만, 사실 다른 이들의 영혼에 유익이 됩니다. 선한 사람은 비록 자신이 하고 싶어 하는 대로 남들을 이롭게 하지는 못하지만, 자신의 결실과 성장을 위해서라면 어떠한 수단도 감수합니다. 자기 주변으로 구덩이가 파지고 거름이 쏟아져 들어오더라도 감내합니다. "내가 두루 파고 거름을 주리니."눅 13:8-옮긴이 이 구절에 대해 (클레르보의) 베르나르(Bernard de Clairvaux, 1090-1153, 클레르보에 대수도원을 설립한 프랑스의 성직자―옮긴이)는 말합니다. **영혼의 결실을 기대하는 사람은 수단의 불쾌함을 피하지 않는다**(Non refugit faeditutem medii, qui expectat faecunditatem animae). 거름은 유쾌하지 않은 수단이지만, 자신의 은혜가 자라기를 바라는 사람은 이 수단의 역겨움을 거부할 수 없습니다. 이 수단이란 혈과 육이 역겨워하는 수단을 말합니다. 선한 사람도 열매가 없을 수 있지만, 하나님께서는 그 사람을 찍어 버리지 않습니다. 그분께서는 알맞은 시기에 가지를 치고 잘라 주실 뿐 그를 찍어 넘기지는 않습니다. 하지만 열매 맺지 못한 무화과나무는 완전히 찍어 버리실 것입니다. 나무 주인이 말합니다. 찍어 버려라! 무엇 때문에 땅만 버리게 하겠느냐? 그런데 하나님께서 아무리 여러분을 찍어 버리지 않아도, 여러분이 은혜의 수단 아래에서 열매 없고 무익하다면, 자신을 낮추고 회개할 이유가 있습니다. 그러므로 여러분의 하나님이신 주님 앞에서 자신을 낮추어 회개하십시오. 하지만 절망하지는 마십시오.

여러분은 말합니다. 오, 하지만 이것은 내 경우에 전적으로 맞지 않습니다. 왜냐하면 나는 (이렇게 뛰어난) 은혜의 수단과 규례의 영향을 받고도 열매 맺지 못한 나의 무익함을 불평할 뿐 아니라, 내 영혼의 형편이 걱정스러우며 두렵기 때문입니다. 그 철저한 수단과 사역의 영향 아래에서 이토록 오래 살아왔음에도 내 영혼의 형편이 좋지 못하다면, 내 영혼은 결국 그 걱정스러운 형편을 벗어나지 못한 것이 아닌가 나는 두렵습니다. 나는 위선자가 회개했다는 이야기를 성경에서 도무지 읽어 본 적이 없습니다. 은혜의 수단 아래 이토록 오래 앉아 있었음에도 나의 형편이 밝지 못하다면, 나는 위선자입니다. 진실로 나는 이것이 두려워서 절망합니다. 내가 절망할 이유와 까닭이 없습니까?

없습니다! 왜냐하면 여러분이 오랫동안 은혜의 수단 아래 있었음에도 회심하지 못했지만, 이 문제와 관련해서는 소망이 있기 때문입니다. 우리의 주님이며 구주이신 그리스도께서 죽음에서 살아나셨을 때, 무덤을 막은 돌이 굴려 치워졌습니다. 그러므로 주님이신 그리스도께서 불쌍한 영혼을 살리실 때도 그 돌을 굴려 치우실 것입니다. 비록 그 돌이 죽음처럼 무겁고, 위선처럼 무겁고, 아예 지옥처럼 무거워도 굴려 치우실 것입니다. 그렇습니다. 그리스도께서는 오랫동안 여러분을 누르고 있었던 그 돌을 굴려 치우실 것입니다. 한번 생각해 보십시오. 바울은 어떻습니까? 바울은 회심하기 전에 위선자가 아니었습니까? 우리 구주께서 말씀하셨습니다. "화 있을진저 외식하는 서기관들과 바리새인들이여."마 23:13 -옮긴이 그리고 바울은 자신을 가리켜 이렇게 말했습니다. "나는……율법으로는 바리새인이요."빌 3:5 -옮긴이 우리 구주께서는 서기관과 바리새인들을 위선자라 하셨습니다. 바울은 자신을 가리켜 바리새인이라고 했습니다. 그런데 바울은 회심했습니다. 그런데 여기에 회심한 위선자가 하나 있습니다. 이제 여러분은 위선자였지만 회심한 사람들을 더 볼 수 있습니다.

하나님의 자녀들에게는 이것이 일반적이지 않습니까? 그들은 더러 자신들은 위선자일 뿐이라고 분명히 말하지 않습니까? 여러분은 거룩한 순교자인 존 브래드포드(John Bradford, 1510-1555, 순교한 영국 종교개혁자—옮긴이)의 이야기를 알고 있습니다. 그는 감옥에서 친구에게 편지를 쓰고 이렇게 서명했습니다. "그리스도 안의 친구, 한없이 무익하고 무정하며 비참한 죄인." 그리고 또 다른 편지에서는 이렇게 서명했습니다. "그리스도 안의 친구, 외식하는 위선자 존 브래드포드." 어떤 사람은 자기 영혼이 진실하다고 생각하지만, 그들이야말로 누구보다 타락한 사람들입니다. 또 어떤 사람은 자신은 타락했다고 생각하지만, 누구보다 진실한 사람입니다.

조금 더 들어가서 살펴보겠습니다(부득불 나는 이 문제를 거론할 수밖에 없습니다). 위선자가 그리스도 안에 있는 하나님의 임재를 세상에서 가장 귀한 것으로 그리워하며 애타게 찾는 경우가 있습니까? 위선자가 은밀히 자신의 영혼을 지속적으로 살피며 헤아린 경우가 있습니까? 위선자가 재능보다 은혜를 더 사랑한 경우, 영적이고 향기로운 것을 가장 사랑한 경우가 있습니까? 위선자가 은혜를 위하여 평안과 위로를 사랑한 경우가 있습니까? 오히려 평안을 위하여 은혜를 사랑하지 않았습니까? 일반적으로 위선자가 자신을 위선자라고 생각합니까? 위선자들이 자신들을 두고 위선자라고 여기는 경우를 여러분은 성경 어디에서 찾아볼 수 있습니까? 위선이 사람의 짐이라면, 정녕 그것이 짐으로 느껴지기 시작하면 그것은 결코 그의 형편이 될 수 없습니다. 위선자가 자기 자신을 거슬러 행한 경우, 이제까지의 행습을 거슬러 행한 경우가 있습니까? 사람이 진정으로 회개하면 그렇게 합니다. 여러분은 삭개오의 이야기를 압니다. 회개하기 전 그는 남을 몹시 핍박하는 사람, 대단히 탐욕스러운 사람이었습니다. 하지만 회개한 후 그는 말했습니다. "주여, 보시옵소서. 내 소유의 절반을 가난한 자들에게 주겠사오며 만일 누구의 것을 속여 빼앗은 일이 있으면 네 갑절이나 갚겠나이다."눅 19:8-옮긴이 이렇게 그는 이전의 자기 자신을 거슬러 행했습니다. 빌립보의 간수는 회개하기 전에는 사도들을 가두고 그들의 등에서 피가 나도록 매질했지만, 회개하고 나서는 사도들을 자신의 집으로 데려가 음식을 대접하고 그들의 상처를 씻어 주었습니다. 그는 이렇게 이전의 자기 자신을 거슬러 행했습니다. 회개하기 전의 바울은 성도들과 복음을 핍박했습니다. 그는 회개한 후, 이전에 핍박하던 그 복음을 전파했습니다. 이렇게 그는 이전의 자신과는 반대로 행했습니다. 나는 언제나 남을 조롱하고 비웃는 버릇이 심한 어느 젊은이의 이야기를 알고 있습니다. 이 젊은이는 자기 어머니가 경건하다면서 그 어머니를 수시로 조롱하고 비웃었습니다. 마침내 하나님께서 이 젊은이에게 구원의 감화를 끼치시자 이후로 젊은이는 아침저녁으로 축복의 인사를 나누기 위해 어머니 앞에 나설 때는 물론 그 외의 어떠한 일로든 어머니 앞에 나올 때면 언제나 공손히 무릎을 꿇고, 어머니가 일어나라 할 때까지 그대로 있었습니다. 내가 여러분에게 이러한 행동을 권하는 것은 아니고, 이것 하나만은 말하려 합니다. 사람이 회개하고 하나님께 돌아서면 이전의 자기 자신과는 반대로 행동한다는 것입니다. 그러므로 이제, 이와 같이 이의를 제기하는 여러분이 누구든, 여러분은 여러분의 영혼에서 이전의 자신과는 반대로 행하려는 모습을 발견하지 않습니까?

여러분에게 질문합니다. 진실로 여러분은 다음과 같이 말할 수 없습니까? 지금은 내가 하나님으로부터 기쁨을 누리고 있지 못하나, 주님께서 아시오니, 나는 그리스도 안에 있는 하나님의 임재를 세상에서 가장 귀한 것으로 그리워하며 애타게 찾고 있습니다. 나는 남들이 안 볼 때 자주 나의 마음을 살펴 헤아립니다. 나는 가장 영적이고 가장 향기로운 것들을 가장 소원합니다. 나는 위로받고자 은혜를 원하지 않고, 은혜받고자 위로를 원합니다. 또한 주님, 주님께서 아시오니, 나는 여러 해 동안 계속하여 내가 위선자가 아닌가 하는 두려움 가운데 살았습니다. 나는 주저앉아 울며, 오, 나는 위선자로다, 위선자로다, 말했습니다. 위선은 진실로 나의 짐이 되었습니다. 또한 주님, 주님께서 아시오니, 이제 나는 이전의 나 자신과는 반대로 행합니다. 주님께서 나를 감화시키기 전에는 이러저러하게 살았으나 이제 나는 은혜를 통하여 이전의 나와는 반대로 행합니다. 여러분이 진실로 이와 같이 말할 수 있다면, 나는 여러분에게 말합니다. 영혼이여, 안심하고 평안히 가십시오. 왜냐하면 여러분에게 비록 많은 결함이 있어서 겸손히 회개할 필요는 있겠지만 그러한 것들 때문에 여러분이 스스로를 위선자라고 말할 필요는 없기 때문입니다. 여러분의 형편은 지금도 아주 좋으며 앞으로도 좋을 것입니다. 그러므로 평안히 가십시오. 주님께서 여러분을 위로하십니다.

하지만 어떤 사람들은 말할 것입니다. 오, 이것은 여전히 내 경우에 해당하지 않습니다. 왜냐하면 나는 형편이 어두워서 두려울 뿐 아니라 앞으로 이 형편을 벗어날 수 없을까 늘 걱정되기 때문입니다. 내가 이렇게 걱정하는 이유가 있습니다. 영원히 구원받을 사람은 선택받은 소수에 불과하기에 그렇습니다. 그 소수는 백에 하나, 천에 하나일 것입니다. 그리고 만물은 하나님의 시간 전(before time, 창세전에—옮긴이)의 뜻에 따라 시간 안(in time, 현실—옮긴이)에 정해졌습니다. 어떤 사람이 주장하는 것처럼, 그리스도는 개별적인 모든 사람(all men in particular)을 위해 죽었고, 그리스도는 모든 개별자(every particular men)를 구원하기를 의도하신다는 주장이 사실이라면, 나도 소망이 있을 것입니다. 그런데 나는 다음과 같은 얘기를 들었습니다. 즉, 이 이론은 사실이 아니며, 그리스도는 모든 개별자를 구원하려는 의도로 모든 사람을 위해(for all men) 죽은 것이 아니라는 얘기를 들었습니다. 그래서 백에 하나, 천에 하나인 소수만 선택받았다는 점을 생각할 때, 나는 그 선택받은 소수에 들지 못한 것이 아닌가 두렵습니다. 그러므로 나는 이와 같이 절망합니다. 내가 절망할 이유와 까닭이 없습니까?

없습니다! 왜냐하면 이 이론—선택받은 사람들의 수가 비교적 소수로 정해졌고, 보편 구원 같은 것은 없다는 이론—이 사실이어도, 이것이 여러분의 위로의 유지와 증가에 전혀 해롭지 않기 때문입니다.

선택에 관해 말씀드리겠습니다. 선택된 사람들의 수가 정해졌고, 세상이 창조되기 전에 하나님께서 그들을 은혜와 영원한 영광에 이르게 하시려고 선택하셨다는 것은 사실입니다. 사도도 이 점을 분명히 말하고 있습니다. "곧 창세전에 그리스도 안에서 우리를 택하사."엡 1:4 사도는 지금 우리를 택하기로 뜻(will, 의도—옮긴이)하신 하나님을 찬송하자고 말하지 않고 "우리를 택하신" 하나님을 찬양하자고 말합니다. 그는 또 "모두를 택하사" 하지 않고 "**우리를** 택하사"라고 말합니다. 여기서 어떤 사람들은 선택받고 어떤 사람들은 남습니다. 또 사도는 "우리의 믿음과 거룩함을 예지하고(foresight, 예정하고—옮긴이) 우리를 선택하셨다"고 말하지 않고 선택의 열매로서 "거룩하고 흠이 없게 하시려고"엡 1:4-옮긴이 선택하셨다고 말합니다. 여러분이 마태복음 25장을 보면 알겠지만, 심판 날에 그리스도의 오른편에 서 있는 사람들에게 그분께서 말씀하시기를 "내 아버지께 복 받을 자들이여, 나아와……예비된 나라를 상속받으라" 하십니다.34절-옮긴이 이 사람들에게는 창세로부터 예비된 나라가 있습니다.

그러므로 선택받은 사람들의 이 숫자는 정해져 있어서 바뀔 수 없습니다. 왜냐하면 하나님의 터가 견고히 서 있기 때문입니다.딤후 2:19-옮긴이 중세 스콜라 학자들이 살핀 바와 같이, 생명을 얻도록 예정된 사람이 저주받는다면, 하나님의 뜻이 바뀐 것을 말합니다. 하나님께서 어떤 사람을 생명으로 예정하실 때는 그 사람의 구원을 의도하시고, 또 어떤 사람을 저주하실 때는 그의 영원한 형벌을 의도하신 것인데, 생명을 얻기로 예정된 사람이 정죄받고 저주받는다면 하나님의 뜻이 바뀌는 것입니다. 이는 불가능합니다. 그분의 뜻은 그분 자신과 같아서 바뀔 수 없기 때문입니다.

선택받은 사람들의 숫자는 정해져 있어서 줄지도 늘지도 않고, 또한 주님께서는 분명히 그 선택받은 사람들을 모두 알고 계십니다. 이는 그들의 이름이 생명책에 기록되어 있기 때문입니다. 주님께서는 누가 그분에게 속한 사람인지 아십니다. 폴 베인즈(Paul Baynes[원서에는 Bayne으로 되어 있다], 1573-1617, '급진적 청교도'로 불려지는 영국 성직자—옮긴이)는 말합니다. "즉, 하나님만 자신이 선택한 자 전체를 아신다. 이런 의미에서 어느 사람이나 피조물도 누가 하나님에게 속한 사람인지 알지 못한다."

오직 하나님만 자신에게 속한 자, 즉 그분에게 인정을 받은 자가 누구인지를 아십니다. 하지만 사람도 자신이 그 택함받은 자 가운데 한 사람인지를 알 수 있습니다. 만약 내가 나 자신을 시간 안의 세상(world in time, 현세—옮긴이)에서 구별된 자로 여긴다면, 그렇다면 하나님이 시간 전에(before time, 창세전에—옮긴이) 나를 다른 사람과 구별하셨음을 나는 알 수 있습니다. 그리고 만약 내가 하나님을 나의 분깃으로 선택했다면, 그렇다면 하나님이 나를 선택하셨음을 나는 알 수 있습니다. 그분께서 우리를 먼저 선택하셨기 때문에 우리가 그분을 선택하게 된 것입니다. 만약 내가 시간 안에서(현실에서—옮긴이) 하나님을 사랑하고 그리스도를 믿는다면, 그렇다면 그분께서 나를 사랑하셨고 나를 위해 자신을 주셨음을 나는 알게 됩니다. 왜냐하면 우리의 모든 은혜는 그분의 은혜를 반영(반사, reflection—옮긴이)하는 것뿐이기 때문입니다. 여러분은 밀랍에 찍힌 인장의 글씨나 문양을 보면, 인장이 직접 찍힐 때 보지 못했어도 그 인장이 찍혔음을 압니다. 이런 생각은 거룩한 순교자 존 브래드포드의 생각이기도 합니다. 존 폭스(John Foxe, 1516/17 – 1587, 영국 역사학자. 영국 청교도들의 필독서인 『순교자 열전』[Acts and Monuments]의 저자—옮긴이)는 그의 책 『순교자 열전』에서 브래드포드의 믿음을 다음과 같이 설명하고 있습니다. "감히 말씀드리겠습니다. 섭리에 관한 제 입장은 다음과 같습니다. 다시 말해 섭리는 하나님께서 여시는 것입니다. 섭리가 하나님에게는 처음으로 열리는 것이겠지만, 우리에게는 마지막에 열리는 것입니다. 그래서 저는 창조로부터 시작해서 제가 구속받아 의롭다 함을 받고 선택에까지 이릅니다." 우리는 이후의 것, 다시 말해 그리스도를 믿는 우리의 믿음과 신앙으로 선택을 판단해야 합니다. 믿음은 우리가 선택받음의 효력 있는 원인(efficient cause)이 아니라, 오히려 그 결과입니다. 그래서 믿음이 입증의 원인, 즉 우리가 선택받은 입증의 원인이 됩니다. 이를 통해 우리는 우리가 선택받은 것에 대한 지식을 얻게 되며, 이 목적으로 사도는 우리에게 우리의 부르심과 선택을 확실히 할 것을 권면합니다. "그러므로 형제들아, 더욱 힘써 너희 부르심과 택하심을 굳게 하라."벧후 1:10-옮긴이 그래서 선택받은 어떤 자들이 있고, 사람은 자신이 선택받은 것을 알고 확신할 수 있는 것 같습니다. 이를 아는 방법은 천상에서 시작되지 않고, 우리의 부르심과 함께 낮은 곳에서 시작됩니다. 그래서 사도는 선택을 두 번째로 말한 것입니다. 즉, "너희 택하심과 부르심을 굳게 하라"가 아니라, "너희 부르심과 택하심을 굳게 하라"고 말씀합니다.

보편 구원(universal redemption)에 관해 말씀드리겠습니다. 그리스도는 진실로 모든 사람(all men)을 위해 죽었음을 알아야 합니다. 하지만 그분께서 세상의 모든 개별자(all the particular men)를 구원하실 의도로 죽었다는 말은 어디에서도 찾아볼 수 없습니다. 이것은 의문의 여지가 있습니다. 하지만 그분께서 모두를 위해, 다시 말해 유대인과 이방인을 위해 죽었다는 것은 분명한 사실입니다. 여러분이 성경을 펼쳐서 이런 말이 어떻게, 언제, 어떤 상황에서 나오게 되었는지 본다면, 여러 성경 구절이 바로 이런 의미라는 것을 쉽게 알 수 있을 것입니다. 구약시대에는 그리스도가 모든 사람(all)을 위해 죽는 것으로 언급되지 않고, 다만 다음과 같이 기록되어 있습니다. "그가 많은 사람(many)의 죄를 담당하며."사 53:12 "모든 사람"(all)이 아니라 "많은 사람"(many) 입니다. 그리고 그리스도께서 이 땅에 계실 때, 그분은 오직 유대인들에게만 말씀을 전하시고, 그의 제자들에게 이방인의 길로도 가지 말라고 하셨습니다.마 10:5 - 옮긴이 그때 다음과 같은 말씀을 하셨습니다. "자기 목숨을 많은 사람(many)의 대속물로 주려 함이니라."마 20:28 여기서도 "모든 사람"이 아니고 "많은 사람" 입니다. 그런데 사도들이 이방인들에게 말씀을 전하면서 이전까지 없던 말—그리스도께서 모든 사람(all)을 위해 죽으셨다는 말—이 실제로 언급되었습니다. 왜 그렇습니까? 그들은 유대인은 물론 이방인들에게도 그리스도를 소개했기 때문입니다. 그래서 여러분이 디모데전서 2장을 보면 알겠지만, 사도는 4절에서 다음과 같이 말합니다. "하나님은 모든 사람이 구원을 받으며 진리를 아는 데에 이르기를 원하시느니라." 5-6절에서 "중보자도 한 분이시니……그가 모든 사람을 위하여 자기를 대속물로 주셨으니"라고 말하고서, 이를 7절에서 이방인과 관련해 설명합니다. "이를 위하여 내가 전파하는 자와 사도로 세움을 입은 것은……내가 이방인의 스승이 되었노라." 이 말씀 때문에 사도는 1절에서 모든 사람을 위하여, 심지어 이교도 통치자들을 위해서까지 기도해야 한다고 말합니다. 사도 요한 역시 그의 첫 번째 서신에서 같은 취지로 말합니다. "그(그리스도)는 우리 죄를 위한 화목제물이니 우리만 위할 뿐 아니요 온 세상의 죄를 위하심(for the sins of the whole world)이라"(요일 2:2, KJV, 개역개정—옮긴이). 우리 번역 성경(KJV—옮긴이)은 "온 세상의 **죄**를 위하심"(for **the sins** of the whole world)으로 되어 있지만, 헬라어와 고대 시리아어 역에는 "온 세상을 위하심"(for the whole world)으로 되어 있습니다. 그렇다면 그리스도는 왜 그리고 어떻게 온 세상을 위한 화목제물이십니까? 결론적으로, 그리스도는 세상의 모든 개별자를 위한 화목제물입니까? 아닙니다. 여기서 "온 세상"은 "유대인들"과 대립되는 말입니다. 그리스도는 모든 사람(all)을 위해 죽으셨다는 것은 사실입니다. 여기서 모든 사람은 유대인들과 이방인입니다. 그분이 세상의 모든 개별자(every particular man)를 구원하실 의도로 죽으셨다는 말은 성경 어디에서도 찾아볼 수 없습니다.

보편 구원론이 영적으로 근심하며 고통받는 자들을 위로하는 데 도움이 된다는 주장과 이와는 반대로 보편 구원론이 사실은 불쌍하고 의심하며 고통받는 영혼을 위로하는 데 적이라는 주장이 있습니다. 이 문제를 분명히 하기 위해 다음의 네다섯 가지 논점을 생각해 봅시다.

1. 자범죄(actual sin)에 대한 그리스도의 속죄를 무력화하거나 공허하게 하는 이론은, 불쌍하고 의심하며 고통받는 영혼의 믿음과 위로에 도움이 되는 친구가 아니라 철천지원수입니다. 왜냐하면 이 영혼은 특히 자신이 저지른 자범죄로 고통스러워하기에, 그리스도께서 그 죄를 온전히 속죄해 주셨다는 사실이 그에게 큰 위로가 되기 때문입니다. 그렇다면 보편 구원론은 자범죄에 대한 그리스도의 속죄를 어떻게 말하고 있습니까? 이 이론이 우리에게 분명히 말하는 바는 다음과 같습니다. 즉, 사실상 무수한 사람이 그리스도께서 속죄하신 바로 그 죄 때문에 저주받을 수 있다는 것입니다. 이 이론은 다음과 같이 그렇게 말할 수밖에 없습니다. 그리스도께서 세상의 모든 개별자를 위해 죽으셨다면 세상의 그 모든 개별자들은 구원받을 것이고, 그들이 구원받는다면 그리스도께서는 그들의 자범죄를 십자가에서 짊어지신 것입니다. 그렇지 않다면 그리스도께서 십자가에서 짊어지지 않은 죄인 인간의 자범죄는 용서받아야 합니다. 그런데 그

리스도께서 세상의 모든 개별자들의 자범죄를 짊어지셨다면 저주받은 자들은 그리스도께서 짊어지고 속죄하신 바로 그 죄들로 인해 저주받아야 합니다. 그렇지 않다면 그들은 그 죄로 인해 저주받지 않게 됩니다. 그런데 사람은 자신의 궁극적인 불신앙으로 저주받을 뿐 아니라, 율법을 거스른 죄로 인해서도 저주받습니다. 왜냐하면 율법은 경건하지 않은 자를 위해 만들어졌기 때문입니다.딤전 1:9-10-옮긴이 "무릇 율법 없이 범죄한 자는 또한 율법 없이 망하고."롬 2:12 (또한 사도는 율법을 거스르는 자범죄를 이야기하면서 다음과 같이 말합니다) "이것들로 말미암아 [불순종의 자녀들에게] 하나님의 진노가 임하느니라."골 3:6 그러므로 사람이 율법을 거스르는 자범죄로 인해 저주받는다면, 그리고 그리스도께서 그들의 죄를 십자가에서 짊어지고 그들을 위해 속죄하셨다면, 그렇다면 사람들은 그리스도께서 속죄하신 바로 그 죄들로 인해 저주받습니다. 그렇다면 이것이 그리스도의 속죄를 무력화하고 공허하게 하는 것이 아니면 무엇이겠습니까? 여러분이 빚을 갚았는데 그 후 그 동일한 빚으로 인해 감옥에 간다면, 그 투옥이야말로 여러분의 빚 청산을 공허하게 하는 것 아니겠습니까? 보편 구원론의 원리가 바로 이와 같습니다. 그러므로 진실로 이 이론은 불쌍하고 의심하며 고통받는 영혼의 믿음과 위로에 친구가 아니라 철천지원수입니다.

2. 그리스도의 죽음과 함께 그리스도의 중보는 우리 그리스도인이 의지할 큰 위로의 기둥입니다. "누가 능히 하나님께서 택하신 자들을 고발하리요.……의롭다 하신 이는 하나님이시니

누가 정죄하리요. 죽으실 뿐 아니라 다시 살아나신 이는 그리스도 예수시니 그는 하나님 우편에 계신 자요 우리를 위하여 간구하시는 자시니라. 누가 우리를 그리스도의 사랑에서 끊으리요. 환난이나 곤고나 박해나 기근이나 적신이나 위험이나 칼이랴." 롬 8:33-35 우리의 위로는 그리스도의 죽음에만 있는 것도 아니요, 또한 그리스도의 중보에만 있는 것도 아닙니다. 오직 이 둘의 결합에 있습니다. 사실 희생제물 자체만으로 유대인들에게 무슨 위로가 되겠습니까? 대제사장이 그 제물의 피를 취하여 지성소로 가지고 들어가, 제물을 바친 자들을 위하여 속죄판에 뿌려야 하는 것 아닙니까? 하지만 이 보편 구원론에 따르면, 그리스도의 중보와 그분의 죽음은 구분됩니다. 왜냐하면 이 이론은 그리스도는 모든 사람을 위해 죽으셨지만, 그분은 모든 사람을 위해 중보하지는 않으셨다고 말하기 때문입니다. 이 이론이 우리에게 분명히 말하는 바는 다음과 같습니다. 즉, "아버지여, 내 말을 들으신 것을 감사하나이다. 항상 내 말을 들으시는 줄 내가 알았나이다" 요 11:41-42-옮긴이 하신 그리스도의 말씀처럼 그리스도께서 세상의 모든 개별자들의 회심을 위해 기도하셨더라면, 세상의 모든 개별자들은 회심하고 구원받았을 것입니다. 그런데 모든 사람이 구원받지도 않았고 회심하지도 않았습니다. 그래서 이 이론은 그리스도의 중보와 그리스도의 죽음을 구분해야만 했습니다. 이로써 그리스도의 죽음과 중보의 연합 위에 서 있는 우리 그리스도인의 위로의 큰 기둥이 무너지는 것입니다.

3. 하나님께서 선물로 주시는 은혜에 반대하거나 적대적인 이

론은 불쌍하고 의심하는 영혼을 위로하는 참된 친구가 될 수 없습니다. 하나님께서 값없이 주시는 은혜가 아직 천국 이편에 있는 우리에게 큰 위로가 아니면 달리 무엇이겠습니까? 우리에게 자유로운 이 은혜가 하나님께서 다른 이들보다 더 많이 보여 주시는 특별한 호의 아니면 달리 무엇이겠습니까? 여러분이 로마서 9장을 보면 알겠지만, 사도는 하나님의 이 자유로운 은혜를 설명하고자 다음과 같이 말합니다. "하나님께서 하고자 하시는 자를 긍휼히 여기시고 하고자 하시는 자를 완악하게 하시느니라."[18절-옮긴이] 그는 먼저 야곱과 에서가 같음을 말합니다. 출생이 같고(둘 모두 이삭과 리브가의 아들이었으므로) 하는 일이 같음을 말합니다. 하지만 "그 자식들이 아직 나지도 아니하고 무슨 선이나 악을 행하지 아니한 때에"[11절-옮긴이] 하나님께서는 하나는 사랑하시고 또 하나는 미워하셨으며, 하나에게는 자비를 보이시고 또 하나에게는 그리하지 않으셨습니다. 이유가 무엇입니까? 그다음 말씀이 설명합니다. "내가 긍휼히 여길 자를 긍휼히 여기고 불쌍히 여길 자를 불쌍히 여기리라."[15절] 서로 다를 바 없고 다 같이 자격이 없지만, 그중 어떤 이에게는 자비를 보이시고 또 어떤 이에게는 그리하지 않는 이것이 바로 자유로운 은혜입니다. 에베소서 2장에서도 사도는 우리가 은혜로 구원받았음을 증명합니다. 그는 먼저 에베소인들이 애초부터 다른 이들과 마찬가지로 자격이 없고, 모두가 애초부터 진노의 자녀임을 말합니다.[1-3절] 하지만 에베소인들은 자비를 얻었고 다른 사람들은 그렇지 못했습니다. 왜 그렇습니까? 그들은 은혜로 구원받았기 때문입니다. 이처럼 하나님의 자유로운 은혜는 구별됩니다. 그분께서는 똑같이 비참하고 자격 없는 사람들임에도 어떤 이들에게는 자비를 보이시고 또 어떤 이들에게는 그리하지 않으십니다. 하지만 이 보편 구원론은 우리에게 다음과 같이 말합니다. 그리스도께서 모든 사람을 위하여 죽은 것과 마찬가지로, 그분은 모든 사람에게 충분한 은혜를 주셨다. 그런데 한 사람을 다른 사람과 구별한다는 것은 하나님의 자유로운 은혜가 아니라 인간의 자유로운 의지(자유의지—옮긴이)가 분명하다. **공동의 것이라면 구별하지 않는 공동의 것이다**(commune quae tenus commune non distinguit). 아버지가 두 자녀에게 집이나 땅을 사라고 같은 금액의 돈을 준다고 합시다. 한 자녀는 사고, 한 자녀는 사지 않습니다. 한 자녀가 사고, 한 자녀가 사지 않는 이유는 한 자녀는 땅이나 집을 살 의지가 있고, 한 자녀는 없기 때문입니다. 사실 집이나 땅을 사는 자녀는 자기 아버지의 도움과 돈으로 삽니다. 그런데 둘 모두에게 아버지의 도움과 돈이 있음에도 하나는 사고 하나는 사지 않는 이유가 무엇입니까? 하나는 사려는 의지가 있고, 하나는 그 의지가 없다는 것 외에 다른 이유가 있습니까? 이와 마찬가지로, 하나님께서는 모든 사람에게 충분한 은혜를 주셨습니다. 그래서 한 사람이 믿는 것은 하나님의 은혜로 말미암은 것이라고 여러분은 말할 것입니다. 어떤 사람은 믿고 또 어떤 사람은 믿지 않는 그 이유는 오직 사람의 의지 때문입니다. 즉, 한 사람은 그것을 의지하고 다른 사람은 그것을 의지하지 않기 때문입니다. 이렇게 되면 (인간의—옮긴이) 자유의지가 결정권을 갖게 되고 하나님의 자유로운 은혜는 통치권을 잃게 됩니다. 그런데 보편 구원론에 따르면, 자유의지가 이 사람과 저 사람의 차이를 만들어서 자유의지가 결정권을 갖게 됩니다. 그러므로 진실로 이 이론은 하나님의 자유로운 은혜의 친구가 아니라 철천지원수이며, 또한 불쌍하고 의심하는 영혼의 위로에도 원수입니다.

4. 내가 가진 구원의 확신에 반대하는 이론은 시험이 올 때 나를 위로하는 친구가 될 수 없습니다. 내가 나의 영원한 복을 의심하는데 어떻게 내 영혼이 위로를 얻을 수 있겠습니까? 이 보편 구원론은 우리 구원의 확신을 무너뜨립니다. 사람은 살아 있는 동안 은혜에서 떨어질 수 있다는 이 이론의 주장을 누가 모르겠습니까? 이렇게 떨어지지 않는다면 (이 교리는 여러분에게 다음과 같이 말할 것입니다) 그 사람은 자유롭게 행동한 것이 아니고, 어떤 필연성(necessity)에 매여 있으며, 이 필연성과 자유는 양립할 수 없다고 합니다. 그런데 사람이 살아 있는 동안 은혜에서 떨어질 수 있다면,^{갈 5:4-옮긴이} 그는 죽을 때까지 구원의 확신을 가질 수 없을 것입니다. 경건한 사람이 은혜 안에 있는 자신의 견인을 확신하지 못한다면, 그는 구원의 확신 또한 가질 수 없을 것입니다. 그런데 이 이론에 따르면 경건한 사람도 은혜의 견인을 확신할 수 없습니다. 왜냐하면 하나님의 약속 없이는 어떠한 자비도 나는 확신할 수 없기 때문입니다. 그런데 하나님은 어느 누구에게도 진실로 은혜 안에서 견인되리라는 약속을 한 적이 없다고 이 이론은 여러분에게 말할 것입니다. 그러므로 명백히

이 이론은 우리의 구원의 확신에 도움이 되는 친구가 아니며, 불쌍하고 의심하는 영혼의 믿음과 위로에 적대적인 철천지원수입니다.

5. 하나님의 자비가 우리가 행하는 여러 조건들에 의존한다는 주장을 강하게 하는 이론일수록 위로는 적어지고, 불쌍하고 의심하는 영혼은 더욱더 두려워하게 됩니다. 이 보편 구원론에 따르면, 하나님의 전체 자비는 조건들을 행하는 우리, 다시 말해 본성적인 조건 이행에 의존하고 달려 있습니다. 만약 그리스도가 개별적인 모든 사람(all men in particular)을 위해 죽었다면, 다시 말해 이 말의 의미가 하나님은 세상의 모든 개별자(all the particular men)를 구원하기를 원한다는 뜻이라면, 그렇다면 그분은 이 뜻을 양자택일적으로, 즉 절대적으로 또는 조건적으로 원하실 것입니다. 먼저, 절대적이라면 그 일은 마땅히 일어날 것입니다. 그래서 이 이론은 당연히 조건적이라고 말합니다. 즉, 하나님은 모든 사람의 구원을 원하시는데, 그들이 회개하고 믿고 순종한다는 조건으로 구원하실 것이라고 합니다. 그렇다면 모든 개별자는 회개하고 믿어야 하는 이 조건을 하나님께서 원하시든가 아니면 이 조건을 원하지 않으시든가 둘 중의 하나일 것이라고 우리는 말합니다. 만약 이 조건을 원하지 않는다면 하나님은 모든 사람의 구원을 원하지 않으시는 것입니다. 그 이유는 다음과 같습니다. **어떤 목적을 원하는 자는 그 목적의 수단들을 원한다**(Qui vult finem, vult media ad finem). 하나님께서 이 조건, 즉 세상 모든 사람의 믿음과 회개를 원하신다면, 그렇다면 그분

은 이를 절대적으로나 조건적으로 원하실 것이라고 우리는 말합니다. 절대적이라면, 모든 사람이 회개하고 믿는 일이 마땅히 일어날 것입니다. 그러나 모든 사람이 그렇게 하지 않습니다. 그래서 이 이론의 옹호자들은 조건적이라고 말합니다. 그렇다면 믿음을 갖고 인내하기 전에 본성의 기능과 공로의 조건 외에 어떤 조건이 영향을 끼칩니까? 그렇습니다. 그들은 복음 안에 있는 은혜나 자비 등을 그들은 우리의 본성적 조건과 연결합니다. 그래서 그들은 예를 들면서 다음과 같이 말합니다. 즉, 값을 대신 치르신 그리스도의 죽음과 그 유익이 그 조건에 결부되고, 새 언약의 은혜는 조건에 결부되고 약속되었지만, 성경 어디에도 은혜의 절대적인 약속은 없다. 이처럼 모든 은혜를 조건적인 것으로 만드는 이론은 불쌍하고 의심하는 영혼의 소망과 위로에 큰 방해일 뿐입니다. 바로 이 보편 구원론이 그렇습니다. 그러므로 명백히 이 이론은 불쌍하고 의심하며 고통스러워하는 영혼을 위로하는 참된 친구가 될 수 없고 오로지 철천지원수일 뿐입니다.

하지만 여러분은 말합니다. 그리스도께서 모든 사람과 모든 개별자를 위해 죽으신 것이 아니라면, 그분은 나를 위해 죽었다는 결론을 내가 어떻게 내릴 수 있을지? 그리고 이 결론이 전칭명제(universal proposition, 정언명제의 양적 분류의 한 형태로 '특칭 명제'와 대조된다. 이를테면 "모든 사람은 죽을 것이다" 등이다—옮긴이)가 아니라면 믿음의 결론을 어떻게 내릴 수 있을지?

나는 이 반론에 대해서는 답할 필요가 없을 것 같습니다. 왜냐하면 이런 이의를 제기한 사람들은 자신의 신념과 경험에 의거해서, 믿음은 복음의 진리에 대한 동의이며, 이 보편 구원론을 고수하기 전에 회개하고 하나님을 믿었다고 스스로 대답할 것이기 때문입니다. 하지만 더 깊이 있는 대답이 되려면, 의지하는 믿음이 있고, 확신하는 믿음이 있다는 사실을 여러분은 알아야 합니다(이 책 254쪽—옮긴이). 확신하는 믿음이 자신의 토대로 자비의 **미래성**(shall be)을 삼듯이, 자비의 **가능성**(may be)은 의지하는 믿음의 충분한 근거와 토대입니다. 요나단과 그의 무기를 든 젊은 병사가 "여호와께서 우리를 위하여 일하실까(may be) 하노라"삼상 14:6 말하면서 적들을 치러 나갈 때, 그들에게는 오직 자비의 **가능성**만 있었습니다. 하지만 그들은 하나님을 의지했습니다. 그러므로 그리스도께서 비록 모든 개별자를 위해 죽지 않으셨고, 그분은 비한정적인(indefinitely) **죄인들을** 위해 돌아가셨어도, 나를 위한 자비의 **가능성**이 있습니다. 그렇습니다. 그리스도는 비록 전칭적인 죄인들을 위해서는 아니라 해도, 비한정적인 죄인들을 위해 돌아가셨습니다. 그러므로 내가 그분을 믿고 의지할 충분한 근거가 있습니다.

의지하는 행위가 확신하는 행위에 선행하는 것을 여러분은 알거나 아마 알 것입니다. 나는 그리스도께서 나를 구원하실 수 있다고 확신하며 그분을 의지하지만, 사실은 그분을 먼저 의지해야 그분께서 나를 구원하시리라는 확신이 듭니다. 이러한 의지하는 행위로 우리는 확신으로 나아갑니다. 내가 그분께 나아가 의지하면 그분께서 내게 자비를 보이실 것을 나는 압니다.

"내게 오는 자는 내가 결코 내쫓지 아니하리라."요 6:37-옮긴이 이제 나의 확신이 의지하는 행위로부터 나온다면, 내가 가진 믿음이 내리는 결론의 첫 번째 근거와 토대는 그리스도께서 모든 사람을 위해 죽으셨다는 전칭명제가 아니라, 그리스도께서 죄인들을 위해 죽으셨다는 비한정 명제(indefinite propostion, 전칭명제도 아니고 특칭명제도 아닌 명제. "쾌락은 좋지 않다" 등이다—옮긴이)입니다. 믿음의 결론이 반드시 전칭명제에서 나와야 한다는 생각이 든다면 이렇게 한번 생각해 보십시오. 즉, 누구든지 그리스도에게 와서 그분을 의지하는 사람은 그분에 의해 구원받을 것이다. 또는 그리스도에게 와서 그분을 의지하는 모든 사람을 위해 그리스도는 죽으셨다. 이제 나는 그분에게 가서 그분을 의지합니다. 그러므로 그리스도는 나를 위해 죽으셨고, 나는 그분에 의해 구원받을 것입니다. 이렇게 해서 그리스도는 모든 사람을 위해 죽으셨다는 전칭명제의 실재를 여러분은 보게 됩니다. 이것은 우리 믿음의 확신과 결론에 결코 방해가 아닙니다. 따라서 여러분은 이런 반론과 관련하여 절망할 아무런 이유가 없습니다.

여러분은 말합니다. 하지만 여전히 나를 괴롭히는 문제가 하나 있습니다. 내가 제거할 수 없는 오래된 반론입니다. 내가 나의 형편, 나의 영혼 혹은 육신의 형편을 살펴보면, 이전의 어느 누구의 형편도 나의 형편과 같지 않았습니다. 나는 경건한 많은 사람과 대화를 나누어 보았지만, 누구도 지금의 내 형편과 같은 형편을 겪어 본 사람은 없었습니다. 성경을 읽어 보았지만, 거기에도 지금 내가 겪고 있는 형편을 겪었던 사람은 없었습니다. 은혜로운 사람 누구 하나라도 나와 같은 형편에 있었다는 확신이 든다면, 나는 희망과 위로를 얻을 것입니다. 하지만 내게는 어떤 경건한 사람도 지금의 나와 같은 형편에 있은 적이 없다는 확신만 들 뿐입니다. 그러므로 나는 절망합니다. 이러한 내게 절망할 이유와 까닭이 없습니까?

없습니다! 왜냐하면 여러분만 그렇게 생각하는 것이 아니라 하나님의 성도와 백성들도 대부분 그렇게 생각합니다. 그러므로 여러분이 이 문제와 관련하여 절망할 이유가 없습니다. 교회가 예레미야애가 1:12에서 하는 말을 들어 봅시다. "지나가는 모든 사람들이여, 너희에게는 관계가 없는가 나의 고통과 같은 고통이 있는가 볼지어다." 내 형편 같은 형편이 어디 있느냐는 것입니다. 베드로가 자신의 첫 번째 서신에서 언급한 하나님의 백성들의 생각도 그러했던 것 같습니다. 베드로는 말합니다. "사랑하는 자들아, 너희를 연단하려고 오는 불 시험을 이상한 일 당하는 것 같이 이상히 여기지 말고,"^{벧전 4:12} 베드로가 말한 바와 같이, 여러분은 누구의 형편도 여러분의 형편과 같지 않으며 여러분에게만 유독 이상한 일이 생기는 것으로 생각합니다. 베드로전서 5:9에도 여러분만 고난을 받는 것이 아니라는 말씀이 나옵니다. "너희는 믿음을 굳건하게 하여 그를 대적하라. 이는 세상에 있는 너희 형제들도 동일한 고난을 당하는 줄을 앎이라." 여러분은 여러분 자신만 유독 세상에 없던 극심한 고난을 만났다고 생각할 테지만, 베드로는 속지 말라고 말합니다.

여러분의 형편이 이전의 어느 누구도 겪지 못했을 만큼 힘들어도, 주님께서 이렇게 말씀하지 않으셨습니까? "보라, 내가 새 일을 행하리니 이제 나타낼 것이라."$^{사\ 43:19-옮긴이}$ 그리스도의 이름이 놀랍지 않습니까? 그리고 놀라운 일들이 일상적으로 일어나지 않습니까? 여러분의 형편이 이전의 어느 누구도 겪은 적 없던 것이라면, 여러분에게는 행함에서나 고난에서나 하나님을 영광스럽게 할 기회가 어느 누구보다 더 많은 것 아닙니까? 오, 이전의 어느 누구도 얻은 바 없는 그 많은 기회를 여러분이 얻었으니, 이 얼마나 여러분의 영혼에 넘치는 은혜요, 자비요, 사랑인지요! 그러므로 지금까지 여러분에게 여러 차례 한 말로 결론을 내리려 합니다. 즉, 하나님의 백성들은 그들의 형편이 어떠하든 절망할 이유가 없습니다.

이렇게 해서 나는 이 마지막 사례와 앞의 모든 사례들에 대한 논의를 마치고자 합니다. 지금까지 논한 전체 내용과 관련된 적용을 잠시 이야기한 후에 말씀을 마치겠습니다.

지금까지 여러분이 들은 모든 것이 이와 같다면, 하나님의 자녀들은 그 형편이 어떠하든 절망할 이유가 없습니다. 그것이 사실입니다. 우리 모두에게는 우리의 형편을 살피고 우리가 과연 그리스도 안에 있는지 없는지, 우리가 경건한지 그렇지 않은지, 우리가 하나님과 평안을 누리고 있는지 그렇지 않은지, 우리에게 믿음이 있는지 없는지, 살펴야 할 필요가 있습니다. 사도는 말합니다. "믿음은 모든 사람의 것이 아니니라."$^{살후\ 3:2}$ 실로 모든 사람이 다 자신은 믿음이 있다고 말합니다. 내가 회중석마다 돌아다니며 거기 앉은 모든 회중들의 가슴에 과연 믿음이 있는지 없는지 묻는다면 어떻겠습니까? 양심의 고통으로 괴로워하는 소수의 사람들을 제외한 여러분 대다수는 "나는 믿습니다. 나는 믿게 되어 하나님을 찬양합니다. 여기 이 가슴에 나의 믿음이 있습니다" 하고 말할 것입니다. 하지만 모든 사람이 다 믿음이 있는 것은 아닙니다. 믿는 사람은 소수에 불과합니다. 어린이 여러분, 젊은이 여러분, 믿음은 여러분에게 그저 생기는 것이 아닙니다. 믿는 것은 십계명을 지키는 일보다 어렵습니다. 믿는 것이 무엇인지 알게 되면 여러분은 말할 것입니다. 오, 믿는 것은 무엇보다 어렵습니다. 과연 세상에서 믿는 것만큼 어려운 일이 있는지 나는 모르겠습니다. 하지만 여러분이 믿고, 그리스도 안에 있고, 여러분이 경건해져 하나님과 평안을 누리면, 주님으로부터 난 여러분은 복된 자들이니 어떤 것도 여러분을 해하지 못하고, 아무것도 여러분을 절망케 하지 못할 것입니다. 하지만 여러분이 경건하지 않고, 그리스도 안에 있지 않고, 믿지 않으면, 모든 것이 여러분을 해롭게 하고 여러분을 절망케 할 것입니다. 여러분은 형편이 어떠하든 기뻐할 이유가 없습니다. 그러므로 사랑하는 여러분, 우리 모두 주님 앞에 있는 것처럼 진실하게 우리의 형편을 헤아리고 우리가 과연 그리스도 안에 있는지 없는지 생각해야 하지 않겠습니까?

여러분은 물을 것입니다. 하지만 내가 그리스도 안에 있다면 어찌해야 합니까? 믿는다면 또는 믿지 않는다면 어떻게 해야 합니까? 여러분이 믿지 않고, 아직 그리스도 안에 있지 않고, 아직 경건한 경우가 아니라면, 주님으로부터 온 이 교훈이 여러분을 초대합니다. 여러분은 예수 그리스도 앞으로 나오십시오. 사람이 그리스도 안에 있고 경건하면, 형편이 어떠하든 절망할 이유가 없습니다. 하지만 사람이 경건하지 않으면, 형편이 어떠하든 기뻐할 이유가 없습니다. 한편에는 모든 격려가 있고, 또 한편에는 모든 절망이 있습니다. 나는 주님의 이름으로 오늘 아침 이 회중 앞에 삶과 죽음을 내놓습니다. 한편에는 격려, 또 한편에는 절망을 내놓습니다. 그러므로 음행하는 자, 하나님을 비방하는 자, 거짓말하는 아이, 도둑질하는 하인이 여기에 있거든, 또 행실이 부정한 여인, 주일을 성수하지 않는 자, 하나님을 대적하는 자가 여기에 있거든, 주님 안에서 청합니다. 예수 그리스도 앞으로 나오십시오. 지금까지 내가 이야기한 이 모든 격려와 새 언약의 모든 자비와 여러분의 영혼의 구원으로 말미암아 여러분에게 청합니다. 예수 그리스도 앞으로 나오십시오. 오, 여러분이 하나님과 평안을 누리고 예수 그리스도 안에 들어가기까지 안식이 없을 것입니다.

여러분이 그리스도 안에 있어서 믿고 경건하며 하나님과 평안을 누리는 경우라면, 그렇다면 여러분은 지금까지 말한 이 모든 격려에 부응하는 삶을 살고 있는지, 거룩하신 성령의 위로에 의지해서 행하고 있는지 살펴보십시오. 오, 경건한 여러분, (지금까지 여러분이 들은 모든 내용이 이와 같다면) 어찌하여 여러분은 고개를 숙이고 다닙니까? 어찌하여 여러분은 절망하며 괴로워합니까? 어찌하여 여러분은 이 선포된 진리의 위로에 의지해서, 이러한 격려의 능력에 의지해서 행하지 않습니까? 우리가 위로

없는 여러분에게 위로를 말하기 위해 얼마나 애를 썼는지 여러분은 압니다. 경건한 사람은 그 형편이 어떠하든 절망할 이유가 없음을 여러분은 이 여러 번의 말씀을 통해 이미 들었습니다. 죄와 관련해서, 의무 이행에 실패하거나 아쉬운 이행에 관련해서, 확신의 부족과 관련해서, 시험과 관련해서, 고통과 관련해서, 버림받음과 관련해서, 그리고 여기 자신의 형편 그 자체와 관련해서, 이 모든 경우에서도 절망할 이유가 없습니다. 이제 결론적으로 위로가 없는 여러분에게 청합니다. 이렇게 선포된 내용들은 이미 들은 것들이며, 이것은 이미 내가 가지고 있다고 주제넘게 말하는 사악한 어떤 자들이 지금 이 회중 가운데 있다는 생각을 여러분은 하지 않습니까? 그들은 이런 주제넘은 판단으로 제 영혼을 위태롭게 하고, 그들은 정작 위로받지 못하면서도 스스로 위로하고 있는 자들입니다. 이 위로를 잘못 적용함으로써 자기 영혼을 위태롭게 하는 어떤 사악한 자들이 이 회중 가운데 있다는 생각을 여러분이 하든 하지 않든 여러분에게 청합니다. 이렇게 위로를 잘못 적용했다면, 지금까지 위험한 모험을 한 것입니다. 이 모든 것들이 여러분을 위로해 주었습니까? 그렇다면 여러분은 이제 이 (거짓—옮긴이) 위로를 거절하시겠습니까? 오, 지금까지 오래도록 이 위로를 거절한 여러분이라면, 이제는 주님 안에서 위로를 받으십시오. 이전까지 한 번도 위로받은 적 없는 여러분, 이제는 위로받고, 성령의 위로 가운데 행하십시오. 그리고 두려움과 떨림과 의심 가운데 크게 절망해서 오르락내리락했던 여러분, 드디어 이렇게 말하십시오. "내 영혼아, 네가 어찌하여 낙심하며 어찌하여 내 속에서 불안해하는가. 너는 하나님께 소망을 두라. 하나님을 기다려라. 하나님을 의지하라. 그분은 내 얼굴의 건강이시기에 내 하나님을 여전히 찬송하리로다." 여러분이 어떻게 하나님을 소망하고 기다리며 의지하고 여러분의 마음을 굳건히 하여 모든 절망에 맞설 수 있는가 하는 문제는 다음 장에서 말씀드리겠습니다.

이것으로 아홉 번째이자 마지막 사례 설명을 마치겠습니다.

chapter **13.**
예수 그리스도를 믿음으로 절망의 치유

여러분은 지금까지 성도의 절망과 그 절망의 불합리성(un-reasonableness—옮긴이)에 대해 들었습니다. 성도들이 절망할 정당한 원인과 이유는 없습니다. 이제는 그러한 절망에 맞서 사용할 수 있는 몇몇 수단에 대한 말씀을 들으시겠습니까? 시편 기자는 다음과 같이 말합니다. "너는 하나님께 소망을 두라." 혹은 "너는 하나님을 의지하라." 혹은 "너는 하나님을 기다려라." 그러므로 교훈은 다음과 같이 분명합니다.

믿음은 모든 절망에 맞서는 도움이다.

하나님을 소망하고, 의지하고, 기다리는 것은 모든 절망에 맞서도록 정해진—유일한 수단은 아니어도—특별한 수단입니다. 다윗은 말합니다. "산 자들의 땅에서 주의 선하심을 보리라고 믿지 아니하였더라면 내가 쇠잔해졌으리이다"(시 27:13, KJV, "내가 산 자들의 땅에서 여호와의 선하심을 보게 될 줄 확실히 믿었도다", 개역개정―옮긴이). 믿음은 모든 절망에 맞서 마음을 굳건히 지켜 줍니다.

여러분이 이 진리를 더욱 명확히 이해하고 우리가 하는 논의의 진전을 위해 저는 다음과 같은 사실을 여러분에게 설명하고자 합니다.

첫째, 하나님을 소망하고 의지하거나 기다리는 것은 무엇인가.

둘째, 믿음은 절망의 시기에 마음을 안정시킨다.

셋째, 절망할 때 하나님을 의지하고 믿음을 행하는 것이 하나님의 모든 성도와 백성의 특별한 의무이다.

넷째, 믿음 안의 어떤 것이 마음을 굳게 하여 모든 절망에 맞서게 하는가. 또 믿음은 그것을 어떻게 행하는가.

그러면 **첫째**, 하나님을 소망하고 하나님을 의지하고 그분을 기다리는 것은 무엇인가?

대답합니다. 하나님을 소망하는 것은 하나님에게 도움을 기대하는 것입니다. 하나님을 의지하는 것은 하나님을 신뢰하여 그분에게 도움을 구하는 것입니다. 그리고 하나님을 기다리는 것은 이렇게 기대하고 의지하는 것을 중단하지 않고 계속 유지하는 것입니다. 그래서 성경의 표현에 따르면 하나님을 의지하는 것은 그리스도 안에 있는 하나님에게 영혼을 기대거나(ἀνέκειτο, 마 26:20―옮긴이) 의지하여, 눈에 보이지 않는 어떤 선한 것을 구하는 것입니다. 저는 우선적으로 말씀드리겠습니다. 하나님을 의지하는 것은 영혼을 하나님에게 기대거나 의지하는 것입니다.

이사야 26:3은 다음과 같습니다. "주께서는 마음을 주께 정한 사람을 완전한 평안 속에 지키시리니 이는 그 사람이 주를 의지함이니이다"(KJV, "주께서 심지가 견고한 자를 평강하고 평강하도록 지키시리니 이는 그가 주를 신뢰함이니이다", 개역개정—옮긴이). 아가에 나오는 신부도 사랑하는 임에게 기댑니다.^{아 8:5-옮긴이} 그러므로 우리는 이처럼 의지하라는 명령을 받았습니다. 그리스도만 의지하는 것이 아니라 예수를 죽음에서, 죽은 자들 가운데서 예수를 일으키신 그분 또한 의지하라고 말씀합니다. 이것은 의지하며 거하는 것을 뜻합니다. 그러므로 하나님을 의지하는 것은 그분을 의지하는 것입니다.^{롬 4:11} 나는 말합니다. 이 의지는 그리스도 안에 있는 하나님을 의지하거나 우리 영혼이 그분을 의지하는 것입니다. 이사야 26장에서 "여호와"(여호와를 소망하라 혹은 의지하라)로 번역된 단어가 복수인 **엘로힘**입니다. 나는 이것을 의도적이라고 봅니다. 그래서 예언자는 주님을 의지하라고 권고하면서, 4절에서 그 근거를 제시합니다. "너희는 주를 영원히 의지하라. 이는 주 여호와 안에 영원한 능력이 있음이라"(KJV, "너희는 여호와를 영원히 신뢰하라. 주 여호와는 영원한 반석이심이로다", 개역개정—옮긴이). 여러분이 읽는 성경은 이렇게 되어 있지만, 히브리어 성경은 다음과 같습니다. "너희는 주를 영원히 의지하라. 이는 여호와 야(Jehovah Jah) 안에 영원한 능력이 있음이라." 여기에서 야(Jah)는 여호와의 요약형이나 축약형으로서 하나님의 아들을 뜻합니다. 그러므로 예수 그리스도께서 세상 마지막 날에 그분의 영광스러운 보좌에 좌정하러 오실 때, 회개한 유대인들이 바로 그 이름으로 그분을 찬양하며 노래할 것인데, 그 이름이 여러분이 요한계시록 19장에서 읽는 바와 같습니다. "할렐루야", "야를 찬양하라."[1-6절-옮긴이] 이 이름은 여러분이 시편 68편을 같이 놓고 보면, 그리스도로 이해될 수 있음을 알 것입니다. "하나님께 노래하라. 그의 이름을 찬송하라. 그의 이름 야로 하늘들을 타고 달리시는 그를 칭송하며 그분 앞에서 기뻐하라"(4절, KJV, "하나님께 노래하며 그의 이름을 찬양하라. 하늘을 타고 광야에 행하시던 이를 위하여 대로를 수축하라. 그의 이름은 여호와이시니 그의 앞에서 뛰놀지어다", 개역개정—옮긴이). 그러므로 그들은 찬양할 것입니다. "할렐루야." 또 여러분이 시편 68:18을 보면, "야"가 찬양받아야 하는 이유를 알게 될 것입니다. "주께서 높은 곳으로 오르시며 사로잡은 자들을 취하시고 선물들을 사람들에게 받으시며." 이 내용은 에베소서 4:7-8에서 그리스도에게 적용됩니다. "우리 각 사람에게 그리스도의 선물의 분량대로 은혜를 주셨나니 그러므로 이르기를 그가 위로 올라가실 때에 사로잡혔던 자들을 사로잡으시고 사람들에게 선물을 주셨다 하였도다." 그러므로 위에서 언급한 대로, 예언자가 우리에게 여호와 야를 의지하라고 권고한 것은, 곧 주님이신 그리스도를 의지하라는 말씀입니다. 그러므로 나는 구약과 신약 모두에 근거하여 말합니다. 믿음은 그리스도 안에서 하나님에게 영혼이 거하고 기대는 것입니다.

하지만 이것이 다가 아닙니다. 하나님이신 그리스도 안에 거하고 그분을 의지하는 사람은 그분께서 눈에 안 보이는 어떤 유익한 것을 주시리라고 온전히 믿습니다. 그래서 사도는 말합니다. "믿음은……보이지 않는 것들의 증거니."히 11:1 이 장에서 사도는 아브라함, 사라, 모세를 비롯한 여러 사람의 몇 가지 예를 제시하는데, 이들은 모두 하나님께 의지하며 보이지 않는 어떤 것들을 주시리라 믿은 사람들이었습니다. 진실로 이것만이 믿음이라는 이름에 부합하는 태도입니다. 사실 내 눈으로 직접 볼 수만 있다면 아무리 의심스러운 사람인들 못 믿겠습니까? 도둑이라도 믿고 거짓말쟁이라도 믿을 것입니다. 하지만 파리시엔시스(기욤 도베르뉴[Guillaume d'Auvergne, 1190-1249]가 쓴 책. 정식 서명은 "Guilielmi Alverni episcopi Parisiensis opera omnia"이다—옮긴이)가 잘 말했듯이, 하나님에게 의지하여 눈에 보이지 않는 것을 구하는 믿음이야말로 **하나님에게 합당한 믿음**(fides Deo digna)입니다. 사람이 하나님이신 그리스도 안에 거하여 눈에 보이지 않는 어떤 것을 구한다면, 그는 하나님을 의지한다고 할 수 있습니다. 그리고 이런 행위를 지속하면, 그는 하나님을 기다린다고 할 수 있습니다. 이것이 첫째입니다. 하지만 그다음도 있습니다.

둘째, 믿음과 또한 그 믿음의 발휘가 영혼을 안정시키고 절망을 억제하거나 진정시키는 것이 어떻게 나타나는가?

여러분은 한나의 경우를 압니다. 성경에 따르면, 한나는 하나님으로부터 말씀을 받고 "얼굴에 다시는 근심 빛이 없더라"고 되어 있습니다.삼상 1:18-옮긴이 한나의 마음은 안정되었습니다. 이는 하나님으로부터 말씀을 받았기 때문입니다. 비록 이전에는 마음이 슬픈 여인이었으나, 하나님으로부터 말씀을 받고 그 말씀을 믿자 그녀의 마음이 안정되었습니다. "너의 행사를 여호와께 맡기라."잠 16:3 이것이 믿음입니다. "그리하면 네가 경영하는 것이 이루어지리라." 이것이 안정입니다. 여러분이 이사야 26장을 다시 보면 알겠지만, 이 말씀은 우리가 지금 논의하는 이 문제에 대해 말할 수 없이 명확한 입장을 보입니다. "주께서는 마음을 주께 정한 사람을 완전한 평안 속에 지키시리니 이는 그 사람이 주를 의지함이니이다"(3절, KJV, "주께서 심지가 견고한 자를 평강하고 평강하도록 지키시리니 이는 그가 주를 신뢰함이니이다", 개역개정—옮긴이). 이 말씀을 잘 봅시다. 첫째, 주님께서는 여기서 그분을 의지하는 사람에게 평안을 주겠다고 약속하십니다. "주님, 나는 내 죄가 용서받았음을 알고 나는 그리스도에게 속한 것을 압니다"라고 말할 정도의 확신하는 믿음에는 아직 이르지 못해도, 이들은 의지하는 믿음을 가진 자들입니다. 그들이 마음을 주께 정하기만 하면, 주님께서는 그들에게 평안을 주겠다고 약속하십니다. 그렇습니다. 주님께서는 하나님에게 마음을 정한 자에게 평안을 주겠다는 약속을 하셨습니다. 그것도 갑절의 평안을 주겠다고 약속하십니다. 영어 성경에는 "완전한 평안"(완전한 평안 속에 지키시리니)으로 되어 있습니다만, 히브리어 성경에는 "평안에 평안"으로, 즉 "평안에 평안으로 지키시리니"로 되어 있습니다. 그는 평안에 평안을 얻을 것입니다. 평안이 없는 의심이 아닙니다. 평안도 없고 또 평안도 없는 것이 아닙니다. 마음을 주께 정하기만 하면 평안에 평안, 즉 갑절의 평안을 얻을 것입니다. 그렇습니다. 주님께서는 그러한 영혼에게 평안을 줄 뿐 아니라 그 평안을 지켜 주겠다는 약속까지 하십니다. "주께서는 마음을 주께 정한 사람을 완전한 평안, 평안에 평안으로 지키시리니." 이런 말씀을 하신 전적인 이유는 "그 사람이 주를 의지"하였기 때문입니다. 그가 기도했기 때문이 아니며, 겸손히 회개했기 때문도 아닙니다. 기도하고 회개하는 것이 그의 의무이며, 그것으로 **하나님을 기쁘시게 합니다**(placere Deo). 하지만 그것이 **하나님의 [진노를] 누그러뜨리지**(placare Deum)는 못합니다. 하나님께서 이런 약속을 하신 것은 그는 "마음을 주께 정한 사람"이며, "주를 의지"하였기 때문입니다. 여러분에게 법적으로 해결되지 않은 문제가 있으면 몹시 괴롭지만, 여러분에게 능력 많고 성실하며 기꺼이 그 일을 맡아 줄 법률가 친구가 있어 그에게 그 일을 맡긴다면, 여러분은 안심하고 마음의 평안을 되찾게 됩니다. 즉, 여러분의 일을 맡김으로써 마음이 평안해집니다. 여기서도 그렇습니다. 자신의 일, 자신의 송사, 자신의 문제를 하나님께 맡기기만 한다면, 그는 다윗처럼 말할 수 있을 것입니다. "내 영혼아, 네 평안함으로 돌아갈지어다."시 116:7-옮긴이 믿음으로 되는 일이 이와 같습니다. 이를 좀 더 명확히 말씀드리겠습니다. 일반적으로 불안이나 절망을 일으키는 요인이 서너 가지 있습니다. 첫째, 사리분별을 못하고, 어둠 가운데 있는 경우, 다시 말해 무지몽매한 상태입니다. 사람이 어둠 가운데 있을 때, 더구나 혼자 있을 때는 두려움과 불안에 빠지기 십상입니다. 둘째, 비정상적이고 과도한 감정, 특히 두려움의 감정인데, 이로 인해 영혼이 어둠에 갇힙니다. 셋째, 양심의 가책입니다. 바다에는 엄청난 물이 있고 그 물이 배를 강타하지만 배는 가라앉지 않습니다. 하지만 배에 구멍이라도 나서 물이 들어오면 배는 가라앉고 바닷물은 배의 무덤이 됩니다. 이와 마찬가지로 많은 고통과 괴로움이 사람을 치지만 그의 마음은 가라앉지 않습니다. 하지만 그의 양심에 구멍, 즉 양심의 가책이 생기면, 그는 가라앉고 그의 마음은 침몰합니다. 넷째, 하나님께서는 위대하시고 우리는 그분으로부터 한참이나 멀리 떨어져 있다는 불안.

믿음은 이 모든 것을 치유합니다. 첫째, 믿음은 어둠의 고통에 맞서 빛을 가져와 영혼을 밝히고, 나아갈 길을 보여주며, 여러분이 하는 일에 대한 근거를 제시합니다. 둘째, 믿음은 영혼 안에 넘치는 과도한 감정을 제거합니다. 여러분은 시편 37:1-7에서 노여움과 신뢰가 대립하고 있음을 볼 것입니다. "악을 행하는 자들 때문에 불평하지 말며……시기하지 말지어다.……여호와를 의뢰하고……네 길을 여호와께 맡기라. 그를 의지하면……여호와 앞에 잠잠하고 참고 기다리라.……불평하지 말지어다." 셋째, 믿음은 양심을 치유하고 정화합니다. 그래서 사도는 말합니다. "우리가 마음에 뿌림을 받아 악한 양심으로부터 벗어나고 몸은 맑은 물로 씻음을 받았으니 참 마음과 온전한 믿음으로 하나님께 나아가자."^{히 10:22-옮긴이} 넷째, 믿음은 또한 영혼을 하나님께 가까이 데려갑니다. 믿음이 하는 큰 일은 하나님과 영혼을 하나로 연결하는 것입니다. 이는 에베소서 3:12에 나와 있습니다. "우리가 그 안에서 그를 믿음으로 말미암아 담대함과 확신을 가지고 하나님께 나아감을 얻느니라." 믿음은 사람을 하나님 앞으로 나아가게 하고 더 가까이 가게 합니다. 물론 사람이 이처럼 하나님께 가까이 가더라도, 시내산의 유대인들처럼 여전히 두려워 떨 수 있습니다. 하지만 사도는 말합니다. "우리가 그 안에서 그를 믿음으로 말미암아 담대함과 확신을 가지고." 담대함(παρρησίαν―옮긴이)이라는 말은 헬라어로 "말의 자유"를 뜻합니다. 사람은 믿음으로 하나님 앞으로 나와, 입을 열고 마음에 있는 모든 말을 할 수 있습니다. 그렇습니다. 믿음은 이처럼 사람으로 하여금 입을 열어 말할 자유를 가지고 담대히 하나님 앞으로 나아가게 할 뿐 아니라, 가린 것을 다 벗고 온전한 얼굴로 하나님 앞에 나아가게도 합니다. 사도는 고린도후서 3:18에서 복음 시대의 신자들에게 말합니다. "우리가 다 수건을 벗은 얼굴로……주의 영광을 보매." 가린 것을 다 벗은 얼굴로 봅니다. 우리가 구약에서 읽은 바와 같이, 얼굴을 가렸던 것으로 세 가지 너울 혹은 수건이 있습니다. 1. 모세의 얼굴을 가렸던 어둠의 너울이 있습니다. 2. 하만의 얼굴을 덮은 죄악의 너울 혹은 수건이 있습니다. 죄악의 너울이 그의 얼굴을 덮었고, 그의 얼굴은 가려졌습니다. 3. 당혹과 부끄러움의 너울이 있습니다. 천사들이 그렇다고 하는데, 그들은 하나님 앞에서 자신들의 얼굴을 가립니다. 그리스도인과 신자는 믿음으로 그리스도를 힘입어, 마치 모든 너울을 벗은 듯, 얼마나 담대히 하나님 앞으로 나아가는지 보여주고자 사도는 말합니다. "우리가 다 수건을 벗은 얼굴로……주의 영광을 보매." 그리고 "우리가……담대함……을 가지고 하나님께 나아감을 얻느니라." 그래서 신자는 이제 무죄한 상태의 아담보다 더 담대하게 하나님 앞으로 나아갈 수 있습니다. 왜냐하면 무죄한 상태의 아담이 비록 얼굴에 죄악의 너울을 쓰지는 않았어도 하나님과 아담 사이에는 큰 간극이 있었기 때문입니다. 하지만 이제 타락 이후로, 그리스도의 시대 이후로 하나님께서 우리의 본성을 입고 육신으로 나타나셨습니다. 이와 같이 하나님께서 우리에게 가까이 오셨기에, 우리는 믿음으로 그분께 가까이 갑니다. 그러므로 사도는 당연히 이렇게 말합니다. "우리가 그 안에서 그를 믿음으로 말미암아 담대함과 확신을 가지고 하나님께 나아감을 얻느니라." 믿음이 우리에게 말하는 것이 바로 이것입니다. 곧, 하나님께서 우리에게 가까이 오시고 우리는 하나님께 가까이 가게 되었다는 것입니다. 따라서 명백히 믿음은 생길 수 있는 모든 절망에 맞서는 위대한 처방과 수단입니다.

셋째, 어떻게 해서 절망할 때 믿음을 행하는 것이 모든 그리스도인의 특별한 의무인가?

여러분은 다윗이 한 말을 압니다. "내가 두려워하는 날에는 내가 주를 의지하리이다."시 56:3-옮긴이 그리고 성경은 다음과 같이 분명히 말합니다. "너희 중에 여호와를 경외하며 그의 종의 목소리를 청종하는 자가 누구냐. 흑암 중에 행하여 빛이 없는 자라도 여호와의 이름을 의뢰하며 자기 하나님께 의지할지어다." 사 50:10 첫째, 하나님의 종도 어둠 속에, 빛도 없고 위로도 없는 어두운 형편에 있을 수 있습니다. 둘째, 그 종이 이와 같은 형편에서 절망할 때, 이것은 주님의 이름을 신뢰하고 하나님께 의지하라는 명백한 명령입니다. 그러므로 우리의 구주인 그리스도께서도 제자들에게 명령하셨습니다. "너희는 마음에 근심하지 말라. 하나님을 믿으니 또 나를 믿으라."요 14:1 그리스도의 제자들에게 큰 암운이 몰려왔습니다. 그들은 죽음에 의해 그리스도를 빼앗겨야 했습니다. 목자가 죽임을 당하고 양떼가 흩어져야 했습니다. 이제 이 근심에 대해 그리스도께서 제시하시는 유일한 수단은 다음과 같습니다. "너희는……하나님을 믿으니 또 나를 믿으라." 그분께서는 이 요한복음 14장에서 여러 가지를 더 말씀하십니다. 그때는 그리스도 자신이 고통 가운데 계시던 때였습니다. 그리스도께서는 이제 곧 죽으셔야 했고, 많은 사람의 죄를 짊어져야 했으며, 자기 아버지의 진노를 고통스럽게 되새겨야 했습니다. 그래서 그분께서는 마음이 매우 고민하여 죽게 되었다고 말씀합니다.마 26:38-옮긴이 하지만 이 시간이 자신에게는 고통의 시간이었음에도, 주님께서는 제자들의 근심을 어떻게든 위로하고자 하십니다. 그때 하신 말씀이 유일한 수단과 처방입니다. "너희는……하나님을 믿으니 또 나를 믿으라." 그러므로 나는 여러분에게 말합니다. 절망할 때는 그리스도를 힘입어 하나님을 특별히 더 의지하는 것이 그리스도의 모든 제자들의 의무입니다. 이런 때가 아니면 언제 믿음이 생기겠습니까? 모든 은혜는 제때에 실행되어야 합니다. 사람이 죄를 지었으면 회개해야 하는데, 그때가 바로 회개해야 할 때입니다. 사람이 하나님께 은혜를 입었으면 감사드려야 하는데, 그때가 바로 감사드려야 할 때입니다. 다른 불쌍한 그리스도인이 가난에 시달리고 있으면 가서 구제해야 하는데, 그때가 바로 구제의 은혜를 베풀어야 할 때입니다. 하나님의 얼굴의 광채가 사람에게 비취면 기뻐해야 하는데, 그때가 바로 영적으로 기뻐해야 할 때입니다. 남자가 부정한 여인과 정숙한 여인을 만났을 때는 고결한 덕성을 발휘해야 하는데, 그때가 바로 그렇게 해야 할 때입니다. 그러므로 절망하면 믿음을 행해야 합니다. 절망이 찾아온 그때가 바로 믿음을 행해야 할 합당한 시기와 때입니다. 왜냐하면 열매를 맺는 것만이 우리의 의무가 아니라 열매를 맺되 제때에 맺는 것 또한 우리의 의무이기 때문입니다.시 13 어떤 위로도 눈에 보이지 않는 이때가 믿음이 일하는 합당한 때입니다. 이처럼 절망할 때에 하나님의 성도와 백성들은 특별히 더 믿음을 실천해야 합니다.

넷째, 믿음의 어떤 능력이 절망을 억제하고 진정시키는가? 그리고 믿음 안의 어떤 것이 마음을 굳게 하여 모든 절망에 맞서게 하며, 또 믿음은 그것을 어떻게 행하는가?

믿음은 과거, 현재, 미래의 일에 관해, 그리고 사태 자체에 관해 참된 시각을 제공합니다. 우리의 모든 두려움과 절망은 바로 여기에서, 즉 우리가 사태를 있는 그대로 직시하지 못하는 데서 비롯됩니다. 악이 발생하면 우리는 그것을 본래의 크기보다 더 크게 생각합니다. 그리고 선이 발생하면 우리는 그것을 본래의 크기보다 더 작게 생각합니다. 시험을 받으면, 이전의 경험을 완전히 잊고서 크게 절망합니다. 버림받은 형편에 있으면, 지금 자신에게 있는 것을 보지 못하고, 또한 자신에게 하나님은 어떤 분이고 하나님에게 자신은 어떤 존재인지를 보지 못하고 크게 절망합니다. 고통 가운데 있으면, 그 고통의 목적과 결과를 보지 못하고 불안해합니다. 하지만 이제 믿음이 와서 우리의 눈을 열어 보이지 않는 것을 보게 합니다. 그래서 믿음은 보이지 않는 것의 증거입니다. 믿음으로 모세는 보이지 않는 분을 마치 보는 듯이 바라보면서 견뎌 냈습니다.^{히 11:27-옮긴이} 베드로 사도는 하나님의 백성들에게 과거와 현재와 미래의 일을 보라고 가르치면서, 믿음을 실천하라고 그들에게 권면합니다. "이런 것이 없는 자는 맹인이라. 멀리 보지 못하고."^{벧후 1:9} 이런 것들 중에 하나가 바로 믿음입니다. "그러므로 너희가 더욱 힘써 너희 믿음에."^{벧후 1:5} 하지만 믿음이 없을 경우 앞을 못 보는 것은 어떤 면에서 못 본다는 말입니까? 사도는 이렇게 말합니다. "이런 것이 없는 자는 맹인이라. 멀리 보지 못하고." 그는 멀리 보지 못하는 사람입니다. 그러니 다른 세계를 볼 수 없으며, 시험이나 고통의 목적 혹은 버림받음의 목적을 볼 수 없습니다. 여러분은 말합니다. 미래의 일은 볼 수 없어도 과거의 일은 볼 수 있을 것이다. 아닙니다. 하나님의 사랑에 대한 확신은 믿음의 행위인데, 이 확신이 없기에 베드로는 말합니다. "그의 옛 죄가 깨끗하게 된 것을 잊었느니라."^{벧후 1:9} 그리고 그는 또 말합니다. "그러므로 형제들아, 더욱 힘써 너희 부르심과 택하심을 굳게 하라."^{벧후 1:10} 여러분이 과거와 현재와 미래의 일을 보려고 하면 믿음과 하나님의 사랑에 대한 확신이 자라며, 여러분은 멀리 있는 것들을 볼 수 있을 것이라고 사도는 말합니다. 우리가 우리 고통의 목적과 결과를 볼 수만 있다면, 우리는 고통 중에도 평안을 잃지 않을 것입니다. 고통은 바닷물과 같습니다. 물이 바다에 있을 때를 생각해 봅시다. 그 물은 짜고 불쾌한 맛이 납니다. 하지만 햇빛에 증발되어 구름이 되면, 아주 단물이 되어 비로 내립니다. 이와 같이 있는 그대로의 고통을 한번 생각해 봅시다. 아주 짜고 불쾌합니다. 하지만 이 고통이 하나님의 사랑으로 승화되면 달고 향기롭습니다. 그러므로 영혼이 고통 속에 있는 하나님의 사랑을 맛보기만 하면, 다시 말해 하나님께서 그 고통으로 이루실 사랑의 목적을 보기만 하면, 그 고통이 얼마나 단 것인지 알 것입니다. 그래서 그는 다음과 같이 말할 것입니다. 이 고통이 없었으면 나는 어찌할 뻔 했단 말인가. 이 나무의 어린 가지 하나가 이렇게 살아남을 줄은 나도 몰랐도다.

이처럼 믿음만이 우리의 모든 고통의 목적과 결과를 보여줍니다. 믿음은 위험하지만 약속으로 가득한 높은 탑 위에 올라서서 모든 산과 난관을 굽어봅니다. 믿음은 다른 세계를 들여다봅니다. 믿음은 죽음을 보고 죽음 너머를 봅니다. 믿음은 고통을 보고 고통 너머를 봅니다. 믿음은 시험을 보고 시험 너머를 봅니다. 믿음은 버림받음을 보고 버림받음 너머를 봅니다. 믿음은 하나님의 분노를 보고 그 분노 너머를 봅니다. 그렇습니다. 믿음은 과거와 현재와 미래의 일들을 봅니다. 사람이 이전의 모든 경험을 생각할 수 있는 능력이 있고, 현재의 일을 있는 그대로 볼 능력이 있고, 장차 있을 모든 일들과 그 일들의 결과를 보는 능력이 있다면, 지금 당장 어떠한 일이 일어나더라도 평안을 유지하지 않겠습니까? 믿음은 이처럼 사람에게 과거와 현재와 미래의 일들을 보게 하는 능력, 자신의 괴로움을 능가하는 위로를 보게 하는 능력을 줍니다. 그래서 믿음은 틀림없이 영혼을 평안하게 합니다.

참된 구원의 믿음은 하나님 안에서 또한 그리스도 안에서 우리의 모든 두려움과 결핍과 불행에 대한 답을 봅니다. 믿음은 하나님의 이름에 동의합니다. "흑암 중에 행하여 빛이 없는 자라도 여호와의 이름을 의뢰하며 자기 하나님께 의지할지어다."사 50:10 하나님의 이름에는 우리의 모든 두려움과 결핍에 대한 답이 있습니다. 예를 들어, 출애굽기 34장에서 주님께서는 구름 가운데에 강림하사,5절 모세와 함께 서서 주님의 이름을 선포하셨습니다.6절 **"여호와라. 여호와라. 자비롭고 은혜롭고 노하기를 더디하고 인자와 진실이 많은 하나님이라."**출 34:6-옮긴이 즉, 없는 것을 있게롬 4:17-옮긴이 하는 분이십니다. 여러분은 다음과 같이 말합니까? 오, 내가 이러저러 했으면 좋겠는데. 라헬이 자식들을 위해 울어도 자식들이 없어 위로받지 못했듯이, 나 또한 그러하니, 나의 기도가 없으므로 나는 나의 기도로 인해 울고, 나의 의무가 없으므로 나의 의무로 인해 울며, 나의 회개가 없으므로 나의 회개로 인해 우노라. 이에 주님께서 말씀하십니다. 그러나 안심하고 평안히 가라. 나의 이름은 여호와니라. 나는 없는 것을 있게 한다. 주님께서는 이 말씀을 반복하십니다. "여호와라. 여호와라." 여러분은 말합니다. 주님께서 비록 없는 것을 있게 하셔도 내게는 위로가 되지 않습니다. 물론 나는 나의 기도가 있고, 나의 의무가 있어서 주님을 찬양합니다. 하지만 주님께서 아시오니, 나의 기도와 의무가 있어도 너무나 약하며, 나의 시험과 욕망은 너무나 강합니다. 그러므로 내가 이와 같이 절망합니다. 주님께서 말씀하십니다. 하지만 안심하고 평안히 가라. 나의 이름은 "엘"이다. 즉, 강한 하나님이니, 네가 아무리 약해도, 네 의무가 아무리 약해도, 내가 네 안에서 내 은혜의 역사를 일으키리라. 또한 네 시험이 아무리 강해도, 네 욕망이 아무리 강해도, 나는 그보다 더 강하다. 이는 나의 이름이 "엘" 곧 강한 하나님이기 때문이다. 여러분은 말합니다. 오, 하나님께서 비록 강하시고 나를 도우실 수 있더라도, 나는 하나님께서 나를 도와주실 마음이 없으신 것 같아 두렵습니다. 그러므로 내가 이와 같이 절망합니다. 주님께서 말씀하십니다. 그러나 안심하고 평안히 가라. 나의 이름은 (강하신 하나님에 이어서 곧바로) **자비로운** 하나님이니, "여호와라. 여호와라. 강한 하나님"이다. 나의 이름이 강한 하나님이므로 너를 도와줄 능력이 되듯, 또한 나의 이름이 자비로운 하나님이므로 너를 도와줄 마음을 가지리라. 하지만 여러분은 말합니다. 주님께서 나를 기꺼이 도와주셔도, 나는 불쌍하고 무가치한 자여서 나를 도와주시도록 주님의 마음을 움직일 만한 것이 전혀 없습니다. 주님께서 다시 말씀하십니다. 그러나 안심하고 평안히 가라. 나의 이름은 **은혜로운** 하나님이니, 내가 네게 자비를 보이는 것은 너의 선함 때문이 아니라 나의 선함 때문이다. 나는 값없이 주는 사랑으로 네게 자비를 보이리라. 나의 이름은 **은혜로운** 하나님이다. 여러분은 말합니다. 오, 하지만 나는 죄를 지었습니다. 지어도 너무 오랫동안, 10년, 20년, 30년, 40년, 50년 동안이나 지었습니다. 주님께서 말씀하십니다. 그러나 안심하고 평안히 가라. 나의 이름은 (은혜로운 하나님에 이어서 곧바로) **노하기를 더디하는** 하나님, 즉 은혜롭고 오래 참는 하나님, 노하기를 더디하는 하나님이기 때문이다. 여러분은 말합니다. 오, 하지만 나는 죄를 지어도 너무 크게, 너무 많이 지었습니다. 너무 많이 지어서 셀 수조차 없고, 일일이 헤아려 회개할 수도 없습니다. 나는 하나님 앞에 드린 나의 모든 약속과 맹세를 어겼습니다. 그러므로 내가 이와 같이 절망합니다. 주님께서 말씀하십니다. 그러나 안심하고 평안히 가라. 나는 "인자와 진실이 많은 하나님"이기 때문이다. 네 죄가 많으냐? 내게는 사랑이 많다. 나와 한 약속을 저버렸느냐? 내게는 또한 인자와 진실이 많다. 오, 주님께서는 다윗이나 아브라함, 모세와 같이 소수의 선택하신 사람들에게는 그리하셨을지라도 내게는 그리 아니하실까 나는 두렵습니다. 주님께서 말씀하십니다. 그들과 동일하게 할 것이다. "인자를 천대까지 베풀며 악과 과실과 죄를 용서하리라. 그러나 벌을 면제하지는 아니하고."출 34:7절 나는 다윗이나 아브라함, 바울이나 베드로에게 나의 자비를 다 베풀지 않았다. 나의 자비는 천대까지 이를 것이다. 오, 하지만 나의 죄로 인해 나는 벌을 받을 것입니다. 나는 세상에서 가장 큰 죄인입니다. 나는 온갖 종류의 죄를 지었습니다. 죄란 죄는 하나도 빼놓지 않고 지었습니다. 그러므로 내게는 소망이 없는 것 같아 두렵습니다. 주님께서 말씀하십니다. 그러나 절망하지 말아라. 나는 인자를 천대까지 베풀며, "악과 과실과 죄를 용서하는 하나님"이다. 모든 죄, 온갖 죄, 본성의 죄와 생명의 죄, 약해서 지은 죄와 교만해서 지은 죄, 모르고 지은 죄와 알고도 지은 죄. 주님께서는 말씀하십니다. 이 모든 죄들을 용서한다. 나의 영원한 이름이 이와 같다. 오, 하지만 나는 이 약속을 붙들기가 두렵습니다. 그것은 이 약속이 너무 자유로운 교리가 아닌가 하는 생각 때문입니다. 주님께서는 그다음 말씀에서 그렇지 않다고 말씀하십니다. "그러나 벌을 면제하지는 아니하고." 하지만 불쌍하고 낙담한 영혼, 두려워 떠는 영혼, 나의 이름을 알고 싶어 하는 영혼이 있으면 보라, 나의 영원한 이름이 이와 같다. "없는 것을 있게 하시는 주님, 여호와, 강하신 하나님, 자비롭고 은혜롭고 노하기를 더디하고 인자와 진실이 많은 하나님, 인자를 천대까지 베풀며 악과 과실과 죄를 용서하지만 벌을 면제하지는 아니하는 하나님, 이것이 나의 영원한 이름이다." 이처럼 믿음이 와서 하나님의 이 이름에 동의하고, 영혼을 이 풍요로운 예복으로 인도합니다. 이렇게 믿음은 모든 절망에 맞서 우리의 영혼을 평안하게 합니다.

믿음은 영혼을 하나님의 명령에 복종하게 하고, 그러한 복종의 과정에서 겪을 수 있는 온갖 반대와 곤란한 것에 대한 답은 하나님께서 하시도록 맡깁니다. 우리가 이와 같이 할 수 있다면 깊은 평안을 누릴 수 있을 것입니다. 이처럼 참된 구원의 믿음이 우리로 하여금 이를 가능케 합니다. 여러분은 사드락, 메삭, 아벳느고 이 세 소년이 어떠하였는지 압니다. 그들은 하나님의 명령에 복종했습니다. 하나님께서는 다음과 같이 명령하셨습니다. "너를 위하여……어떤 형상도 만들지 말며."출 20:4-옮긴이 하지만 왕은 이 세 소년들에게 자신을 본떠 만든 우상 앞에 절하라는 명령을 내립니다. 소년들이 대답합니다. 안 됩니다. 우리의 마음은 확고하며, 우리는 절하지 않을 것입니다. 왕이 말합니다. 하지만 너희는 반드시 절해야 한다. 그렇지 않으면 나는 너희를 평소보다 칠 배나 더 뜨거운 풀무불에 넣을 것이다.단3:19-옮긴이 소년들이 말합니다. 그렇다면 할 수 없습니다. 절하는 문제라면 우리는 걱정이 없습니다. 우리는 하나님께서 말씀하신 대로 할 것입니다. 우리는 하나님의 명령에 복종할 것입니다. 우리는 우리의 하나님께서 우리를 구하실 능력이 있음을 압니다. 그분께서 우리를 구하시든 아니하시든 우리는 하나님께 맡길 것입니다. 그분의 일을 함으로써 뒤따르는 곤란한 것과 위험에 대해서는 그분께서 답하시도록 맡겨야 합니다. 성경은 다음과 같이 말하고 있습니다. "자기를 의뢰한……종들을 구원하셨도다."단3:28-옮긴이 또한 여러분은 노아가 어떠하였는지 압니다. 노아는 방주를 지으라는 명령을 받았습니다. 주님께서 이렇게 말씀하셨습니다. "하지만 120년 이후 온 세계는 멸망할 것이다. 그러므로 노아, 너는 너와 네 식구들을 위해 방주를 지어라." 노아는 이 명령에 복종했습니다. 하지만 옛 세계는 아마도 다음과 같이 말했을 것입니다(그들의 대화체는 틀림없이 이랬을 것입니다). 노아, 당신은 세상에서 하나님이 사랑하는 유일한 사람이라고 스스로 생각하시오? 노아, 당신은 하나님이 당신 한 사람을 세상의 모든 사람보다 더 사랑한다고 생각하시오? 당신네 한 식구를 세상의 모든 식구들보다 더 사랑한다고 생각하시오? 그리고 당신이 전한 말, 곧 세상이 120년 후에 물로 멸망한다는 말을 당신 자신이 믿는다면, 어찌하여 당신은 이 말씀을 전하기 시작한 이래로 동일하게 생활하며 자식을 낳고 있소? 또 당신이 방주 혹은 배를 만든다면 선장은 누가 하며 선원은 누가 하는 거요? 다시 말해 당신은 여태까지 설교만 해왔을 뿐인데, 당신과 몇 안 되는 당신의 자식들이 그 큰 배를 이끌고 다스릴 수 있다고 생각하시오? 또 당신이 전한 대로, 사자와 곰과 호랑이 같은 짐승들이 방주 안에 들어온다면, 당신을 물어뜯지 않겠소? 그리고 모든 짐승이 두 쌍씩 방주 안으로 들어온다면 그것들의 배설물에서 나는 지독한 악취는 어떻게 할 거요? 그러고도 당신은 살아남으리라고 생각하오? 하지만 이 모든 반대에도 불구하고 노아는 멈추지 않습니다. 그는 방주를 짓고, 하나님의 이 명령을 행함으로써 오는 모든 반대와 곤란한 것에 대한 답은 이 일을 하게 하신 하나님께 맡겼습니다. 믿음은 언제나 이와 같습니다. 믿음은 우리로 하여금 하나님의 명령을 따르게 하고, 이로 인해 일어나는 반대와 곤란한 것에 대한 답은 하나님께 맡깁니다. 우리가 이와 같이 할 수 있다면, 진정으로 평안을 누리지 않겠습니까?

(더 간단히 말씀드리자면) 믿음의 핵심이 이것입니다. 곧, 우리의 의지를 포기하고 하나님께 내어 드리는 것입니다. 왜냐하면 우리의 의지를 하나님께 양도함으로써 우리는 우리 자신과 우리의 다양한 형편에서 그분을 의지할 수 있기 때문입니다.

믿음의 핵심은 이것입니다. 곧, 합당한 약속에 동의하고 그 약속을 온전히 나의 것으로 삼는 것입니다. 약속이라는 고약은 따뜻한 손으로 붙이지 않으면 우리 영혼에 잘 붙지 않습니다. 약속이 붙지 않는 영혼들이 많은데, 차고 냉랭한 불신의 손으로 붙이려 했기 때문입니다. 그 이유가 아니면 달리 무엇이겠습니까? 그러므로 믿음의 손은 따뜻한 손입니다.

믿음의 핵심은 이것입니다. 곧, 하나님의 부르심과 거래하는 것입니다. 왜냐하면 참된 구원의 믿음은 모험하는 은혜인데, 부르심이 없으면 그 믿음은 모험을 하지 않기 때문입니다.

믿음의 핵심은 이것입니다. 곧, 모든 섭리에서 하나님의 손을 보는 것입니다. 믿음은 말합니다. "주신 이도 여호와시요, 거두신 이도 여호와시오니."욥 1:21-옮긴이 "내가 잠잠하고 입을 열지 아니함은 주께서 이를 행하신 까닭이니이다."시 39:9-옮긴이

믿음의 핵심은 이것입니다. 곧, 하나님의 섭리의 두 면, 우리 형편의 두 면을 함께 보는 것입니다. 섭리에는 언제나 어두운 면이 있고 밝은 면이 있습니다. 감성과 이성은 어두운 면만 봅니다. 하지만 믿음은 두 면을 다 봅니다. 라티머(Hugh Latimer, 1487-1555, 영국국교회의 옥스퍼드 세 순교자 중 한 사람—옮긴이)는 화형장으로 가면서 함께 갇힌 동료에게 말했습니다. "사랑하는 나의 형제여, 갑시다. 우리가 오늘은 불속으로 들어가지만, 이 일로 인해 우리는 영국에서 다시는 꺼지지 않을 촛불을 켜는 것입니다." 그는 섭리의 두 면을 다 보았습니다. 왜 그렇습니까? 믿었기 때문입니다.

믿음의 핵심은 이것입니다. 곧, 전혀 그렇게 보이지 않는 데서 정반대의 것을 보는 것입니다. 왜냐하면 믿음은 믿음의 말씀대

로 말하고 결론 내리기 때문입니다. 믿음의 말씀은 다음과 같이 말합니다. "아골 골짜기로 소망의 문을 삼아 주리니."호 2:15 그리고 "참으로 여호와께서 자기 백성을 판단하시고 그 종들을 불쌍히 여기시리니 곧 그들의 무력함과 갇힌 자나 놓인 자가 없음을 보시는 때에로다."신 32:36

믿음의 핵심은 이것입니다. 곧, 하나님에게 구원을 의뢰하는 것입니다. 시편 37:40입니다. "여호와께서 그들을 도와 건지시되 악인들에게서 건져 구원하심은 그를 의지한 까닭이로다." 이사야 26:3도 그렇습니다. "주께서……평강하도록 지키시리니 이는 그가 주를 신뢰함이니이다." 이 모든 것들을 우리가 모두 행할 수 있다면, 우리는 평안을 누리며 절망에서 자유롭지 않겠습니까? 분명히 그러할 것입니다. 믿음은 이 모든 것들을 행할 수 있고 행할 것입니다. 그러므로 모든 절망에 맞서 우리의 마음을 굳건히 지키는 은혜는 믿음, 오직 믿음뿐입니다.

믿음이 이와 같이 모든 절망에 맞서는 유용한 도움이 된다면, 이제 절망할 경우 여러분은 어떻게 해야 할지 압니다. 여러분의 믿음을 행하십시오. 주님을 신뢰하고 의지하십시오. 주님을 영원히 신뢰하고 의지하십시오. 왜냐하면 여호와 야에게는 영원한 능력이 있기 때문입니다.사 26:4, KJV-옮긴이 그분은 영원한 반석이십니다. 그분을 의지하고 신뢰하십시오. 오, 주님의 백성된 여러분, 주님을 영원히 신뢰하고, 그분 앞에 여러분의 마음을 쏟아 내십시오. 주님을 기다리고 소망하며 의지하십시오.

그렇다면 모든 믿음이 다 절망에 맞서 사람의 마음을 평안하게 합니까?

아닙니다! 거짓 믿음이 있고 진실한 믿음이 있습니다. 효력 있는 믿음이 있고 효력 없는 믿음이 있습니다. 중요하며 쓸모 있는 믿음이 있고 쓸모없는 믿음이 있습니다. 사도는 말합니다. "어떤 사람은 말하기를 너는 믿음이 있고 나는 행함이 있으니 행함이 없는 네 믿음을 내게 보이라. 나는 행함으로 내 믿음을 네게 보이리라 하라."약 2:18 어떤 것이 귀하면, 그것의 모조품도 그만큼 많습니다. 믿음보다 귀한 것이 무엇입니까? 그러므로 모조 믿음, 가짜 믿음이 있고, 이 가짜 믿음은 사람의 마음을 평안하게 하거나 두려움을 억제하고 진정시키는 일을 할 수 없습니다. 그렇습니다. 강하고 장성한 믿음도 늘 이와 같이 할 수 없습니다. 하나님의 사랑에 대한 확신이 있어도 더러 절망할 수 있습니다. 여러분은 진실로 이와 같이 말합니다. 내게 그리스도 안에 있는 하나님의 사랑에 대한 확신만 있다면, 또한 내가 하나님에게 속해 있고, 내게 그리스도에 대한 권리가 있음을 내가 알기만 한다면, 그렇다면 나는 결코 절망하지 아니할 것이다. 속지 마십시오. 다윗은 시편 42:11의 말씀을 말할 때, 확신이 있었습니다. "그분은 내 얼굴의 건강이시기에(KJV—옮긴이) 내 하나님을 여전히 찬송하리로다." 그럼에도 그는 낙심했습니다. 왜냐하면 같은 구절에서 다음과 같은 말도 했기 때문입니다. "내 영혼아, 네가 어찌하여 낙심하며 어찌하여 내 속에서 불안해하는가." 그러므로 모든 믿음이 다 이와 같은 일을 할 수 있는 것이 아니며, 참된 믿음이라 해서 늘 이와 같이 할 수 있는 것도 아니고, 또한 장성한 믿음이라 해서 늘 이와 같이 할 수 있는 것도 아닙니다.

그렇다면 절망할 때 어떻게 해야 우리는 모든 절망에 맞서 우리의 마음을 굳건히 지킬 수 있을 만큼 믿음을 행할 수 있습니까?

여러분의 믿음 없음에 대해 겸손해야 합니다. 자신의 믿음 없음에 대해 겸손하지 않은 사람은 결코 올바로 믿을 수 없습니다. 자신의 믿음 없음과 믿음 없는 활동에 대해 겸손한 사람은 믿음과 믿음의 활동에서 멀리 벗어나 있지 않습니다. 예레미야애가 3장에서 교회는 자신의 믿음 없음에 대해 스스로를 비난하는 순간 소망을 되찾았습니다. 17-18절에서 교회는 이와 같이 말했습니다. "내가 복을 내어버렸음이여. 스스로 이르기를 나의 힘과 여호와께 대한 내 소망이 끊어졌다 하였도다." 이제 교회는 이 점에 대해 스스로 겸손을 보입니다. "내 고초와 재난 곧 쑥과 담즙을 기억하소서. 내 마음이 그것을 기억하고 내가 낙심이 되오나 이것을 내가 내 마음에 담아 두었더니 그것이 오히려 나의 소망이 되었사옴은."^{19-21절} 내가 이전의 믿음 없음과 절망스러운 생각과 말에 대해 나 자신을 낮추며 겸손했으므로 내게는 소망이 있습니다. 어떤 사람들은 자신들이 의심하는 것은 당연하다고 생각합니다. 한 사람이 말합니다. 오, 이렇게 두려워하고 의심하지 않으면 안심할 텐데. 하지만 **안심**(securus, 스스로 생각하는 주관적으로 안정된 상태—옮긴이)이 되지 않아도 **안전**(tutus, 객관적이며 실제적으로 안정된 상태—옮긴이)할 수 있습니다. 안전은 위험과 반대 개념이고, 안심은 경계와 반대 개념입니다. 그렇습니다. 우리가 열심히 추구해야 하는 거룩한 안심이 있습니다. 이러한 의심과 두려움에서 벗어날수록 그러한 안심에 이를 가능성이 더 많아집니다. 이제 여러분은 슬픈 절망에 처하지 않도록 여러분의 믿음을 행하고자 합니까? 부디 여러분 마음대로 의심할 것이 아니라 여러분의 그 믿음 없음에 대해 겸손한 마음을 가지십시오.

그리스도 없이 하나님께 나아가지 않도록 하십시오. 여러분은 가슴에 그리스도를 안고 하나님 앞에 나아가야 합니다. 우리 구주께서 말씀하십니다. "너희는……하나님을 믿으니 또 나를 믿으라."요 14:1 그리스도 없는 하나님은 소멸하는 불입니다.히 12:29-옮긴이 우리는 그분에게 접근할 수 없습니다. 그분께서는 이처럼 무서운 분이므로, 우리는 그분 앞에서 두려워 떨 수밖에 없습니다. 우리는 이렇게 그분에게만 나아가려 하고, 절대적인 하나님만 믿으려는 경향이 대단히 강한데, 이는 우리 안에 여전히 옛 아담의 본성이 많이 남아 있어서 그렇습니다. 질그릇에는 처음에 담겼던 음식의 냄새가 오래 남아 있습니다. 처음에 아담은 중재자 없이 직접 하나님께 나아가서, 직접 그분을 믿었습니다. 루터는 다음과 같이 말했습니다. "하지만 이제 내게 육신을 입으신 하나님을 달라." 육신으로 나타나신 하나님이 우리의 믿음의 대상입니다. 자연적 믿음(natural faith, 본성적 믿음, 하나님의 말씀인 계시를 우선시하지 않는 믿음—옮긴이)을 주의해야 합니다. 그러한 믿음은 절망으로 끝날 것이기 때문입니다.

여러분의 형편이 어떠하든 절망하지 않는 믿음을 행하려면,

주님만 믿고 의지해야지 여러분의 의무, 여러분의 열의, 겸손, 거룩 등을 의지해서는 안 됩니다. 사람들은 당연히 이러한 것들을 믿지 않고 하나님만 믿는다고 말할 것입니다. 하지만 어떤 사람이 여러분에게 돈 100파운드쯤 되는 돈을 빌리러 왔다고 해봅시다. 이 정도의 금액이면 여러분은 그 사람이 어떤 담보를 내놓지 않는 한, 또는 이러저러한 사람들이 그 사람과 함께 오지 않는 한, 그 사람에게 돈을 빌려주지 않을 것입니다. 여러분은 혼자 온 그 사람을 믿을 수 있습니까? 그 사람을 믿는다고 말할 수 있습니까? 결코 그럴 수 없을 것입니다. 이와 마찬가지로 어떤 불쌍한 영혼이 말합니다. 하나님께서 내놓는 담보가 자신에게 주어지지 않는다면, 자신의 이러저러한 의무 혹은 열의를 하나님이 받지 않는다면, 나는 주님을 믿지 않겠다고 합니다. 여러분은 주님만 믿습니까? 다윗은 시편 62:5에서 말합니다. "나의 영혼아, 잠잠히 하나님**만** 바라라. 무릇 나의 소망이 그로부터 나오는도다." 그로 인한 결과를 6절에서 봅시다. "오직 그**만이** 나의 반석이시요, 나의 구원이시요, 나의 요새이시니 내가 흔들리지 아니하리로다." 그런데 그는 2절에서는 다음과 같이 말했습니다. "오직 그만이 나의 반석이시요, 나의 구원이시요, 나의 요새이시니 내가 크게 흔들리지 아니하리로다." 그는 이 문제를 조금 더 충분히 숙고한 후, **크게**라는 단어를 빼고 이렇게 말합니다. "내가 흔들리지 아니하리로다."[6절] 이제 여러분은 흔들리지 않도록 주님을 믿고자 합니까? 그렇다면 주님과 관련된 것 또는 주님을 위한 것이 아무것도 없더라도, 주님**만** 믿으십시오.

여러분이 절망하지 않도록 주님을 의지하려면, 여러분이 행동하고 움직이고 일을 진행하기에 앞서 주님을 의지하십시오. 어떤 일을 하다가 더 이상 안 될 때 주님을 의지하려는 사람들이 있습니다. 그들은 일단 행동하고 일하고 할 수 있는 것을 합니다. 그리고 더 이상 할 수 없을 때, 나머지 것에 대해서는 주님을 의지해야겠다고 말합니다. 하지만 시편 기자는 말합니다. "여호와를 의뢰하고 선을 행하라."시 37:3 선을 행하며 할 수 있는 한 멀리 가다가 더 이상 갈 수 없을 때, 주님을 의지하라고 말하지 않습니다. "여호와를 의뢰하고 선을 행하라." 하지만 여러분이 선을 행하며 할 수 있는 데까지 해보다가 주님을 의지하려면, 그러한 의지와 신뢰는 절망으로 끝날 것입니다. 그러므로 나는 말합니다. 어쨌든 여러분이 일을 하기 전에 먼저 주님을 의지하십시오.

여러분의 형편이 어떠하든 절망하지 않도록 주님을 의지하려면, 여러분은 약속을 의지하기 전에 먼저 주 예수 그리스도를 의지하십시오. 그리스도의 피는 우리 믿음의 크고 으뜸가는 대상입니다. 구약시대에는 사람들이 약속을 힘입어 그리스도 앞으로 나왔습니다. 그때는 그리스도께서 아직 오지 아니하고 약속만 되어 있었기 때문입니다. 하지만 이제 그리스도께서 오셨고, 우리는 그리스도를 힘입어 약속 앞으로 나옵니다. 그러나 오해하지 마십시오. 그리스도에 대한 약속이 있습니다. 영혼들은 반드시 그 약속 안에서 그리스도에게 나와야 합니다. 하지만 여러분은 특별한 말씀과 약속을 생각하고 있습니다. 또 어떤 사람들은 이러저러한 약속이 자신들의 마음을 감화하지 않으면 그리스도를 의지하려

하지 않습니다. 그러므로 사실상 그들이 의지하는 것은 감동받은 그 말씀의 단순한 문자, 또는 약속의 감화로 마음에 형성된 감상이나 인상에 불과합니다. 하지만 하나님의 모든 약속은 그리스도 안에서 "예"가 되며 또한 "아멘"입니다.고후 1:20-옮긴이 그리스도가 먼저입니다. 그러므로 만일 누가 약속을 먼저 믿고 그 후에 그리스도에게 갈 경우, 그는 특별한 말씀이나 약속이 없을 때는 그리스도를 믿지 않고 바로 절망하게 됩니다. 이와 반대로 누가 주님이신 그리스도를 먼저 믿고 그 후에 특별한 약속을 믿는다면, 비록 자신이 찾는 그 특별한 약속이 마음에 큰 빛과 감화를 주지 않아도 그의 믿음은 살아 있습니다. 그래서 그는 절망하지 않습니다. 그러므로 과감히 예수 그리스도를 먼저 믿고, 그리스도께서 손으로 여러분에게 직접 주신 약속은 그 후에 믿으십시오.

여러분의 형편이 어떠하든 절망하지 않도록 주님을 의지하려면, 주님께서 기뻐하사 여러분에게 기꺼이 약속을 주실 경우, 지금은 비록 약속하신 것과 정반대의 상황밖에 보이지 않아도 절대로 그 약속을 헛되이 놓치지 말고 단단히 붙드십시오. 아브라함의 경우가 그러하였습니다. 주님께서 아브라함에게 약속을 주셨지만 아브라함의 눈에는 약속하신 것과 정반대의 상황만 보였습니다. 하지만 아브라함은 약속을 의심하지 않습니다. 그가 약속 앞에서 동요하며, 주님께서 내게 이 약속을 안 주셨음이 분명하며, 그 약속은 착각에 불과했고, 나는 속았다고 결코 말하지 않았습니다. 절대로 그러지 않았습니다. 아브라함은 약속을 향해 굳건히 나아갔으며, 약속을 앞에 두고 결코 의심하거나 동요하지 않았습니다. 여러분도 이와 같이 해야 합니다. 주님께서 여러분에게 약속을 주시면, 정반대의 상황만 보여도 그 약속을 붙잡고 지켜야지 절대로 그냥 보내서는 안 됩니다.

여러분은 말합니다. 오, 하지만 이것은 진실로 어려운 일입니다. 내가 만일 이와 같이 하게 된다면, 아무래도 나는 이것이 주제넘은 일이 아닌가, 또한 이것이 주님을 시험하는 일이 아닌가 두렵습니다. 어떠한 수단도 눈에 보이지 않는데 주님을 믿어야 합니까? 더구나 약속하신 일과는 정반대의 상황이 눈에 보이는 때에 말입니까? 그렇게 해보겠지만, 아무래도 이것은 주제넘은 과신이며 주님을 시험하는 일이 아닌가 두렵습니다.

주님을 시험한다고 했습니까? 여러분은 주님을 시험하는 것이 무엇인지 압니까? 이스라엘의 자녀들이 주님을 시험하여, 하나님께서 그들 가운데 계시는가 물었습니다. 그런데 여러분이 하나님의 임재를 모두 경험하고도, 하나님께서 나와 함께 계시는가 묻는다면, 이것이 하나님을 시험하는 일 아닙니까? 이스라엘의 자녀들에 대해서는 이러한 말이 있습니다. "하나님을 시험하였으며 이스라엘의 거룩하신 분을 제한하였도다"(시 78:41, KJV, "하나님을 거듭거듭 시험하며 이스라엘의 거룩하신 이를 노엽게 하였도다", 개역개정—옮긴이). 여러분이 하나님을 제한하여, 지금 이렇게 정반대의 상황만 보이니 나는 결코 하나님의 자비를 얻지 못할 것이라고 말한다면, 이것이 하나님을 시험하는 일 아닙니까? 성경적 견해에 따르면, 자신의 탐욕을 채우려고 주님을 시험한다면 그것은 하나님을 시험하는 것입니다. 그러므로 여러분이 시편 78:18을 보면 알겠지만, 이 탐욕과 시험은 같이 다닙니다. "그들이 그들의 탐욕대로 음식을 구하여 그들의 심중에 하나님을 시험하였으며." 자신의 탐욕을 채우려고 하나님을 일하시게 한다면 그것은 진실로 주님을 시험하는 것입니다. 모든 경우를 일러 주님을 시험한다고 할 수 없고, 탐욕을 채우려고 주님을 시험한다면, 이것이야말로 주님을 시험하는 것입니다. 기록된 바와 같이, 악한 유대인들은 우리의 구주이신 그리스도에게 와서 주님을 시험하여 이렇게 말했습니다. "선생님이여, 우리에게 표적 보여주시기를 원하나이다."[마 12:38-옮긴이] 기드온도 표적을 원했지만[삿 6:17-옮긴이] 그것은 주님을 시험한 것이 아닙니다. 왜 그렇습니까? 자신의 탐욕을 채우기 위함이 아니라 믿음을 굳건히 하고자 표적을 구했기 때문입니다. 하지만 이 악한 유대인들은 자신들의 욕심을 채우려고 와서 표적을 구했습니다. 그래서 우리 구주이신 그리스도께서는 그들에게 말씀하셨습니다. "악하고 음란한 세대가……"[마 12:39-옮긴이]. 그런데 이 구절에서 "음란한"이라는 단어가 사용된 이유는 무엇입니까? 이는 악하고 부정한 여인의 경우와 같습니다. 여인의 남편이 전갈을 보내 악한 무리와 어울리는 일을 주의하라고 경고합니다. 심부름꾼이 도착하자 여인이 말합니다. 나는 당신이 내 남편이 보내서 온 사람인지 아닌지 의심스럽소. 내 남편이 보내서 왔다는 표적이 있소? 여인은 그 심부름꾼이 자기 남편이 보낸 사람임을 알지만, 여전히 죄악 가운데 있고자 표적을 요구하며 말합니다. 당신이 내 남편에게서 온 사람인 줄을 내가 어찌 알겠소? 이 악한 유대인들이 이와 같았습니다. 그들은 여전히 자신들의 죄악 가운데 있고자 표적을 요구했습니다. 그래서 우리 구주께서 말씀하셨습니다. "악하고 음란한 세대가……." 하지만 불쌍하고 의심하며 두려워 떠는 영혼이 그분을 믿고, 자신의 믿음을 굳건히 하고자 주님께 어떤 표적을 요구한다면, 그것은 음란한 것이 아니며 주님을 시험하는 것도 아니며 주제넘은 일 또한 아닙니다. 안식일을 지키는 것이 주제넘은 과신입니까? 아닙니다. 왜 그렇습니까? 그것은 명령이기 때문입니다. 어떠한 위로도 안 보이고, 약속하신 것과는 정반대의 상황밖에 보이지 않을 때에도 영혼은 믿어야 합니다. 이처럼 불가능한 상황에서 믿는 일 또한 명령입니다. 주제넘은 일이란 어떤 것을 주거나 제안하기도 전에 가져가는 것을 말합니다. 하지만 우리가 논의하는 이 문제의 경우, 약속이 이미 주어졌으므로 이 약속을 단단히 붙드는 것은 주제넘은 일이 아닙니다. 여러분이 성경에서 읽을 수 있는 이 주제넘음에 대한 개념은 두 가지가 있습니다. 하나는 구원을 받으려고 그리스도 없이 자신의 행위에 의지하는 경우입니다. 유대인들이 그러했습니다. 그들은 자비가 주어지기도 전에 자비를 과신했습니다. 또 하나는 구원을 받으려고 그리스도를 의지하긴 하지만, 자기들의 생각대로 하거나 자신들의 방식대로 하면서, 행함과 순종 없이 사는 경우입니다. 이 경우 역시 자비가 주어지지 않았음에도 자비를 가져간 것이므로 주제넘은 과신입니다. 하지만 내가 더 거룩해지고자 약속이나 그리스도를 의지하며, 모든 선한 일에 열매 맺기 위해 할 수 있는 일을 하며 모든 일에 그리스도를 의지한다면, 이는 주제넘은 과신이 아닙니다. 왜 그렇습니까? 약속이 주어지기도 전에 내가 먼저 가져간 것이 아니기 때문입니다. 그리고 약속하신 것과 정반대의 상황 외에 아무것도 보이지 않는 그때 내가 약속을 단단히 붙들었어도, 이 역시 주제넘은 일이 아닙니다. 왜 그렇습니까? 내가 명령대로 하고 있기 때문입니다. 그래서 사도는 이렇게 말했습니다. "그러므로 하나님의 뜻대로 고난을 받는 자들은 또한 선을 행하는 가운데에 그 영혼을 미쁘신 창조주께 의탁할지어다."벧전 4:19-옮긴이 창조는 무에서 이루어집니다. 어둠에서 빛이 나옵니다. 이와 같이 우리는 우리의 영혼을 하나님께 맡기라는 명령을 받았습니다. 그러므로 모든 것이 사라지고, 약속하신 자비는 전혀 보이지 않아도, 그 약속을 단단히 붙잡고 지키는 것은 결코 주제넘은 과신이 아닙니다.

하지만 여러분은 말합니다. 주님께서 내게 약속을 주셨다고 해보십시오. 그리고 이와 같이 약속을 주셨음에도 내게는 그 약속하신 자비가 전혀 안 보이고 나의 모든 위로 또한 안 보인다고 하면, 어떻게 나는 이 모든 절망에 맞서 나의 마음을 굳건히 할 수 있습니까?

여러분은 하나님의 사랑에 대한 확신이 있든지 아니면 없든지 할 것입니다. 하나님의 사랑에 대한 확신이 있다면, 종종 여러분 자신을 이 선언명제 앞에 두십시오. 즉, 믿는 것이 여러분의 의무인가 아닌가? 믿는 것이 여러분의 의무가 아니라면, 여러분이 지금 조금이라도 믿는 이유는 무엇입니까? 그리스도를 믿고 의지하는 것이 여러분의 의무가 아니라면, 여러분이 지금 그리스도를 조금이라도 의지하는 이유가 무엇입니까? 또 그리스도를 의지하고 믿는 것이 여러분의 의무라면, 왜 여러분은 늘 믿으며 주님을 온전히 의지하는 모습을 보이지 않습니까? 그러므로 여러분에게 확신이 있다면, 그 확신에 따라 행동하며 그리스도 안에 있는 여러분의 특권과 유익을 상기하십시오. 그리고 여러분 자신에게 이와 같이 말하십시오. 세상에서 내게 나쁜 소식만 들려온들 어떠랴. 내게는 다른 세상인 저 위에 계신 아버지에게서 들려오는 기쁜 소식이 있지 않은가. 내가 그리스도에게 속해 있으면 모든 것이 내 것이니, 삶도 내 것이요, 죽음도 내 것이다. 또 나의 모든 위로가 죽어 사라지고 안 보인들 어떠랴. 그리스도는 살아 계신 그리스도이며 또한 살아 계신 구주이시니, 오 나의 영혼아, 안심하여라.

하지만 여러분에게 하나님의 사랑에 대한 확신이 없다면, 반드시 여러분은 놋뱀인(민 21:9—옮긴이) 그리스도를 바라보아야 하고 바라볼 수 있습니다. 그리스도가 유일한 놋뱀이십니다. 여러분이 절망할 때 그분을 쳐다보는 것만으로도 믿음의 행위가 될 것입니다. 그분께서 말씀하십니다. "땅끝들에 있는 모든 자들아, 나를 쳐다보고 구원을 받으라"(사 45:22, KJV, "땅의 모든 끝이여. 내게로 돌이켜 구원을 받으라", 개역개정—옮긴이).

여러분에게 확신이 없다면, 여러분은 여러분의 믿음을 침해하는 그 이견들로부터 눈과 생각을 돌릴 수 있고 돌려야 합니다. 아브라함에 대해서는 다음과 같이 기록되어 있습니다. "그가 백세나 되어 자기 몸이 죽은 것……같음을 알고도 믿음이 약하여

지지 아니하고."^{롬 4:19-옮긴이} 그는 믿음에 관한 자신의 생각을 가지고 있었습니다. 즉, 그는 자신의 믿음을 침해할 수 있는 것은 생각하지 않는 것입니다. 여러분에게도 믿음에 관해서는 이러한 생각이 있어야 합니다. 믿음을 침해하는 그 이견과 반대가 여러분에게서 생기면 여러분은 그것들로부터 눈을 돌려 예수 그리스도를 바라보고, 그것들을 생각하지 말아야 합니다.

그래도 여전히 확신이 없다면, 여러분 자신이 지금 믿고 있다고 한번 믿어 보십시오. "믿음은……보이지 않는 것들의 증거니."^{히 11:1-옮긴이} 그러므로 여러분의 믿음이 보이지 않으면, 반드시 여러분은 자신이 믿고 있음을 믿어야 합니다. 때때로 여러분은 여러분에게 믿음이 있다고 믿어야 합니다. 기도에 감정이 있듯이, 믿음 또한 그 자체의 감정이 있습니다. 그러므로 여러분의 믿음이 보이지 않으면, 여러분은 반드시 여러분이 믿고 있음을 믿어야 합니다. 그리고 확신이 있든 없든, 이 경우에 다음의 몇 가지 사항을 여러분의 믿음에 도움이 되는 것으로 생각하십시오.

1. 하나님께서 자기 백성들을 어떤 큰 자비로 인도하시는 경우에는 반드시 먼저, 그 자비에 이르는 모든 수단에 사형선고를 내리십니다. 아브라함과 요셉과 다윗을 비롯한 많은 사람들의 경우가 그러하였습니다.

2. 하나님의 능력을 제한하는 것은 물론 하나님의 자비를 제한하는 것 역시 큰 죄입니다. 하나님의 능력을 제한하는 것은 큰 죄라고 여러분은 말합니다. 이스라엘의 자녀들은 이 일로 정죄 받았습니다. 그들은 이스라엘의 거룩하신 분을 제한했습니다.

그들은 주님을 시험했고 이스라엘의 거룩하신 분을 제한했습니다. 그런데 우리가 하나님의 능력을 제한하는 것과 마찬가지로 그분의 자비를 제한하는 경우, 이는 하나님을 제한하는 것이 아닙니까? 그리고 여러분이 정반대의 상황밖에 보이지 않으므로 허락하신 자비를 얻지 못하리라고 말하는 경우 또한 그분의 자비를 제한하는 것이 아닙니까?

3. 주님께서는 백성들에게 약속을 하시고 그들이 주님의 말씀을 절대적으로 의지하는지 종종 시험하시기도 합니다. 그리스도께서는 사람들을 시험하실 때가 있습니다. 그분께서 약속을 하시고 이후로 영혼을 그 약속과 온전히 반대되는 상황으로 데리고 가십니다. 그때는 그분께서 시험하시는 때입니다. 주님께서 여러분에게 약속을 하셨습니까? 그럼에도 여러분의 눈에는 그 약속하신 것과는 정반대의 상황밖에 보이지 않습니까? 여러분의 영혼에게 말하십시오. 오, 나의 영혼아, 그리스도께서 지금 나를 시험하시는 듯하도다. 아마도 지금은 시험의 시간이니, 이제 나는 하나님을 기다리리라.

4. 하나님께서는 때때로 어떤 약속을 부인하심으로써 어떤 약속을 성취하십니다. 주님께서 여러분에게 약속을 하셨는데, 여러분에게는 그 약속과 정반대되는 일만 보입니까? 우리는 얻지 못함으로써 얻는다는 사실을 여러분은 알고 기억하십시오. 하나님께서는 부인하심으로써 주십니다. 어떤 약속들을 성취하지 않으심으로써 어떤 약속들을 성취하십니다.

5. 우리가 도움을 받아야 함에도 정반대의 상황만 보인다면,

바로 그때가 그리스도께서 도와주실 때입니다. 신약에 그리스도의 때가 언급되어 있습니다. "유월절 전에 예수께서 자기가 세상을 떠나 아버지께로 돌아가실 때가 이른 줄 아시고."요 13:1 이때는 어둠의 때였습니다. 그리고 요한복음 2:4에서, 모친이 와서 포도주를 청하니 그분께서 말씀하셨습니다. "여자여……내 때가 아직 이르지 아니하였나이다." 하지만 얼마 후 그들의 포도주가 다 떨어지고 항아리에 물이 채워지자, 주님께서는 그 항아리의 물을 포도주로 바꾸셨습니다. 그리스도의 때가 온 것이었습니다. 여기서도 그렇습니다. 우리의 병이 모두 비었을 때, 우리의 병에 위로의 포도주가 전혀 남아 있지 않을 때, 그때가 그리스도의 때입니다. 어둠의 때가 우리 앞에 왔을 때, 그때가 그리스도의 때입니다. 오, 여러분이 여러분의 영혼을 향하여 이와 같이 말했으면 좋겠습니다. 영혼아, 그리스도의 때와 시간은 어둠의 때, 어둠의 시간이다. 그리스도의 때는 우리의 병에 포도주가 없는 그때이니 내가 이와 같도다. 나의 병에는 포도주가 남아 있지 않구나. 나의 병은 온전히 마르고 비었구나. 내 앞에는 어둠의 시간이 닥쳤구나. 그러므로 지금 이때는 그리스도께서 나를 도우실 때로다. 이렇게 말함으로써 여러분은, 여러분의 소망과 주님의 약속에 반대되는 상황밖에 보이지 않는 바로 그때에, 하나님을 기다릴 수 있으며 가장 비천한 형편에서 믿음을 행할 수 있을 것입니다.

6. 여러분은 특별한 고통 가운데 있거나 일반적인 고통 가운데 있습니다. 여러분은 일반적인 시험을 받고 있거나 특별한 시

험을 받고 있습니다. 여러분은 특별하게 버림받은 상태에 있거나 일반적으로 버림받은 상태에 있습니다. 여러분의 곤경이나 난관이나 어려움은 일반적이거나 특별합니다. 여러분의 어려움이 일반적이라면, 왜 여러분은 일반적인 정도 이상으로 어려워합니까? 왜 그토록 특별하게 절망합니까? 여러분의 고통이나 불행이 특별하다면, 이는 하나님께서 여러분을 이러한 형편으로 인도하셨거나 아니면 지금까지 여러분을 특별한 구원의 방식으로 혹은 일반적인 구원의 방식으로 인도하신 것입니다. 하나님께서 여러분을 일반적인 구원의 방식으로 인도하셨다면, 여러분의 영혼이 가라앉아 죽어 갈 때 여러분이 얻었던 그 놀라운 사랑과 붙들어 주시는 은혜는 다 무엇입니까? 또 주님께서 여러분을 특별한 구원의 방식, 즉 지금처럼 이렇게 특별한 상황으로 이끄셨다면, 주님께서 다음과 같은 사실을 가르쳐 주시는 것이므로 여러분은 이것을 알아야 합니다. 즉, 일반적인 경우에서 일반적인 구원을 베푸시는 주님을 여러분이 믿지 않은 것처럼, 특별한 자비를 베푸시는 주님을 여러분이 지금 믿지 않는 것 또한 큰 죄라는 사실입니다. 이스라엘 자녀들의 경우가 어떠하였는지 여러분은 압니다. 그들은 광야에서 큰 죄를 지었는데, 그 죄가 얼마나 컸던지 주님께서는 아예 그들을 가나안 땅에 들이지도 않으시고, 수많은 사람들의 시체가 광야에 엎드러졌습니다.^{민 14:29-옮긴이} 이유가 무엇입니까? 성경에 따르면, 그들은 믿지 않았다고 합니다. 그들은 무엇을 믿지 않았습니까? 그들은 광야에서 먹을 양식과 관련해서 하나님을 믿지 않았습니다. 하지만 광야에서 양식을 얻는 것은 기적 없이는 불가능한 일이었습니다. 맞습니다. 그들이 광야에서 양식과 관련해서 하나님을 믿지 않은 것은 그들의 불신 때문이었습니다. 또 그들은 물과 관련해서도 죄를 짓고 하나님을 믿지 않았습니다. 하지만 본래 물이 없는 곳에서 물을 얻는 것은 기적 없이는 불가능한 일이었습니다! 맞습니다. 주님께서는 전에도 그들을 기적적인 방식으로 인도하셨음에도 그들은 기적적인 방식으로 인도된 기적과 관련해서도 하나님을 믿지 않는 큰 죄를 범했습니다. 이것은 주님께서 그들을 일반적인 자비의 방식으로 인도하셨을 때 그 일반적인 자비와 관련해서 하나님을 믿지 않는 큰 죄를 범한 것과 같습니다. 그러므로 나는 여러분에게 말합니다. 하나님께서 여러분을 일반적인 방식으로 인도하시면 여러분은 반드시 그 일반적인 것과 관련하여 하나님을 믿어야 합니다. 하지만 하나님께서 일반적인 수단보다 특별한 방식으로 여러분을 인도하셨을 경우, 여러분이 하나님을 일반적인 것에 결부시키는 것은 죄입니다. 지금 여러분은 특별한 경우나 곤경에 처해 있습니까? 이때 특별한 자비와 도움과 구원과 관련하여 하나님을 믿는 것은 죄가 아니라는 사실을 여러분은 아십시오.

7. 여러분은 어떤 형편에서도 절망하지 않기 위해 하나님을 의지하기를 원하고 있습니다. 그런데 이 모든 말씀에도 불구하고 여러분의 마음이 절망한다면, 여러분의 영혼에 다음과 같은 질문을 하십시오. **첫째**, 의심해서 얻는 것이 있는가? 의심해서 어떤 영적인 유익을 얻을 수 있는가? 믿음은 마음을 정결하게

하는데, 의심도 마음을 정결하게 하는가? **둘째**, 모든 위로가 사라지고, 약속과는 정반대의 상황 외에 아무것도 보이지 않을 때, 예수 그리스도 안에서, 예수 그리스도를 힘입어 주님을 의지하는 것보다 하나님을 더 기쁘시게 할 수 있는 일이 세상에 있는가? **셋째**, 임종 시에 반드시 그리스도의 품으로 뛰어들어야 하지 않는가? 그런데 임종 시에 뛰어들 수 있다면 지금 못 뛰어들 이유가 무엇인가? 사람이 말을 타고 강을 건널 때, 몇 번이고 물속으로 들어갔다 다시 나오며, 너무 깊어서 무섭다고 말하면서도 결국 건너기로 결심하는 것 외에 다른 방법이 없음을 알기에, 안 건너고 있어 봐야 수위만 높아질 것이고, 다른 방법은 없으니 결국 건너갈 것입니다. 일찍 건너는 것도 나중에 건너는 것과 다를 것이 없습니다. 이와 같이 그 사람은 강을 건너기로 결심하고 무사히 건넙니다. 여기서도 그렇습니다. 여러분은 마지막 순간에는 반드시 그리스도의 품으로 뛰어들어야 합니다. 예수 그리스도에게 뛰어드는 이 모험을 감행하는 것 외에 다른 방법은 없습니다. 임종의 순간에는 반드시 그렇게 해야 합니다. 그런데 이 모험을 일찍 하는 것이 나중에 하는 것과 다릅니까? 분명히 여러분은 시간을 지체할수록 모험하기가 어렵고, 믿는 어려움이 점점 가중됨을 알 것입니다. 여러분은 말합니다. 오, 하지만 나는 마음이 겸손하지 못합니다. 오, 하지만 나는 큰 죄인입니다. 이러한 내가 어떻게 예수 그리스도에게 뛰어들 수 있겠습니까? 하지만 여러분이 그리스도에게 나오지 않는다고 해서 마음이 더 겸손해집니까? 그분에게 나오지 않는다고 해서 여러분이 다소 작은 죄인이 됩니까? 전혀 그렇지 않습니다. 여러분이 그리스도에게 나오는 일을 지체할수록, 임종 시에 그분에게 나오는 일은 그만큼 더 어려워질 것입니다. 그러므로 오늘 여기 모인 모든 회중 가운데 불쌍하고 의기소침하며 의심하고 두려워 떠는 영혼이 있다면 분명히 아십시오. 나는 지금 여기서 주님의 이름으로 여러분에게 외쳐 말합니다. 오, 영혼들이여, 지금 그리스도에게 뛰어들고, 뛰어들고, 뛰어드십시오. 어차피 임종 시에는 반드시 그리스도의 품으로 뛰어드는 이 모험을 여러분은 감행할 수밖에 없습니다. 임종 때보다는 지금이 낫습니다. 여러분은 마지막 순간에 그리스도의 품으로 뛰어들지 않을 것입니까? 마지막에 뛰어들 수 있다면 지금은 왜 안 됩니까? 여러분은 여러분의 영혼에 이 세 가지 질문을 따라다니며 하십시오.

8. 여러분의 형편이 어떠하든 절망하지 않기 위해 그리스도를 의지하려면, 하나님을 기다림이 얼마나 복된 일인지를 자주, 진지하게 생각하십시오. 그렇습니다. 여러분이 하나님을 기다림은 진실로 합당한 일입니다.

하나님께서는 여러분을 기다리고 여러분의 회개를 기다리셨습니다. 그분께서는 노아의 시대에 이미 옛 세계의 회개를 오래 기다리셨습니다.[벧전 3:20] 그분께서는 여러분의 회개 또한 오래 기다리셨습니다. 사실 오래 기다리지 않으셨다면, 오늘날 여러분이 어떻게 되었겠습니까? 진실로 그분께서는 자비를 보이고자 오래 기다리셨을 뿐 아니라 지금도 여전히 기다리고 앞으로도 기다리실 것입니다.[사 30:18] 그분께서는 그분의 자비를 기다리는 사람들에게 보이고자 기다리십니다. 이와 같이 하나님께서 우리를 기다리시고 우리의 회개를 기다리시는데, 우리가 그분을, 또한 그분의 은혜를 기다리지 않겠습니까?

여러분은 이전부터 다른 사람들을 기다렸고 지금도 여전히 기다리고 있습니다. 이 세상에서 여러분이 기다리지 않고 상대하는 사람이 있습니까? 높은 사람들의 경우는 어떠합니까? 여러분이 그들과 면담하려면 오래 기다려야 하지 않습니까? 그러한 면담이 여러분의 유익이 아니라 그들의 유익을 위한 것인데도 여러분은 기다려야 하지 않습니까? 기록에 의하면, 독일 황제 하인리히가 교황을 방문했는데, 교황은 황제와 그의 아내 및 장남을 그 추운 겨울에 사흘이나 문간에 서서 기다리게 한 후에 면담을 허락했다고 합니다(1077년에 황제 하인리히 4세가 카노사에 있던 교황 그레고리우스 7세를 방문한 '카노사의 굴욕'을 말한다—옮긴이). 여러분보다 낮거나 아래에 있는 사람들의 경우는 어떠합니까? 여러분은 여러분 밑에서 기다리는 이 사람들조차 기다려야 하지 않습니까? 여러분은 하인들에게 어떤 일을 명하면 그 일이 될 때까지 기다려야 합니다. 여러분은 그들에게 오라는 명을 내리면 그들이 올 때까지 기다려야 합니다. 다른 예를 들어 봅시다. 여러분이 빛을 보려면 해를 기다려야 하지 않습니까? 시원하려면 물을 기다려야 하고 따뜻하려면 불을 기다려야 하지 않습니까? 이와 같이 우리가 온갖 피조물을 다 기다리는데, 하물며 그 피조물을 만드신 창조주를 기다림은 당연한 일 아니겠습니까? 더구나 여러분은 종종 사람들의 욕망마저 기다리지 않습니까? 그렇습니다. 여러분은 여러분 자신의 욕망을 기다리기도 합니다. 욥은 다음과 같이 말합니다. "간음하는 자의 눈도 땅거미 질 때를 기다리며"(욥 24:15, KJV, "간음하는 자의 눈은 저물기를 바라며", 개역개정—옮긴이). 또한 여러분은 죄 지을 기회를 얼마나 자주 기다렸습니까? 여러분은 사람들, 여러분보다 낮은 사람들, 또 다른 피조물 등을 기다립니다. 그렇습니다. 사람들의 의지와 욕망마저 기다릴 텐데, 하물며 하나님의 은혜를 기다리지 않겠다는 것입니까?

여러분이 기다리다 포기할 때 구원이 올 수도 있습니다. 바로 그때 구원이 오면, 그 수치와 혼란을 어떻게 감당하려 합니까! 열왕기하 6:33에서 왕은 말합니다. "어찌 더 여호와를 기다리리요." 그런데 여러분이 그다음 장을 보면 알겠지만, 곧 구원이 왔습니다. 다시 말해 "어찌 더 여호와를 기다리리요" 하는 왕의 말이 떨어지기가 무섭게 예언자가 말했습니다. "내일 이맘때에 사마리아 성문에서 고운 밀가루 한 스아를 한 세겔로 매매하고 보리 두 스아를 한 세겔로 매매하리라."^{왕하 7:1} 이처럼 구원은 종종 기다리다 포기할 때 옵니다. 여러분에게 구원이 이와 같이 온다면, 그 수치와 슬픔을 다 어찌하겠습니까! 그 자책이 얼마나 크겠습니까! 오, 조금만 더 기다렸으면 좋았을 것을, 나는 어리석은 인간이로다! 기다리다 포기했더니 보라, 이렇게 구원이 왔고, 내게는 위로가 없도다!

여러분이 기다리다 그만두면, 그때까지 기다린 모든 수고가 소용없게 됩니다. 여러분이 비록 많은 의무를 행해도, 그 의무

가운데서 하나님을 기다리지 않으면 여러분의 모든 의무, 곧 여러분이 한 모든 기도를 잃고 맙니다. 사울에 관한 기록은 이렇습니다. "사울이 여호와께 묻자오되 여호와께서……그에게 대답하지 아니하시므로."삼상 28:6 그래서 그는 신접한 여인을 찾아가 물었습니다.삼상 28:7 그런데 역대상 10:14("여호와께 묻지 아니하였으므로"—옮긴이)을 보면, 그는 주님께 묻지 않았다고 되어 있습니다. 그는 주님께 물었다고도 되어 있고 묻지 아니하였다고도 되어 있습니다. 이 둘이 어떻게 양립할 수 있습니까? 양립할 수 있습니다. 그는 비록 주님께 물었지만, 그렇게 묻고서 하나님을 기다리지 않고 기다림을 포기했습니다. 그래서 성경적 관점은 이것을 묻지 않은 것으로 간주합니다. 기다림 없는 기도는 성경적으로 보면 기도가 아닙니다. 사람이 기다리다 포기하면 그간의 모든 수고를 잃고 맙니다. 이전에 한 모든 기도는 없는 것이 됩니다. 이전의 모든 의무는 소용없습니다. 그러한 기도 또는 의무는 하나님이 결코 기억하지도 않고, 받지도 않으실 것입니다.

반면에, 여러분이 하나님을 기다린다면 그분은 항상 여러분의 믿음의 행위를 잊고 계시지는 않을 것입니다. 그분은 여러분을 잊고 계신 듯 보여도 잊지 않으십니다. "궁핍한 자가 항상 잊어버림을 당하지 아니함이여."시 9:18 하나님께서는 머지않아 여러분을 찾아오실 것입니다. "잠시 잠깐 후면 오실 이가 오시리니 지체하지 아니하시리라."히 10:37 그렇습니다. (내가 진정으로 말합니다) 여러분이 기다리면 그분께서는 오히려 더욱 서둘러 오실 것입니다. 그런데 사람은 그렇지 않습니다. 여러분이 친구를 원하면 여러분이 먼저 그 친구를 만나러 가야 합니다. 여러분이 원하고 기다려도 그 친구가 오지 않습니다. 그러나 하나님은 그렇게 하십니다. 여러분이 그분을 원하고 기다리면 그분께서 오십니다. 그래서 성경의 거룩한 인물들은 바로 이와 같은 논리로 하나님께 자비를 구합니다. "내가 수치를 당하지 않게 하소서.……이는 내가 주를 기다림이니이다"(시 25:20-21, KJV, "수치를 당하지 않게 하소서. 내가 주를 바라오니", 개역개정—옮긴이). 진실로 하나님께서 오시면, 그냥 오지 않으십니다. 오셔서 그동안 여러분이 참고 기다린 돈을 다 갚아 주실 것입니다.^{사 35:4} 진실로 그분께서 오시면, 여러분은 그분의 나타나심을 크게 기뻐하며 말할 수 있을 것입니다. "이는 우리의 하나님이시라. 우리가 그를 기다렸으니." ^{사 25:9-옮긴이} 여러분이 하나님을 기다리지 않는다면 그분의 나타나심을 기뻐할 수 없습니다. 하지만 기다린다면, 그분께서 오실 때, "이는 우리의 하나님이시라. 우리가 그를 기다렸으니"라고 말할 수 있을 것입니다. 그렇습니다. 주님께서는 오시되, 그냥 오지 않으시고 복을 들고 오십니다. "그를 기다리는 자마다 복이 있도다."^{사 30:18-옮긴이} 그렇습니다. 그분께서는 기다리는 여러분에게 복을 주시고 또한 힘까지 주실 것입니다. "오직 주를 기다리는 자는 자기 힘을 새롭게 하리니"(사 40:31, KJV, "오직 여호와를 앙망하는 자는 새 힘을 얻으리니", 개역개정—옮긴이). 오, 하나님을 기다림이 얼마나 복된 일인지요! 주님을 소망하고 의지하고 기다리지 아니할 자 누구입니까? 여러분의 서글픈 절망으로 얻는 것이 있습니까? 오, "믿음이 작은 자들아."^{마 8:26-옮긴이} 그토록 근심하며 생각한들 여러분의 형편을 털끝만큼이라도 바꿀 수 있습니까? 하나님을 기다림이 훨씬 더 낫지 않습니까? 그렇다면 여러분은 왜 여러분의 영혼을 불러 말하지 않습니까? 오, 나의 영혼아, 어찌하여 너는 이스라엘의 거룩하신 분을 이토록 오래 제한하느냐?시 78:41, KJV-옮긴이 어찌하여 너는 너의 그 헛된 두려움으로 이토록 오래 그리스도의 영광을 가리느냐? "내 영혼아, 네가 어찌하여 낙심하며 어찌하여 내 속에서 불안해하는가. 너는 하나님께 소망을 두며 기다리며 의지하라. 그분은 내 얼굴의 건강이며 내 하나님이시로다."

이렇게 해서 나는 이 긴 논의를 마치고자 합니다. 여러분도 인내하며 듣느라 애썼습니다. 이렇게 들은 것을 실천할 수 있도록 주님께서 여러분에게 은혜 주시기를 빕니다. 이제 권면의 말씀으로 이 모든 말씀을 마치고자 합니다. "굳세어라. 두려워하지 말라. 보라, 너희 하나님이 오사 보복하시며 갚아 주실 것이라. 하나님이 오사 너희를 구하시리라."사 35:4